図解

中国が変えた世界ハンドブック

9主要国の国益と
対中関係から考える、
米中新冷戦回避への道

三尾幸吉郎 著

東京 白桃書房 神田

はじめに

米中対立が激しさを増す昨今、日本の政府、そして経済界も、改めて中国との距離感を考える必要性が高まってきました。これまでは、世界平和の下で、グローバル化が進むことを前提にしていましたが、その前提が崩れかかっているからです。

世界第2位の経済大国となった中国が米国中心の国際秩序（パクス・アメリカーナ）に異を唱えるようになり、対する米国も中国を唯一の競争相手と位置づけ、フレンド・ショアリングと呼ばれる、同盟国・友好国に限定したサプライチェーン（供給網）を構築し、中国経済への過度な依存を是正する、デリスキング（リスク低減）を進めています。

日本と自由民主主義といった価値観を共有し軍事的に同盟関係にある米国が、中国を「非友好国」と認定することになれば、日本もそれに追随し、中国との関係を見直し、特に中国へのサプライチェーンの依存を大きく見直さざるを得なくなり、大きな経済的打撃を受けるでしょう。

しかし世界を見渡すと、中国から遠ざかろうとしているのは先進国など一部に限られます。しかも先進国の中でも、フランスやオーストラリアの対中強硬策は、米国のそれとは一味違っています。中国と特に関係の深い東アジアや東南アジア諸国では、中国との距離感を変えたくない国が大半です。米国側につけば、グローバル企業は中国にある工場を自国に移設してくれる可能性があるにもかかわらずです。その他の途上国を見ても、中国との良好な関係を維持したい国が大半で、米中対立に巻き込まれたくないのが本音のようです。

つまり各国には各国なりの国内事情があり、それを受けて対米関係・対中関係を構築しています。

そこで、日本が中国との距離感を再考する上では、世界各国と中国との距離感を掴んでおくことが重要となります。

日本が米中両国との距離感を調整する際にはもちろん、米中対立がのっぴきならなくなった際に、米国陣営に与して中国陣営とは距離を置くにしても、あるいは米中両国の橋渡し役を試みるにしても、世界各国と中国の関係に関する知見があれば、各国の論理を踏まえ、各国と力を合わせるチャンスが広がります。

筆者は、世界各国の対中国戦略に関心を持ち、長年研究してきており、その蓄積を元に本書を執筆することにしました。

本書は4つの部と結語という構成となっています。最初の第1部では、そもそも中国はどんな国なのか、地理や歴史、経済などの観点から国家としての概況を簡単に確認した上で、中国から見ると世界はどう見えているのかについて解説します。

中国は、その政治体制の違いから日本人にはわかりにくく、また、日本における中国に関する報道も、米国、あるいは西側諸国の価値観に則ってなされることが多くなっています。私たちはどうしてもそのバイアスの下で中国を見てしまいがちですが、短い間に驚異的な経済発展を遂げ、国民からも一定の支持を得ている中国の内在的な論理を理解することが、今後の世界秩序を考える上で極めて重要です。

そして、それに続く3つの部では、世界から見ると中国はどんな国に見えているのかを俯瞰していきます。第2部「西洋諸国と中国」では米国や欧州など、国際政治において指導的立場にあり、経済的にも豊かな西洋諸国にとっての中国を俯瞰していきます。

第3部「近隣アジア諸国と中国」ではインドネシア、ベトナム、韓国、インドといった、中国と地理的に近く歴史的な結びつきが深い国々を取り上げます。

第4部「その他の国・地域と中国」ではブラジル、ロシア、中東諸国、アフリカ諸国を取り上げます。

そして結語では、以上の分析を踏まえ「米中新冷戦を防ぐために、日本は何をすべきか？」を考えます。

世界各国と中国の関係を解説するにあたっては、可能な限り、米国との関係と対比させています。米中対立下における対中国戦略を考える上では、対米関係と対中関係を比較衡量することが、世界のどの国にとっても重要です。この点では、著者のグローバルな投資運用経験や米国駐在経験が大いに役立ちました。そして日本との関係も合わせて記述し、日本としてその国をどう考えるかの手がかりとしています。

また本書は、類書より経済面に多く着目しています。地政学的な緊張の高まりを背景に、中国への過度な経済依存を正すデリスキングや、サプライチェーン（供給網）のレジリエンス（強靭化）など経済安全保障への関心が高まったこともありますが、何よりも、政治面の対中国戦略と、経済面のそれには温度差があり、その違いを認識しておくことが不可欠です。

例えば、米国政府は2022年10月に先端半導体の対中輸出を原則禁じましたが、米半導体企業はその規制基準に抵触しない製品を開発し中国に輸出するようになったため、米国政府はさらに規制範囲を拡大しようとするなど、政府と経済界はいたちごっこを展開しています。

また経済界の意向を受けて政府が対中スタンスを変えることも少なくありません。例えば、2023年4月に開催された主要先進国の経済界の集まりであるビジネス7（B7）では、「経済と安全保障が表裏一体となっている状況に鑑み、貿易投資を通じて国際平和と安全を脅かす国に特定の機微技術が転用されないよう対処することが不可欠である」とした上で、「安全保障上の理由で規制対象とする品目は必要最小限に限定すべきである（Small Yard High Fence）」と提言しました。

これを受けて同年5月に広島で開催された主要先進国（G7）首脳コミュニケでは、中国との関係において「重要なサプライチェーンにおける過度な依存を低減する」としたものの、デカップリング（分断）ではなくデリスキングだとして、経済界の意向に一定の配慮を示しました。そして、世界の経済界の要人は、規制対象外の中国ビジネスでチャンスを掴もうと相次ぎ訪中することとなりました。一方で、「チャイナ・プラスワン」により、中国以外の国に事業を分散させるなどしたたかに行動しています。

このように対中国戦略は、政府と経済界が相互に影響し合いながら形作られていくものなので、いっときの政府の公式見解をそのまま真に受けるのは危険な面があり、その背後にある中国との経済関係を十分把握した上で、今後の方向性を読み解いていく必要があります。

米中対立で世界が分断の危機に直面する今、日本が中国とどう向き合うかを考える上では、世界ひいては地球的視野でとらえることが重要です。さまざまな国の米中対立への対応を把握し、私たちがどのように関わっていくのかを考える一助となることを願っています。

目次

第3部 近隣アジア諸国と中国

分析ツールの説明

世界各国と中国の関係を分析するにあたっては、政治、社会、経済の3つのカテゴリーからなるフレームワークを用いて、それぞれの国を分析します。これは著者が考案し、日頃、各国の分析に愛用しており、読者の皆様にも分かりやすいものと自負しています。

なお、世界各国の政治・社会面を理解する上では、その国の言語・民族・宗教を把握しておくことが重要と考えて現状を整理しています。ただし、それはプライベートな事項とされ調査を禁止したり、またあいまいな表現にとどめる国もあり、さらに参照できる調査が古いため、その後の移民などの動きを踏まえると実態から乖離している場合があることも否定できないため、必要最低限の記述にとどめています。

それぞれの評価にあたっては、可能な限り科学的データを提示しています。具体的には経済統計、専門機関評価、アンケート調査などです。またその科学的データを筆者がどう判断したかも示しています。

ただし科学的データはないものの重要な視点もあります。例えば人権思想、外交・戦争、文化です。これらの指標を評価するにあたっては、国連人権理事会での投票行動、外交や文化交流の史実、筆者の歴史認識などを紹介することで補うこととしました。

ここで日本の中国戦略を考える上で重要な世界を横並びで比較する際に用いている、筆者考案の分析手法、また、経済・貿易の分析で用いている統計について説明しておきます。

距離感分析

分析する国々と中国の親密度を説明する際、「距離感分析」と名付けた、政治面、社会面、経済面の3つの視点から把握する枠組みを用いています。

政治面は、民主主義度などを踏まえた「政治思想」、自由度などを踏まえた「人権思想」、外交関係や過去の戦争・植民地支配を踏まえた「外交・戦争」の3指標で評価します。

（例）日本と中国の距離感分析

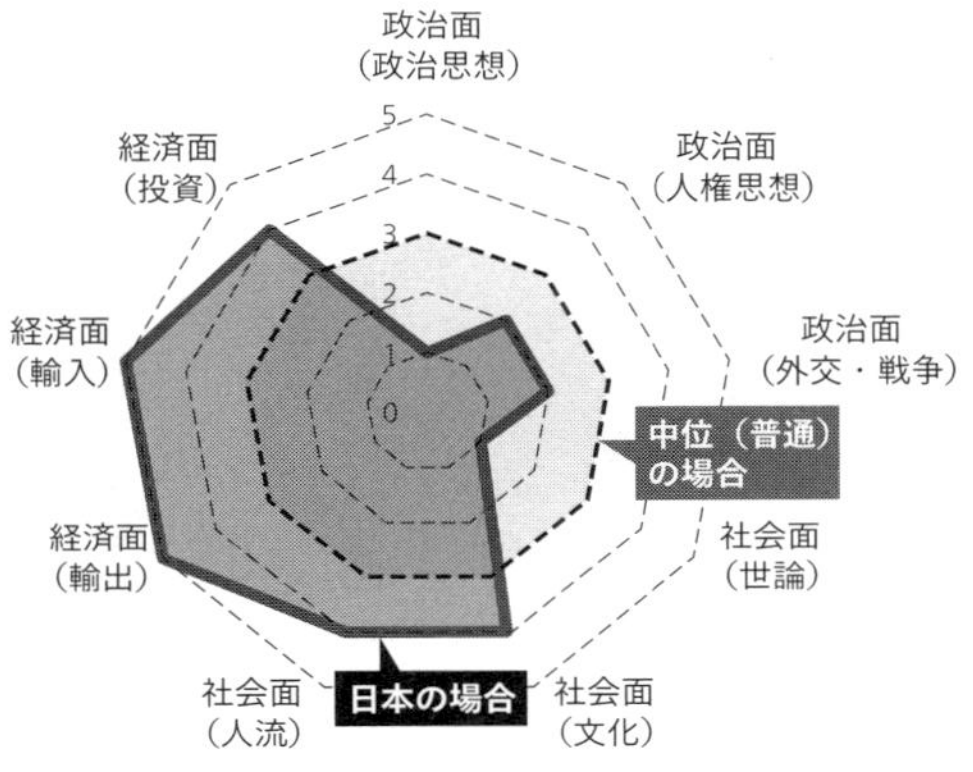

社会面は、その国の社会が親中か反中かを踏まえた「世論」、文化の共通性や異文化交流などを踏まえた「文化」、人的交流を踏まえた「人流」の3指標から評価します。

経済面は、輸出シェアを基準とする「輸出」、輸入シェアを基準とする「輸入」、直接投資の多寡を基準とする「投資」の3指標から評価します。

それぞれについて、筆者の評価点を付しました。5段階評価で、5点は高位（近い）、4点は高め（やや近い）、3点は中位（普通）、2点は低め（やや遠い）、1点は低位（遠い）を表します。

政治的自由度×民主主義指数のマトリクス

世界各国の政治面を分析するにあたり、「政治的自由度×民主主義指数のマトリクス」を用いています。

これは縦軸に、米国に本部を置く国際NGO団体であるフリーダムハウスが公表した「政治的自由度」をとり、横軸に週刊誌『エコノミスト』を刊行する英国の民間企業エコノミスト・グループ傘下の調査部門であるエコノミスト・インテリジェンス・ユニット研究所（EIU）が公表した「民主主義指数」をとって、世界各国がどんな位置にあるのかをプロットしたものです。また国際通貨基金（IMF）公表の国内総生産（GDP）を用いて、各国のプロットする円の大きさを変えることにより、当該国の経済規模の大きさを示しています。基準年は「政治的自由度」は2018年、「民主主義指数」とGDPは2021年です。

「政治的自由度」はフリーダムハウスが公表した7つ

政治的自由度と民主主義指数

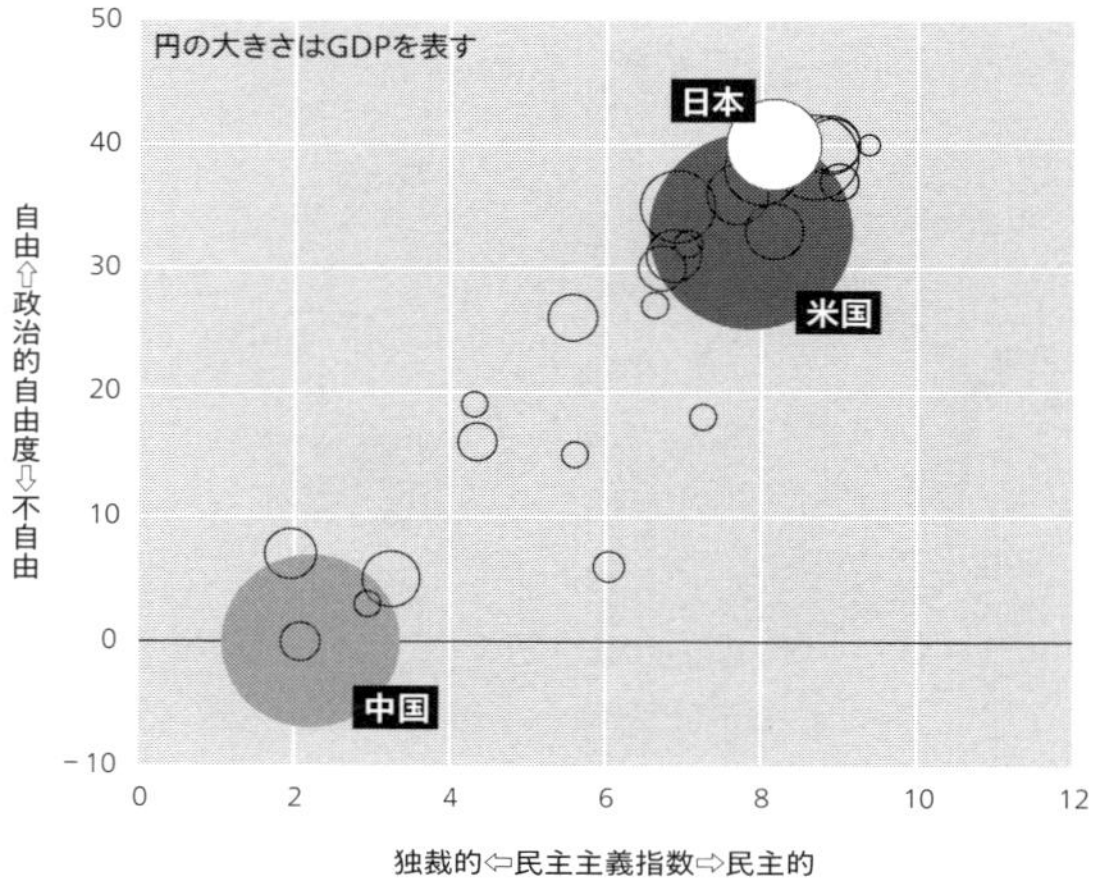

のサブカテゴリーのうち「表現と信念の自由」、「結社の自由」、「法の支配」の3つのスコアを集計したものです。数値が大きいほどその自由度が高いことを示します。

「民主主義指数」は、60の指標を選挙過程と多元性、政府機能、政治参加、政治文化、人権擁護の5つの部

親米・親中分析

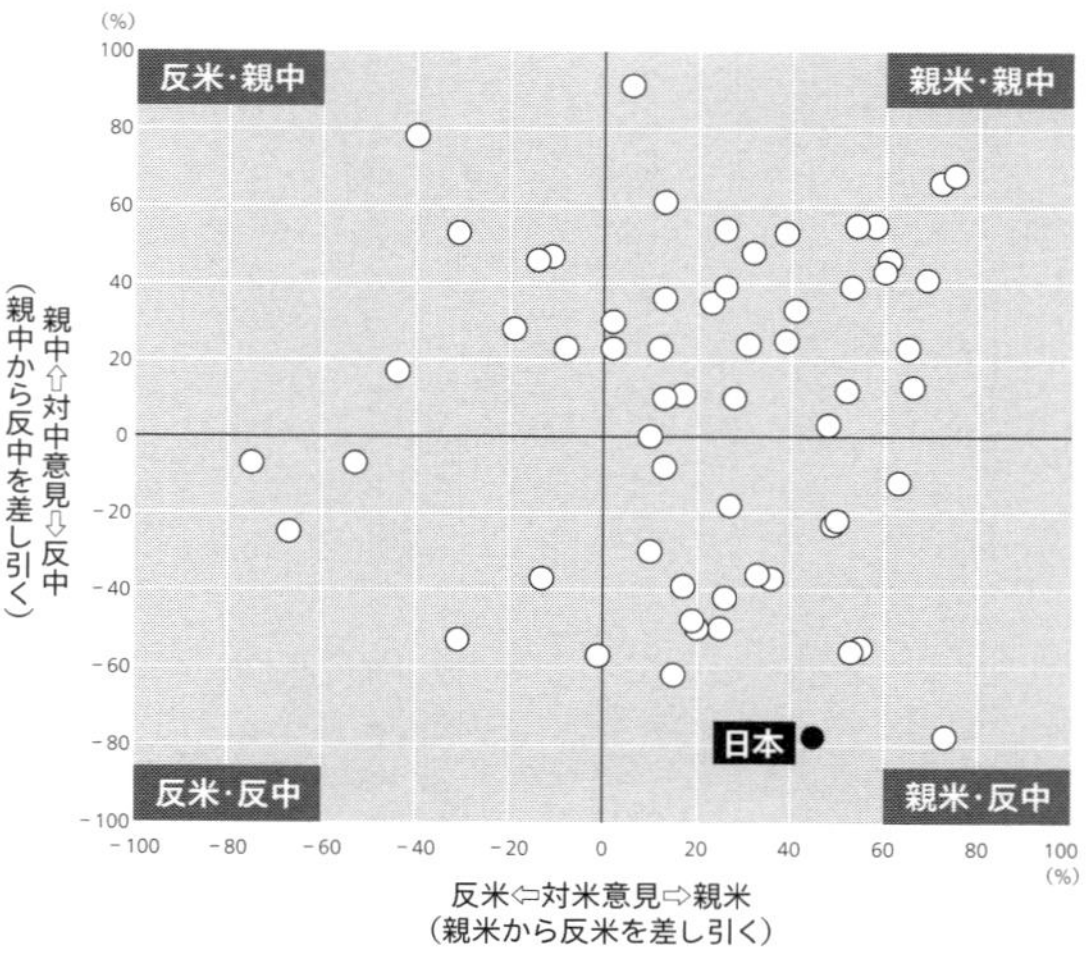

門に分類し、それに基づいたスコアの平均から計算されています。そして数値が大きいほどその民主主義度が高いことを示します。

親米・親中分析（および親露・親中分析）

世界の社会面の指標の一つである、その国の世論が

「親米」なのか「親中」なのかを見るために、「親米・親中分析」を行っています。データは米調査機関のピュー・リサーチ・センターが、世界において、米国や中国などに対して「好ましい」と見ているか、それとも「好ましくない」と見ているかに関する調査結果です。

なお、米国人・中国人それぞれが自国の評価もしています。

それぞれ100~0%の間の数値をとりますが、「親米・親中分析」においては「好ましい」から「好

調査年

		対中国	対米国	対ロシア
西洋諸国	オーストラリア	2021年	2021年	2020年
	ベルギー	2021年	2021年	2020年
	ブルガリア	2019年	2019年	2019年
	カナダ	2021年	2021年	2020年
	チェコ	2019年	2019年	2019年
	デンマーク	2020年	2020年	-
	フランス	2021年	2021年	2020年
	ドイツ	2021年	2021年	2020年
	ギリシャ	2021年	2021年	2019年
	ハンガリー	2019年	2019年	2019年
	イタリア	2021年	2021年	2020年
	リトアニア	2019年	2019年	2019年
	オランダ	2021年	2021年	2020年
	ニュージーランド	2021年	2021年	-
	ポーランド	2019年	2019年	2019年
	スロバキア	2019年	2019年	2019年
	スペイン	2021年	2021年	2020年
	スウェーデン	2021年	2021年	2020年
	英国	2021年	2021年	2020年
	米国	2021年	2021年	2020年
近隣アジア	バングラデシュ	2014年	2014年	2014年
	中国	2016年	2016年	2015年
	インド	2019年	2019年	2019年
	インドネシア	2019年	2019年	2019年
	日本	2021年	2021年	2020年
	マレーシア	2015年	2015年	2015年
	パキスタン	2015年	2015年	2015年
	フィリピン	2019年	2019年	2019年
	シンガポール	2021年	2021年	-
	韓国	2021年	2021年	2020年
	台湾	2021年	2021年	-
	タイ	2014年	2014年	2014年
	ベトナム	2017年	2017年	2017年
旧ソ連圏	ロシア	2019年	2019年	2019年
	ウクライナ	2019年	2019年	2019年
中東諸国	イスラエル	2019年	2019年	2019年
	ヨルダン	2017年	2017年	2017年
	レバノン	2019年	2019年	2019年
	パレスチナ	2015年	2015年	2015年
	トルコ	2019年	2019年	2019年
ラテンアメリカ	アルゼンチン	2019年	2019年	2019年
	ボリビア	2013年	2013年	2013年
	ブラジル	2019年	2019年	2019年
	チリ	2017年	2017年	2017年
	コロンビア	2017年	2017年	2017年
	エルサルバドル	2014年	2014年	2014年
	メキシコ	2019年	2019年	2019年
	ニカラグア	2014年	2014年	2014年
	ペルー	2017年	2017年	2017年
	ベネズエラ	2017年	2017年	2017年
アフリカ	ブルキナファソ	2015年	2015年	2015年
	エジプト	2014年	2014年	2014年
	エチオピア	2015年	2015年	2015年
	ガーナ	2017年	2017年	2017年
	ケニア	2019年	2019年	2019年
	ナイジェリア	2019年	2019年	2019年
	セネガル	2017年	2017年	2017年
	南アフリカ	2019年	2019年	2018年
	タンザニア	2017年	2017年	2017年
	チュニジア	2019年	2019年	2019年
	ウガンダ	2015年	2015年	2015年

ましくない」を差し引いた数値を用いています。縦軸には「対中意見」として中国に対する数値をとり、横軸には「対米意見」として米国に対する数値をとって、世界各国がどんな位置にあるのかをプロットし、分析します。なお、調査年は対象国や被対象国によって異なります（前ページの表）。また「親露・親中分析」も「親米・親中分析」と同様の方法で行っています。

経済面の分析で用いた貿易品目の分類

世界各国と中国との貿易品目について、10分類（食品類、エネルギー類、工業原料類、生活用品類、機械・部品、電気機器・部品、輸送機械・部品、精密機械・部品、武器弾薬、その他）で表示しています。世界税関機構（ＷＣＯ）が管理するＨＳコード（Harmonized System Code）で公表された品目構成を筆者考案のカテゴリーで集計しています。なお、10分類の詳細品目については、左記を参照ください（武器弾薬はわずかなため非表示）。

参考●各輸出品目の概要（中国の例、2021 年）

「精密機械・部品」とは光学機器、写真用機器、映画用機器、測定機器、検査機器、精密機器、医療用機器、時計および楽器ならびにこれらの部分品および附属品で、その輸出額は 1047 億ドル。

「食品類」の輸出額は 825 億ドルで、その内訳は、野菜・果実・木の実などの植物性食品が 282 億ドル（食品類に占めるシェアは 34%）、肉・魚・甲殻類などの動物性食品が 151 億ドル（同 18%）、調理食品・酒・タバコなどが 369 億ドル（同 45%）、動物性・植物性油脂が 24 億ドル（同 3%）。

「エネルギー類」とは鉱物性燃料および鉱物油ならびにこれらの蒸留物、歴青物質ならびに鉱物性ろうで、その輸出額は 422 億ドル。

「輸送機械・部品」とは車両、航空機、船舶および輸送機器関連品で、その輸出額は 1741 億ドル。

「電気機器・部品」とは電気機器およびその部分品ならびに録音機、音声再生機並びにテレビジョンの映像および音声の記録用または再生用の機器ならびにこれらの部分品および附属品で、その輸出額は 9019 億ドル。

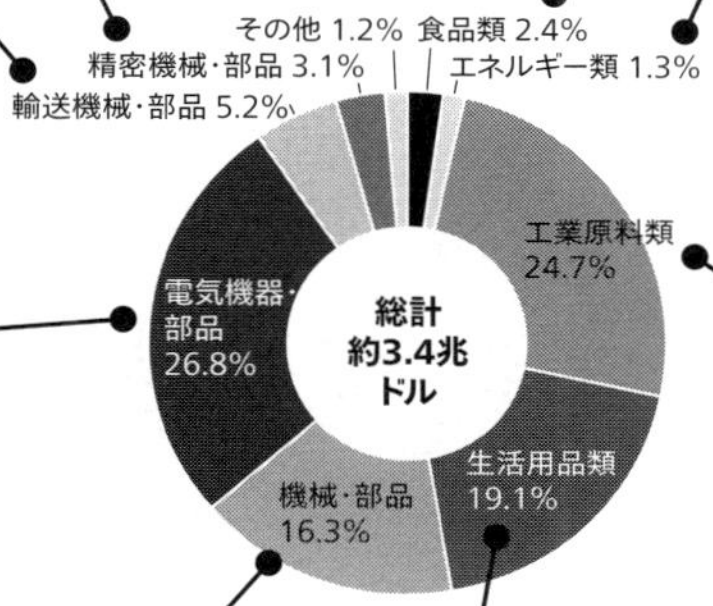

「工業原料類」の輸出額は 8315 億ドルで、その内訳は、ベースメタル関連製品が 2647 億ドル（工業原料類に占めるシェアは 32%）、化学関連製品が 2138 億ドル(同 26%)、プラスチック・ゴム関連製品が 1624 億ドル（同 20%）、石・セメント・セラミック・ガラスなどが 687 億ドル（同 8%）、皮革関連製品が 346 億ドル（同 4%）、貴金属・レアアース・真珠などが 293 億ドル（同 4%）、紙・パルプ関連製品が 288 億ドル（同 4%）、木材関連製品が 208 億ドル（同 3 %）、鉱物（除くエネルギー類）が 84 億ドル（同 1%）。

なお、レアアースは現在、中国の戦略的な輸出物資として注目されることが多くなっています。鄧小平が「中東には石油があるが、中国にはレアアースがある」として、その育成を強化したことに端を発します。

「機械・部品」とは原子炉、ボイラーおよび機械類ならびにこれらの部分品で、その輸出額は 5480 億ドル。

「生活用品類」の輸出額は 6433 億ドルで、その内訳は、繊維および繊維製品が 3050 億ドル（生活用品類に占めるシェアは 48%）、履物・帽子・傘などが 733 億ドル（同 11%）、その他の雑製品が 2649 億ドル（同 41%）。

参考●各輸入品目の概要（中国の例、2021 年）

「精密機械・部品」とは光学機器、写真用機器、映画用機器、測定機器、検査機器、精密機器、医療用機器、時計および楽器ならびにこれらの部分品および附属品で、その輸入額は 1157 億ドル。

「食品類」の輸入額は 2089 億ドルで、その内訳は、野菜・果実・木の実などの植物性食品が 1033 億ドル（食品類に占めるシェアは 50%）、肉・魚・甲殻類などの動物性食品が 571 億ドル（同 27%）、調理食品・酒・タバコなどが 326 億ドル（同 16%）、動物性・植物性油脂が 160 億ドル（同 8%）。

「エネルギー類」とは鉱物性燃料および鉱物油ならびにこれらの蒸留物、歴青物質ならびに鉱物性ろうで、その輸入額は 3996 億ドル。

「輸送機械・部品」とは車両、航空機、船舶および輸送機器関連品で、その輸入額は 1038 億ドル。

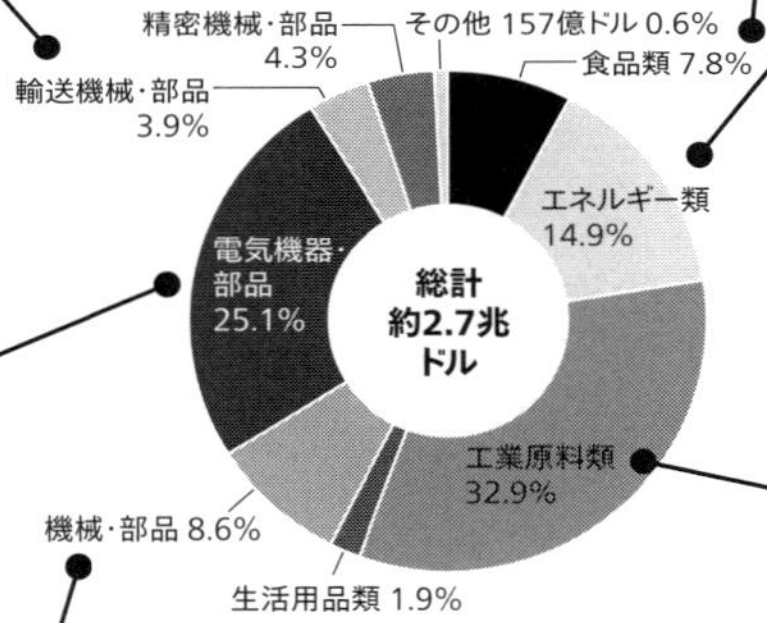

「電気機器・部品」とは電気機器およびその部分品ならびに録音機、音声再生機ならびにテレビジョンの映像および音声の記録用または再生用の機器ならびにこれらの部分品および附属品で、その輸入額は 6716 億ドル。

「工業原料類」の輸入額は 8807 億ドルで、その内訳は、鉱物（除くエネルギー類）が 2774 億ドル（工業原料類に占めるシェアは 32%）、化学関連製品が 1897 億ドル（同 22%）、ベースメタル関連製品が 1547 億ドル（同 18%）、プラスチック・ゴム関連製品が 1014 億ドル（同 12%）、貴金属・レアアース・真珠などが 774 億ドル（同 9%）、紙・パルプ関連製品が 314 億ドル（同 4%）、木材関連製品が 243 億ドル（同 3%）、石・セメント・セラミック・ガラスなどが 127 億ドル（同 1%）、皮革関連製品が 117 億ドル（同 1%）。

「機械・部品」とは原子炉、ボイラーおよび機械類ならびにこれらの部分品で、その輸入額は 2314 億ドル。

「生活用品類」の輸入額は 514 億ドルで、その内訳は、繊維および繊維製品が 355 億ドル（生活用品類に占めるシェアは 69%）、履物・帽子・傘などが 77 億ドル（同 15%）、その他の製造品が 82 億ドル（同 16%）。

用語・統計に関する留意点

国益

国益にはさまざまな整理方法があります。例えば日本政府は2022年12月に閣議決定した「国家安全保障戦略（概要）」で、我が国の国益を次のようにまとめています。

①主権と独立の維持、領域保全。国民の生命・身体・財産の安全の確保。我が国の平和と安全。豊かな文化と伝統を継承。世界で尊敬され、好意的に受け入れられる国家・国民。

②経済成長を通じた更なる繁栄を主体的に実現。開かれ安定した国際経済秩序を維持・強化。他国と共存共栄できる国際的な環境を実現。

③自由、民主主義、基本的人権、法の支配等の普遍的価値や国際法に基づく国際秩序を擁護。

世界には日本と異なる政治体制の国も少なくなく、国益の整理方法は各国各様ではあるものの、概してこの3分類に近いものとなっています。そこで世界各国を論じる本書では、日本政府の整理を援用しつつも、世界各国にもあてはまるよう拡大解釈し、①に近い国益を「国家の独立」、②に近い国益を「経済的な繁栄」、③に近い国益を「国際的地位の向上」の3分類で記述することとしています。

貿易統計

世界各国と中国の貿易統計は基本的に値が一致しています。ただし輸出の統計は仕向け地ベースの場合が多いのに対し、輸入は原産地ベースの場合が多いため、実際の値は異なる場合が多くなっています。輸入する場合には関税を課すことが多く、その際には原産地がどこの国なのかを把握する必要がありますが、輸出はそうでないことが背景にあります。

為替レートに関して

通貨を外貨換算するにあたっては、中国外貨取引センター公表のスポットレート（月次）の２０２２年平均値（１米ドル＝６・７３７８元、１元＝19・４７８８円、両者を掛け合わせて計算した１米ドル＝１３１・２４３４円）を参考として、変動性の大きさを勘案し左記としました。なお、その他の換算レートを用いる場合は注釈を付した。

・人民元を米ドルに換算する場合は１ドル＝6.7元。
・人民元を日本円に換算する場合は１元＝19・５円。
・米ドルを日本円に関する場合は１ドル＝１３０円。

第1部

中華人民共和国の成り立ちと対外関係

■西側諸国の一角を占め、自由民主主義国家である日本からみると、中国は大変なトラブルメーカーのように見えます。しかし、中国には中国ならではの、一定の合理性を持った世界観、あるいはそのような政策を取っているやむにやまれぬ事情があったり、さまざまな課題や機会を持った経済があります。

■第２部以降では、取り上げた地域、また各国の視点から中国との関係を見ていきますので、この部ではその前提として、まず中国がどういう国なのか（第1章）、また、中国は他国とどのような経済関係を持っているのか（第2章）を見ていきます。

■また第３章では、国際社会から批判されることが多い、中国の「国内」問題に焦点を当てます。特に重要と考えられる台湾問題、香港問題、ウイグル問題を取り上げ、その歴史的推移、それぞれの社会・経済構造や中国との関係、国際社会がどう評価しているか、中国側の言い分はどうかなどを確認しておきます。

第1章 国家としてのあらまし

❶地理

中国の正式名称は中華人民共和国（People's Republic of China、略称ＰＲＣ）で、首都は北京に置かれています。国土面積は約９６０万㎢で、米国とほぼ同じです。東部には広大で肥沃な沖積平野が広がり、その大部分は温帯に属し四季の区別が明確で暮らしやすい気候であることから、人口密度の高い地域となっています。

一方、西部にはヒマラヤ（エベレストはネパールとの国境線上）、崑崙、天山、アルタイなどの山岳地帯や、ゴビ、タクラマカンなどの砂漠地帯が広がるなど気候の厳しい地域であることから、人口密度の低い地域となっています。

また、国土はユーラシア大陸の東に位置し、北朝鮮（朝鮮民主主義人民共和国）、ロシア、モンゴル、カザフスタン、キルギス、タジキスタン、アフガニスタン、パキスタン、インド、ネパール、ブータン、ミャンマー、ラオス、ベトナムの14ヵ国と国境を接しているほか、特別行政区である香港とマカオの間にも事実上の国境があります。

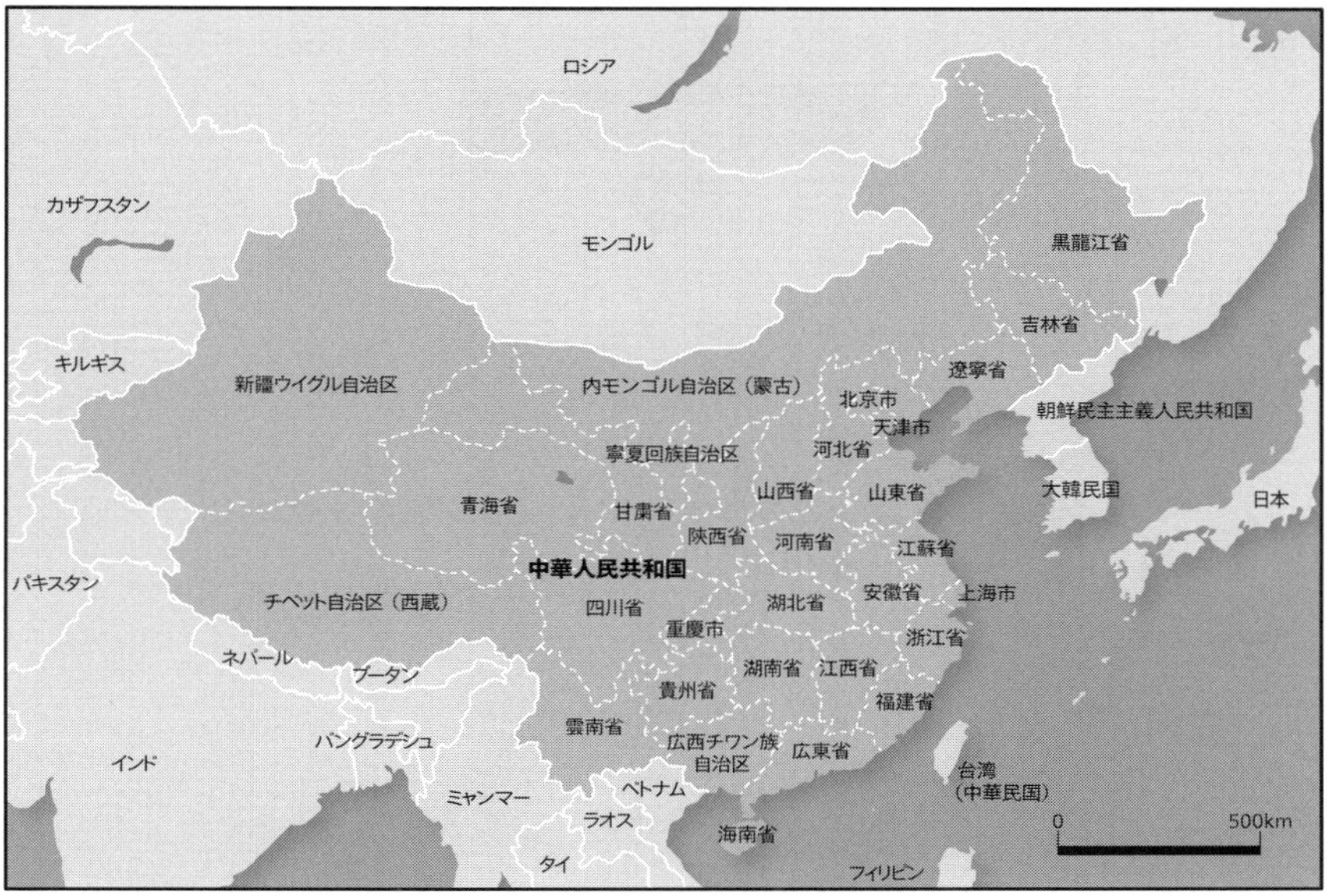

❷政治

政治体制は「人民民主独裁」と称され、中国の憲法第一章第一条では次のように述べられています。

> 中華人民共和国は労働者階級が指導し、労農連盟を基礎とした人民民主独裁の社会主義国である。社会主義制度は中華人民共和国の基本的な制度である。中国共産党の指導は中国の特色ある社会主義の最も本質的な特徴である。いかなる組織や個人も社会主義制度を破壊することを禁止する

国家機関は図表1－1－1のように構成されています。

この政治体制を見る限り、立法府、行政府、司法府の三権が相互にチェックし合う日本の政治体制と大きな違いはないようにも見えます。しかし、民主的な選挙で政権を選択する日本と根本的に異なるのは、共産党が国家機関を指導（中国語で「領導」）するという点

図表 1-1-1 ●中国の国家体制

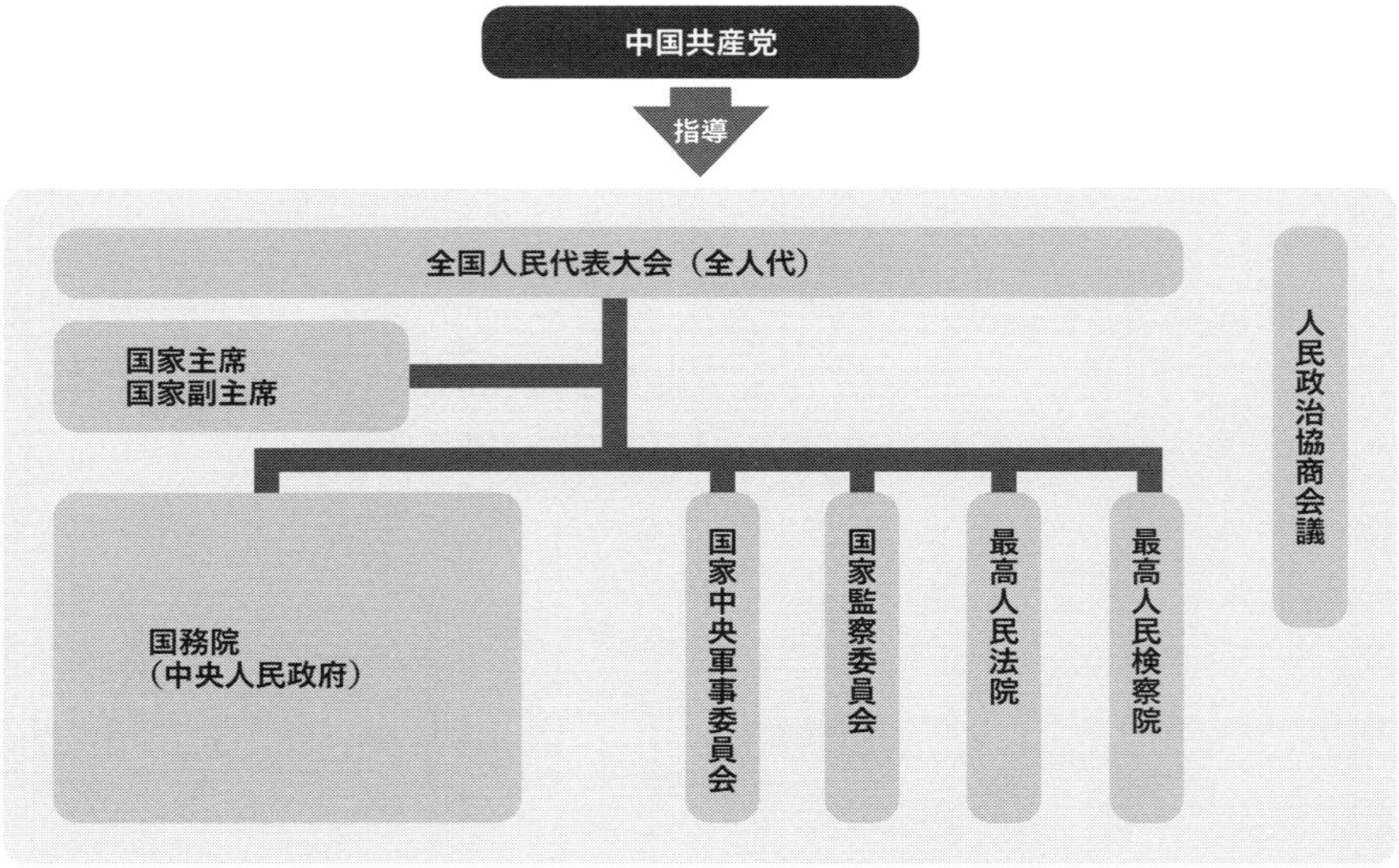

最高権力機関は立法権を持つ全国人民代表大会（全人代）である。全人代は毎年１回しか開催されないので、常設の機関として全国人民代表大会常務委員会を置く。全人代は省、自治区、直轄市、特別行政区と軍隊が選出した代表で構成され、各少数民族には適切な人数の代表がいなければならないとし、任期は５年。

全人代は、憲法の改正とその実施監督、刑事、民事、国家機構およびその他の基本法律の制定・改正の職権を行使する。また国家主席・副主席の選挙、国家主席の指名に基づく国務院総理の人選、国務院総理の指名に基づく国務院副総理、国務委員、各省部長、各委員会主任、審計長、秘書長の人選、中央軍事委員会主席の選挙とその主席の指名に基づく中央軍事委員会の他の構成人員の人選、国家監察委員会主任、最高人民法院院長、最高人民検察院検事長の選挙などの職権を持ち、これらを罷免する権限もある。

国家主席は元首に相当するもので、その任期は全人代と同じ５年です。全人代および常務委員会の決定に基づいて、法律を公布し、国務院総理、副総理、国務委員、各省部長、各委員会主任、監査長、秘書長を任免し、国の勲章と栄誉称号を授与し、特赦令を発布し、非常事態を宣言し、戦争状態を宣言し、動員令を発布する権限などを持つ。なお、国家主席が欠けたときは副主席がその地位を引き継ぐことになっている。

国務院（中央人民政府）は最高権力機関の決定を実施する最高行政機関に相当するもので、その任期は全人代と同じ５年、連続２期までとなっている。憲法および法律に基づき、行政措置を規定し、行政法規を制定し、決定および命令を発布したり、全人代および常務委員会へ議案を提出したり、各省と各委員会の任務と職責を規定し、各省と各委員会の業務を統一的に指導し、かつ各省と各委員会に属さない全国的な行政業務を指導するなどの職権を行使する。

国家中央軍事委員会は全国の軍を指導する機関で、その任期は全人代と同じ５年となっている。

国家監察委員会は地方各級監察委員会を指導して監察権を行使する最高監察機関に相当するもので、その主任の任期は全人代と同じ５年、連続２期までとなっている。

最高人民法院は地方の各級人民法院と軍事法院など専門人民法院の裁判業務を監督する最高裁判機関で、その院長の任期は全人代と同じ５年、連続２期までとなっている。なお、法律の規定により独立して裁判権を行使し、行政機関、社会団体および個人の干渉を受けないとされている。

最高人民検察院は地方の各級人民検察院と軍事検察院など専門人民検察院の業務を指導する最高検察機関で、検事長の任期は全人代と同じ５年、連続２期までとなっている。なお、法律の規定により独立して検察権を行使し、行政機関、社会団体および個人の干渉を受けないとされている。

また、中国共産党が指導し、各民主党派と各人民団体が参加して、ともに社会主義建設に向けて協力する、人民政治協商会議という愛国統一戦線組織がある。

（出典）中華人民共和国憲法を元に筆者作成

です。法律を定める立法府も、その法律に基づいて権力を行使する行政府も、その法律に基づいて訴訟を審理する司法府も、共産党が指導するのです。

したがって、日本のように統治者・被治者がともに「法の支配」に服さなければならないのではなく、共産党が指導して定めた法律に基づく「法による支配」の下にあり、共産党が法というツールで被治者を統治する体制にあると言えるでしょう。

■日本とは異なる中国の民主主義と人権の考え方

中国の民主主義に対する考え方は日本のそれと大きく異なります。中国では「人民民主独裁」の専制的なマイナス面をカバーすべく、政策決定の全ての過程で民意を反映させる「全過程人民民主主義」と称する概念を打ち出しています。欧米型民主主義に慣れ親しんだ日本人にはかなり難解ではありますが、日本との違いを知る上で重要なので、次の囲みで簡単にご紹介します。端的に言うと中国流の民主主義があり、中国にはそれが適していると主張しています。

全過程人民民主主義

中国の民主主義は人民民主主義であり、人民が主人公となることは中国の民主主義の本質と核心である。全過程人民民主主義は、過程の民主主義と成果の民主主義、手続きの民主主義と実質の民主主義、直接民主主義と間接民主主義、人民民主主義と国家意志それぞれの統一を実現しており、全てをカバーする民主主義であり、最も幅広く、最も真実に近く、最も役に立つ社会主義の民主主義である

民主主義は歴史的、具体的なもので、発展するものだ。各国の民主主義は自国の歴史文化の伝統に根付き、自国人民の実践の模索と知恵の創造によって成長してきた。民主主義の道は同じでなく、民主主義の形態もそれぞれ異なる。民主主義は飾り物ではなく、格好をつけるためのものではなく、人民が解決を必要としている問題を解決するためのものである。民主主義は各国人民の権利であり、少数の国の専売特許ではない。（2021年12月公表の白書『中国の民主主義』より。傍点は筆者）

人権思想についても、重視するポイントが日本と違います。日本では、人身の自由、言論・出版の自由、宗教の自由など自由権を重視する傾向がありますが、中国では自由権よりも生存権・発展権を重視しています。

豊かになり切れず、まだ貧しさに苦しむ人の多い中国ならではの事情があるものと見られ、これは多かれ少なかれ途上国に共通する面があります。詳しくは囲みをご覧ください。

中国共産党の人権思想

中国共産党は人民至上を堅持し、人権の普遍的原則と中国の実情を結びつけることを堅持し、生存権、発展権が第一の基本的人権であることを堅持し、人民の幸福な生活が最大の人権であることを堅持し、人の全面的発展を促すことを堅持し、人民大衆の満足感、幸福感、安全感を絶えず高め、中国の特色ある社会主義の人権発展の道を歩むことに成功した。

（白書『中国共産党の人権尊重・保障の偉大な実践』2021年発表より。傍点は筆者）

❸社会

人口はおよそ14億人です。人口ピラミッドを見ると（図表1－1－2）、若年層と高齢層が少なく生産年齢人口（15～64歳）のところが膨らんだつぼ型となっています。これを世界と見比べると、生産年齢人口が占める比率は70％と世界平均（65％）を上回り、65歳以上の高齢者が占める比率も12％と世界平均（9％）を上回っていますが、15歳未満の若年者が占める比率は18％と世界平均（25％）より少ないことが分かります。また50歳前後のところに大きな山があることから、今後は高齢化がなお一層進んでいくと見られます。なお、平均寿命は76・6歳と世界平均より長寿で、男女比は51：49と男性がやや多い人口構成となっています。

国民のおよそ9割が漢民族で、チワン族、満州族、回族、ミャオ族、ウイグル族、イ族、モンゴル族、チベット族、朝鮮族など55の少数民族も公認されています。公用語は北京方言を基にした標準中国語（普通語、マンダリン）ですが、上海、広東、福建、客家《ハッカ》などの方言も多く、ウイグル語、モンゴル語、満州語などを使う人々もいます。

宗教は仏教、道教、イスラム教、カトリック、プロテスタントなどです。信者を合計しても2億人ほどに過ぎず、無宗教者が大半を占めるとされていますが、仏教と道教には厳格な入信手続きがないため正確には分からないようです[1]。文化大革命（1966年5月～76年10月）で旧思想・旧文化の廃絶がスローガンとなったことも無宗教者が多い背景と思われます。ただし、無宗教者とされる中国人でも三教（儒教、道教、大乗仏教）の教えを心得る人は少なくありません。そして国民の価値観に大きな影響を与えています。

なお、中国社会には共産党エリートによる政治支配を受け入れやすい土壌があるようです。古来中国では

[1]「中国保障宗教信仰自由的政策和実践」中華人民共和国国務院新聞弁公室（2018年4月）

図表 1-1-2 ●人口ピラミッド（2020年）

中国

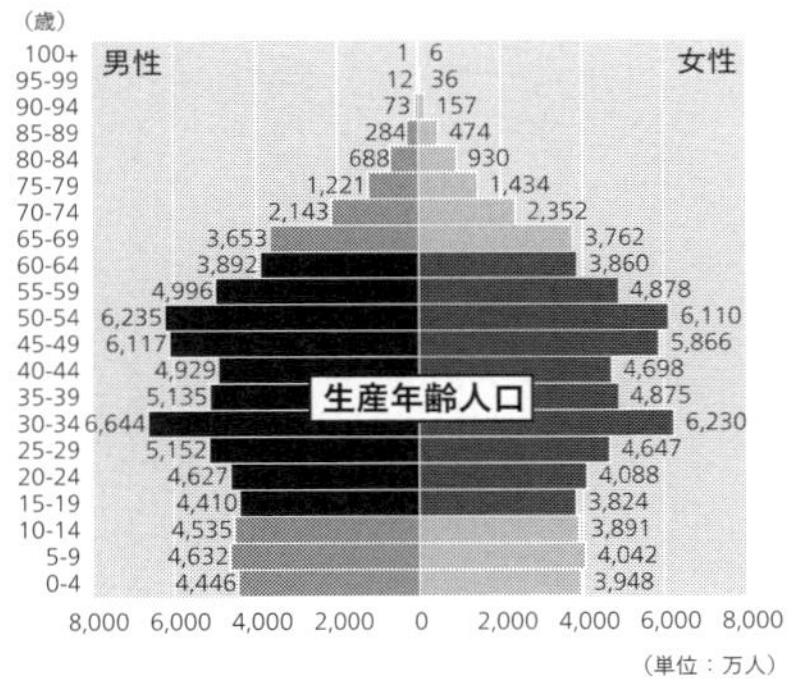

生産年齢人口比率：70%
15歳未満の若年層比率：18%
65歳以上の高齢者比率：12%
平均寿命：76.6歳

世界

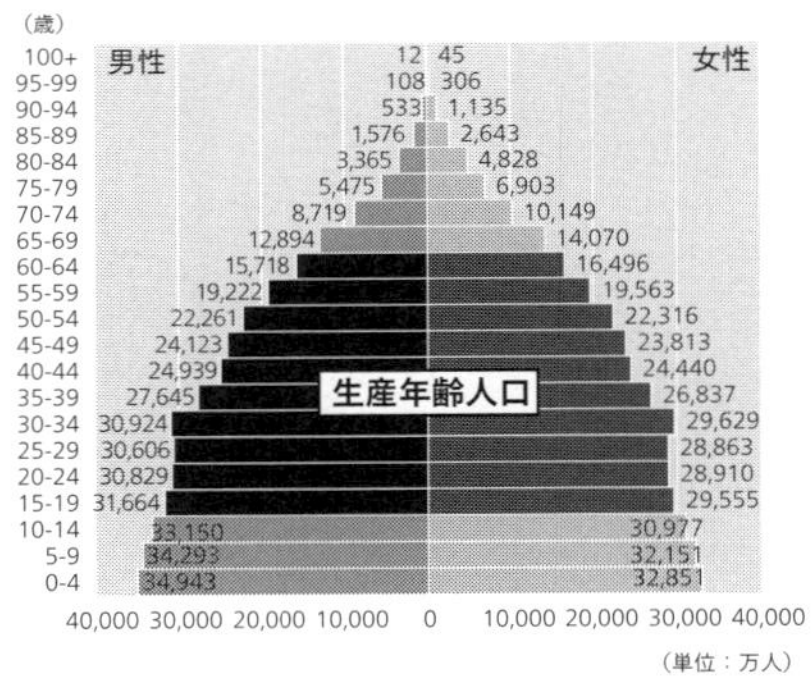

生産年齢人口比率：65%
15歳未満の若年層比率：25%
65歳以上の高齢者比率：9%
平均寿命：72.3歳

（出典）国連のデータを元に筆者作成

科挙などで選ばれた士大夫がエリート官僚として政治を司ってきたという歴史があることや、現在も成績優秀で周囲からの信頼が厚い人しか共産党員になれないということがあるからでしょう。

■地域社会

中国は台湾を除くと31の省級行政区に分けられています。広東省や福建省のような省と、北京市や上海市などの極めて大きな大都市を含みます。

各地域がどんな社会なのかをランキング形式で見てみましょう（図表1－1－3）。最も人口が多い地域は広東省で1.27億人と日本の総人口を超えています。一方、最も人口が少ない地域は西藏自治区（チベット）で横浜市とほぼ同じです。

一人当たり域内総生産（GRP）を見ると、最も豊かな北京市は、日本円に換算すれば約380万円に達した一方、最も貧しい甘粛省は約90万円にとどまっています。そして、豊かな地域は都市で生活する人の比率（都市化率）がおおむね高く、貧しい地域は低いという傾向があります。また、北京市や上海市など、現役世代（15歳～64歳）が出稼ぎに来る大都市は、経済活動の担い手が多いので豊かになりやすい状況にあります。

半面、現役世代が出稼ぎに出る地域は、その子供や両親が地元に残る場合が少なくないため、従属年齢人口（若年者や高齢者）が多くなりがちです。そうした地域では教育や年金・医療などの負担が現役世代の肩に重くのしかかることになります。

❹歴史

■中華人民共和国の成立
――内戦は終了したものの「共同貧困」を甘受

第二次世界大戦終結後、国民党との内戦に終止符を打った1949年10月1日、当時の最高指導者だった毛沢東は天安門の上に立って中華人民共和国の成立を宣言しました。

1957年、毛沢東は、中国は当時世界第2位の経済大国だった英国を15年で追い越すという計画を打ち

図表 1-1-3 ●中国における地域別社会的指標ランキング

		人口	2021年、百万人	一人当たり GRP	2022年、元	都市化率	2021年、%	若年者比率（15歳未満）	2021年、%	現役者比率（15～64歳）	2021年、%	高齢者比率（65歳以上）	2021年、%
トップ10	1位	広東	127	北京	190,313	上海	89.3	西蔵	24.5	北京	74.9	遼寧	17.4
	2位	山東	102	上海	179,907	北京	87.5	貴州	24.0	黒龍江	74.1	重慶	17.1
	3位	河南	99	江蘇	144,390	天津	84.9	広西	23.6	上海	73.9	四川	16.9
	4位	江蘇	85	福建	126,829	広東	74.6	河南	23.1	浙江	73.3	上海	16.3
	5位	四川	84	天津	119,235	江蘇	73.9	新疆	22.5	内蒙古	72.9	江蘇	16.2
	6位	河北	74	浙江	118,496	遼寧	72.8	江西	22.0	吉林	72.7	黒龍江	15.6
	7位	湖南	66	広東	101,905	浙江	72.7	青海	20.8	広東	72.6	吉林	15.6
	8位	浙江	65	内蒙古	96,474	重慶	70.3	寧夏	20.4	天津	71.8	山東	15.1
	9位	安徽	61	湖北	92,059	福建	69.7	河北	20.2	遼寧	71.5	安徽	15.0
	10位	湖北	58	重慶	90,663	内蒙古	68.2	海南	20.0	山西	70.7	湖南	14.8
ボトム10	10位	甘粛	25	河南	62,106	湖南	59.7	重慶	15.9	重慶	67.0	江西	11.9
	9位	上海	25	雲南	61,716	安徽	59.4	江蘇	15.2	四川	67.0	貴州	11.6
	8位	内蒙古	24	青海	60,724	四川	57.8	内蒙古	14.0	江西	66.2	福建	11.1
	7位	吉林	24	西蔵	58,438	新疆	57.3	天津	13.5	山東	66.1	雲南	10.7
	6位	北京	22	河北	56,995	河南	56.5	浙江	13.4	河北	65.9	海南	10.4
	5位	天津	14	吉林	55,347	広西	55.1	北京	11.8	安徽	65.7	寧夏	9.6
	4位	海南	10	貴州	52,321	貴州	54.3	吉林	11.7	湖南	65.7	青海	8.7
	3位	寧夏	7	広西	52,164	甘粛	53.3	遼寧	11.1	貴州	64.5	広東	8.6
	2位	青海	6	黒龍江	51,096	雲南	51.1	黒龍江	10.3	広西	64.2	新疆	7.8
	1位	西蔵	4	甘粛	44,968	西蔵	36.6	上海	9.8	河南	63.4	西蔵	5.7

（出典）CEIC（出所は中国国家統計局）のデータを元に筆者作成

立てました。

そして、1958年2月には四害駆除運動を開始、同年10月には大製鉄・製鋼運動を開始して大躍進政策が本格化していきました。しかし、駆り出された農民が耕作できなくなったことなどにより食料生産に大打撃が出、その結果、餓死者は諸説あるものの、少なくとも一千万人以上出たと言われています。

1962年1月に毛沢東は大躍進政策の責任に対する自己批判をせざるを得なくなり、大躍進政策は終焉を迎えました。この大躍進政策期（1958～1961年）、中国の成長率は年平均0.8%と、経済は停滞することとなりました。

その後、毛沢東に代わり、鄧小平らが市場主義を取り入れた経済運営を始めました。農業の集団化で生産が停滞していたため、農家に自由に耕作できる農地を与え、生産にインセンティブを付与する「包産到戸（農家生産請負制）」を導入、大躍進政策で疲弊した経済の回復に乗り出しました。共産党内部には毛沢東が注力した人民公社の理念と相容れないとする反対勢力もありましたが、鄧小平は「白猫黒猫論」として有名になる「黄色の猫でも黒い猫でも鼠を捕る猫が良い猫だ」と主張し、経済建設に邁進しました。この間（1962〜65年）の成長率は年平均10・0％と中国経済は発展しました。

しかし1966年、毛沢東は文化大革命を始め、「修正主義の司令部がブルジョア専制を行い、文化大革命運動を弾圧した」として鄧小平らを強く批判し、再度中国は大混乱に陥り、経済発展も止まりました。

このように当時の中国には、絶対平等（ネガティブウェルフェア）の「共同富裕」を目指す毛沢東らと、社会主義の初級段階において共同富裕を目指すと共同貧困に陥りかねないとの懸念から、「改革開放」を旗印とした経済発展を優先すべきとする鄧小平らの路線対立がありました。

ちなみに共同富裕は中国が共産主義の理想としている概念ですが、その起源は孔子が描いた理想郷（大同思想）にあるとされており、中国の伝統思想に深く根ざした概念でもあります。

「改革開放」の始動とその定着の道のり

1976年9月に毛沢東が亡くなると文化大革命は終焉を迎えたもののしばらく路線対立は続きました。しかしその路線対立に終止符を打ったのが「実事求是（現実に基づいて物事の真理を追究する意）」こそが毛沢東思想のエッセンスであると主張し「2つのすべて（すべての毛主席の決定は断固守らねばならず、すべての毛主席の指示には忠実に従わなければならない）」を排除した鄧小平でした。

1981年に胡耀邦が中国共産党主席に就任すると、鄧小平は「先富論」と称する基本原則を唱えて、「一部の地域や一部の人々が先に富を得てもよく、あとで他の地域や他の人々を助けて、徐々に共同富裕に到達することにしよう」として、社会主義の本質的要求である共同富裕を最終的に目指すことに変わりないものの、まずは経済発展を最優先して改革開放を進めることとしました。

そして、広東省の深圳・珠海・汕頭《スワトウ》と福建省の厦門《あもい》を経済特区に指定するなど一部の地域の発展を先行させることとし、農民や企業の経営自主権を拡大して、よく働き成果を挙げた一部の人々が富めるようにしました。その結果、国民の労働意欲が高まり、中国経済は勢いよく発展し始めたのです。

しかし、成果を挙げた一部の地域や一部の人々が富を得て豊かになる一方、そうでない他の地域や他の人々は取り残されたため、地域間格差、都市と農村の格差、都市内の格差が広がっていきました。さらに、計画経済から市場経済へ移行する過程では、権限を悪用して巨万の富を得る党幹部や官僚が増え、彼らが次第に特権階級化していくと、取り残された地域や人々の間に不満が蓄積しました。

そして、１９８９年には天安門事件（六四）が発生しました。学生による民主化要求を巻き込んで過熱したため人民解放軍が武力行使する事態となり、改革開放は一時中断となりました。

その後、ソビエト連邦も崩壊（１９９１年）し深刻な危機に直面した１９９２年１～２月、鄧小平は改革開放の再起動に動き出し、武漢、深圳、珠海、上海などを視察して「南巡講話」を行いました。そして、１９９２年10月に開催された第14回共産党大会では、ソ連が失敗した原因は経済の不振にあったと総括し、「政治的には社会主義、経済的には市場経済」との方針を定め、１９９３年11月に開催された第14期３中全会では「社会主義市場経済体制を確立する上での若干の問題に関する決定」を採択して、改革開放への道筋を確かなものとしていきました。

このように１９７８年以降も共同富裕と改革開放の路線対立が続いた上、１９８９年には天安門事件も発生しました。しかし、中国には安価で豊富な労働力があったため、文化大革命で最貧国に落ち込んだところからは持ち直し、２０００年には一人当たりＧＤＰが世界２０２ヵ国中１３７位と、第５分位から第４分位に上昇しました（図表１－１－４）。

図表 1-1-4 ●中国の成長率と一人当たり GDP の推移

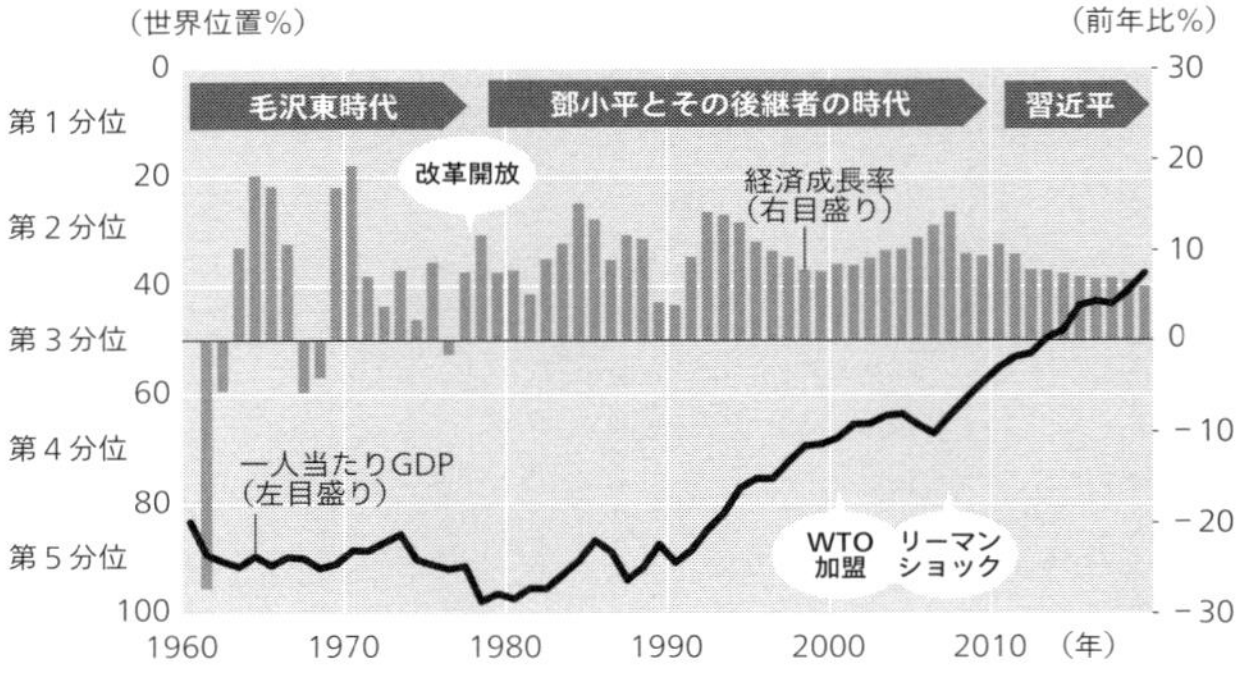

（注）世界位置は、（中国の順位÷対象国数）で計算
（出典）中国国家統計局、世界銀行のデータを元に筆者作成

■WTO加盟による一層の発展と成長の限界を迎えつつある現在

その勢いを加速させることになったのがWTO（世界貿易機関）加盟（2001年）です。東西冷戦が終結しグローバリゼーションが進む中で、世界の多国籍企業は中国の安価で豊富な労働力に注目しました。そして大量の対内投融資を受け入れることとなった中国は工業生産を伸ばし、その輸出で外貨を稼ぎました。稼いだ外貨を主に生産効率改善に資するインフラ整備に回して世界でも有数の生産環境を整え、中国は世界の工場となったのです。

ただし、経済発展したことで労働力が安価でなくなり、少子高齢化が進んだことで労働力が豊富でなくなったのに加えて、米中対立が激化しグローバリゼーションの逆流が始まったことで対内直接投資・輸出の勢いが衰えたことなどから、世界の工場である中国は曲がり角に差し掛かりつつあるようです。

加えて世界金融危機とそれに伴うリーマンショック（2008年）で中国は、輸出急減という危機に直面しました。当時は財政が健全だったので「4兆元の景気対策」と呼ばれた大型の財政出動を実施するとともに、企業債務も少なかったので大規模な金融緩和も実施して高成長を維持しました。しかし、その後も財政金融政策を過剰に発動して高成長を維持したため、財政の裁量余地は低下し（図表1－1－5）、企業債務も肥大化しました（図表1－1－6）。

こうして高成長の維持が難しくなった中国は、規模拡大から質的改善に舵を切り、「社会主義近代化強国」建設という目標を打ち出しました。建国100周年に当たる2049年に向けては、経済、科学、軍事、文化など多方面において近代化を推進し、総合的な国力と国際的な影響力を高めるとともに、国民の生活水準を引き上げて共同富裕を実現し、さらに地球環境に優しい社会を築こうとしています。

図表 1-1-5 ●中国政府の債務残高（対 GDP 比）

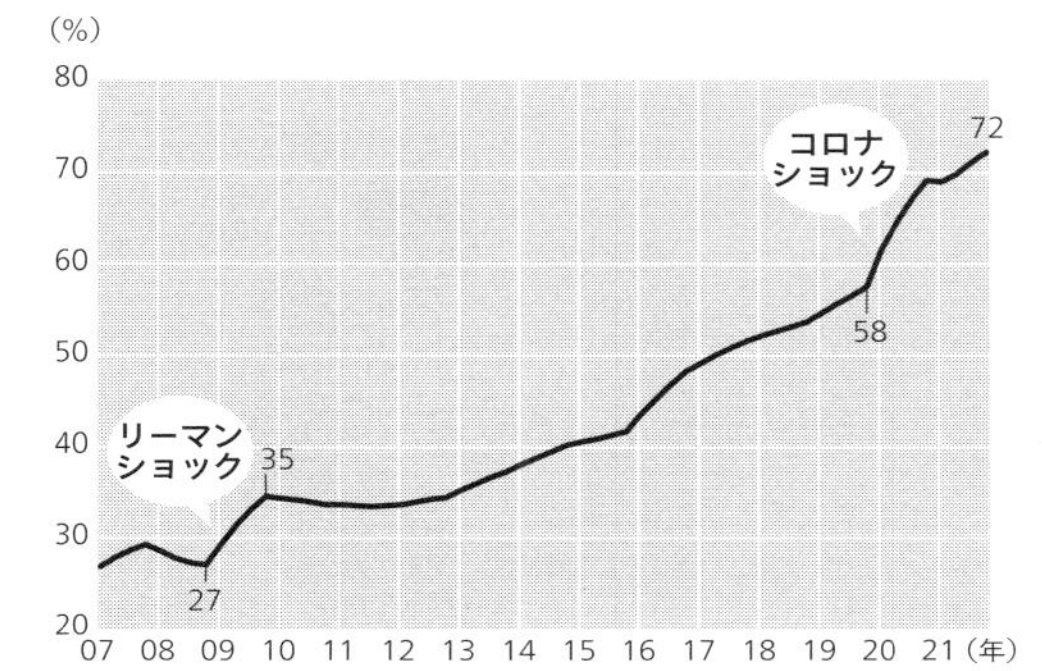

（出典）国際決済銀行（BIS）のデータを元に筆者作成

図表 1-1-6 ●中国非金融企業の債務残高（対 GDP 比）

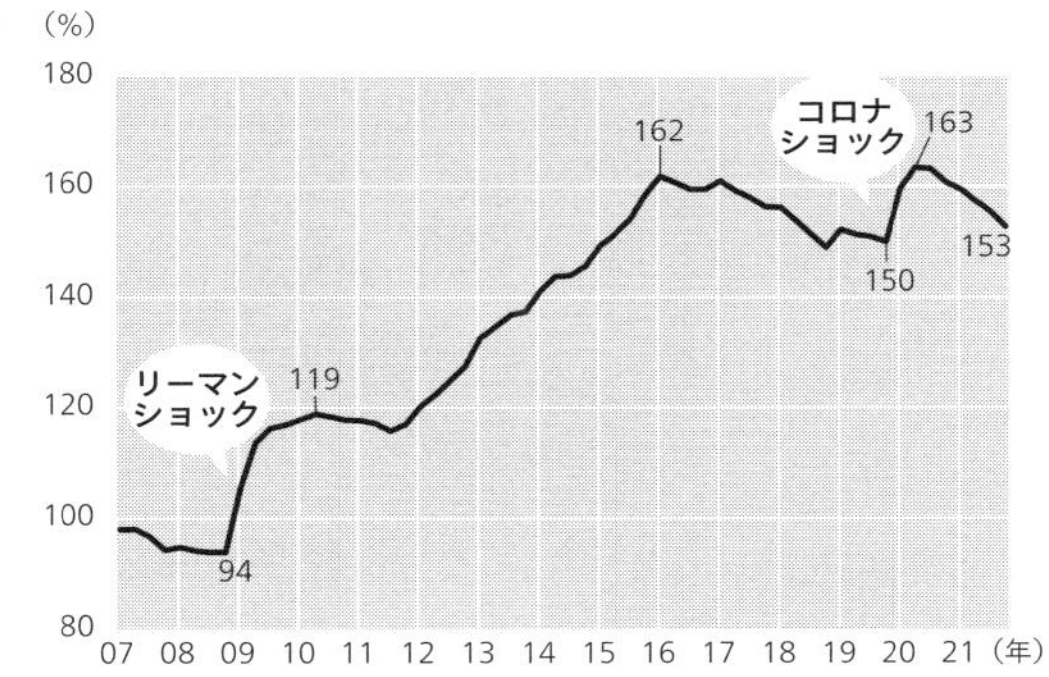

（出典）国際決済銀行（BIS）のデータを元に筆者作成

❺経済

■産業構造

中国の産業構成を世界平均と比較してみましょう（図表1－1－7）。中国の製造業は約3割で世界平均を大きく上回っています。製造大国と言われるドイツや日本でも2割ほどなので、その大きさが際立ちます。また、第三次産業が約5割と少なく、世界平均を大幅に下回っています。欧米先進国は概ね7～8割なので、中国の第三次産業には発展余地があると言えます。

それではどんな経緯で現在の姿になったのでしょうか（図表1－1－8）。改革開放が始まった1978年、第一次産業のシェアは27・7％もありましたが、徐々に減少し2021年には7.3％となりました。他方、24・6％に過ぎなかった第三次産業は徐々に増加し、2021年には53・3％となりました。特に卸小売業、金融業、不動産業、情報通信業が顕著に増えています。

一方、第二次産業は長らく40％台で推移していましたが、世界金融危機で外需依存の危うさを痛感し、その後は内需主導に舵を切ったことから減少傾向に転じ

図表 1-1-7 ●中国と世界の産業構成比較（GDP シェア、2011 ～ 20 年平均）

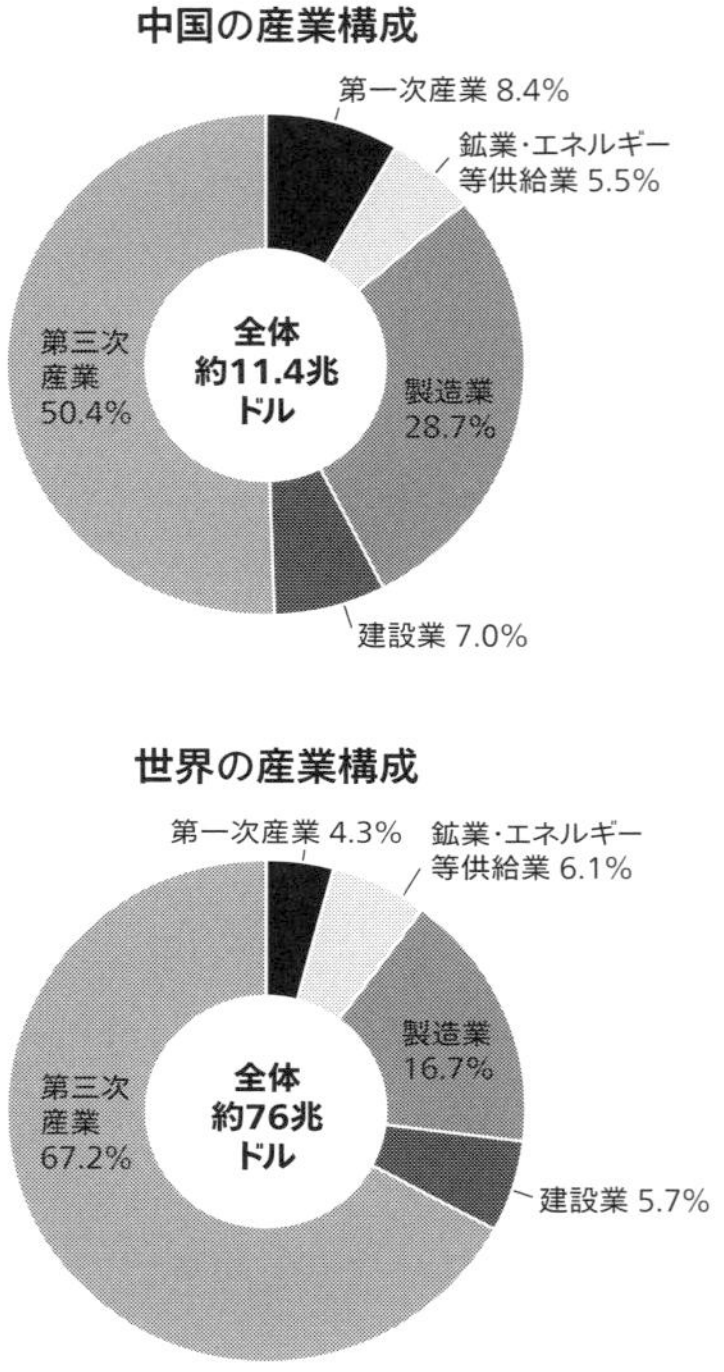

（出典）国連のデータを元に筆者作成

図表 1-1-8 ●中国の産業構造の変遷（GDP シェア）

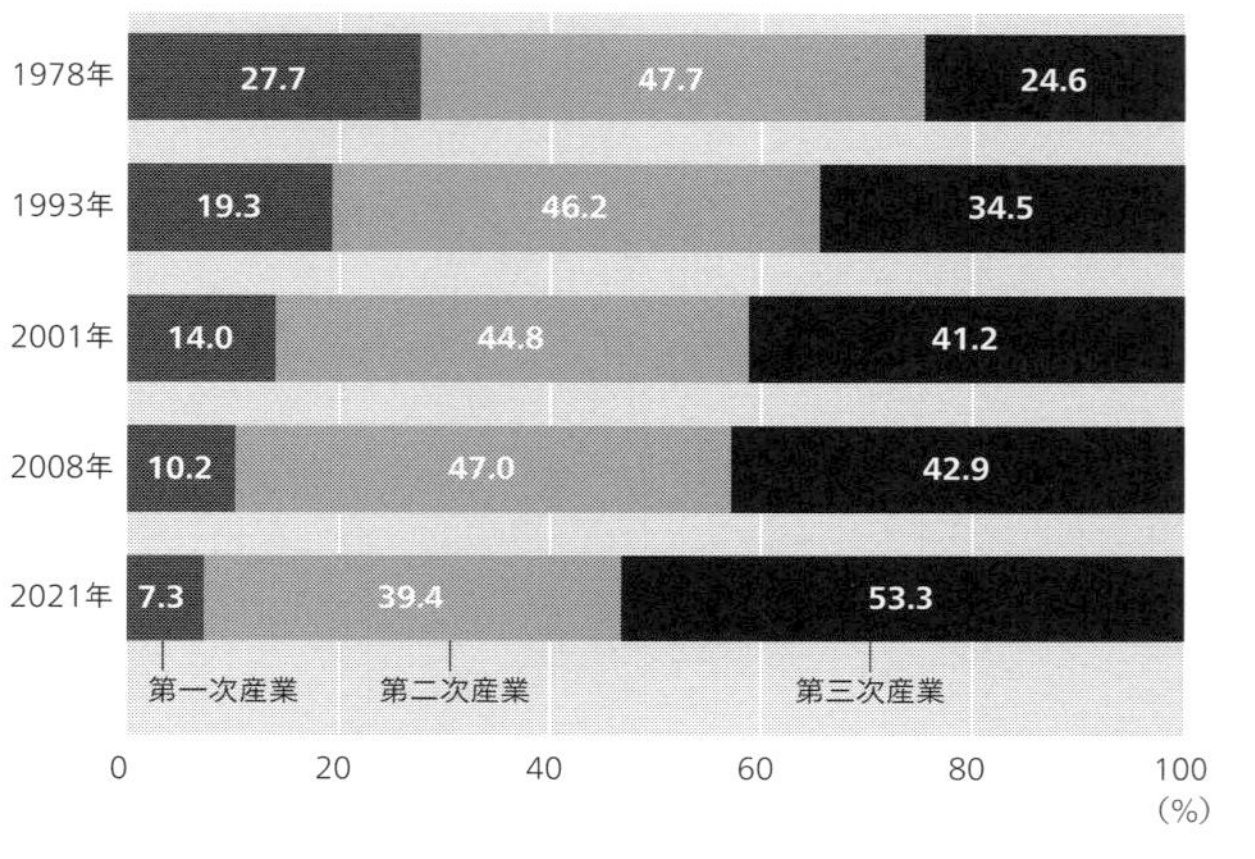

（出典）CEIC（出所は中国国家統計局）のデータを元に筆者作成

ました。なお、第二次産業の中核をなす製造業の内部では高度化が進んでいます。

そして、フォーチュン・グローバル500に入るようなEV（電気自動車）のBYD、動力電池のCATL、通信機器・設備のファーウェイなど世界で躍進する製造業が育ってきています。

こうした経緯に関して詳しくは、拙著『3つの切り口からつかむ図解中国経済』をご参照ください。

■需要構成

中国の需要構成を世界平均と比較しながら見てみます（図表1－1－9）。特徴の一つは総固定資本形成（投資）が42・9%と多いことです。世界平均は25・0%なので17・9ポイントも上回っています。鉄道や道路などのインフラ整備、住宅建設、製造業の設備投資がそれぞれ旺盛で、高い貯蓄率がそれを支えています。

もう一つは個人消費が37・7%と少ないことです。世界平均は56・5%なので、中国は18・8ポイントも下回っています。

それではどんな経緯で現在の姿になったのでしょうか（図表1－1－10）。改革開放が始まってからもしばらくの間、前述したように路線対立が続いたため、輸出産業が育たず純輸出等は赤字基調でした。しかし、改革開放の道筋が定まったあとは黒字基調に転じました。特にWTOに加盟した2001年以降は黒字が急増しました。それに伴って40%前後だった総資本形成

図表 1-1-9 ●中国と世界の需要構成比較（GDP シェア、2011 ～ 20 年平均）

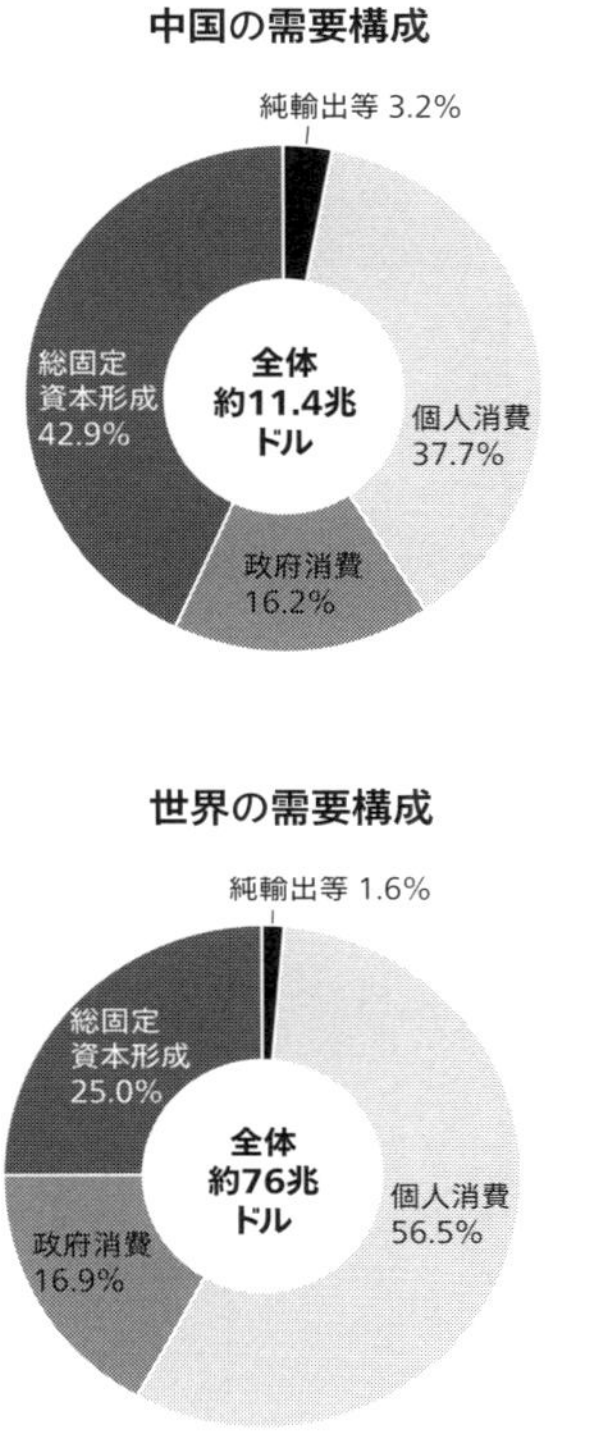

（出典）国連のデータを元に筆者作成

図表 1-1-10 ●中国の需要構成の変遷（GDP シェア）

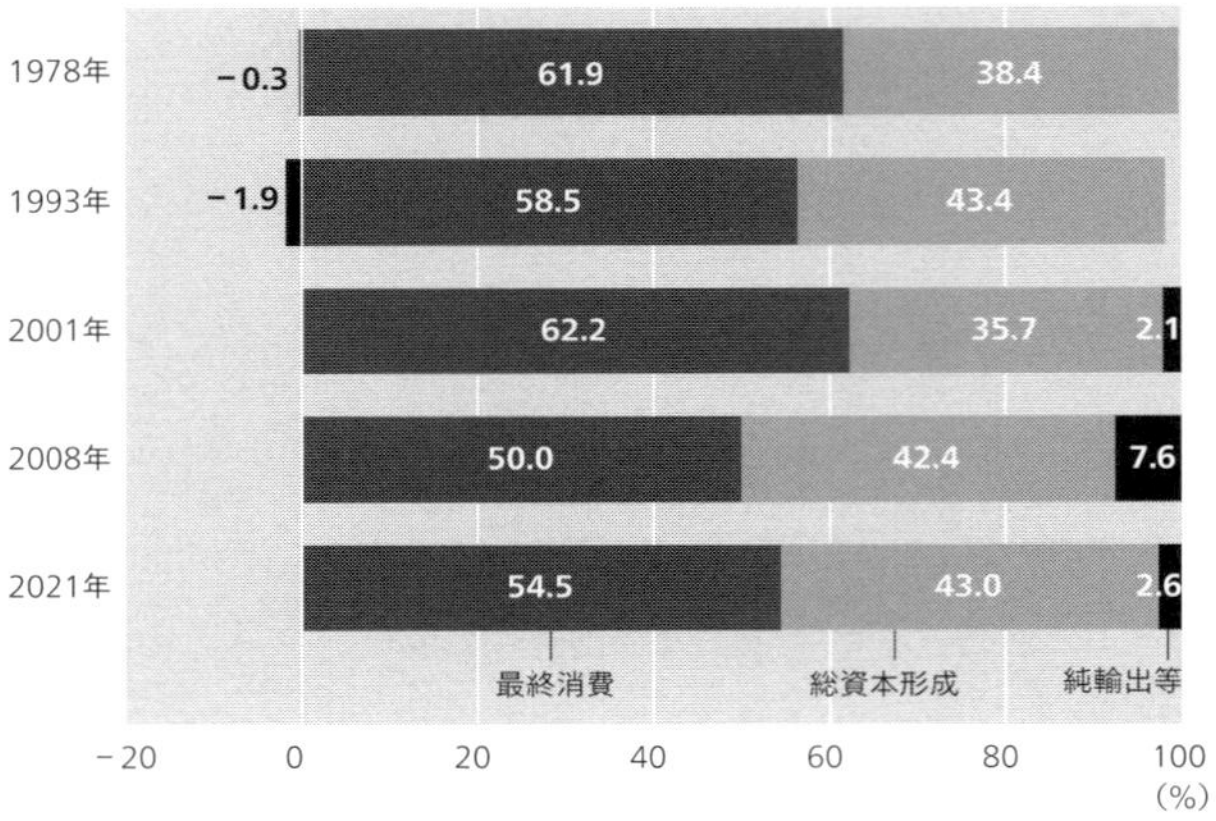

（出典）CEIC（出所は中国国家統計局）のデータを元に筆者作成

（総固定資本形成＋在庫変動）は40％台で定着、60％前後だった最終消費（個人消費＋政府消費）は50％台に低下しました。外需依存の投資主導で中国経済は発展軌道に乗っていったのです。

しかし、世界金融危機を境に、その成長モデルも限界を迎え、現在は内需主導の新たな成長モデルに切り替える途上にあります。そして今後は、家計の消費性向が高まるとともに個人消費のシェアが上がり、貯蓄性向が下がるとともに投資のシェアは低下することになりそうです。

■科学技術力

科学技術力の向上にも目覚ましいものがあります。日本の文部科学省に置かれている科学技術・学術政策研究所（ＮＩＳＴＥＰ）が公表した「科学技術指標２０２２」では、科学技術に関する論文の量で米国を上回っただけでなく、論文の質を表す注目度の高い論文数（Ｔｏｐ10％補正論文数とＴｏｐ1％補正論文数）でも米国を上回り、世界一となりました。

そして世界の研究機関をランキングするネイチャー指標（シュプリンガー・ネイチャーが質の高い科学研究を発表している研究機関を論文数などで評価・公表）でも、中国科学院が第1位、中国科学院大学が第8位、中国科学技術大学が第9位、北京大学が第10位にランクインしています。米国のハーバード大学も第2位、スタンフォード大学も第5位、マサチューセッツ工科大学も第7位とランクインしてはいますが、第1位の座を明け渡すこととなってしまいました。

■地域経済

前述したように中国は省級行政区に分かれています。そこで各地域の経済状況をランキング形式で見てみましょう（図表1−1−11）。最も経済規模が大きいのは広東省で約13兆元（日本円に換算すると260兆円ほど）に達し、日本のGDPの半分ほどです。一方、最も小さいのは西蔵自治区で約0.2兆元（4兆円ほど）に過ぎません。

過去10年の経済成長率を見ると、経済的に豊かで一人当たりGRPが高水準にある地域は成長率が低く、貧しい

図表 1-1-11 ●中国国内における地域経済ランキング（2022年）

		域内総生産（GRP）		実質経済成長率		第一次産業		工業		不動産・建設業		第三次産業（除く不動産）	
			兆元		過去10年平均%		全体比%		全体比%		全体比%		全体比%
トップ10	1位	広東	12.912	西蔵	8.7	黒龍江	22.7	山西	49.8	西蔵	32.7	北京	77.6
	2位	江蘇	12.288	貴州	8.6	海南	20.8	内蒙古	41.9	重慶	17.5	上海	66.0
	3位	山東	8.744	重慶	8.1	広西	16.2	寧夏	41.3	安徽	17.2	天津	55.0
	4位	浙江	7.772	江西	8.1	貴州	14.2	陝西	40.2	雲南	17.0	海南	51.6
	5位	河南	6.135	雲南	8.0	新疆	14.1	江蘇	39.5	海南	16.4	西蔵	49.5
	6位	四川	5.675	福建	7.8	雲南	13.9	浙江	37.2	河南	15.6	浙江	47.8
	7位	湖北	5.373	安徽	7.6	甘粛	13.5	広東	37.0	広西	15.5	山東	47.7
	8位	福建	5.311	湖南	7.5	吉林	12.9	福建	37.0	福建	15.4	重慶	47.2
	9位	湖南	4.867	四川	7.2	内蒙古	11.5	江西	36.7	江西	14.7	広東	46.8
	10位	安徽	4.505	湖北	7.1	青海	10.5	遼寧	35.3	四川	14.7	吉林	46.3
ボトム10	5位	貴州	2.016	広東	6.5	山東	7.2	吉林	28.6	甘粛	11.0	河南	43.1
	5位	新疆	1.774	河北	6.2	重慶	6.9	重慶	28.4	新疆	10.9	広西	42.6
	5位	天津	1.631	北京	5.9	福建	5.8	貴州	27.2	天津	10.7	福建	42.0
	5位	黒龍江	1.590	上海	5.8	山西	5.2	黒龍江	26.8	遼寧	10.7	新疆	41.6
	5位	吉林	1.307	山西	5.8	広東	4.1	広西	25.8	寧夏	10.7	青海	41.5
	5位	甘粛	1.120	内蒙古	5.7	江蘇	4.0	雲南	24.9	内蒙古	10.2	江西	41.0
	4位	海南	0.682	天津	5.1	浙江	3.0	上海	24.2	北京	10.1	寧夏	40.0
	3位	寧夏	0.507	吉林	4.7	天津	1.7	北京	12.1	上海	9.8	陝西	38.6
	2位	青海	0.361	黒龍江	4.7	北京	0.3	海南	11.3	山西	8.8	内蒙古	36.4
	1位	西蔵	0.213	遼寧	4.1	上海	0.2	西蔵	9.4	黒龍江	7.3	山西	36.3

（出典）CEIC（出所は中国国家統計局）のデータを元に筆者作成

地域は成長率が高い傾向にあり、経済格差が縮小してきていることを示しています。また、豊かになるためには第一次・第二次産業からサービス産業（不動産を除く第三次産業）へと産業構造を高度化していく必要がありますが、それができていない地域もあります。この要因は大きく分けて３つあります。

第一に第一次産業の比率が高いためであり、新疆ウイグル自治区、広西チワン族自治区、青海省などがそれにあたります。第二に工業の比率が高いために第三次産業の比率が低く、山西省、内蒙古自治区、寧夏回族自治区、江西省、福建省などがそれにあたります。第三に不動産・建築業の比率が高いためであり、河南省などがそれにあたります。いずれも地理的条件、中央政府の姿勢、住民の希望などから経済発展が遅れています。

❻世界における中国の地位の変遷

第二次世界大戦後からしばらくは東西冷戦の時代で、共産主義（東側）の盟主：ソビエト連邦（ソ連）と、資本主義（西側）の盟主：米国がイデオロギーを巡る覇権争いを繰り広げていました。

日中国交正常化が実現した１９７２年、世界の名目GDP（国内総生産）はおよそ4.3兆ドルで、内訳は米国が第1位で29・7％を占め、第2位は旧ソ連で12・0％、第3位は日本の7.4％でした。そして当時文化大革命の渦中にあった中国は2.6％と日本の3分の1に過ぎませんでした（図表1-1-12上）。

それから20年ほどを経た１９９０年、東側陣営の盟主として君臨してきたソ連では経済停滞が続き崩壊寸前となり、そのシェアは3.4％まで弱体化していました。一方、西側陣営で盟主だった米国もシェアをやや下げ、プラザ合意（１９８５年）で円高になったこともあって日本がシェアを13・6％に上げ、世界第2位の経済大国となっていました。当時中国では、文化大革命こそ終わっていたものの、前述のように路線対立が続いていたため、経済発展の勢いは鈍く、その世界シェアは1.7％と１９７２年より低下して、日本の8分の1と差が拡大しました。そして、米国は第2位の経済大国となった日本との貿易戦争を繰り広げていました（図

表1－1－12下）。

そして2021年、中国は世界第2位の経済大国となっています。国際通貨基金（IMF）の統計を見ると（図表1－1－13上）、世界の国内総生産（名目GDP）はおよそ96兆ドルで、内訳は米国が第1位で23・9％を占める一方、第2位の中国は18・1％と、米国の4分の3、日本の3.5倍の経済規模を持つ国となっています。

しかも、国際ドルベースで見ると（図表1－1－13下）、既に米国を上回る経済規模です。国際ドルは、ある基準年において米ドルが米国で持っていたのと同じ購買力平価（Purchasing Power Parity、PPP）を示す仮想的な通貨単位のことです。過

図表 1-1-12 ●世界各国の GDP シェア 1972 年・1990 年シェア比較

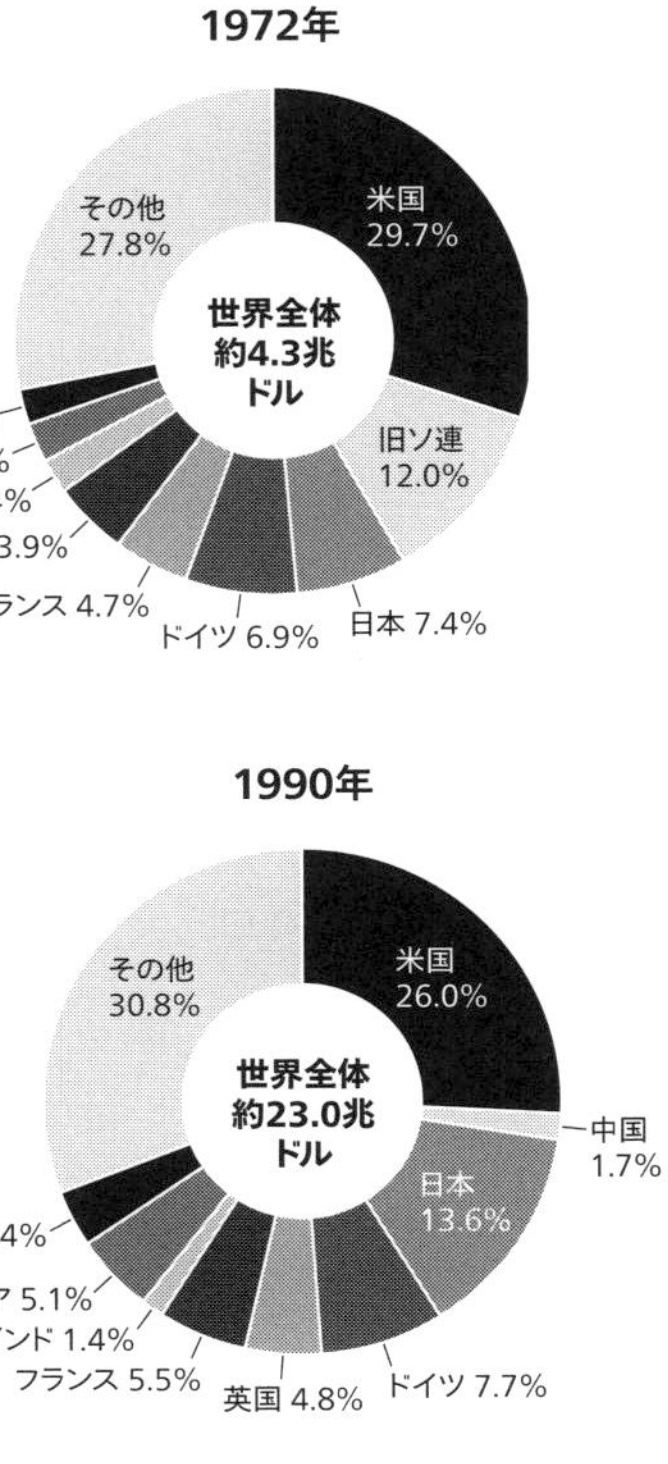

（出典）国連のデータを元に筆者作成

図表 1-1-13 ●世界各国の名目 GDP シェア（2021 年）ドル・PPP 国際ドル比較

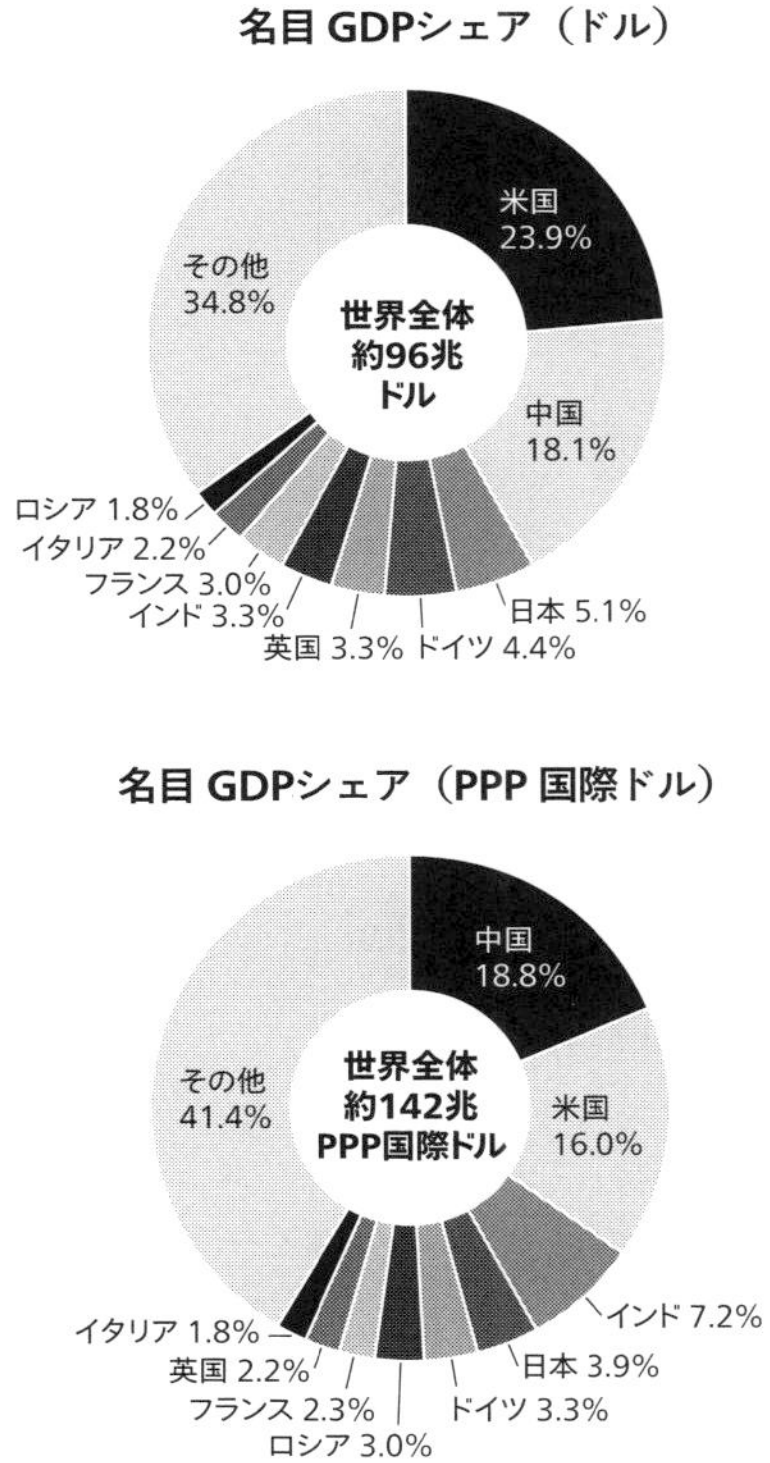

（出典）IMF のデータを元に筆者作成

度の簡略化を恐れず言えば、米国でビッグマックを買うと1ドルのとき、日本でビッグマックを買うと150円なら、1国際ドル＝150円というように計算するものです。なお常に1国際ドル＝1米ドルとなります。

とは言え、中国国民は欧米先進国の国民ほど豊かではありません。14億を超える人口を抱えているからです。経済的な豊かさを示す一人当たりGDPは、前述したとおり現在およそ1万2千ドルと第2分位まで上昇しましたが、米国と比べると中国はその6分の1くらい、日本と比べると3分の1くらいの豊かさです。

ただし、改革開放が始まった1978年には世界137ヵ国中134位（第5分位）と最貧国でしたが、そこから這い上がり、現在の世界193ヵ国中65位になったため、中国国民には豊かになった実感があるようです。

❼中国外交の基本方針

日本の外務省ウェブサイトに2022年に掲載された「中国外交基本方針」、また2017年に王毅外相（当時）が示した内容から、中国外交政策の中核には以下5点があると考えられます。

①自らを世界最大の途上国と位置づけた上で、途上国の共通の利益と正当な権益を断固として守ることを目指していること

②覇権を求める古い道を歩まず、ゼロサムゲームをせず、勝者が全てを得ることもせず、として平和的発展を目指すこと

③「新型国際関係（相互尊重、公平・正義、協力・ウィンウィン）」を掲げ、自らの核心的利益の尊重を相手国に訴えかける一方、自らも相手国の核心的利益を尊重する姿勢であること

④新型国際関係を築くことにより、世界を人類運命共同体としたいとする思想を持っていること

⑤世界各国・民衆に自らの「中国の特色ある社会主義」に対する理解を深めてほしいと希望していること

そして、2021年に「グローバル開発イニシアチブ[2]（全球発展倡議）」、2022年に「グローバル安全保障イニシアチブ[3]（全球安全倡議）」、2023年に「グローバル文明イニシアチブ[4]（全球文明倡議）」と、世界に向けて自らの世界観を主張するようになってきました。

アジアと欧州を陸路と海上航路でつなぐ広域経済圏構想「一帯一路」も、こうした外交方針を具現化するために展開しているものだと筆者は捉えています。なお、「中国一帯一路ネット」[5]によれば、中国は151の国と32の国際機関と「一帯一路」の共同建設に関する2百以上の協力文書に調印（2023年1月6日時点）しており、貿易量も増えつつあるようです（図表1-1-14）。

ただし、当初は豊富な資金力を背景に沿線国への投資を膨らませた一帯一路も、中国経済の不振で投資余力が減ったり、沿線途上国の経済低迷で中国の金融機関が不良債権を抱えたり、そしてG7で唯一前向きだったイタリアが離脱を表明したりと、曲がり角に差し掛かっています。

[2] 中国の習近平国家主席が2021年9月に国連総会で打ち出したもので、2022年1月には国連に「GDI友人グループ（The Group of Friends of the Global Development Initiative）」を設立し第1回会議を開催している

[3] 習近平国家主席が2022年4月に博鰲（ボアオ）・アジアフォーラムで打ち出したもので、「共同、包括、協力、持続可能な安全保障理念を堅持し、世界の平和と安全を共に堅持していくこと」、「各国の主権と領土保全を尊重し、他国への内政干渉をせず、各国国民が自ら選択する発展の道と社会制度を尊重すること」、「国連憲章の主旨と原則を順守し、冷戦思考を放棄して一国主義に反対し、集団的政治と陣営を組んでの対決をしないこと」、「各国の安全保障上の合理的な関心事を重視し、安全保障の全体性の原則を堅持し、均衡、有効、持続可能な安全の枠組みを構築し、他国を安全でない状態にして自国の安全保障を築き上げることに反対すること」、「国家間の見解の不一致と紛争を、対話と協議を通じて平和的な方式で解決することを堅持し、危機の平和的解決に有益なあらゆる努力を支持し、ダブルスタンダードは行わず、一方的な制裁とロングアーム（自国の法令などを自国領域外にも適用すること）の濫用に反対すること」、「従来型の分野と新たな分野の安全保障を統一して維持することを堅持し、地域の紛争やテロリズム、気候変動、サイバーセキュリティー、生物安全など全世界に及ぶ課題に共同で対応すること」の6項目からなる。

[4] 習近平国家主席が2023年3月に中国共産党・世界政党上層部対話で打ち出したもので、「世界の文明の多様性の尊重」、「全人類に共通する価値観の発揚」、「文明の継承と革新の重視」、「人的・文化的分野における国際交流・協力の強化」という4つの主張を掲げている。

[5] https://www.yidaiyilu.gov.cn/

そこで、第3回「一帯一路」国際協力サミットフォーラムが開催された2023年10月、習近平国家主席はその開幕式でインフラ、エネルギー、交通のグリーン発展を促進することや、ランドマーク・プロジェクトだけでなく「小さく優れた」民生プロジェクトを推進するなど、より質の高い投資を重視することを表明し、「量から質」へと舵を切りました。

図表 1-1-14 ●海上シルクロード貿易指数（STI）

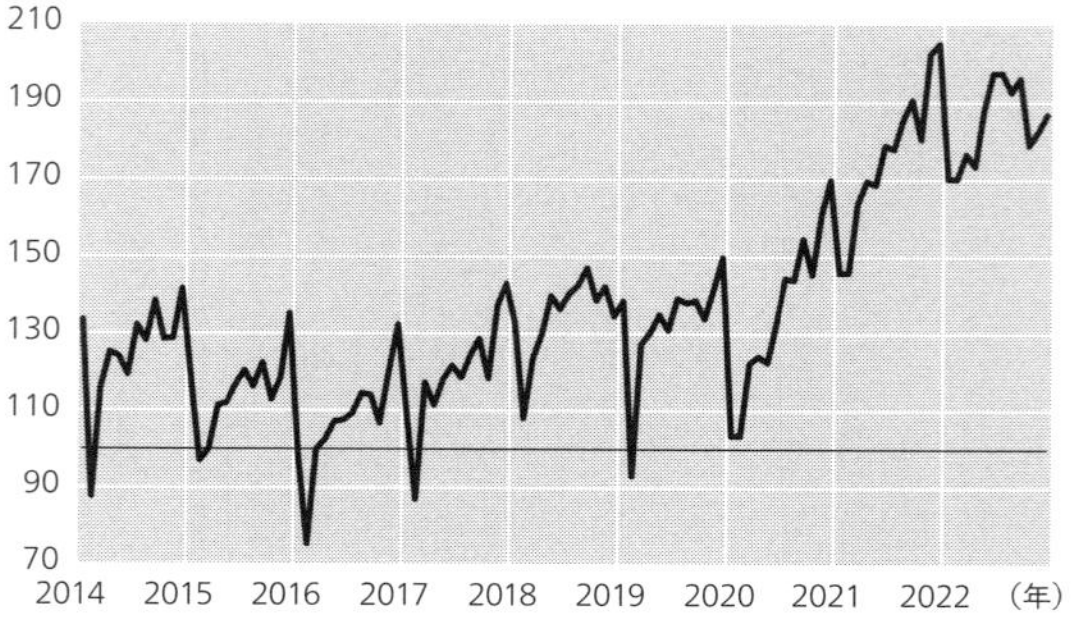

（出典）中国一帯一路ネット（出所は寧波航運取引所）のデータを元に筆者作成
（注）2015 年 3 月＝ 100（基準）とした指数

第2章 国際経済との関わり

本章では、中国から見た世界との経済関係を確認します。われわれは普段、日本の立場から、中国を含む世界との貿易や投融資の関係を見ていますが、見方を変えて、中国の立場から日本を含む世界との国際経済関係を見ると、中国の行動原理を読み解くヒントが得られます。

1 世界への輸出の状況

中国の輸出額は約3.4兆ドルと、日本の輸出額（約7562億ドル）の4倍を超えています。

これまでの推移を見ると（図表1－2－1）、WTO（世界貿易機関）に加盟する前（2000年）は約2492億ドルでしたので、この20年余りで13倍になっています。東西冷戦が終結して世界が一つになり、中国が2001年にWTOに加盟して、外資の工場進出と国際市場への参入が一気にスピードアップしたことが追い風となりました。この間には2008年にリーマンショック、2015年にチャイナショックと世界を揺るがす経済危機が発生、世界でチャイナ・プラスワンの動きが広がって一時的に減少したことはありましたが、輸出の拡大傾向は途切れませんでした。

特にコロナショック（2020年）の後の2021年には、世界の生産体制がパンデミックで揺らぐ中で、中国はいち早く生産体制を正常化させたため、輸出が急増することとなりました。そして、20年ほど前は日本の半分に過ぎなかった中国の輸出が、日本の4倍を超えることになったのです。

■輸出先の国・地域別構成

中国は世界各地のさまざまな政治体制下にある国々への輸出を劇的に拡大させています。輸出先別シェアをみると（図表1－2－2の左）、米国や欧州連合（EU）など西洋諸国が39%、日本やASEANなど東アジア（含む東南アジア）が37%と両者で4分の3を超えています。他、ラテンアメリカが7%、中東が5%、南アジアが5%、アフリカが4%、ロシアなど独立国家共同体（CIS）が3%と、さほどシェアは大きくないものの世界各地のさまざまな国に輸出しています。

また、WTOに加盟した2001年と比べると、輸出先の多様化が進んだことが分かります。当時の輸出先を見ると（図表1－2－2の右）、西洋諸国が40%、

図表 1-2-1 ●中国の輸出額（ドルベース）の推移（1990年→2020年）

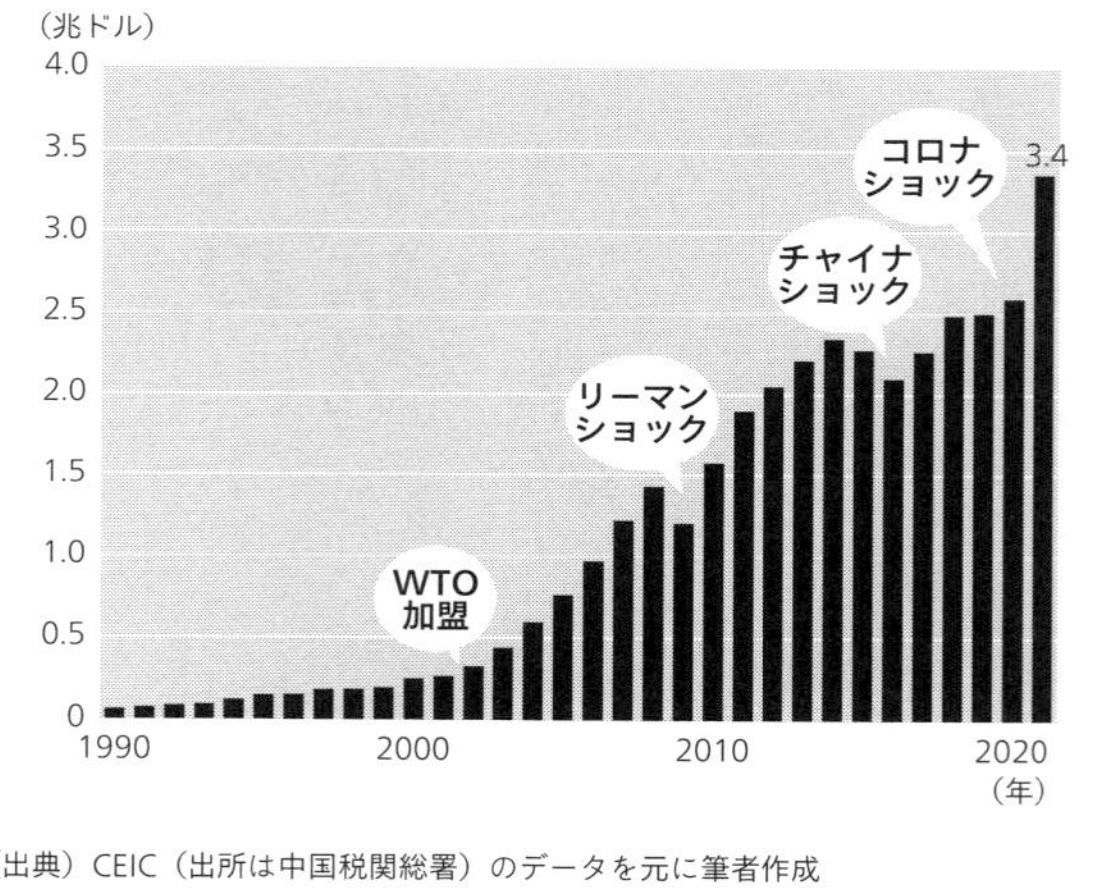

（出典）CEIC（出所は中国税関総署）のデータを元に筆者作成

図表 1-2-2 ●輸出先別シェア（2021年←2001年）

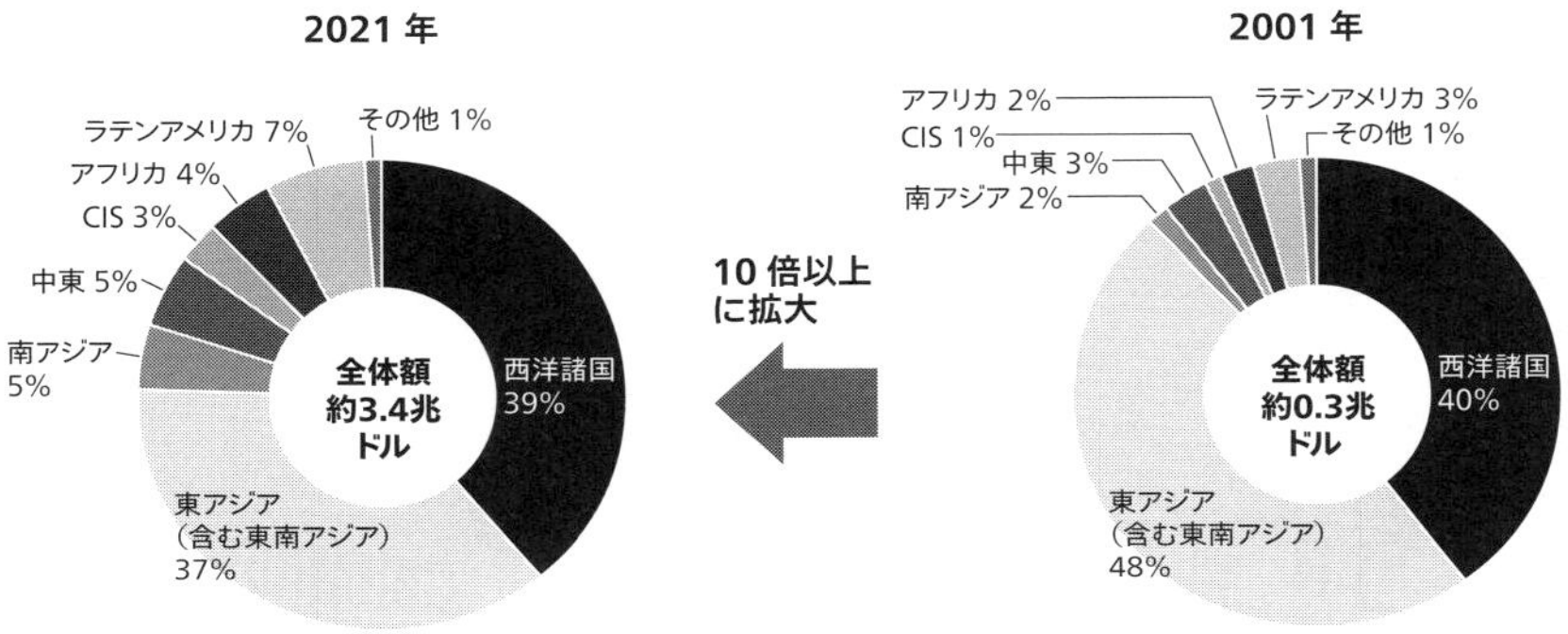

（出典）CEIC（出所は IMF）のデータを元に筆者作成

図表 1-2-3 ●中国の輸出先トップ30（2021年、2011年、2001年）

	国・地域	2021年		2011年		2001年	
		億ドル	シェア	億ドル	シェア	億ドル	シェア
1	米国	5,776	17.1%	3,249	17.1%	544	20.4%
2	香港	3,516	10.4%	2,680	14.1%	465	17.4%
3	日本	1,659	4.9%	1,473	7.8%	451	16.9%
4	韓国	1,506	4.5%	829	4.4%	125	4.7%
5	ベトナム	1,380	4.1%	291	1.5%	18	0.7%
6	ドイツ	1,153	3.4%	764	4.0%	98	3.7%
7	オランダ	1,025	3.0%	595	3.1%	73	2.7%
8	インド	976	2.9%	505	2.7%	19	0.7%
9	英国	871	2.6%	441	2.3%	68	2.5%
10	マレーシア	789	2.3%	279	1.5%	32	1.2%
11	台湾	784	2.3%	351	1.8%	50	1.9%
12	タイ	694	2.1%	257	1.4%	25	0.9%
13	ロシア	676	2.0%	389	2.0%	27	1.0%
14	メキシコ	675	2.0%	240	1.3%	18	0.7%
15	オーストラリア	665	2.0%	339	1.8%	36	1.3%
16	インドネシア	607	1.8%	293	1.5%	28	1.1%
17	フィリピン	572	1.7%	143	0.8%	16	0.6%
18	シンガポール	550	1.6%	353	1.9%	58	2.2%
19	ブラジル	536	1.6%	319	1.7%	14	0.5%
20	カナダ	516	1.5%	252	1.3%	33	1.3%
21	フランス	465	1.4%	302	1.6%	37	1.4%
22	UAE	439	1.3%	268	1.4%	24	0.9%
23	イタリア	436	1.3%	337	1.8%	40	1.5%
24	ポーランド	367	1.1%	109	0.6%	10	0.4%
25	スペイン	362	1.1%	197	1.0%	23	0.9%
26	ベルギー	304	0.9%	190	1.0%	25	1.0%
27	サウジアラビア	304	0.9%	149	0.8%	14	0.5%
28	トルコ	292	0.9%	156	0.8%	7	0.3%
29	チリ	263	0.8%	108	0.6%	8	0.3%
30	パキスタン	242	0.7%	84	0.4%	7	0.3%

（出典）CEIC（出所は IMF）のデータを元に筆者作成

東アジア（含む東南アジア）が48％と両者でほぼ9割を占め、この2つの地域に集中していました。しかしその後のおよそ20年間で、東アジアのシェアが減った一方、南アジア、中東、CIS、アフリカ、ラテンアメリカが、それぞれシェアを倍増させています。ただし東アジアのシェアが減ったとはいっても金額としては大幅に増えていることには留意が必要です。国別の輸出先トップ30は図表1－2－3を参照ください。

■輸出している品目の構成

中国が輸出している品目は多種多様で、衣食住に直接に関わる食品・エネルギー・生活用品から、一般人が普段は目にすることのない工業関係のモノまで広がります。そして経済発展が進展して産業構造がより高度になる中で、輸出の主力品目も付加価値の低い製品から、付加価値の高い工業関連の製品へと少しずつ変

図表 1-2-4 ●中国の輸出品構成（2001 年→ 21 年）

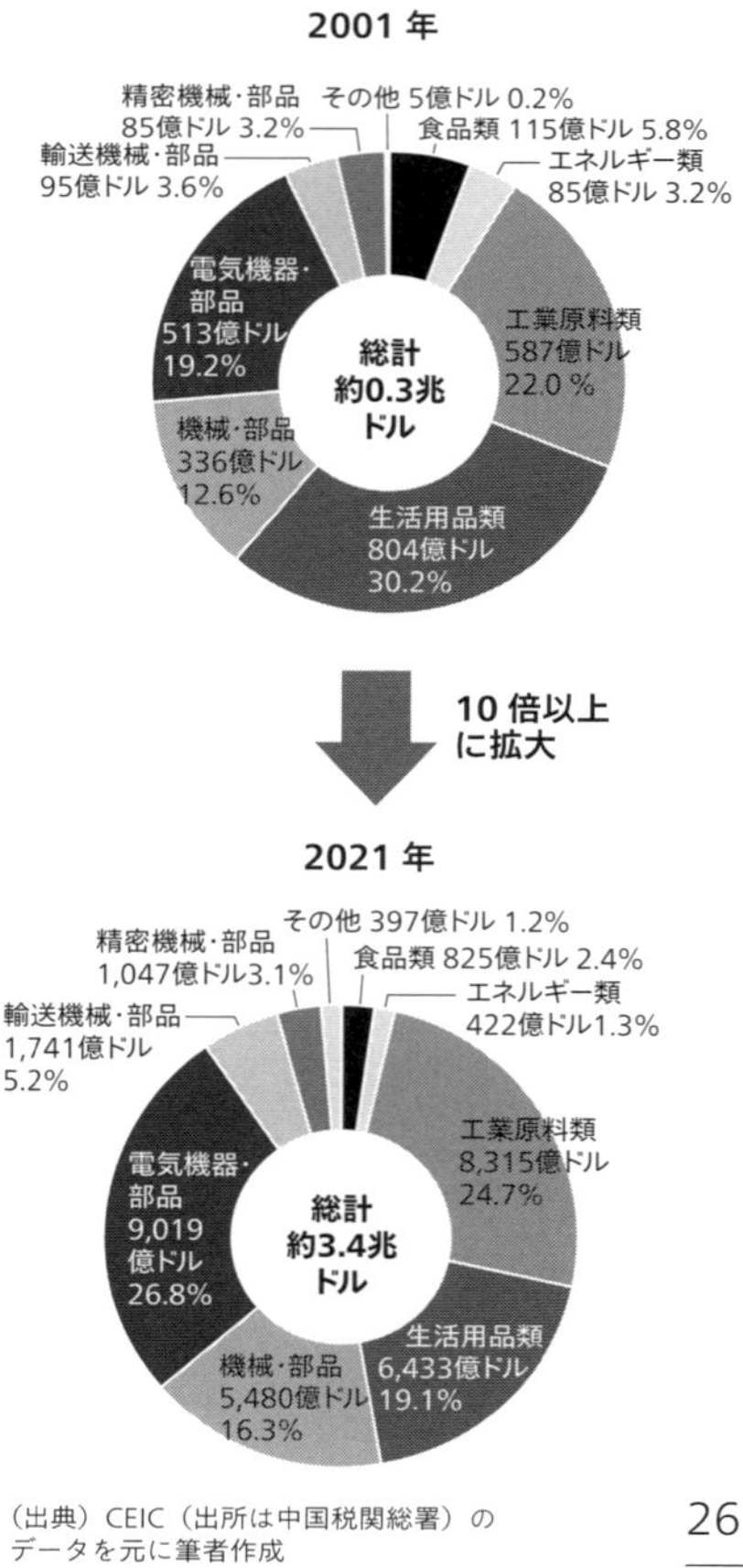

（出典）CEIC（出所は中国税関総署）のデータを元に筆者作成

図表 1-2-5 ●おもちゃ・ゲーム・スポーツ用品などの輸出（2001 年→ 21 年）

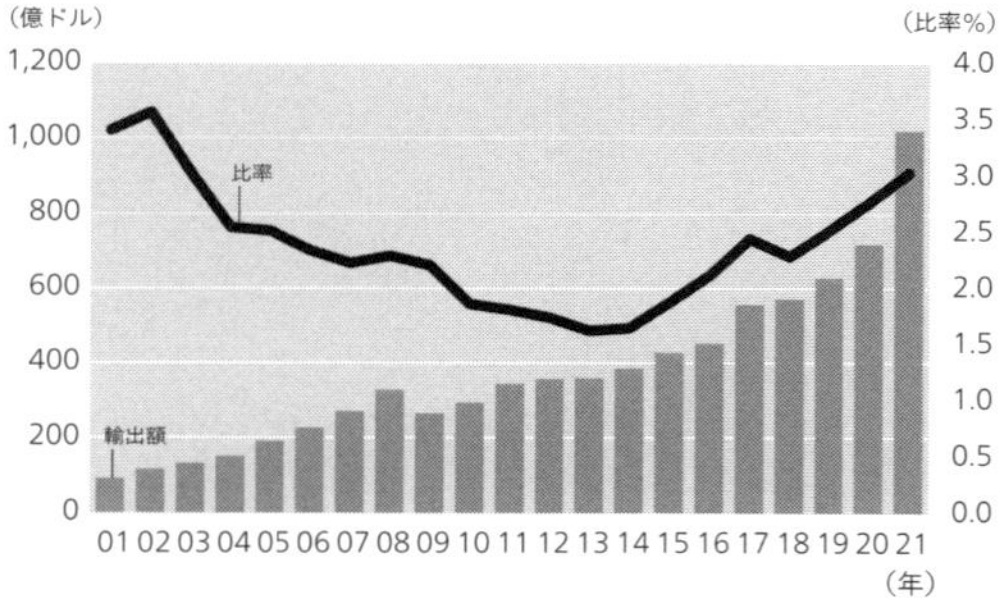

（出典）CEIC（出所は中国税関総署）のデータを元に筆者作成

図表 1-2-6 ●中国の各輸出品目の内訳（輸出先、具体的な品目、2021 年）

「精密機械・部品」の輸出先は香港向けが 150 億ドル（精密機械・部品に占めるシェアは 14%）、米国向けが 145 億ドル（同 14%）、日本向けが 54 億ドル（同 5%）、ベトナム向けが 49 億ドル(同 5%)など。

「食品類」の輸出先は香港向けが 105 億ドル（食品類に占めるシェアは 13%）、日本向けが 101 億ドル（同 12%）、米国向けが 72 億ドル（同 9%）など。
野菜・果実・木の実などの植物性食品が 282 億ドル（食品類に占めるシェアは 34%）、肉・魚・甲殻類などの動物性食品が 151 億ドル（同 18%）、調理食品・酒・タバコなどが 369 億ドル（同 45%）、動物性・植物性油脂が 24 億ドル（同 3%）。

「エネルギー類」の輸出先は香港向けが 74 億ドル（エネルギー類に占めるシェアは 18%）、韓国・マレーシア向けがそれぞれ 18 億ドル（同 4%）と近隣アジア諸国向けが中心。

「輸送機械・部品」の輸出先は米国向けが 258 億ドル（輸送機械・部品に占めるシェアは 15%）、香港向けが 148 億ドル（同 9%）、ドイツ向けが 69 億ドル（同 4%）、日本向けが 58 億ドル（同 3%）など。

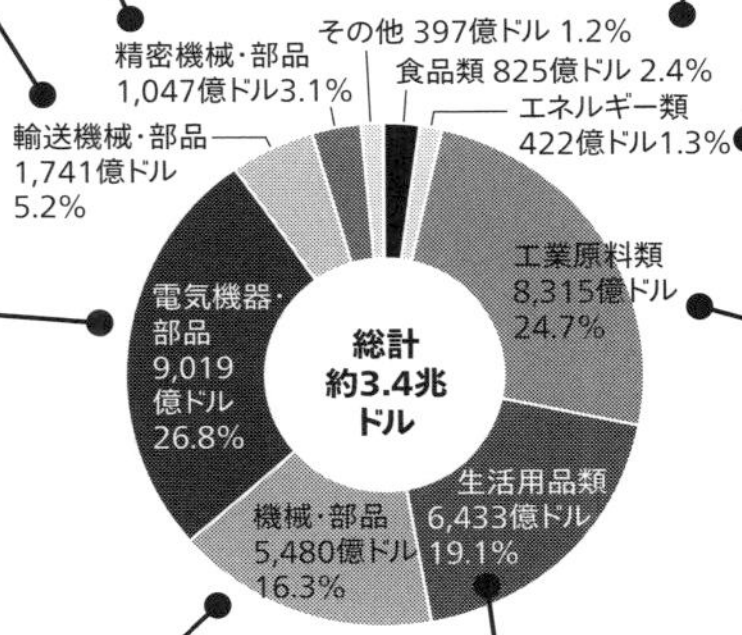

「工業原料類」の輸出先は米国向けが 1166 億ドルと工業原料類に占めるシェアが 14%に達するほか、韓国向けが 472 億ドル（同 6%）、日本向けが 398 億ドル(同 5%)、香港向けが 392 億ドル（同 5%）、ベトナム向けが 362 億ドル（同 4%）、インド向けが 346 億ドル（同 4%）など。
内訳は、ベースメタル関連製品が 2647 億ドル (工業原料類に占めるシェアは 32%)、化学関連製品が 2138 億ドル(同 26%)、プラスチック・ゴム関連製品が 1624 億ドル（同 20%）、石・セメント・セラミック・ガラスなどが 687 億ドル（同 8%）、皮革関連製品が 346 億ドル（同 4%）、貴金属・レアアース・真珠などが 293 億ドル（同 4%）、紙・パルプ関連製品が 288 億ドル（同 4%）、木材関連製品が 208 億ドル（同 3%）、鉱物（除くエネルギー類）が 84 億ドル（同 1%）。

「電気機器・部品」の輸出先は香港向けが 1965 億ドル（電気機器・部品に占めるシェアは 22%）、米国向けが 1,348 億ドル（同 15%）、韓国向けが 491 億ドル（同 5%）、ベトナム向けが 466 億ドル（同 5%）、日本向けが 382 億ドル（同 4%）など。

「機械・部品」の輸出先は米国向けが 1141 億ドル（機械・部品に占めるシェアは 21%）、香港向けが 547 億ドル（同 10%）、日本向けが 290 億ドル（同 5%）、ドイツ向けが 258 億ドル（同 5%）など。

「生活用品類」の輸出先は米国向けが 1540 億ドルと、生活用品類に占めるシェアが 24%もあるほか、日本向けが 345 億ドル（同 5%）、英国向けが 243 億ドル（同 4%）、ドイツ向けが 226 億ドル（同 4%）、韓国向けが 202 億ドル（同 3%）と、先進国向けが多い。
内訳は、繊維および繊維製品が 3050 億ドル (生活用品類に占めるシェアは 48%)、履物・帽子・傘などが 733 億ドル（同 11%）、その他の雑製品が 2649 億ドル（同 41%）。

図表 1-2-7 ●中国の輸出品目別の推移（2001 年以降）

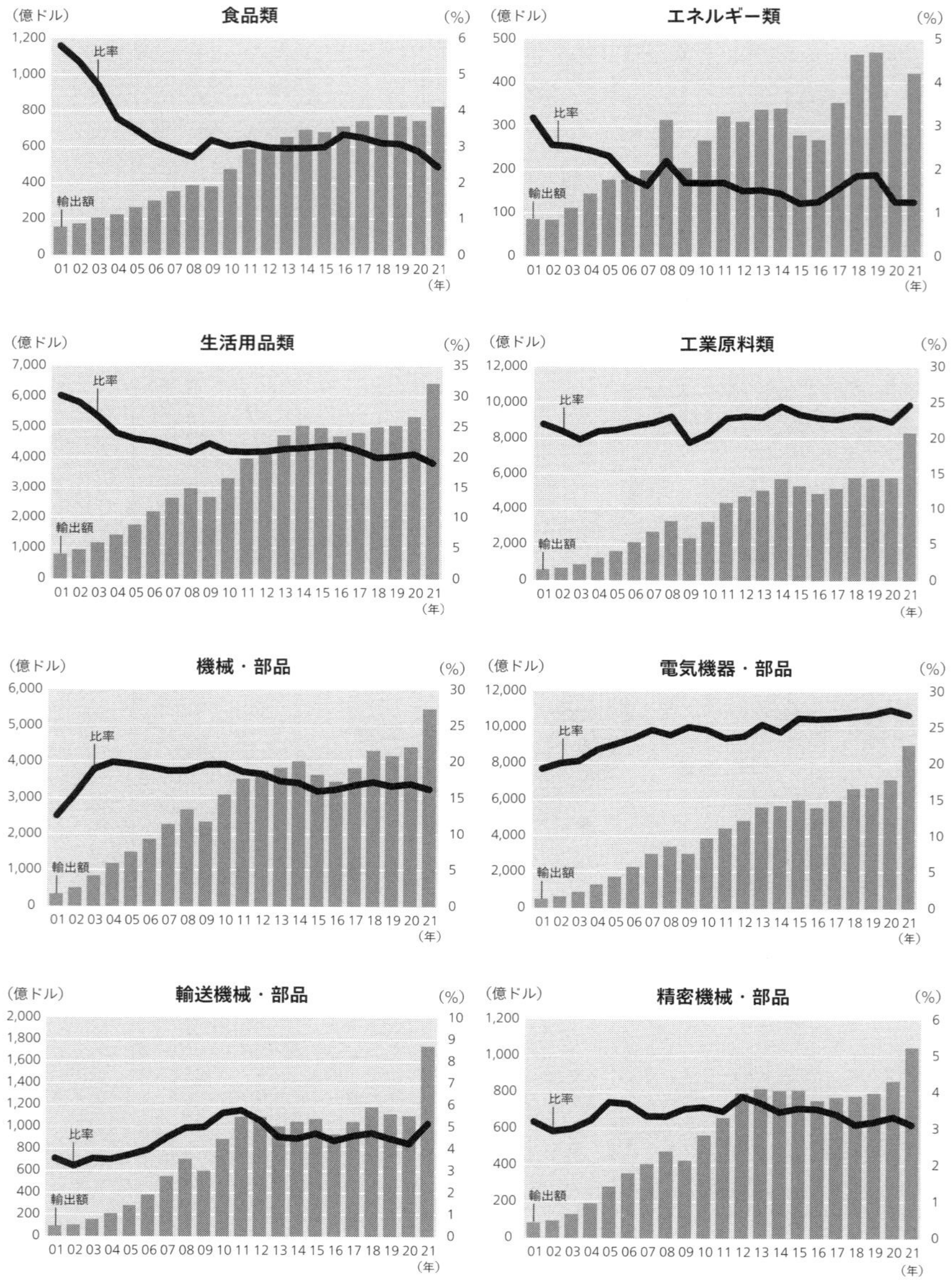

（出典）CEIC（出所は中国税関総署）のデータを元に筆者作成

化してきています（図表1－2－4）。

具体的には「食品類」「エネルギー類」「生活用品類」のシェアが低下し、「工業原料類」「機械・部品」「電気機器・部品」「輸送機械・部品」のシェアが上昇してきています。ただし面白さやデザインなどの工夫で付加価値を高めることができる「おもちゃ・ゲーム・スポーツ用品など」のように2010年代半ばを底に盛り返した「生活用品類」もあります（図表1－2－5）。ちなみに、中国は武器弾薬も輸出していますが、公式統計で3億ドル余りと、輸出に占めるシェアは0.01％とごくわずかとなっています。

なお、合わせて輸出品目別の推移も掲載しておきます（⇒図表1－2－6各輸出品目の内訳、図表1－2－7輸出品目別の推移）。

2 世界からの輸入の状況

中国の輸入額は約2.7兆ドル（2021年）と、日本の輸入額（約7687億ドル）のおよそ3.5倍です。

これまでの推移を振り返ると（図表1－2－8）、WTO（世界貿易機関）に加盟する前（2000年）は約2251億ドルでしたので、この20年余りで12倍になっています。東西冷戦が終結して世界が一つになり、

図表 1-2-8 ●輸入額（ドルベース）の推移（1990 年→ 2020 年）

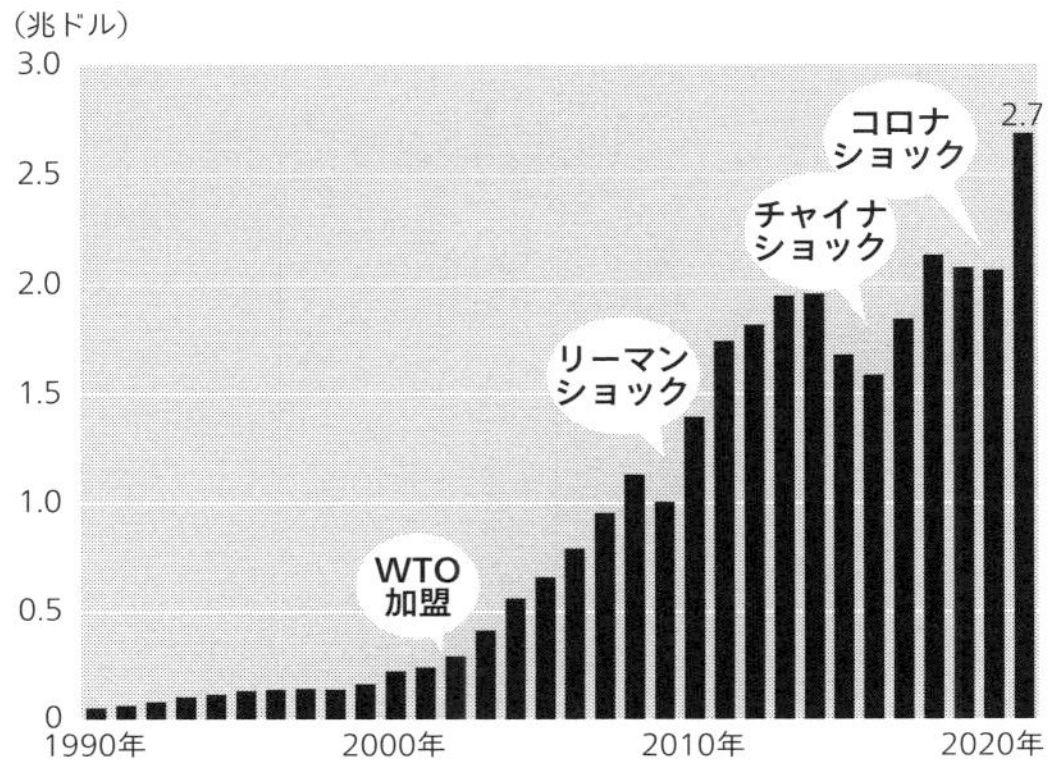

（出典）CEIC（出所は中国税関総署）のデータを元に筆者作成

中国が2001年にWTOに加盟して、世界経済との結びつきが一気に強化されてきたことが追い風となりました。中国では加工貿易が中心だったので、輸出が増えるのと歩調を合わせる形で輸入も増えたのです。その後、リーマンショック（2008年）やチャイナショック（2015年）の後には、「チャイナ・プラスワン」の動きが広がって減少しましたが、それも一時的なものにとどまり、コロナショック（2020年）の後の2021年には中国の生産体制が早期に正常化したことから、輸出が急増するとともに輸入も急増しました。そして、20年ほど前は日本の6割ほどしかなかった中国の輸入額が、日本の3.5倍になったのです。

■輸入元の国・地域別構成

輸出と同様、中国は世界各地のさまざまな政治体制下にある国々から、輸入を増やしています。輸入元別シェアをみると（図表1－2－9の左）、米国や欧州連合（EU）など西洋諸国が27%、日本やASEANなど東アジア（含む東南アジア）が40%と両者で7割近くを占めています。加えて、ラテンアメリカが8%、中東が7%、アフリカが4%、ロシアなど独立国家共同体（CIS）が4%、南アジアが1%と、さほどシェアは大きくないものの世界各地のさまざまな国々から輸入しています。

WTOに加盟した2001年と比べると、輸入元の多様化も進んでいます。当時の輸入元を見ると（図表1－2－7の右）、西洋諸国が30%、東アジア（含む東南アジア）が52%と、この2つの地域で8割以上を占めていました。しかしその後のおよそ20年間で、西洋諸国と東アジアのシェアが減った一方、中東・アフリカのシェアは約2倍に、ラテンアメリカのシェアは4倍になりました。なお、西洋諸国・東南アジア（含む東南アジア）の輸入シェアは低下し、南アジアとCISのシェアは横ばいですが、全体が増えているので金額は増えている点にご留意ください。国別の輸入元トップ30は図表1－2－10をご覧ください。

■輸入している品目の構成

中国が輸入している品目は、国民生活に欠かせない食品・エネルギー・生活用品から、世界の工場をフル

図表 1-2-9 ●中国の輸入元別シェア（2021 年←2001 年）

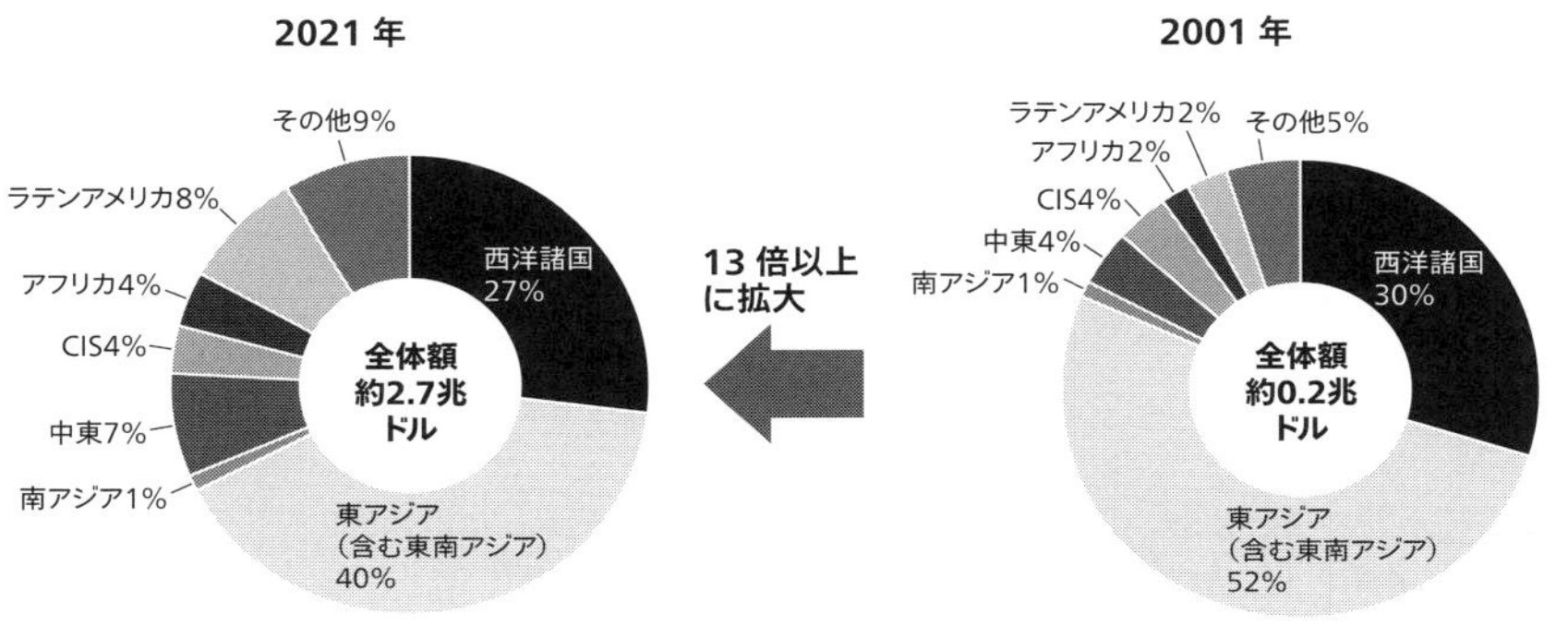

（出典）CEIC（出所は IMF）のデータを元に筆者作成

図表 1-2-10 ●中国の輸入元トップ 30（2021 年、2011 年、2001 年）

	国・地域	2021 年		2011 年		2001 年	
		億ドル	シェア	億ドル	シェア	億ドル	シェア
1	台湾	2,515	9.4%	1,249	7.2%	273	11.2%
2	韓国	2,136	8.0%	1,617	9.3%	234	9.6%
3	日本	2,062	7.7%	1,944	11.2%	428	17.6%
4	米国	1,808	6.8%	1,192	6.8%	262	10.8%
5	オーストラリア	1,622	6.1%	809	4.6%	54	2.2%
6	ドイツ	1,200	4.5%	928	5.3%	137	5.6%
7	ブラジル	1,090	4.1%	526	3.0%	23	1.0%
8	マレーシア	982	3.7%	620	3.6%	62	2.5%
9	ベトナム	923	3.4%	111	0.6%	10	0.4%
10	ロシア	784	2.9%	390	2.2%	80	3.3%
11	インドネシア	636	2.4%	313	1.8%	39	1.6%
12	タイ	617	2.3%	390	2.2%	47	1.9%
13	サウジアラビア	567	2.1%	495	2.8%	27	1.1%
14	フランス	392	1.5%	221	1.3%	42	1.7%
15	シンガポール	387	1.4%	278	1.6%	51	2.1%
16	チリ	384	1.4%	206	1.2%	13	0.5%
17	スイス	379	1.4%	273	1.6%	17	0.7%
18	南アフリカ	328	1.2%	321	1.8%	12	0.5%
19	イタリア	303	1.1%	176	1.0%	38	1.6%
20	カナダ	302	1.1%	216	1.2%	40	1.7%
21	オマーン	284	1.1%	149	0.9%	16	0.7%
22	UAE	282	1.1%	83	0.5%	4	0.2%
23	インド	280	1.0%	234	1.3%	17	0.7%
24	イラク	266	1.0%	104	0.6%	1	0.0%
25	英国	255	1.0%	145	0.8%	35	1.4%
26	フィリピン	247	0.9%	180	1.0%	19	0.8%
27	ペルー	234	0.9%	79	0.5%	5	0.2%
28	アンゴラ	204	0.8%	249	1.4%	7	0.3%
29	メキシコ	190	0.7%	94	0.5%	8	0.3%
30	クウェート	177	0.7%	92	0.5%	5	0.2%

（出典）CEIC（出所は IMF）のデータを元に筆者作成

稼働させる上で必要な原料・素材・部品・機械など工業関連品目に至るまで多種多様です。そして中国では国民生活が豊かになるとともに必要とするモノも変わり、国内産業が生産するモノが高度になるとともに必要とする工業品も変わり、輸入する品目構成は、国内産業の高度化が進み、国民生活が豊かになったことを反映しています（図表1－2－11）。

具体的には、都市に出稼ぎに出て農業労働者が減り、国民が豊かな生活を送るようになったことで「食品類」のシェアが増えました。国内産業が高度化したことで「機械・部品」「電気機器・部品」「輸送機械・部品」「精密機械・部品」などの一部を国内で生産できるようになったことから、それら

図表 1-2-12 ●中国の鉱物（除くエネルギー類）の輸入

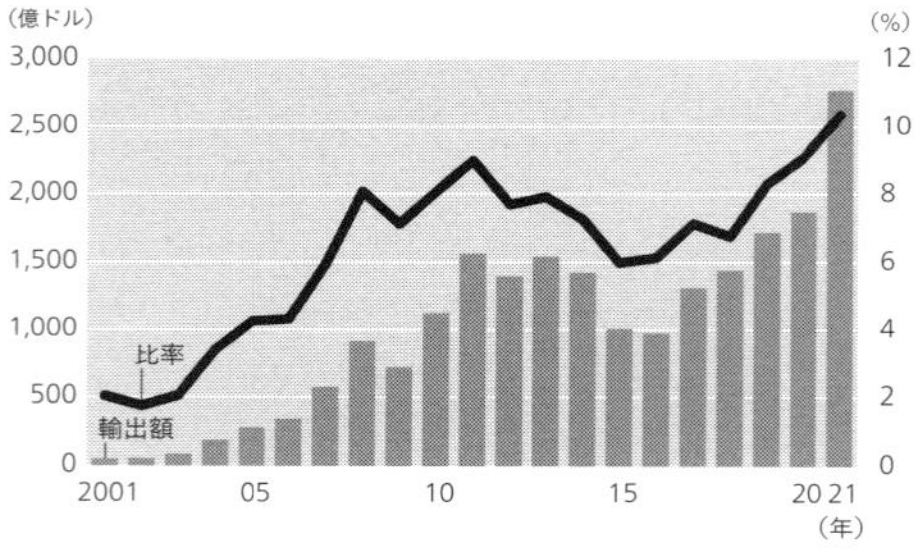

（出典）CEIC（出所は中国税関総署）のデータを元に筆者作成

図表 1-2-13 ●中国の履物・帽子・傘などの輸入

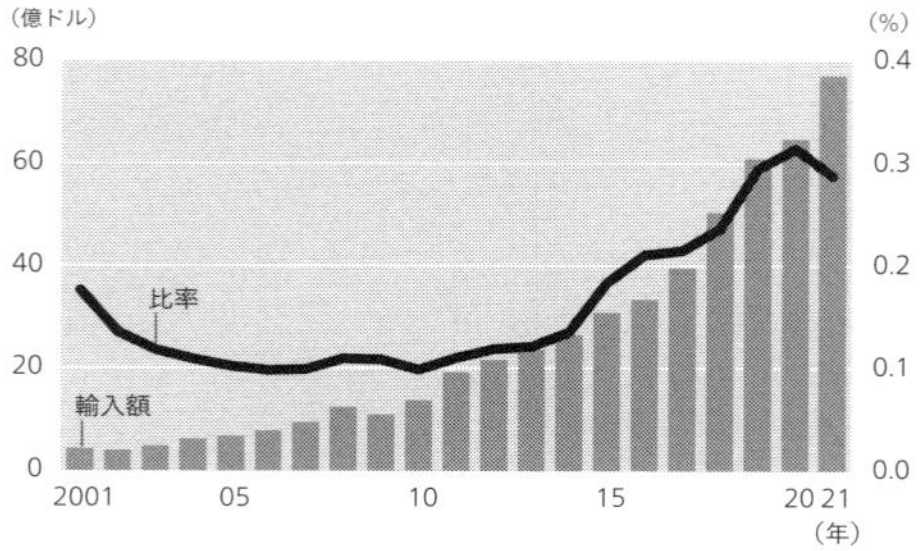

（出典）CEIC（出所は中国税関総署）のデータを元に筆者作成

図表 1-2-11 ●中国の輸入品構成（2001 年→ 21 年）

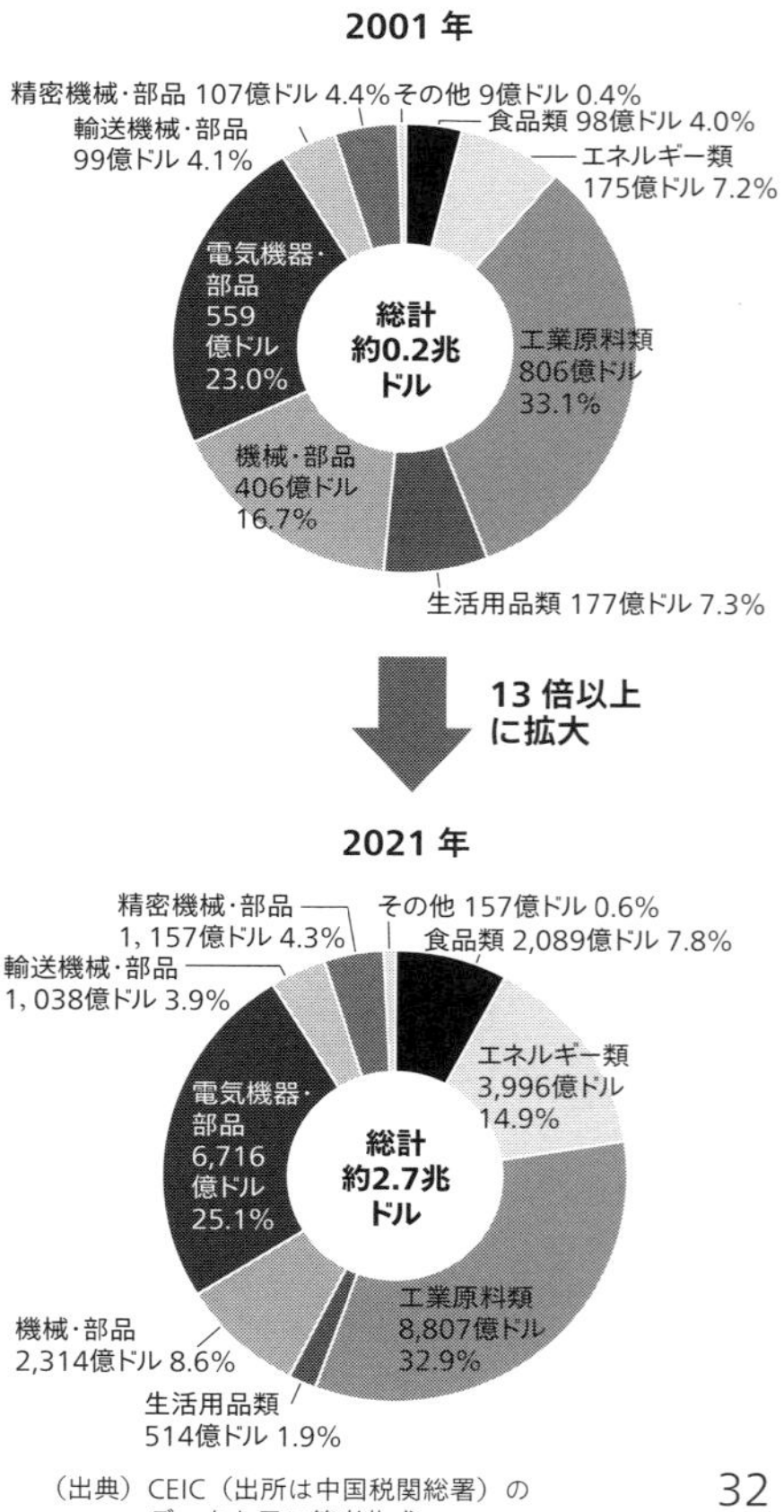

（出典）CEIC（出所は中国税関総署）のデータを元に筆者作成

図表 1-2-14 ●中国の各輸入品目の内訳（輸入元、具体的な品目、2021年）

「精密機械・部品」の輸入元は日本が187億ドル（精密機械・部品に占めるシェアは16%）、台湾が169億ドル（同15%）、米国が129億ドル（同11%）、ドイツが126億ドル（同11%）、韓国が114億ドル（同10%）など。

「食品類」の輸入元はブラジルが442億ドル（食品類に占めるシェアは21%）、米国が365億ドル（同17%）、タイが115億ドル（同6%）、インドネシアが94億ドル（同5%）、カナダが86億ドル（同4%）など
なお内訳は植物性食品が1033億ドル(食品類に占めるシェアは50%)、肉・魚・甲殻類などの動物性食品が571億ドル（同27%）、調理食品・酒・タバコなどが326億ドル（同16%）、動物性・植物性油脂が160億ドル（同8%）。

「エネルギー類」の輸入元はロシアが527億ドル（エネルギー類に占めるシェアは13%）、サウジアラビアが446億ドル（同11%）、マレーシアが245億ドル（同6%）、インドネシアが226億ドル（同6%）、米国が215億ドル（同5%）、オーストラリアが187億ドル（同5%）などと世界各地に分散している。

「輸送機械・部品」の輸入元はドイツが304億ドル（輸送機械・部品に占めるシェアは29%）、米国が170億ドル（同16%）、日本が162億ドル（同16%）、フランスが58億ドル（同6%）、英国が53億ドル（同5%）など。

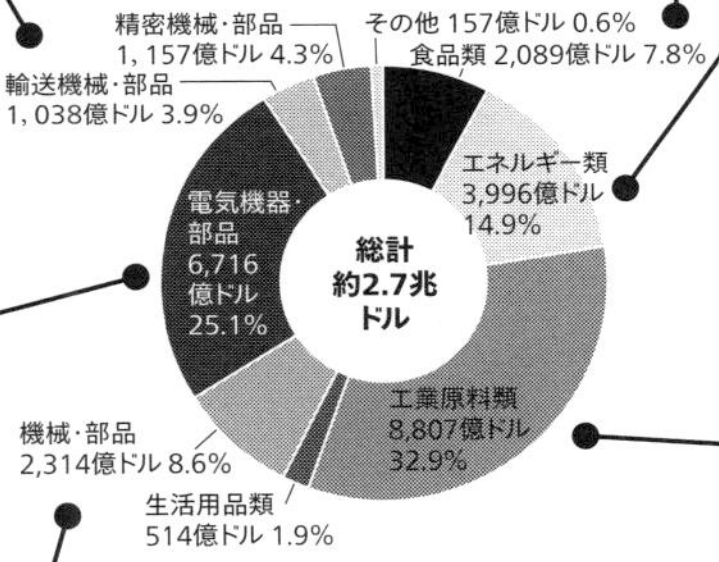

「工業原料類」の輸入元はオーストラリアが1335億ドル（工業原料類に占めるシェアは15%）、日本が648億ドル（同7%）、韓国が548億ドル（同6%）、ブラジルが480億ドル（同5.5%）、米国が456億ドル（同5%）など。
なお、内訳は鉱物（除くエネルギー類）が2774億ドル（工業原料類に占めるシェアは32%）、化学関連製品が1897億ドル（同22%）、ベースメタル関連製品が1547億ドル（同18%）、プラスチック・ゴム関連製品が1014億ドル（同12%）、貴金属・レアアース・真珠などが774億ドル（同9%）、紙・パルプ関連製品が314億ドル（同4%）、木材関連製品が243億ドル（同3%）、石・セメント・セラミック・ガラスなどが127億ドル（同1%）、皮革関連製品が117億ドル（同1%）。

「電気機器・部品」の輸入元は台湾が1762億ドル（電気機器・部品に占めるシェアは26%）、韓国が1096億ドル（同16%）、ベトナムが553億ドル（同8%）、日本が547億ドル（同8%）などとなっており、近隣アジアに集中している。

「機械・部品」の輸入元は日本が441億ドル（機械・部品に占めるシェアは19%）、ドイツが256億ドル（同11%）、台湾が239億ドル（同10%）、韓国が238億ドル（同10%）、米国が195億ドル（同8%）など。

「生活用品類」の輸入元はベトナムが82億ドル（生活用品類に占めるシェアは16%）、日本が41億ドル（同8%）、インドが28億ドル(同5%)、米国が27億ドル(同5%）などとなっており、先進国と途上国が入り混じっている。
なお、内訳は繊維および繊維製品が355億ドル(生活用品類に占めるシェアは69%)、履物・帽子・傘などが77億ドル（同15%）、その他の製造品が82億ドル（同16%）。

図表 1-2-15 ●中国の輸入品目別の推移

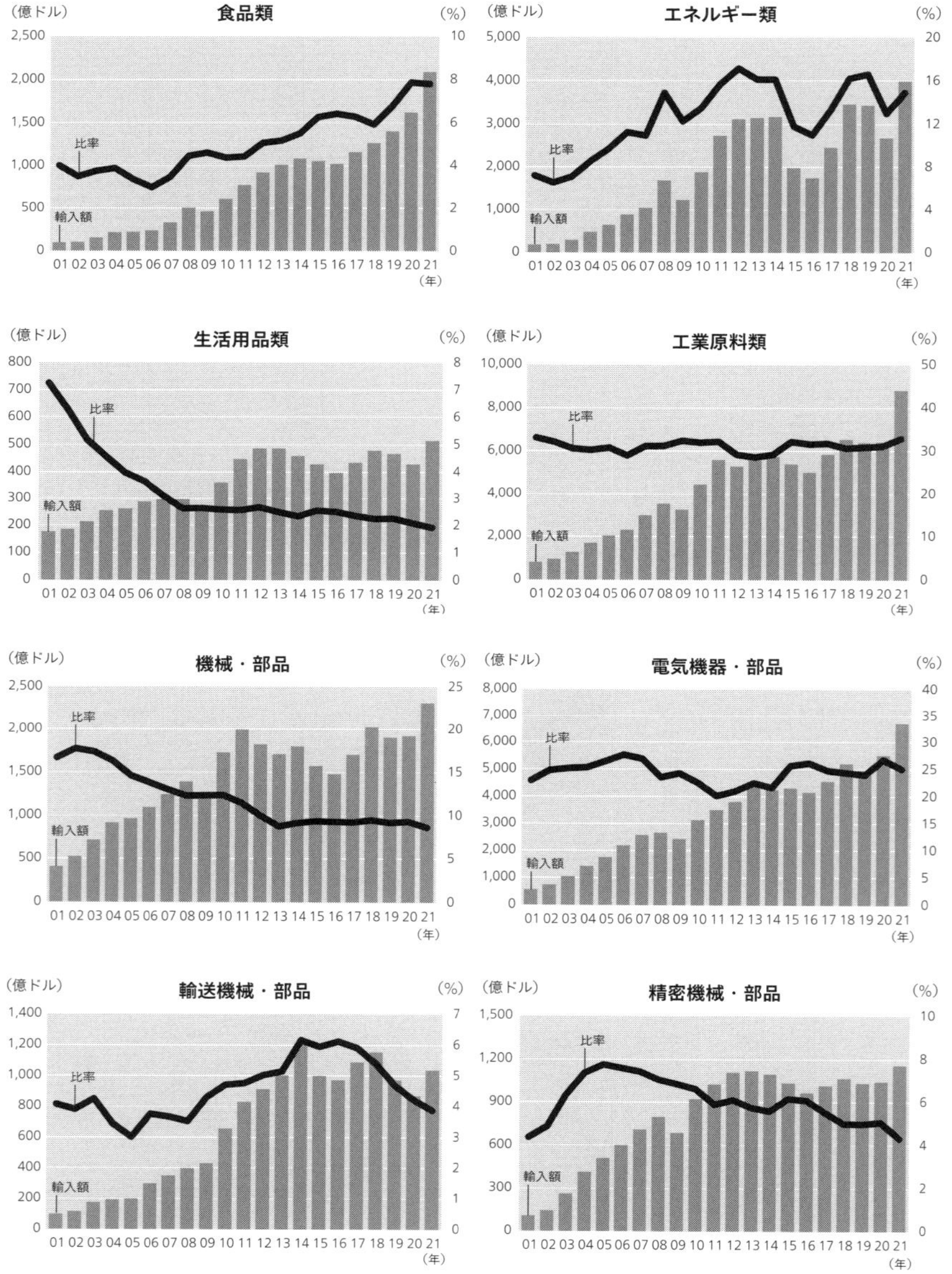

（出典）CEIC（出所は中国税関総署）のデータを元に筆者作成

のシェアは増えない一方、それらを生産する上で必要となる「エネルギー類」のシェアが増えました。

「工業原料類」のシェアは横ばいですが、国内で生産できるようになった皮革関連製品やプラスチック・ゴム関連製品がシェアを落とす一方、それらを国内で生産する上で必要となる鉱物（除くエネルギー類）のシェアが増えました（図表1－2－12）。

国内で生産するようになった「生活用品類」の多くはシェアを大きく落としましたが、国民生活が豊かになったことで高級な生活用品に対するニーズが高まったり、「履物・帽子・傘など」を中国よりも貧しい途上国からの輸入に切り替えたりしています（図表1－2－13）。

ちなみに、中国は武器弾薬も輸入していますが、公式統計では0・08億ドルとごくわずかです。なお、合わせて輸入品目別の推移も掲載しておきます（⇒図表1－2－14各輸入品目の内訳、図表1－2－15輸入品目別の推移）。

■CIPS（人民元国際決済システム）とは

中国は人民元国際決済システム（CIPS）という、米国のSWIFTとは異なる、独自のシステムを構築し始めています。2015年には人民元建てでの外国送金や貿易参加者間の決済手段となる決済網のフェーズ1が稼働しました。

2021年時点において、CIPSには103ヵ国・地域、1280の金融機関が接続し、年間の決済総額は80兆元（約12兆ドル）です。HSBC、スタンダードチャータード銀行、シティグループ、BNPパリバといった西洋諸国の銀行も出資しています。

それでも現在のSWIFTの決済額（1日平均5兆ドル）と比べ非常に小さいのが現状ではありますが、世界の分断が進み米国が中国をSWIFTから排除するような事態に陥っても、外国との貿易・投資関係を継続できる体制を築こうとしています。

3 世界との国際金融の状況

２０２１年時点で、中国の対外資産は約9.6兆ドルで、日本の対外資産（約11兆ドル）よりやや少ない規模です。他方、対内負債は約7.3兆ドルで、日本の対内負債（約7.3兆ドル）とほぼ同じ規模です。

これまでの歴史的推移を見ると（図表１−２−16）、中国が域外国・地域で所有する工場、融資、証券などの対外資産も、域外国・地域が中国で所有する対内負債も基本的には右肩上がりで増えてきました。なお、現在の中国の対外純資産は2.2兆ドルで、日本（約3.6兆ドル）のおよそ6割です。

■直接投資

国外で工場を建設しそこで事業を行なうなどの直接投資は、投資される国にとって雇用が増えるなど効果が大きいのはもちろんのこと、投資する国にとっても世界展開することで事業が拡大するなど、大きな機会をもたらします。

中国では世界各国からの対内直接投資が先に増え始めました。２００１年にＷＴＯ（世界貿易機関）に加盟したのをきっかけに、その安価で豊富な労働力に目を付けた、日本を含む世界の企業が、相次いで中国に製造拠点を構えることとなったからです。そして

図表 1-2-16 ●中国の対外資産・対内負債残高

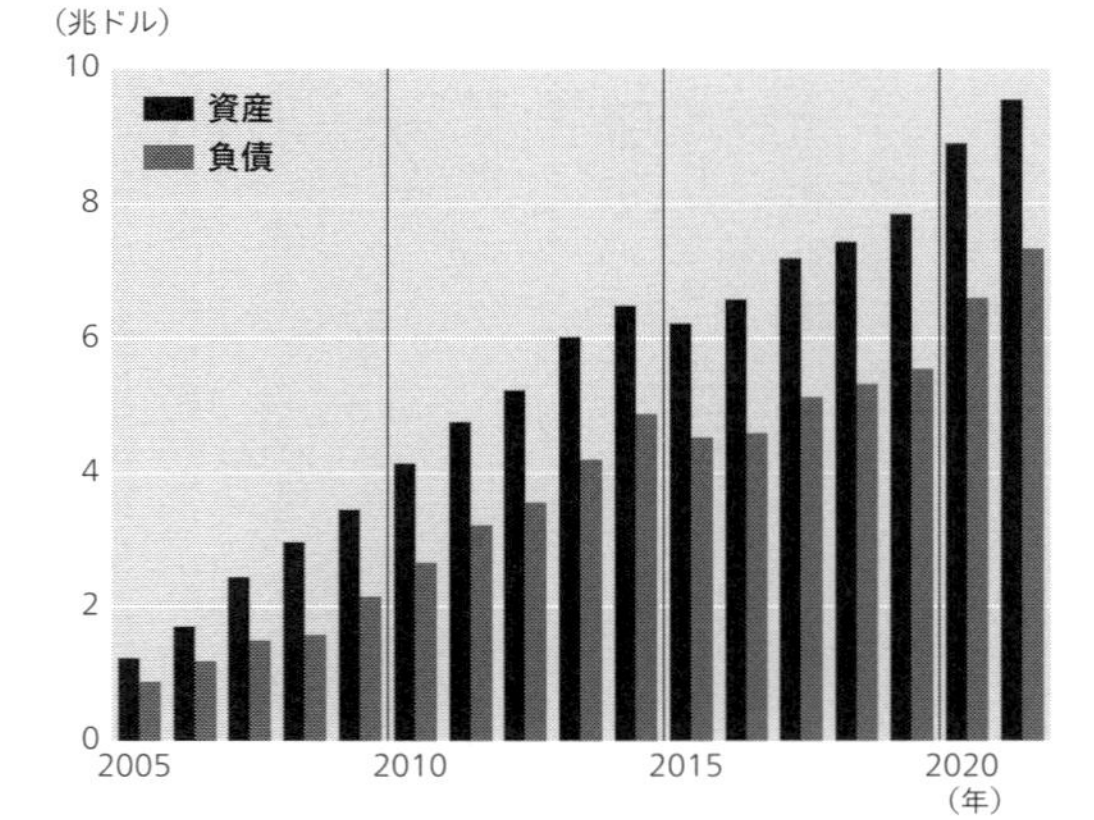

（出典）CEIC（出所は中国国家外貨管理局）のデータを元に筆者作成

２０２１年時点の対内直接投資残高は日本のおよそ10倍の約3.6兆ドルもあります（図表１－２－17）。ただし、米国からの直接投資は、米中対立の激化を反映して頭打ちとなっており、２０１９年には一時純減となりました。

一方で、中国から世界各国への対外直接投資が増加してきています。特に２０１０年代に習近平政権が「一帯一路」を推進し始めたことから、中国の対外直接投資は加速し、２０１６年に日本の対外直接投資残高を上回るまでになりました（図表１－２－18）。中国国内の賃金が上昇し、後発の途上国で生産した方が有利になってきたことも背景にあります。そして２０

図表 1-2-17 ●中国の対内直接投資残高の推移（日本との比較）

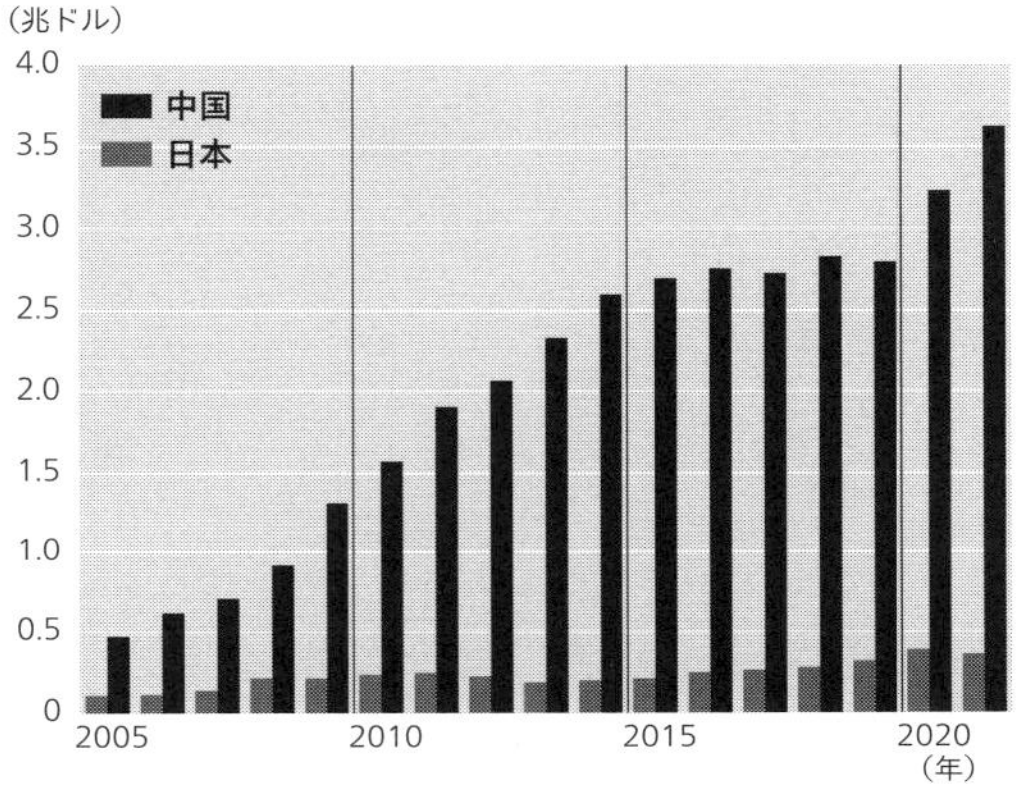

（出典）CEIC（出所は IMF）のデータを元に筆者作成

図表 1-2-18 ●中国の対外直接投資残高の推移（日本との比較）

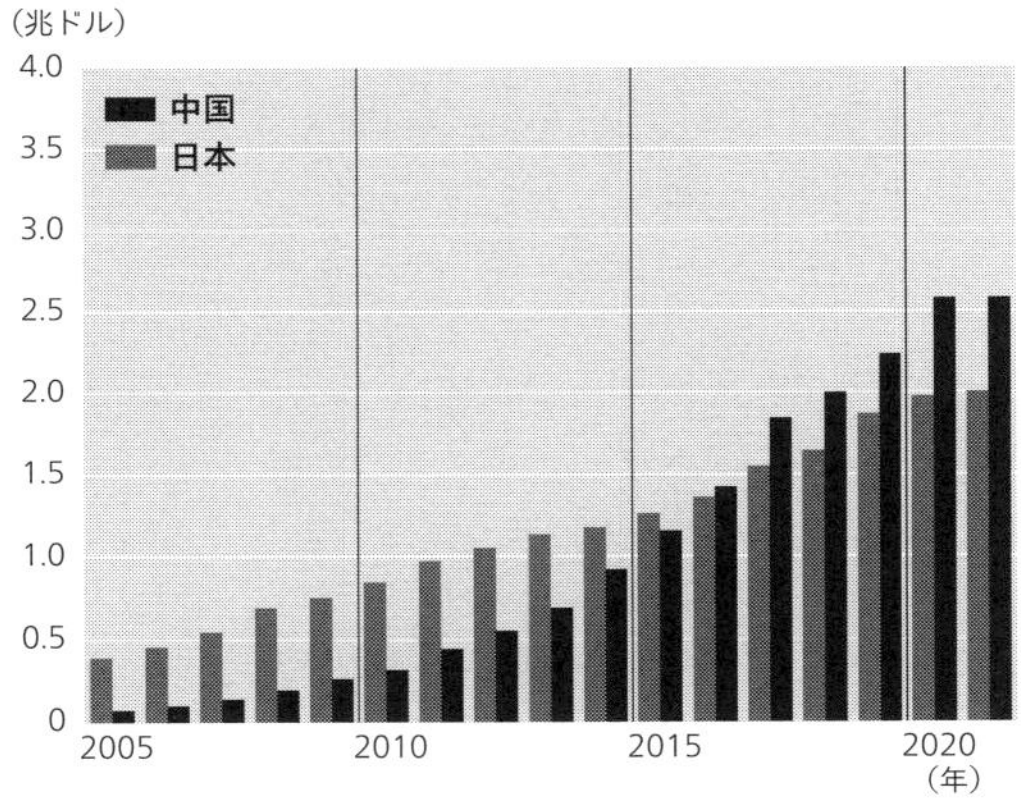

（出典）CEIC（出所は IMF）のデータを元に筆者作成

２１年時点の対外直接投資残高は約2.8兆ドルと、統計を遡れる２００４年と比べて50倍になりました。

ただし、中国の対外直接投資残高から対内直接投資残高を差し引いた純資産では、依然として0.8兆ドルのマイナスです。しかし、このまま中国の対外直接投資が対内直接投資を上回るペースで増えていけば、中国の純資産がプラスに転じるのもそう遠いことではないでしょう。

なお、日本は純資産が1.6兆ドル余りのプラスとなっています。

■対内直接投資の内訳

世界の企業はどんな分野に

図表 1-2-19 ●中国への対内直接投資の業種構成

		過去 15 年の合計金額				同左（全体に占めるシェア）			
		億ドル	2006～10年 億ドル	2011～15年 億ドル	2016～20年 億ドル	%	2006 ～10年	2011 ～15年	2016 ～20年
1	製造業	6,297	2,272	2,260	1,765	34.9%	48.0%	35.7%	25.3%
2	不動産業	3,309	847	1,434	1,028	18.3%	17.9%	22.7%	14.7%
3	リースおよび商業サービス業	1,764	265	495	1,004	9.8%	5.6%	7.8%	14.4%
4	金融業	1,540	501	581	458	8.5%	10.6%	9.2%	6.6%
5	卸売および小売業	1,298	209	509	580	7.2%	4.4%	8.0%	8.3%
6	情報通信、ソフトウェアおよびITサービス業	977	101	155	721	5.4%	2.1%	2.5%	10.3%
7	科学研究および技術開発サービス業	719	66	161	493	4.0%	1.4%	2.5%	7.1%
8	運輸、倉庫、郵便サービス業	561	116	195	249	3.1%	2.5%	3.1%	3.6%
9	電気、ガス、水の生産・供給業	357	83	106	167	2.0%	1.8%	1.7%	2.4%
10	建設業	201	44	61	96	1.1%	0.9%	1.0%	1.4%
11	農業、林業、畜産業、水産業	199	61	89	49	1.1%	1.3%	1.4%	0.7%
12	住民サービス・修理およびその他サービス業	130	54	51	25	0.7%	1.1%	0.8%	0.4%
13	宿泊および飲食業	115	46	34	35	0.6%	1.0%	0.5%	0.5%
14	鉱業	107	27	26	55	0.6%	0.6%	0.4%	0.8%
15	水保全、環境およびユーティリティ	86	23	38	26	0.5%	0.5%	0.6%	0.4%
16	文化、スポーツ、娯楽	78	17	36	25	0.4%	0.4%	0.6%	0.4%
17	ヘルスケアおよびソーシャルワーク	20	2	4	14	0.1%	0.0%	0.1%	0.2%
18	教育	10	1	1	7	0.1%	0.0%	0.0%	0.1%
19	公共管理および社会活動	0	0	0	0	0.0%	0.0%	0.0%	0.0%
主な製造業	繊維	163	88	57	19	0.9%	1.8%	0.9%	0.3%
	化学材料および製品	457	171	174	112	2.5%	3.6%	2.7%	1.6%
	医療および医薬品	168	37	55	76	0.9%	0.8%	0.9%	1.1%
	ユニバーサルマシナリー	413	141	167	106	2.3%	3.0%	2.6%	1.5%
	専用機器	406	127	156	123	2.3%	2.7%	2.5%	1.8%
	通信、コンピューター、その他の電子機器	1,013	399	333	281	5.6%	8.4%	5.3%	4.0%
	その他を含む合計	18,053	4,733	6,330	6,989				

（出典）CEIC（出所は中国商務部）のデータを元に筆者作成

投資しているかを見ていきます。過去15年間（2005～20年）に実施された中国への対内直接投資額を合計してみると（図表1－2－19）、第1位は製造業で6297億ドルでした。これは全体の3分の1を超えています。

しかし製造業に集中していた中国への対内直接投資は変化し始めています。5年毎に集計した結果を見ると、2006～10年には製造業が48％を占めていましたが、直近5年（2016～20年）は25・3％に低下しています。中国の労働力のコストが上がり、また豊富でなくなったことや、米中対立の激化などが背景にあると見られます。

特に、半導体など戦略分野においては、米国などからの直接投資が期待できなくなったため、中国は「自立自強」として独自に国内投資を増やしています。

一方、経済的に豊かになったことを背景に、サービス産業への直接投資が増加傾向にあります。特に「情報通信、ソフトウェアおよびITサービス業」、「リースおよび商業サービス業」、「卸売および小売」、「科学研究および技術開発サービス業」などがシェアを増やしています。

なお、中国の対内直接投資においては香港がハブ機能を担い重要な役割を果たしています（⇒第3章2「香港」）。

■対外直接投資の内訳

中国は世界のどんな企業に直接投資しているのか見てみます。過去15年間（2005～20年）に中国が実施した対外直接投資額を合計して見ると（図表1－2－20）、第1位は「リースおよび商業サービス業」、第2位は「卸売および小売業」、第3位は「金融業」、第4位は「製造業」などとなっています。

特に注目されるのは製造業の対外直接投資が急増している点です。5年毎に見ると2006～10年の第6位（シェア5.1％）から2016～20年には第2位（シェア15・7％）に浮上し、その規模も1000億ドルを超えてきました。対内直接投資の項でも述べたように、中国の労働コストが上がるのとともに労働力が豊富でもなくなり、後発途上国で生産した方が有利になってきたことが背景にあります。米中対立の激化も影響しているでしょう。

また2006~10年に第2位（シェア16・4%）だった「鉱業」が第11位（シェア1.8%）に落ちたり、同時期に第12位だった「情報通信、ソフトウェアおよびITサービス業」が第5位（シェア5.5%）に浮上したりと、この10年余りで中国の投資先は大きく変わってきています。これは中国サイドの事情というよりも、投資先の事情を反映したものと見られます。近年、世界各国が情報インフラの整備に注力するようになってきたからで、ファーウェイなどの活発な事業展開がうかがえます。

なお、第1位の「リースおよび商業サービス業」はその8割が香港向けです。対外直接投資においても香港が中国のハブ機能を担っています。

■対外直接投資の日中比較

中国の対外直接投資残高は約2.6兆ドルと、日本（約1.8兆ドル）のおよそ1.4倍です。そして日

図表 1-2-20 ●中国の対外直接投資の業種構成

		過去15年の合計金額（2006～20年）				同左（全体に占めるシェア）			
		億ドル	2006~10年 億ドル	2011~15年 億ドル	2016~20年 億ドル	%	2006 ~10年	2011 ~15年	2016 ~20年
1	リースおよび商業サービス業	4,865	826	1,525	2,514	31.3%	36.1%	28.3%	31.9%
2	卸売および小売業	2,045	271	755	1,019	13.1%	11.8%	14.0%	12.9%
3	金融業	2,031	366	714	950	13.0%	16.0%	13.2%	12.1%
4	製造業	1,879	117	525	1,237	12.1%	5.1%	9.7%	15.7%
5	鉱業	1,322	375	806	141	8.5%	16.4%	15.0%	1.8%
6	不動産業	602	42	223	337	3.9%	1.8%	4.1%	4.3%
7	情報通信、ソフトウェアおよびITサービス業	582	14	134	434	3.7%	0.6%	2.5%	5.5%
8	運輸、倉庫、郵便サービス業	540	158	158	224	3.5%	6.9%	2.9%	2.8%
9	建設業	459	31	164	264	2.9%	1.3%	3.0%	3.4%
10	電気、ガス、水の生産・供給業	317	31	84	202	2.0%	1.3%	1.6%	2.6%
11	科学研究および技術開発サービス業	291	25	90	176	1.9%	1.1%	1.7%	2.2%
12	農業、林業、畜産業、水産業	221	15	87	119	1.4%	0.7%	1.6%	1.5%
13	住民サービス・修理およびその他サービス業	199	9	56	134	1.3%	0.4%	1.0%	1.7%
14	文化、スポーツ、娯楽	68	2	29	37	0.4%	0.1%	0.5%	0.5%
15	宿泊および飲食業	52	3	13	35	0.3%	0.1%	0.2%	0.4%
16	水保全、環境およびユーティリティ	43	2	24	17	0.3%	0.1%	0.4%	0.2%
17	ヘルスケアおよびソーシャルワーク	25	0	3	22	0.2%	0.0%	0.0%	0.3%
18	教育	20	0	2	18	0.1%	0.0%	0.0%	0.2%
19	公共管理および社会活動	0	0	0	0	0.0%	0.0%	0.0%	0.0%
	その他を含む合計	15,561	2,289	5,391	7,881				

（出典）CEIC（出所は中国商務部）のデータを元に筆者作成

本の対外直接投資先は先進国が中心なのに対して、中国は途上国が中心となっています（図表1－2－21・22）。このような中国の投資は、資源の確保や低付加価値の製造拠点設置などを狙っており、「一帯一路」の政策目標でもあります。

西洋諸国向けの直接投資残高を見ると、中国は2310億ドル（シェア9.0％）と日本の1.1兆ドル（シェア59・2％）の5分の1しかありません。

他方、途上国向けの直接投資残高を見ると、東アジア向けは日本の3倍超の約1.6兆ドルです。アフリカ向けは日本の32億ドルに対し434億ドルと14倍近い規模になっています。独立国家共同体（CIS、ロシアと旧ソ連構成国の多くからなる）向けも日本の24億ドルに対し252億ドルと10倍超です。

図表 1-2-21 ●中国の対外直接投資残高（2020 年）

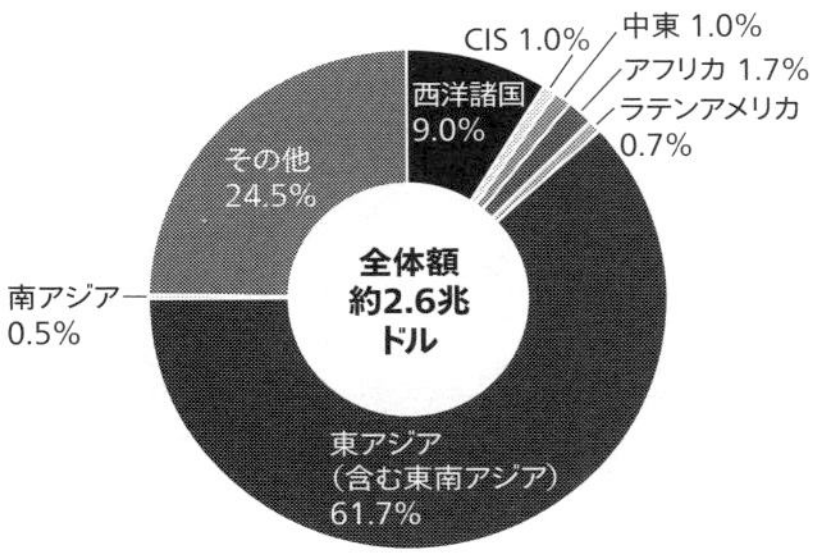

（出典）CEIC（出所は中国商務部）のデータを元に筆者作成

一方、中国と国交のない国の多いラテンアメリカ向けでは日本の350億ドルに対し170億ドル、インドを中心とする南アジア向けも日本の299億ドルに対し121億ドルと、それぞれ日本の半分前後にとどまります。

ただし、中国の対外直接投資残高はその過半が香港向けで、香港経由でどこに投資されているのかは、後述するように正確にはわかりませんので、その点には注意する必要があります。

図表 1-2-22 ●日本の対外直接投資残高（2020 年）

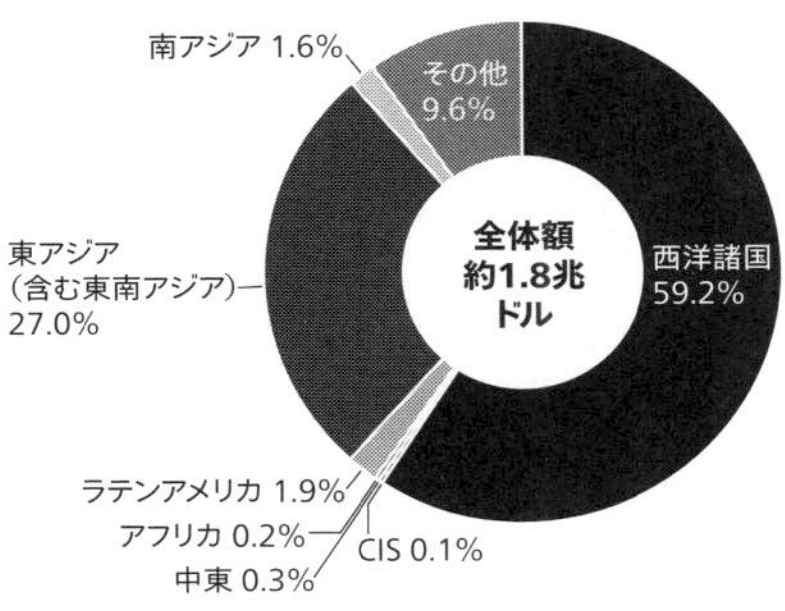

（出典）CEIC（出所は OECD）のデータを元に筆者作成

■融資

　対内・対外融資が融資国と被融資国、それぞれにもたらす効果は対内・対外直接投資とほぼ同様です。一般的に両者の違いは、その増える時期にあります。企業を設立する段階では直接投資（＝出資金）が必要となりますが、その企業が成長していく段階になると融資を増やして事業を拡大することになるからです。融資は直接投資の後を追うような関係と言えるでしょう。ただし、国際融資は個別性が色濃くもありますので注意が必要です。

　中国の対内融資残高の推移を見ると（図表1－2－23）、WTO加盟後、前述の対内直接投資が増えたのとほぼ同時期に対内融資も増勢を強め、2010年代中頃に対内直接投資が増えなくなると対内融資も増えなくなりました。そして現在（2021年）の対内融資残高は約4457億ドルとなっています。日本の対内融資残高は約1.8兆ドルなので、4分の1にとどまります。

　他方、中国の対外融資残高は2010年以降に増勢

図表 1-2-23 ●対内融資残高の推移（日中比較）

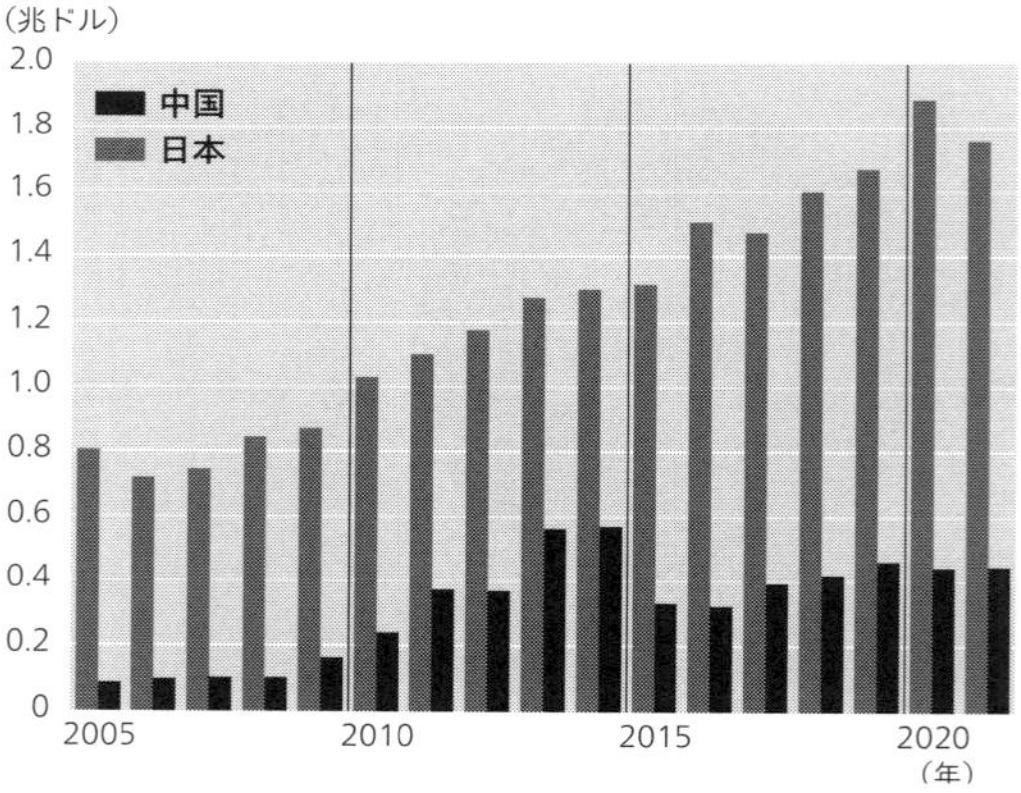

（出典）CEIC（出所は IMF）のデータを元に筆者作成

図表 1-2-24 ●対外融資残高の推移（日中比較）

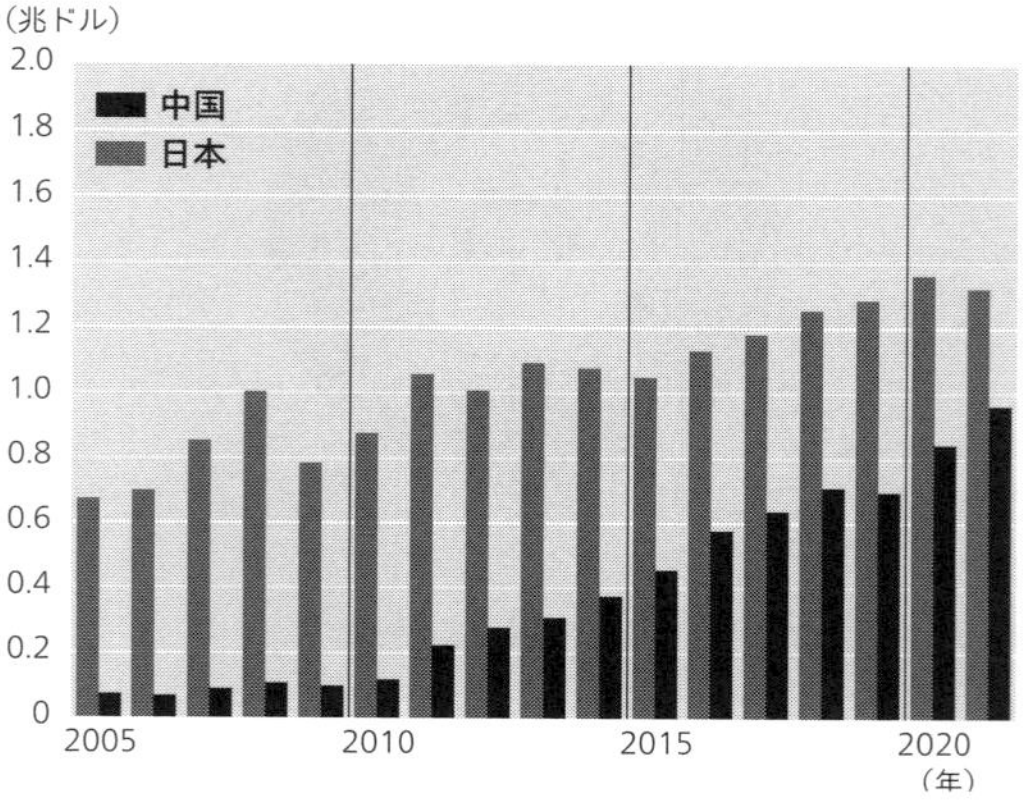

（出典）CEIC（出所は IMF）のデータを元に筆者作成

を強め、その後も右肩上がりで増加しています（図表1－2－24）。対外直接投資と同様に、習近平政権が「一帯一路」を推進し始めたことや、後発途上国での生産が有利になってきたことが背景にあります。そして2021年時点の対外融資残高は約9628億ドル（日本円に換算すればおよそ125兆円）と、日本のそれの7割を超えてきました。

■証券投資

証券投資には大きく債券投資と株式投資の2つがあります。

国債が多くを占める債券投資は、金利差などの観点からの純粋な投資である場合がほとんどですが、外貨準備のための投資の場合は国際政治上の意味合いも持ちます。

他方、株式投資も上場企業株への投資がほとんどで、企業価値などの観点から純粋な投資である場合が多く、その発行企業の経営に影響を及ぼすことが目的の場合もあり、より個別性が強いと言えるでしょう。

なお、証券投資はその発行者と投資者の間に権利・義務関係が生じるものの、直接投資や融資と比べると、証券の売買は基本的に自由で流動性が高いので、国ど

図表 1-2-25 ●対内証券残高の推移（日中比較）

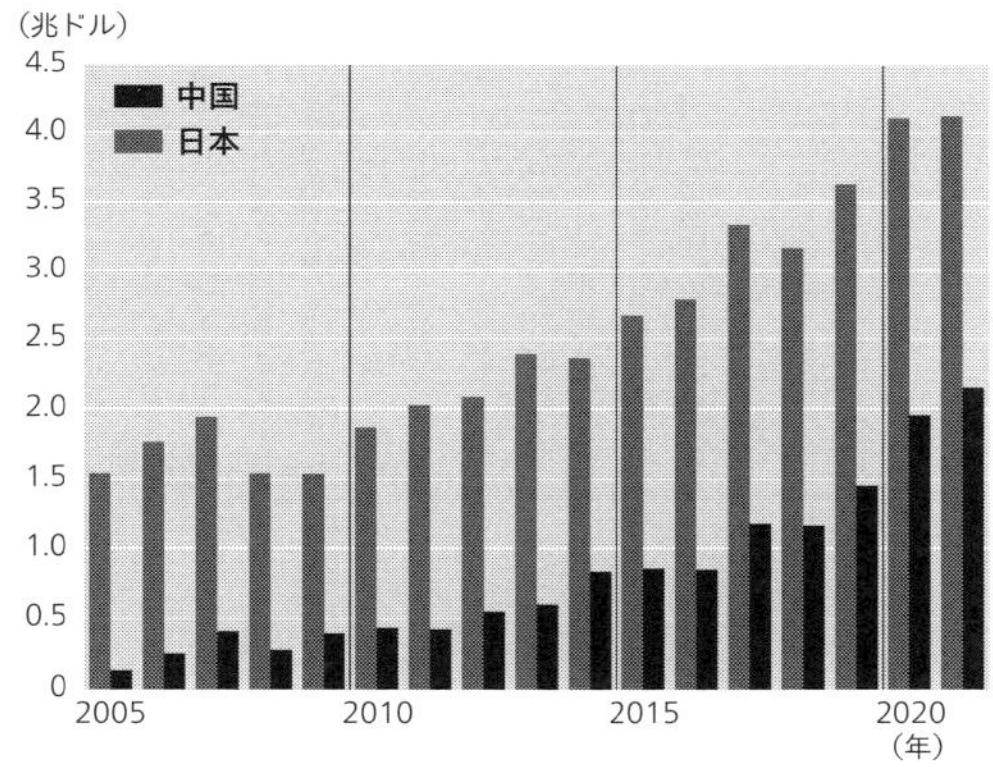

（出典）CEIC（出所は IMF）のデータを元に筆者作成

図表 1-2-26 ●中国に対する株式・債券投資の推移

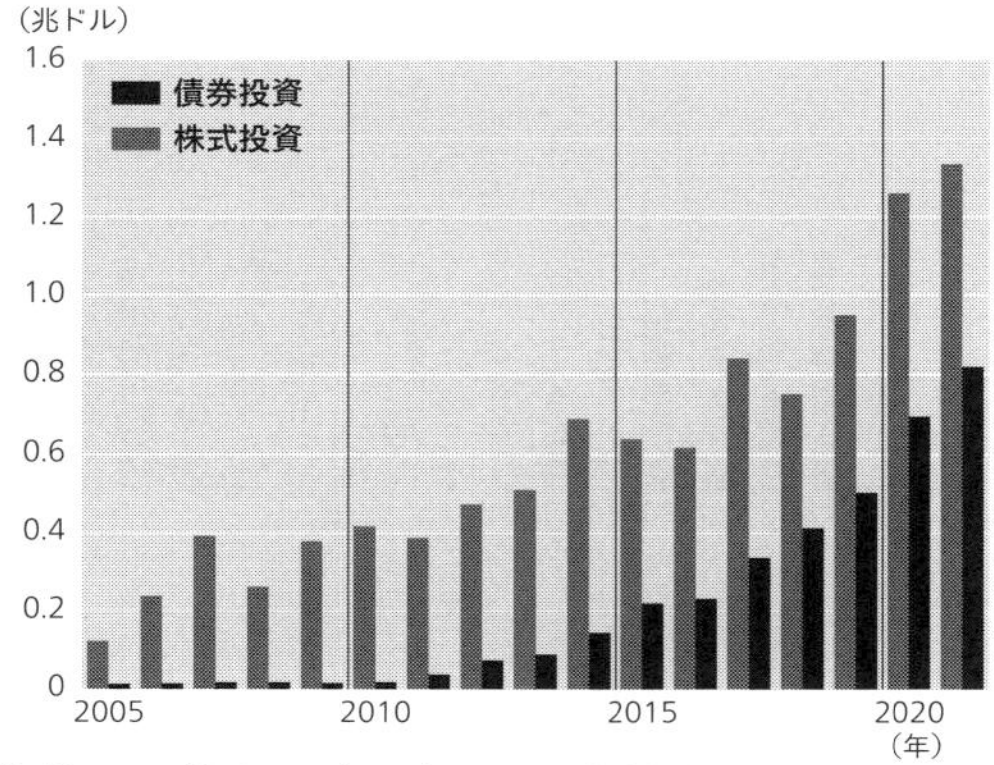

（出典）CEIC（出所は IMF）のデータを元に筆者作成

うしの経済関係を深める効果は限定的です。

2021年時点で、中国の対内証券投資は約2.2兆ドル（日本円換算でおよそ280兆円）と、日本のおよそ半分です（図表1－2－25）。内訳は株式が約6割、債券が約4割で、ともに増加基調にありますが、特に債券の増勢が顕著です（図表1－2－26）。

他方、対外証券投資は約1兆ドル（日本円換算でおよそ127兆円）と日本の約2割にとどまります（図表1－2－27）。内訳は株式が約7割、債券が約3割で、ここ数年はともに増えてきています（図表1－2－28）。

図表 1-2-27 ●日中対外証券残高の推移（日中比較）

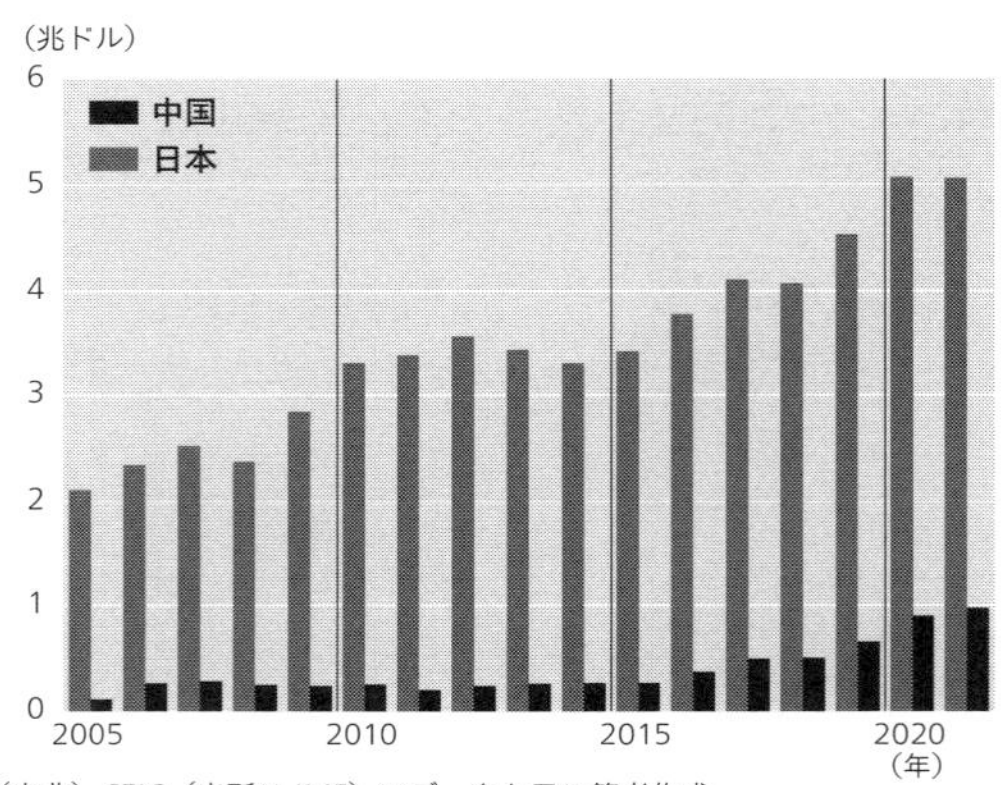

（出典）CEIC（出所は IMF）のデータを元に筆者作成

図表 1-2-28 ●中国における対外株式・債券投資の推移

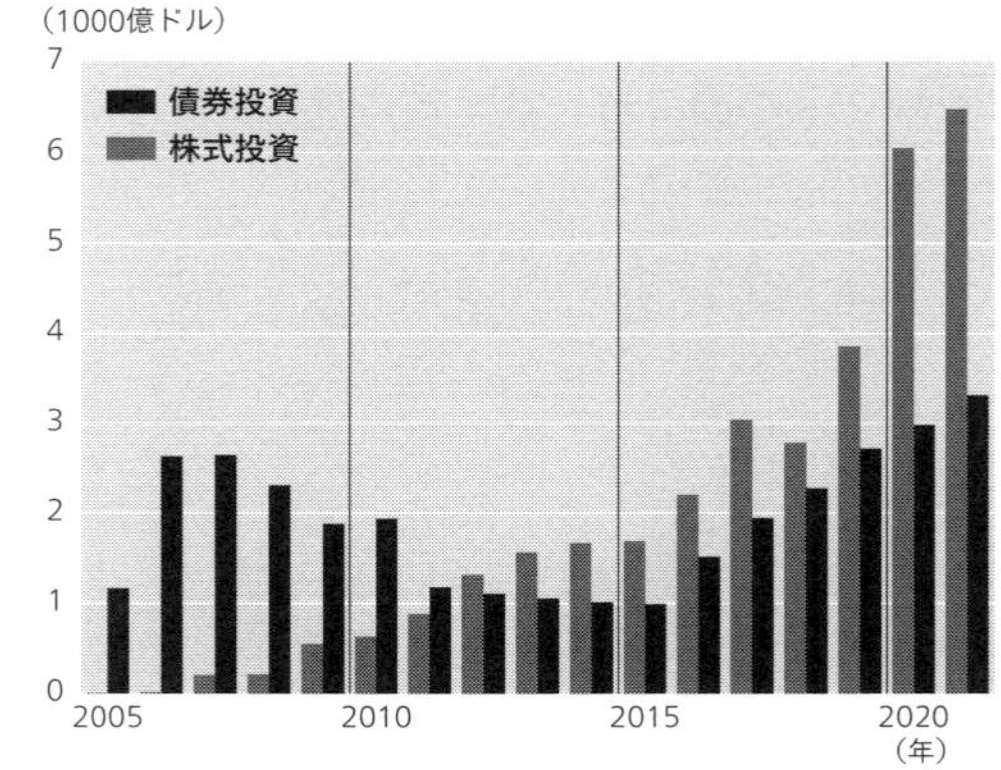

（出典）CEIC（出所は IMF）のデータを元に筆者作成

■サービス収支

現在、中国のサービス収支は約1012億ドルの赤字（2021年）となっています。過去30年余の推移を見ると（図表1－2－29）、2000年代までは貸方（収入）と借方（支出）がほぼ同額で収支は均衡していました。しかし、2010年代に入ると収入に大きな変化はなかったものの、支出が急激に増えたことが分かります。そして2018年には支出が5257億ドルに増え、サービス収支は2922億ドルと大幅な赤字となりました。

その背景には海外旅行の急増があります。サービス赤字の8割に当たる2369億ドルが旅行収支の赤字でした（図表1-2-30）。日本にも、中国本土から多くの旅行者が訪れたくさんのモノを購入したことから、「爆買い」という言葉が流行ったこともありました。

それも2020年に新型コロナウイルス感染症（COVID-19）の世界的大流行（パンデミック）で海外旅行が激減したため、サービス赤字は減少することとなりました。パンデミックが終息した現在、中国本土

図表 1-2-29 ●中国のサービス収支の推移

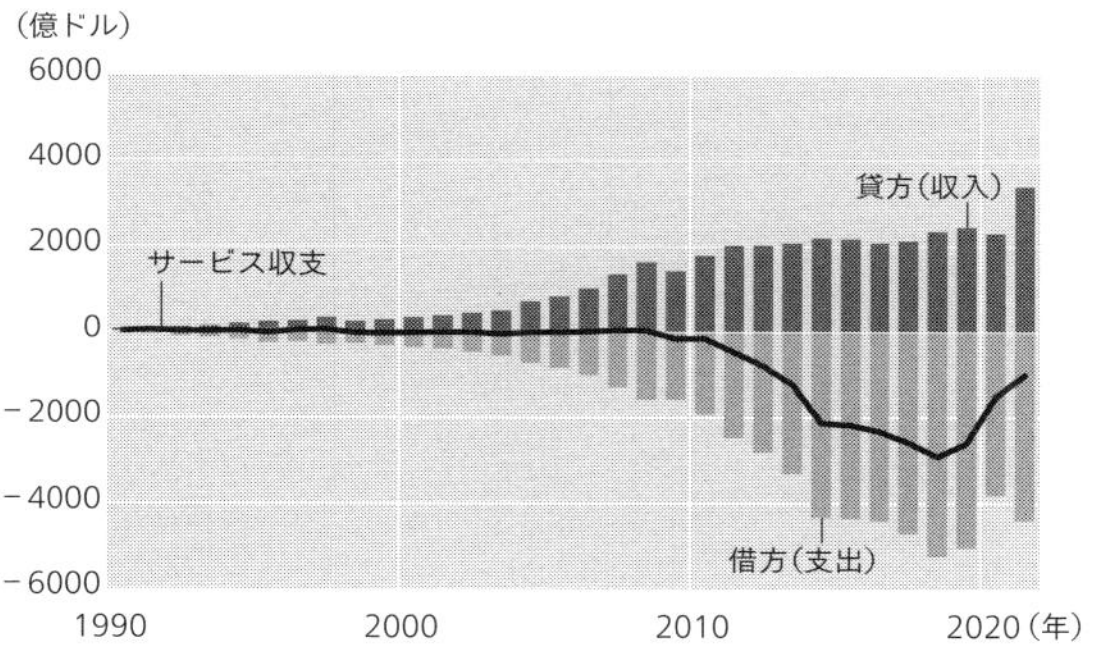

（出典）CEIC（出所は中国国家外貨管理局）のデータを元に筆者作成

図表 1-2-30 ●中国のサービス収支の内訳

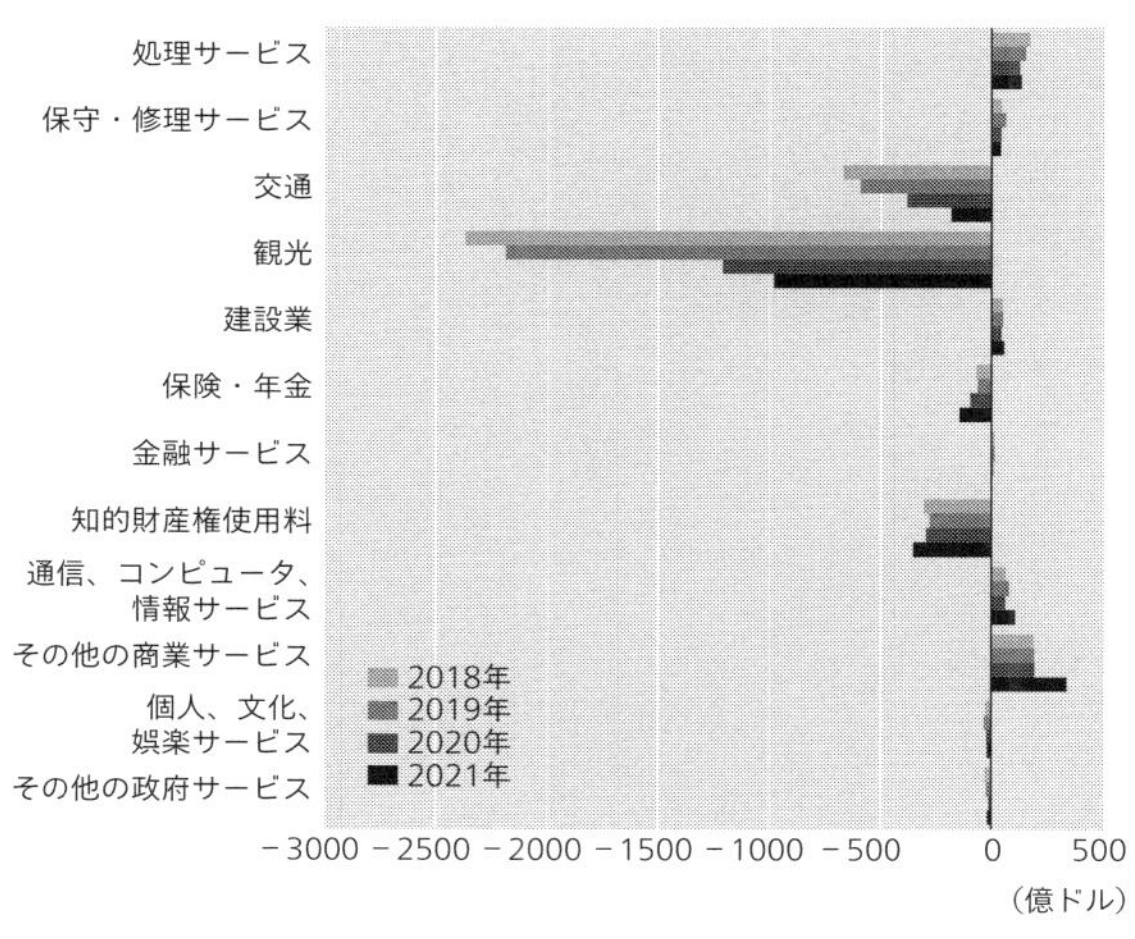

（出典）CEIC（出所は中国国家外貨管理局）のデータを元に筆者作成

からの旅行者が再び増えてきており、今後はサービス赤字が一層膨らみそうです。

なお、中国本土への入境者の内訳を掲載しておきます（図表1－2－31）。平常時のヒトの交流を見るため

コロナ前3年（2017～19年）の平均値で示しました。香港との人的交流が極めて多いことや、日本より韓国のほうが多いことなどがわかります。

図表 1-2-31 ●中国本土への入境者の内訳

	年平均（2017～19年）（延べ万人）	入境者に対するシェア(%)	外国人に対するシェア(%)
中国本土への入境者	14,200	100.0	-
うち香港	7,989	56.3	-
うちマカオ	2,553	18.0	-
うち台湾	605	4.3	-
うち外国人	3,053	21.5	100.0
アジア	1,865	13.1	61.1
日本	268	1.9	8.8
韓国	413	2.9	13.5
北朝鮮	32	0.2	1.0
モンゴル	174	1.2	5.7
フィリピン	118	0.8	3.9
タイ	83	0.6	2.7
シンガポール	98	0.7	3.2
インドネシア	71	0.5	2.3
マレーシア	130	0.9	4.3
インド	85	0.6	2.8
カザフスタン	22	0.2	0.7
北アメリカ	323	2.3	10.6
米国	240	1.7	7.9
カナダ	81	0.6	2.7
ラテンアメリカ	44	0.3	1.4
欧州	598	4.2	19.6
英国	60	0.4	2.0
ドイツ	63	0.4	2.1
フランス	50	0.3	1.6
イタリア	28	0.2	0.9
ロシア	250	1.8	8.2
スイス	7	0.1	0.2
スウェーデン	11	0.1	0.4
オランダ	19	0.1	0.6
ポルトガル	6	0.0	0.2
オセアニア	90	0.6	3.0
オーストラリア	74	0.5	2.4
ニュージーランド	15	0.1	0.5
アフリカ	65	0.5	2.1

（出典）CEIC（出所は中国文化観光部）のデータを元に筆者作成

第3章 中国が批判される「国内」問題

1 台湾

台湾問題は、中国本土を統治する中華人民共和国が台湾を自国の一部と主張している一方、台湾は現在、中華民国が実効支配しており、現在のように事実上独立した状態を維持したいと考えているところに起因しています。しかも中国本土は平和統一を目指すとしてはいるものの、「武力行使の放棄を約束しない」ともしているため、中国が祖国統一に動けば武力衝突となる恐れがあります。

しかも、いざ台湾有事となれば日本も巻き込まれる可能性が高い状況にあります。日本が、国内の米軍基地は無論、自衛隊基地の使用も容認したり、米国への集団的自衛権を発動して、自衛隊自身も米軍を後方支援するだけでなく、その行動に直接参加する可能性があると言われています。CSIS（米戦略国際問題研究所）が2023年1月に発表した机上演習（シミュレーション）でも、日本も深刻な被害を受ける可能性があると指摘しています。

そこで台湾の現状と歴史的な経緯、それに中国本土とのヒト・モノ・カネの関係を確認することで、台湾問題に対する理解を深めておきましょう。

台湾の概況

台湾の面積は約3.6万㎢で、北部は亜熱帯、南部は熱帯に属しています。ちなみに台湾を実効支配する中華民国が主張する国土は、清朝の国土を継承したという認識に基づくため約1142万㎢に及びます。現在実効支配している台湾島、澎湖諸島、金門島、東沙諸島、南沙諸島などだけでなく、中国本土や日本が実効支配する釣魚島（日本名は尖閣諸島）なども含むためです。なお、東沙諸島と南沙諸島は、中華人民共和国とは実効支配を争い、フィリピン、ベトナム、マレーシア、ブルネイとは領有権を争っています。

台湾の住民のほとんどは漢民族で、第二次世界大戦後に中国本土から移住した外省人が約13%、それ以前から定住していた本省人が約85%を占めます。本省人はさらに福建系と客家系に大きく分かれます。なお、漢民族の移住前から住んでいた原住民族（オーストロネシア語族）は2%ほどです。また言語は中国語、台湾語、客家語などがありますが、概ね相互コミュニケーションが可能です。宗教は仏教、道教、キリスト教などです。

❶歴史

第二次世界大戦後の中国本土では、蔣介石が率いる中華民国の軍隊と毛沢東が率いる中国共産党の軍隊が対立し内戦（第2次国共内戦）が起きました。そして1949年、毛沢東が中国本土を支配する中華人民共和国を建国する一方、蔣介石は台湾に逃れ、台北に臨時首都を遷都することとなりました。

その後も中華人民共和国（中国本土）と中華民国（台湾）の軍事的緊張は燻ぶり続け、台湾海峡危機が三度も発生することになった一方、台湾が中国本土を奪還しようとする動き（国光計画）が発覚したこともありました。

第二次世界大戦前から戦後しばらくの間、中華民国が中国を代表していましたが、1960年代後半にベトナム戦争の泥沼を抜け出そうと模索していた米国と、中ソ対立でソ連と袂を分かつことを模索していた中国の利害が一致して米中接近となり、国連は1971年のアルバニア決議で台湾を常任理事国から外し、代わりに中華人民共和国がその座につきました。

図表 1-3-1 ●台湾と外交関係のある国

大洋州（3ヵ国）	ツバル マーシャル諸島共和国 パラオ共和国
欧州（1ヵ国）	バチカン
中南米・カリブ（7ヵ国）	グアテマラ パラグアイ ハイチ ベリーズ セントビンセント セントクリストファー・ネーヴィス セントルシア
アフリカ（1ヵ国）	エスワティニ

（出典）筆者作成 （2024年3月）

そして国際社会では中華人民共和国を中国の唯一の合法政府として承認し、台湾と断交する国が増加し、日本は1972年、米国も1979年に中華人民共和国と国交を樹立して台湾と断交しました。そして2024年3月現在、台湾と国交を持つのは12ヵ国しかありません（図表1－3－1）。

ただし、米国は台湾と断交すると同時に台湾関係法を成立させ、その後の1982年に米台関係における外交原則を示した「6つの保証」を公表することで、軍事介入の選択肢を残しました。しかし、台湾有事への軍事介入を明言しないことで中国のメンツも保つ、「戦略的曖昧さ政策 Policy of deliberate ambiguity」をとっています（詳しくは59頁「台湾の米中双方の位置づけ」参照）。

中国共産党にとって台湾を統合することは建国以来の悲願です。一方、台湾にしてみれば、李登輝らが苦労の末に築き上げてきた民主的な政治・社会・経済の諸制度を手放したくありません（図表1－3－2）。今のところ両者が納得する和解の道は見つかっていないため、葛藤が続くことになりそうです。

❷政治・社会

台湾の政治体制は三民主義（民族独立、民権伸長、民生安定）に基づく民主共和制で、「司法」「立法」「行政」の三権に、官吏の採用「考試」と官吏の「監察」の二権を加えた五権分立という考え方をとっており、

図表 1-3-2 ●台湾の歴史

1949年	中華民国が台北に臨時首都を遷都
1954〜55年	第１次台湾海峡危機
1958年	第２次台湾海峡危機
1962年	国光計画発覚
1971年	国連を脱退
1979年	米国が台湾と断交（但し、台湾関係法を成立させた）
1987年	38 年間続いた戒厳令を解除
1988年	李登輝（国民党）が総統に就任し、民主化を推進
1992年	「92 年コンセンサス」
1995〜96年	第３次台湾海峡危機
1996 年	初の総統直接選挙で李登輝（国民党）が当選
2000 年	陳水扁（民進党）が総統に当選（04 年に再選）
2008 年	馬英九（国民党）が総統に当選（12 年に再選）
2014 年	ひまわり学生運動
2016 年	蔡英文（民進党）が総統に当選
2019 年	香港で民主化デモ
2020 年	蔡英文（民進党）が総統に再選
2024 年	頼清徳（民進党）が総統に当選

（出典）各種資料を元に筆者作成

自由で民主的な政治が行われています。

　実際、政治的自由度×民主主義指数のマトリクスを見ても（図表1－3－3）、政治的自由度も民主主義度も日米とほぼ同水準の高さにあり、両方とも低水準の中国本土とは対極の位置にあります。したがって、イ

図表 1-3-3 ●台湾の政治面的自由度と民主主義指数

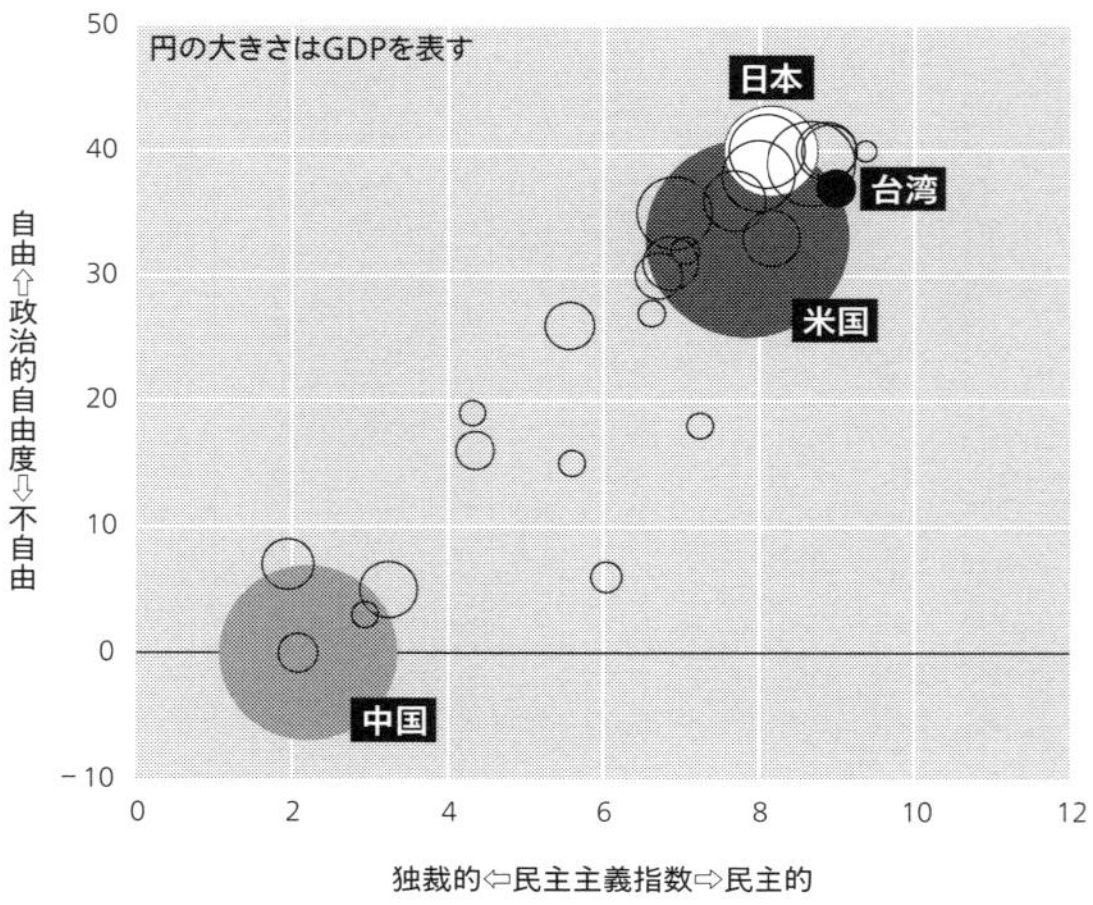

（出典）IMF、EIU、Freedom House のデータを元に作成

デオロギー面で台湾は、日本や米国と価値観を共有し、中国本土とは相容れないと言えるでしょう。

一方で、言語や宗教など文化面では中国本土と同じ起源の上に立つ社会と言えます。世論を見ると親米・反中です。ピューリサーチセンターの調査結果を見ると（図表1－3－4）、中国のことを「好ましい」と回答した人が27％、「好ましくない」と回答した人が69％で、差し引き42ポイントのマイナスでした。他方、米国のことを「好ましい」と回答した人は61％、「好ましくない」と回答した人が35％で、差し引き26ポイントのプラスです。ただし、日本と比べると「反中」がやや少ない点にも留意する必要があります。根強い「親中派」が存在することを示しているからです。

図表 1-3-4 ●台湾の親米・親中分析

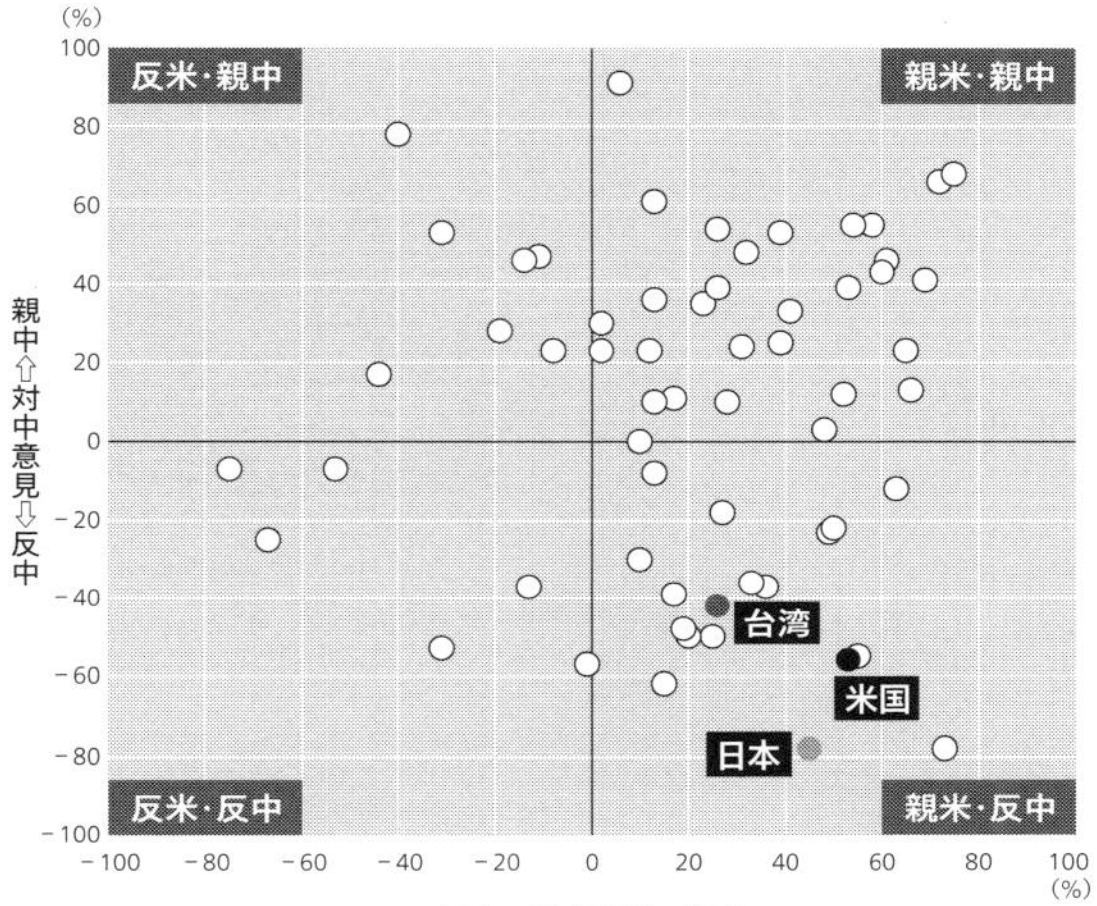

（出典）Pew Research Center のデータを元に筆者作成

❸経済概況

台湾のGDPは約8000億ドルと、実質世界第22位でスイスやトルコとほぼ同じ経済規模です。人口は約2400万人で、生産年齢人口が占める比率は71％と世界平均（65％）を大幅に上回っていますが、15歳未満の若年層が占める比率が13％と少ないつぼ型の人口構成となっているため、今後は低下していく見込みです（図表1－3－5）。平均寿命は80歳と世界平均（72・3歳）より長寿です。

台北に臨時首都を遷都したあとの台湾経済を振り返

ると、国民党が台湾における権力基盤を確立した1950年代半ば、輸出産業の育成に動き出しました。そして次第に米国や日本の加工基地として、第一次産業中心の経済から第二次産業中心に発展していきました。

ここ30年余りの経済成長率を見ると（図表1－3－6・上）、1990年代には年平均6.7％と世界平均の2倍速で成長していましたが、2000年代には同4.3％、2010年代には同2.9％と経済成長の勢いは鈍化してきました。しかし依然として世界平均並みの成長率で、日本と比べるとはるかに高い成長が続いています。

また、経済的な豊かさを示す一人当たりGDPは3.3万ドルほどで、世界を5分位に分類したとき一番上

図表 1-3-5 ●台湾の人口ピラミッド（2020 年）

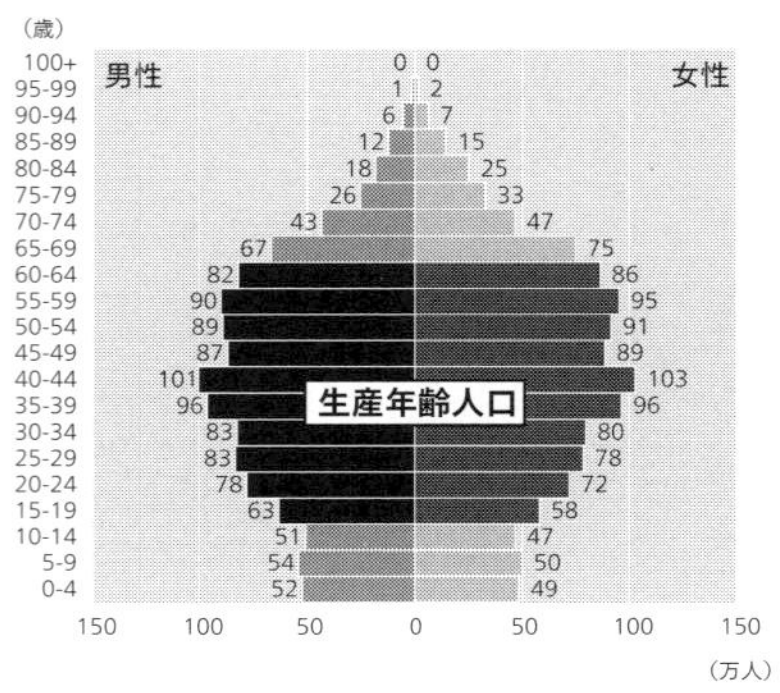

（出典）国連のデータを元に筆者作成

図表 1-3-6 ●台湾の実質成長率と一人当たり GDP

台湾の実質成長率

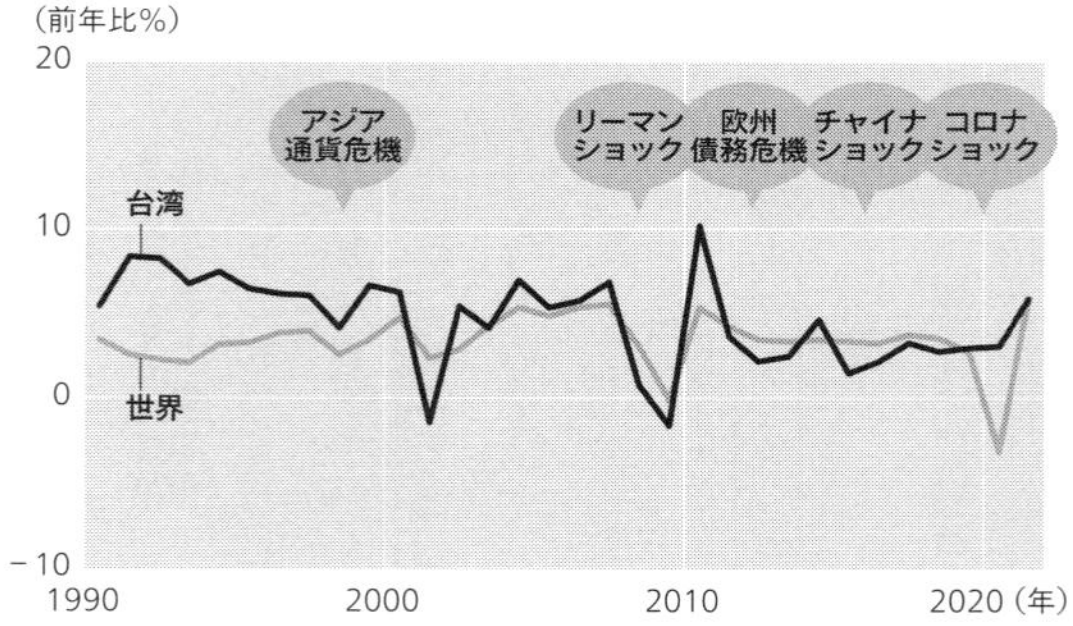

（出典）IMF のデータを元に筆者作成

一人当たり GDP（台湾と中国）

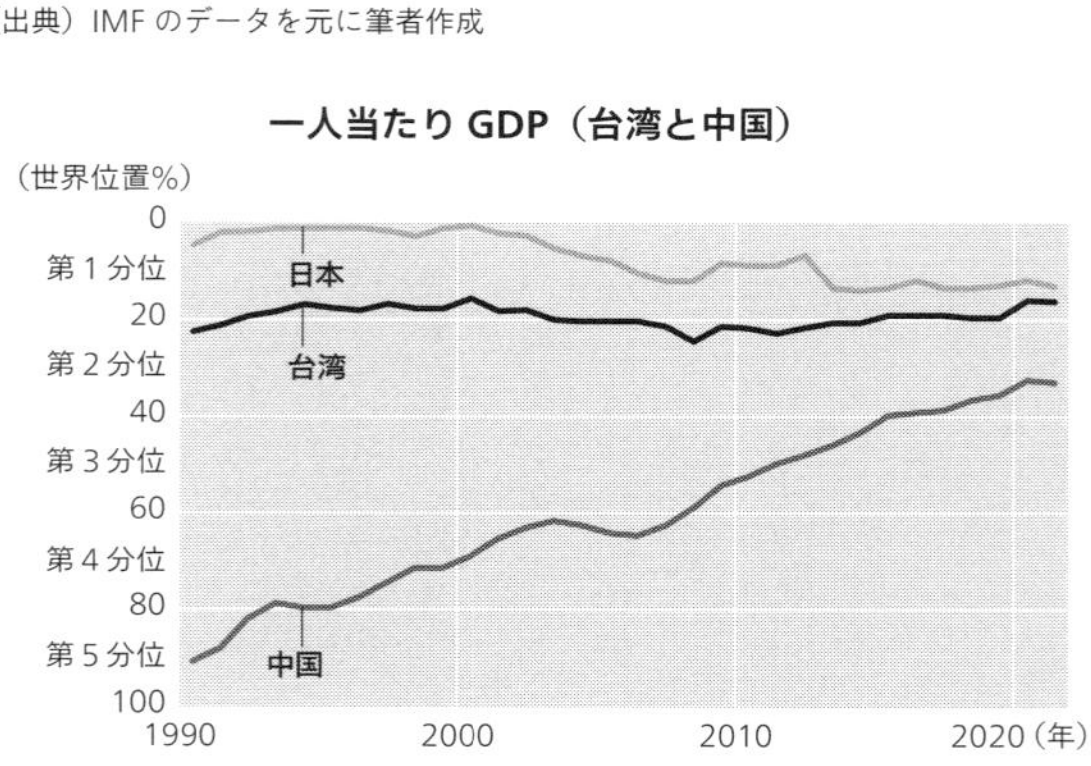

（注）世界位置は（中国の順位－1）÷（対象国数－1）で計算
（出典）IMF のデータを元に筆者作成

の第1分位に位置し、日本とほぼ同水準にあります。なお、中国本土もここ30年で急上昇してきましたので、その差はだいぶ縮まりました（図表1－3－6・下）。

❹産業構造・需要構成

台湾経済には外需依存度が高いという特徴があります。GDP（国内総生産）の需要構成を見ると（図表1－3－7）、個人消費の比率は52・3％、政府消費は14・4％、総固定資本形成（≒投資）も22・5％と、いずれも世界平均を下回っており、内需に弱さが目立ちます。一方、純輸出は10・8％のプラスです。世界全体ではほぼ均衡しているので、台湾経済が外需依存体質であることが分かります。

他方、台湾経済は製造業に強みがあります。総付加価値（TVA≒GDP）の産業構造を見ると（図表1－3－8）、製造業の比率が31・8％を占めており、世界平均（16・7％）の2倍もあります。

電子工業、情報通信、化学工業などが盛んで、特に半導体に関しては米国などからの受託生産で力を付け、世界最大手の台湾積体電路製造（TSMC）を擁します。そして近年、インテルの製造技術を凌駕し、半導体市場を支配してきた米国企業の立場を脅かすようになってきています。

また、第一次産業の比率は1.8％と世界平均の半分以

図表 1-3-7 ●台湾の需要構成（2011 ～ 20 年平均）

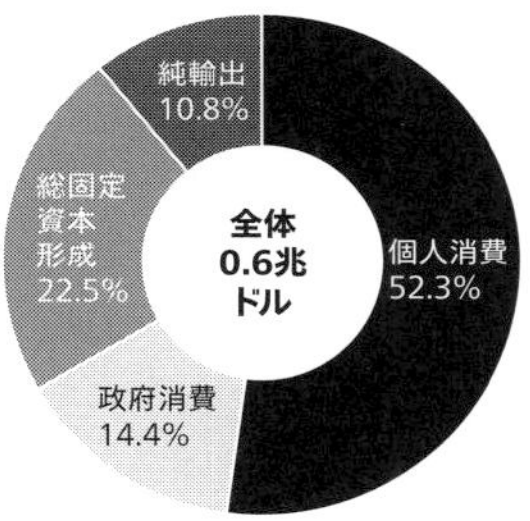

（出典）CEIC（出所は台湾行政院主計総処）のデータを元に筆者作成

図表 1-3-8 ●台湾の産業構造（2011 ～ 20 年平均）

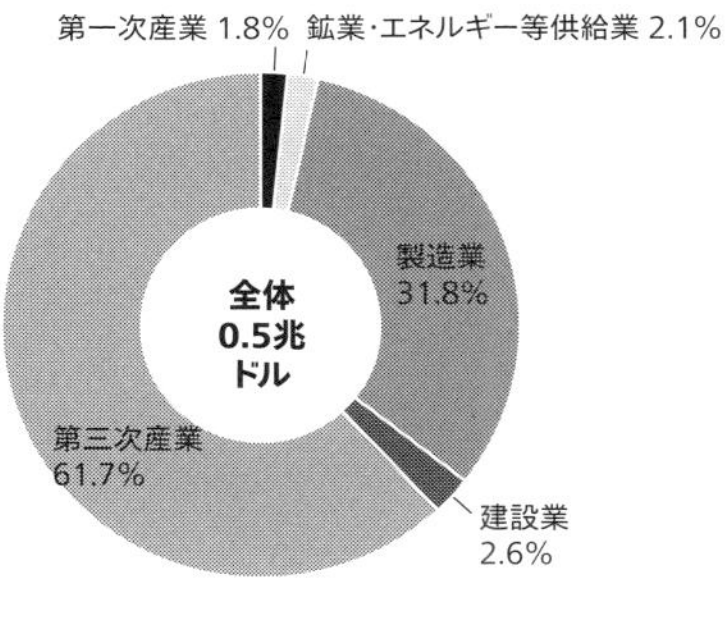

（出典）CEIC（出所は台湾行政院主計総処）のデータを元に筆者作成

下で、鉱業・エネルギー等供給業も2.1％と世界平均の3分の1に過ぎず、食品や原油・石炭・天然ガスを輸入に依存しています。食糧・エネルギーの安全保障面には、やや弱みがあると言えるでしょう。この点では日本と同じ悩みを抱えています。

❺中国本土との関係

［1］人的交流（ヒト）

中国本土と台湾の人的交流は、ほとんど同じ言葉を話すこともあって盛んです。台湾と外国との人的交流は、台湾当局の出入境者の統計を見ると、コロナ前には2700万人前後で推移していましたが、コロナ後の2020年には約370万人、2021年には約50万人と激減してしまいました。平常時の出入者数を見るためコロナ前3年（2017〜19年）の平均値で見ると（図表1－3－9）、日本と中国本土がともに24・5％でトップ、香港・マカオが14・5％、韓国が7.8％と周辺諸国が大半を占めていました。なお、米国は4.1％、欧州は3.0％でした。

ちなみにコロナ禍で激減したあとの2021年は、日本が4.8％、韓国が2.3％にシェアを落としましたが、中国本土は28・4％、米国は23・3％とシェアが増えています。これは中国本土や米国との人的交流には、コロナ禍のような緊急事態にあっても止められない重要

図表 1-3-9 ●台湾への出入境・国／地域（2017 ～ 19 年平均）

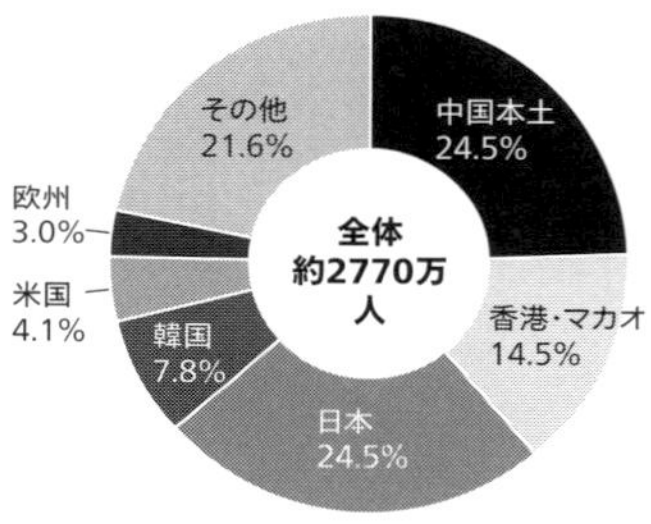

（出典）CEIC（出所は台湾交通部観光局）のデータを元に筆者作成

図表 1-3-10 ●中国本土への入境・国／地域（2017 ～ 19 年平均）

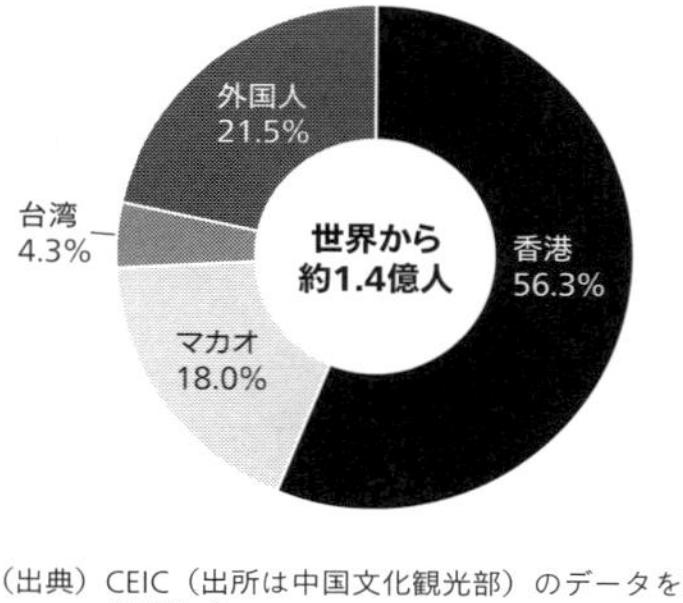

（出典）CEIC（出所は中国文化観光部）のデータを元に筆者作成

性があることを示唆しています。

一方、中国本土から見た台湾との人的交流の姿を、中国当局が発表した統計で見ると（図表1-3-10）、コロナ前3年の平均値で台湾からの入境者は約600万人（シェア4.3%）でした。特別行政区として「一国二制度」下にある香港・マカオと比べると極めて少ないですが、韓国（約413万人）や日本（約268万人）など近隣の外国よりも多くなっています。

［2］貿易（モノ）

台湾と中国本土の貿易関係を見ると、中国側の統計（2021年）では、中国本土から台湾への輸出が784億ドル、台湾からの輸入が2515億ドルと、中国本土の大幅な輸入超過（台湾の輸出超過）です。

こうした状況は10年以上にわたって変

図表 1-3-11 ●台湾の輸出先（2021 年）

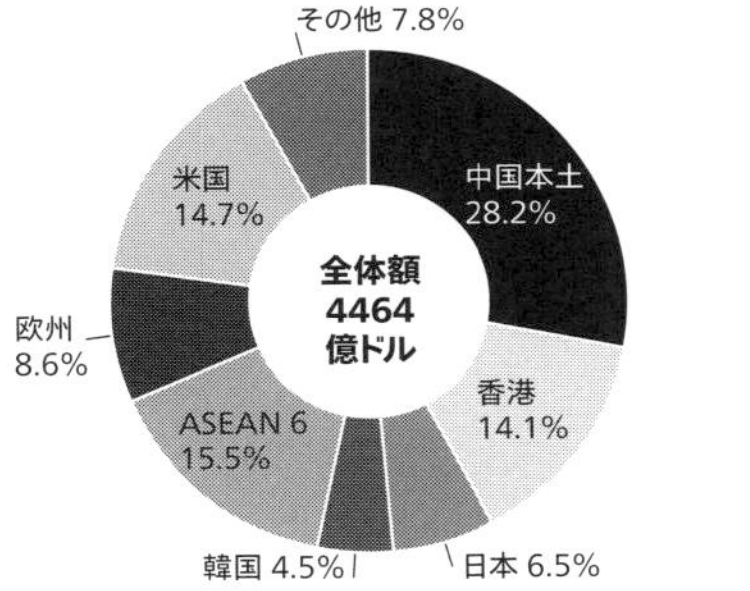

（出典）CEIC（出所は台湾財務部）のデータを元に筆者作成

図表 1-3-12 ●台湾の輸入元（2021 年）

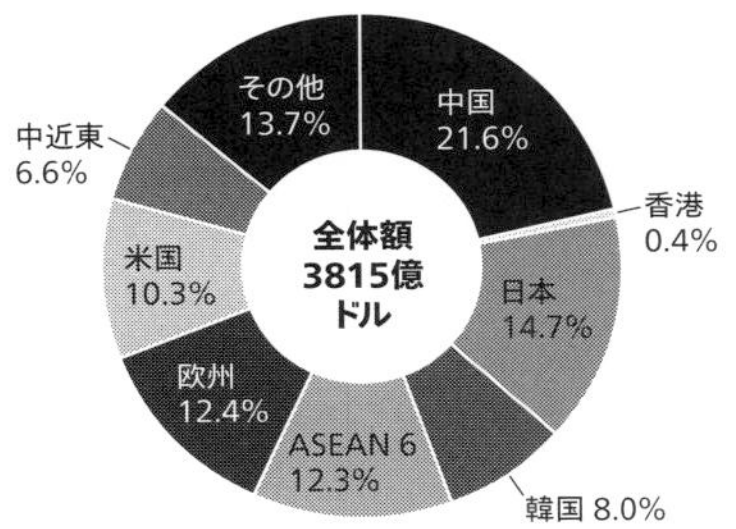

（出典）CEIC（出所は台湾財務部）のデータを元に筆者作成

図表 1-3-13 ●中国の輸出先（2021 年）

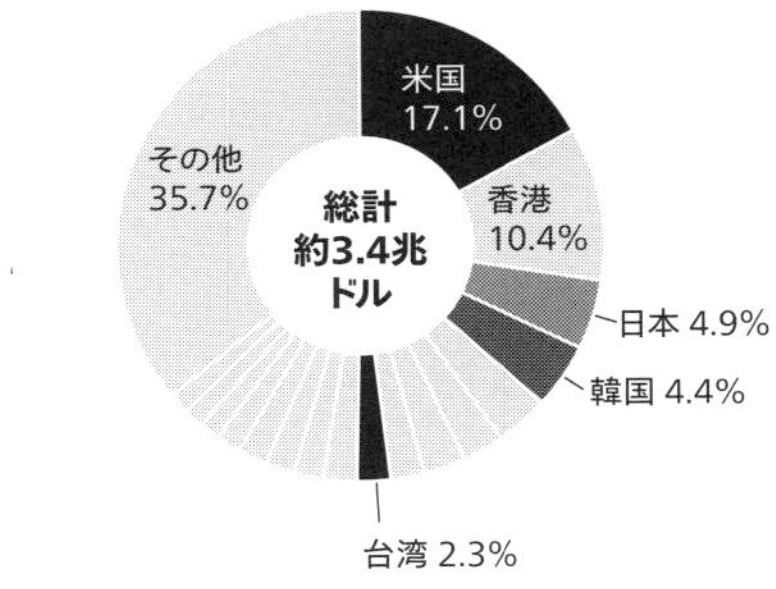

（出典）CEIC（出所は中国税関総署）のデータを元に筆者作成

図表 1-3-14 ●中国の輸入元（2021 年）

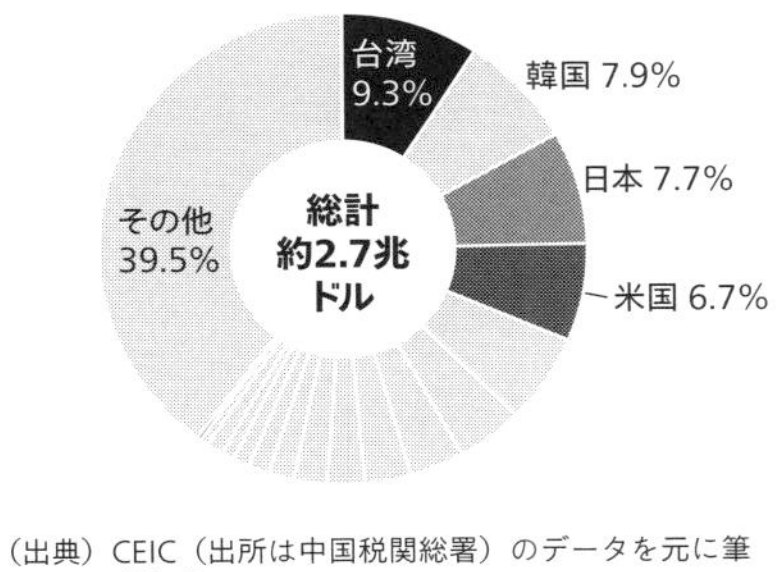

（出典）CEIC（出所は中国税関総署）のデータを元に筆者作成

わりなく、台湾にとって中国本土は極めて重要な貿易相手です。台湾の輸出先を見ると（図表1－3－11）、中国本土は第1位で香港を含めると約4割と、日米欧韓の合計を超えています。他方、輸入元を見ると（図表1－3－12）、中国本土は香港を含めても約22％にとどまり、日米欧韓の合計の半分以下です。これは台湾が日米欧韓など先進国からの輸入品に依存している側面を表しています。

一方、中国本土にとっても台湾は極めて重要な貿易相手です。中国本土の輸出先を見ると（図表1－3－13）、米国が2割弱を占める第1位で、台湾は2％強にとどまります。しかし、輸入元として見ると（図表1－3－14）、台湾は韓国・日本・米国に比肩するシェアがあります。

■具体的な貿易品目

中国本土が台湾へ輸出しているモノを見ると（図表1－3－15）、「電気機器・部品」、「工業原料類」、「機械・部品」を合わせると8割を超えます。残る2割の中では「生活用品類」と「食品類」がやや目立ちます。

一方、中国本土が台湾から輸入しているモノを見ると（図表1－3－16）、「電気機器・部品」が約7割と突出しています。諸外国と同様、その大半は半導体関

図表 1-3-15 ●台湾への輸出（2021 年）

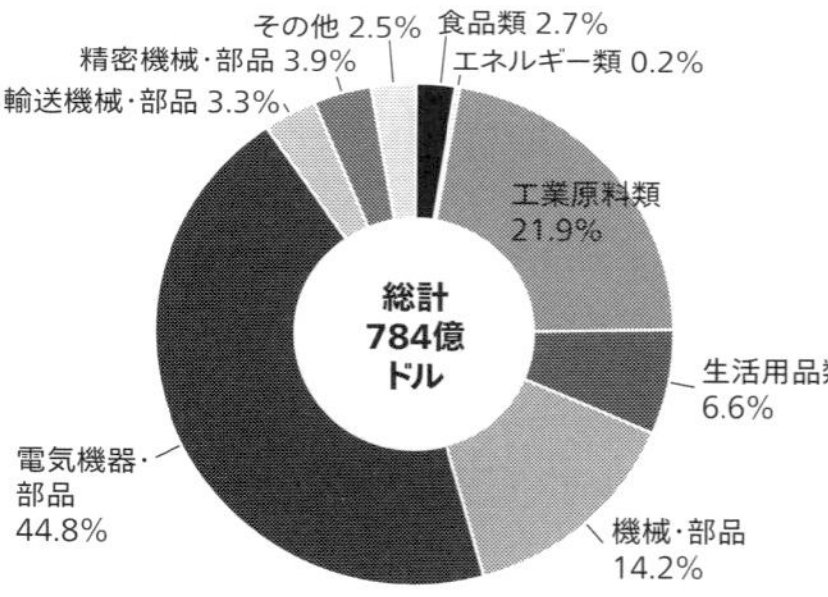

（出典）CEIC（出所は中国税関総署）のデータを元に筆者作成

図表 1-3-16 ●台湾からの輸入（2021 年）

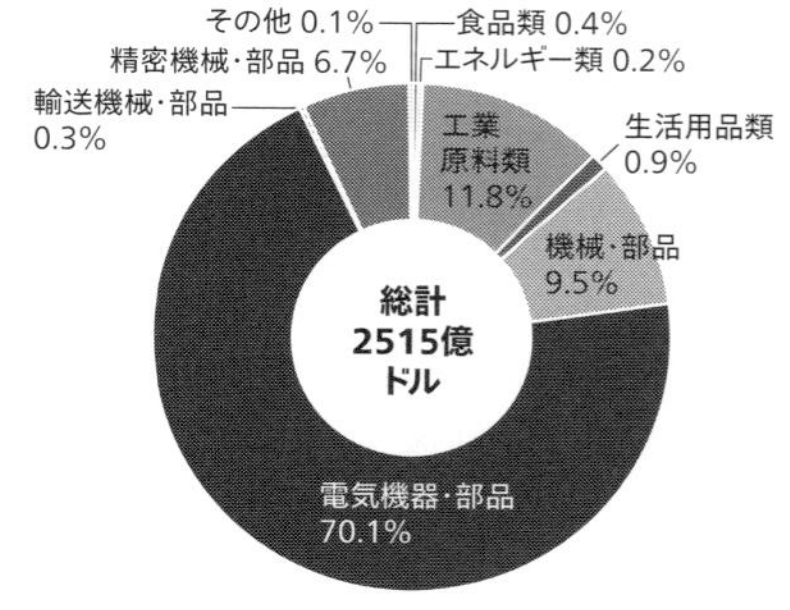

（出典）CEIC（出所は中国税関総署）のデータを元に筆者作成

連です。残る3割も「工業原料類」、「機械・部品」、「精密機械・部品」がそのほとんどを占めています。

このように中国本土と台湾は「電気機器・部品」を中心とする工業原料、素材、部品、製品を盛んにやり取りするなど、両者のサプライチェーン（供給網）は緊密に結び付いています。ただし、前述した台湾の輸入元で日米欧韓の存在感が大きい点には注意する必要があります。実際、中国本土が台湾に侵攻しその企業を丸ごと手に入れたとしても、日米欧韓からの輸入が途絶えれば、多くの電気機器・部品は生産できないと見られるからです。台湾の供給網は中国本土とだけでなく、日米欧韓とも緊密に結び付いているのです。

[3] 投資（カネ）

台湾にとって中国本土は極めて重要な投資先です。台湾の対外投資を見ると（図表1−3−17）、中国本土への投資は2010年代計で全体の5割超（約951億ドル）となっています。対米国投資が5.3%、対欧州投資が4.7%、対日本投資が4.4%に過ぎないことを考えると突出しています。その背景には中国本土が台湾からの工場誘致や融資の面で優遇してきたことがあります。そして中国本土から見ても、台湾からの投資が世界の工場になる上で重要な役割を果たしてきました。実際、日本からの投資ほどではありませんが、米国・ドイツと並ぶ存在感があります。そ

図表 1-3-17 ●台湾の対外投資（2011～20年合計）

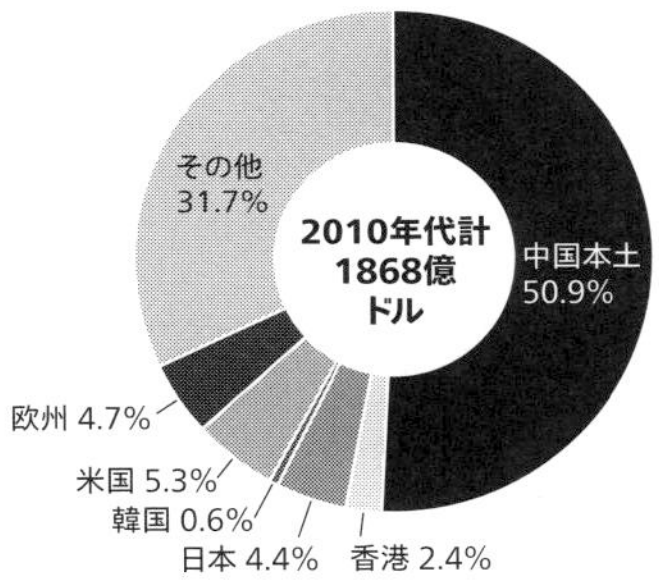

（出典）CEIC（出所は台湾経済部）のデータを元に筆者作成

図表 1-3-18 ●台湾の対内投資（2011～20年合計）

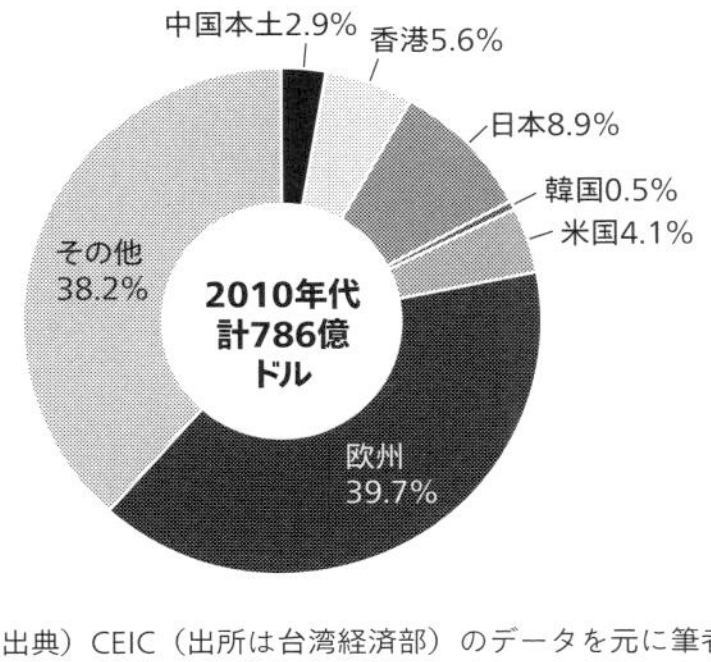

（出典）CEIC（出所は台湾経済部）のデータを元に筆者作成

して、この台湾の対中投資の多さが両者のサプライチェーンを緊密に結び付けている背景でもあります。

一方、投資元としての中国本土は台湾にとって目立つ存在ではありません。台湾における対内投資の内訳を見ると（図表1－3－18）、中国本土からの投資は2010年代計で約23億ドルと全体の3％以下にとどまります。欧州が4割近くを占め、日本も8.9％を占める中では、中国本土の存在感は薄いと言えるでしょう。その背景には台湾が中国からの投資を厳しく規制していることがあります。したがって、両者の投資関係は台湾から中国本土への一方通行に近い状況となっています。

なお、台湾の蔡英文政権（当時）は2016年、過度な中国本土依存から脱却するため、ASEAN諸国などとの関係強化を図る「新南向政策」を打ち出しました。そして中国本土以外のアジア向け投資が増えてきています。

台湾の米中双方の位置づけ

●台湾を巡る米中外交の指導的文書

台湾問題の行く末を占う上では、まず米中国交正常化がどういう経緯で成り立っているかを押さえておく必要があります。1972年2月、米国のニクソン大統領は中華人民共和国の周恩来首相（当時）の招きに応じて訪中、台湾が「中国」の一部であるとする「一つの中国」を米国が認知するとした「上海コミュニケ（第一次米中共同声明）」を発表しました。

また1978年12月には「国交樹立に関する米国と中国の共同コミュニケ（第二次米中共同声明）」を発表、米国人は台湾人と商業的・文化的・非公式の交流を続けていくことを中国が確認する一方、米国は「台湾関係法」を制定することとなりました。

そして1979年1月1日をもって、米国は台湾との外交関係を断絶し、在台米軍を撤退させ、台湾との相互防衛条約を終了すると発表した上で、米国と中国は正式に国交を樹立しました。また1982年8月には「八・一七公報（第三次米中共同声明）」を発表、米国が台湾への武器供与を削減していく方針を示す一方、中国は台湾問題を平和的に解決していく方針を示しました。そして、これら3つの共同声明が今も米中外交の指導的文書となっています。

ところが昨今、米国は台湾と共同軍事訓練を実施したり、米軍の増派を検討したりする一方、中国も「武力行使の放棄を約束しない」とするなど平和的解決という約束を反故にする可能性を匂わせています。八・一七公報での約束は風前の灯火のように見えます。

●台湾問題に対する中国政府のスタンス

中国で台湾政策を担当する国務院台湾事務弁公室は2022年8月10日、「台湾問題と新時代の中国統一事業」と題する1万4千字を超える白書を発表しました。この白書は1993年の「台湾問題と中国の統一」、

2000年の「一つの中国原則と台湾問題」という2つの白書の主張を引き継いだものですが、中国政府が台湾問題をどう捉えているかを知る上で重要です。

この白書の前半では歴史的経緯を振り返っています。西暦230年の三国時代に台湾に関する最古の記述があるとの指摘に始まり、1662年に鄭成功がオランダの植民地支配から解放したこと、台湾を日本から取り戻すことになった1943年のカイロ宣言・1945年のポツダム宣言、中華人民共和国を中国の唯一の合法的代表と認めた1971年の第26回国際連合総会2758号決議などを整理した上で、毛沢東をはじめとする共産党の歴代政権が推進してきた祖国統一の取り組みを記述しています。

白書の後半には台湾問題に関する中国政府のスタンスを明らかにする記述があります。筆者が注目したのは下記3点です。第一に「祖国の完全な統一を実現することは中華民族の偉大な復興の必然的な要求である」とした点です。清朝末期に半植民地半封建社会となった屈辱を晴らす上では、祖国統一が必要条件と考えていることが分かります。第二に「平和統一、一国二制度の基本方針を堅持する」とした点です。国際社会では香港国家安全維持法の制定を契機に「一国二制度」への期待が剥落しましたが、「両岸の平和統一を実現するには、大陸と台湾の社会制度とイデオロギーが異なるという基本的な問題に直面しなければならない。一国二制度はこの問題を解決するために提出された最も包括的な方案である」として、中国政府は期待をつないでいるようです。第三に「武力行使を放棄しない」とした点です。台湾が独立しようと動き出したり、独立を助長するような外部干渉勢力が出現し、レッドラインを超えたら、中国は断固たる措置を取ると世界に宣言したものと言えるでしょう。

2 香港

中華人民共和国は２０１９年、香港政府に大規模な抗議活動を強制的に排除させ、また「香港国家安全維持法（国安法）」を制定するなどを行いました。国際社会は香港市民の自由を奪い人権侵害の疑いがあるとの懸念を深め、香港問題が世界の注目を集めることとなりました。

そこで香港の現状と歴史的な経緯、それに中国本土とのヒト・モノ・カネの関係を確認することで、香港問題に対する理解を深めておきましょう。

香港の概況

香港は香港島、九龍《クーロン》、それを取り囲むように位置する新界の３つの地域で構成されています。北には中国本土のシリコンバレーと呼ばれる深圳市（広東省）があり、西には珠江河口の先に１９９９年にポルトガルから返還されたマカオがあって港珠澳《こうじゅおう》大橋

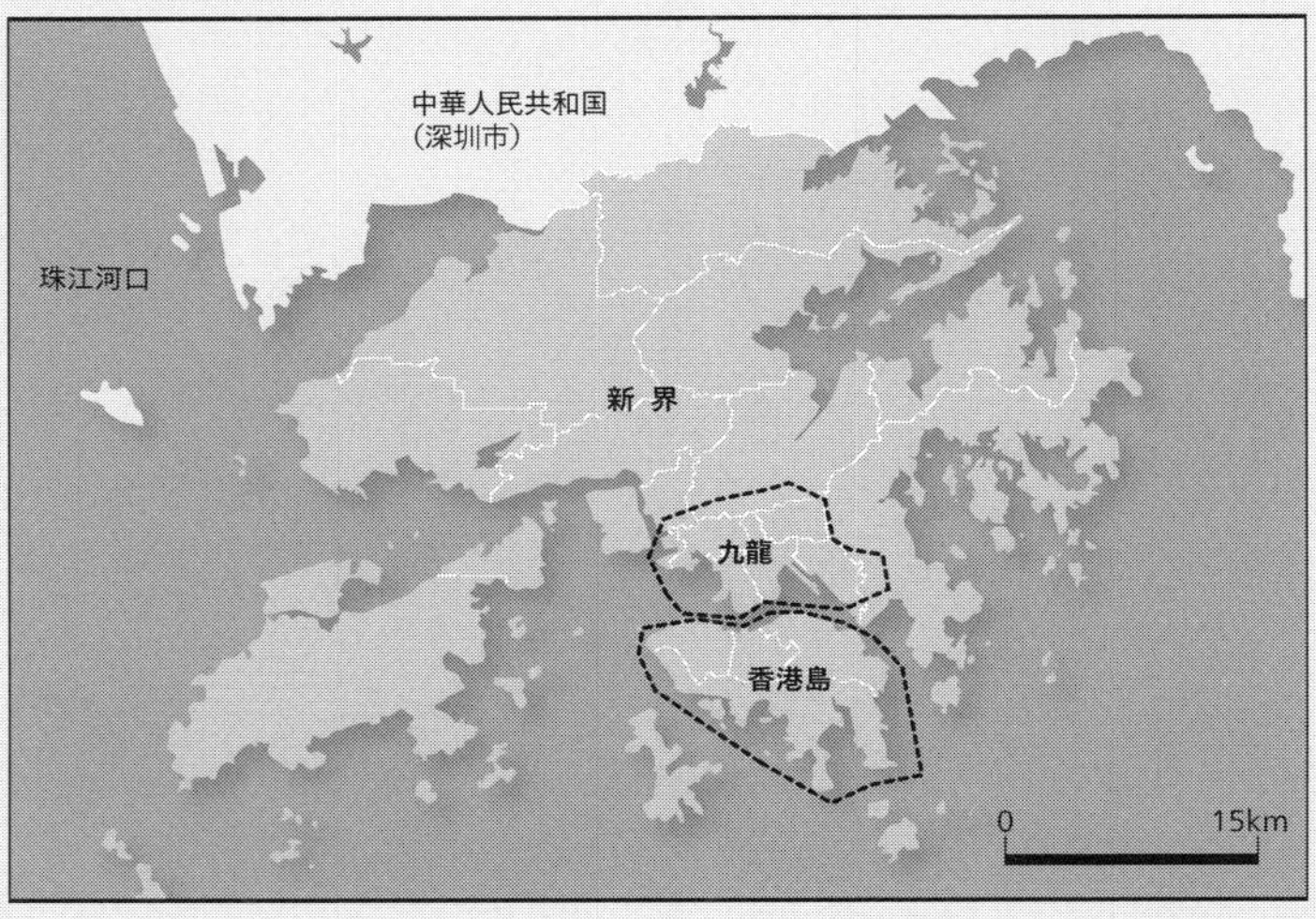

で結ばれています。南と東には南シナ海が広がっています。民族はほとんどが中国系ですが、歴史的な

経緯もあって、公用語は中国語と英語です。なお、中国本土の標準語（マンダリン）とは少し違う広東語に近い方言が使われています。

❶歴史

香港はかつて、英国の植民地（中国では占領地との解釈も）でした。清がアヘン戦争（1839～42年）後の南京条約（1842年）で香港島を英国に割譲したためです。その後、アロー戦争（1856～60年）後の北京条約（1860年）で九龍半島南部を英国に割譲、そして1898年には新界を英国が99年間にわたり租借することとなりました。

第二次世界大戦前の香港は、中国本土と諸外国との中継貿易港として発展しましたが、戦中には一時日本が占領していました。戦後は東西冷戦で中継貿易が難しくなりましたが、他方で共産党政権を嫌った中国本土からの移民が増えたため、その労働力を生かして製造業が発展しました。そして改革開放政策開始（1978年）後は、香港の企業が中国本土に進出してその経済発展の礎となるとともに、香港自体は金融、商業、観光都市へと変貌していきました。

1997年に中国本土に返還されると、香港は中国の特別行政区となり「一国二制度」が実施されました。中華人民共和国香港特別行政区基本法では香港に高度な自治を認め（第2条）、社会主義制度と政策を実行せず、従来の資本主義制度と生活方式を維持し、50年間

図表 1-3-19 ●香港の歴史

1842年	アヘン戦争終結、南京条約で香港島を英国に割譲
1860年	北京条約、九龍半島（南部）を英国に割譲
1898年	新界を英国に 99 年間にわたり租借する条約
1982年	香港返還交渉の開始（英サッチャー首相、鄧小平）
1984年	英中共同声明、1997 年の香港返還を宣言
1990年	中国で香港特別行政区基本法が可決・成立
1997年7月1日	香港返還、中国の特別行政区として「一国二制度」
2014年	雨傘運動（香港行政長官選挙の民主化を求めるデモ）
2019年	逃亡犯条例改正案の撤回を求める反対デモ
2020年	香港国家安全維持法の制定

（出典）各種資料を元に筆者作成

は変えない（第5条）等と定めました。

しかし、2014年に民主化を求める雨傘運動、2019年に逃亡犯条例改正を引き金にした大規模デモが起きるなど民主化要求が相次いだため、中国は全人代で2020年香港国家安全維持法を制定し、それまでの一国二制度で保証された言論の自由などが制限され、形骸化されることとなりました。

ここで香港国家安全維持法に対する世界の反応を確認しておきましょう。2020年6月30日、国連人権理事会が開催され、香港国家安全維持法の施行に対して27ヵ国が懸念を表明しました。一方、53ヵ国がそれを擁護する声明に署名しています。

どんな国が懸念を表明し、どんな国が擁護する立場をとったのか、図表1－3－20で分析します。縦軸にエコノミスト・インテリジェンス・ユニット研究所（EIU）の民主主義指数（10に近いほど民主的、0に近いほど強権的）をとり、横軸に一人当たりGDPをとって、懸念署名国と擁護署名国をプロットしています。なお円の大きさはGDPの大きさを表しています。

これを見ると、政治的には民主的で、経済的には豊かで、GDPが大きい国が懸念声明に署名しています。一方、擁護声明に署名した国を見ると、政治的には強権的で、経済的には貧しく、中国を除けばGDPの小さい国がほとんどです。

図表 1-3-20 ●香港国家安全維持法に対する懸念署名国 VS 擁護署名国

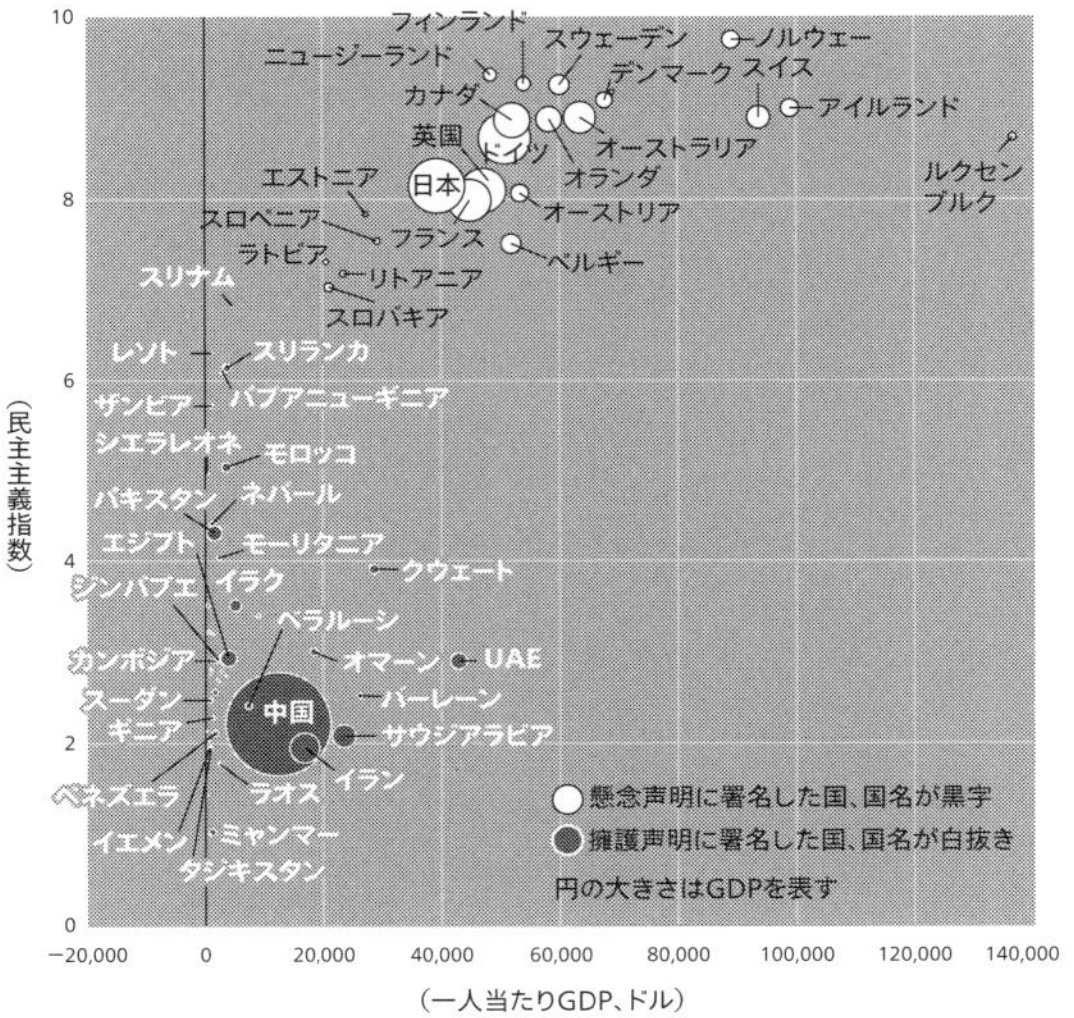

（出典）国連、IMF、EIU のデータを元に筆者作成

❷経済概況

香港経済はGDPが約3700億ドルと、実質世界第40位でマレーシアやベトナムと同じくらいの規模があります。人口は約750万人で、生産年齢人口が占める比率は69%と世界平均(65%)を上回っています。しかし、15歳未満の若年層が占める比率が12・7%と少ないため、今後は低下する見込みです。男女比率は46:54と女性が多く、平均寿命は85歳と世界平均(72・3歳)より長寿です(図表1-3-21)。

過去30年の成長率を見ると(図表1-3-22上)、香

図表 1-3-21 ●香港の人口ピラミッド(2020年)

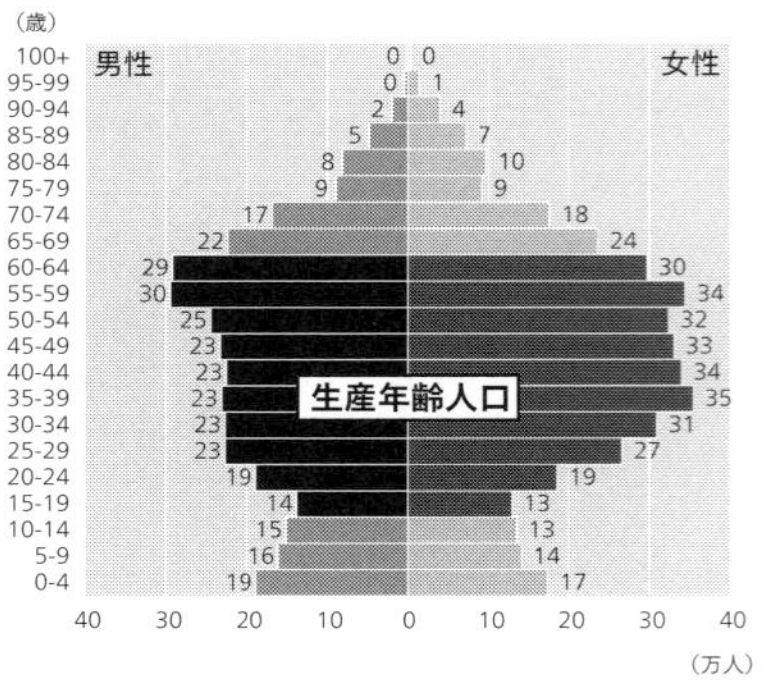

(出典)国連のデータを元に筆者作成

図表 1-3-22 ●香港の実質成長率と一人当たりGDP

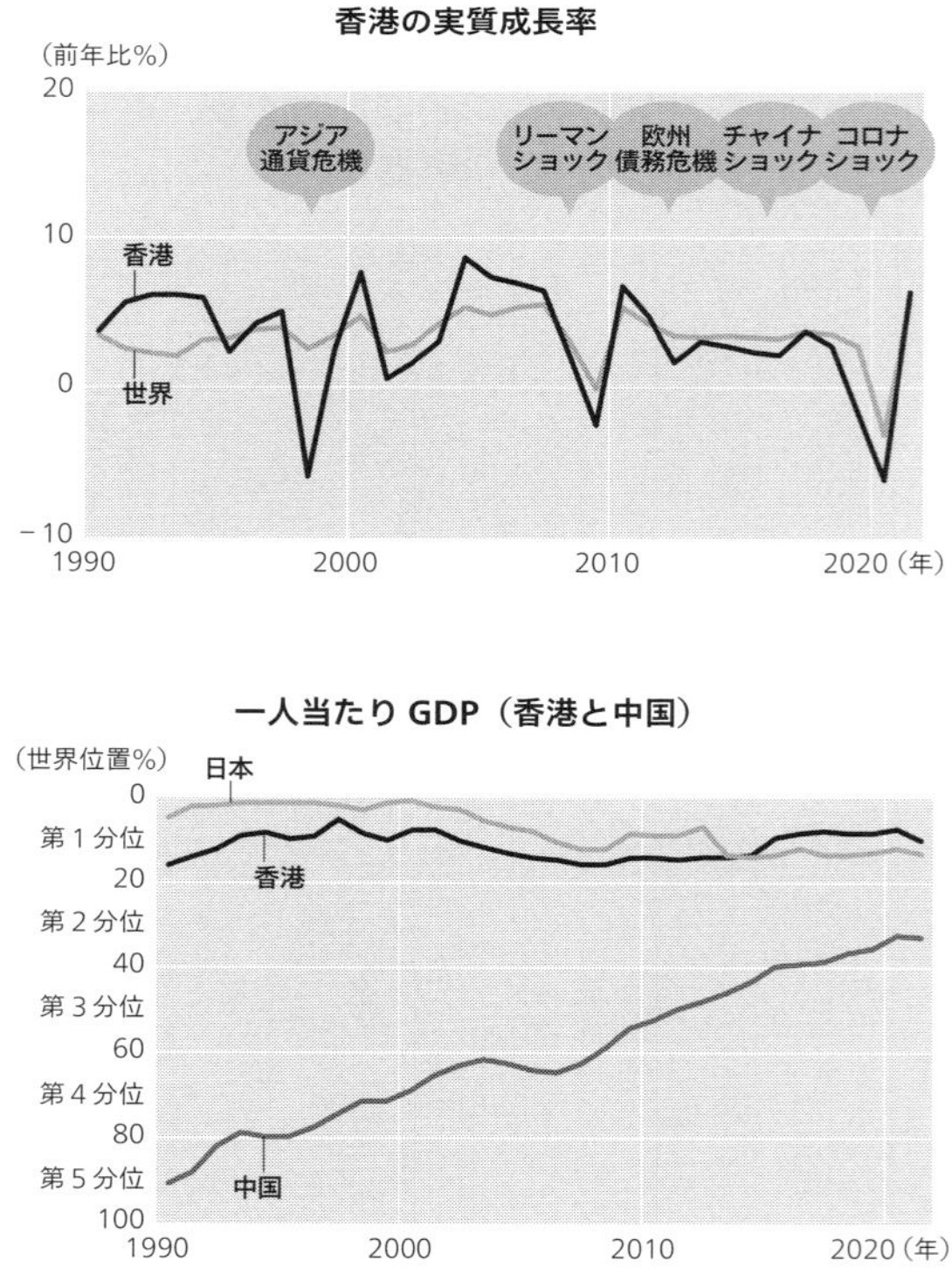

(注)世界位置は(中国の順位−1)÷(対象国数−1)で計算
(出典)IMFのデータを元に筆者作成

港は年平均3.2％と世界平均（同3.3％）とほぼ同じです。東西冷戦が終結しグローバリゼーションが進み始めた1990年代前半には外資が流れ込んで高成長を遂げましたが、アジア通貨危機が起きた1998年にはマイナス成長に落ち込みました。その後もショックに弱いところがあり、リーマンショック（2009年）やコロナショック（2020年）でマイナス成長を経験しています。

他方、経済的な豊かさを示す一人当たりGDPを見ると、約5万ドルと、日本のそれを1万ドルほど上回っています。また世界を5分位に分類したとき（図表1-3-22下）、最上位（第1分位）を維持しています。なお、中国本土は第2分位まで上昇し、差が縮まりつつあります。

❸産業構造・需要構成

香港の産業構造は中国本土と全く異なります。総付加価値（TVA≒GDP）の産業構造を見ると（図表1-3-23）、第三次産業の比率が92・9％とほとんどを

図表 1-3-23 ●香港の産業構造（2011〜20 年平均）

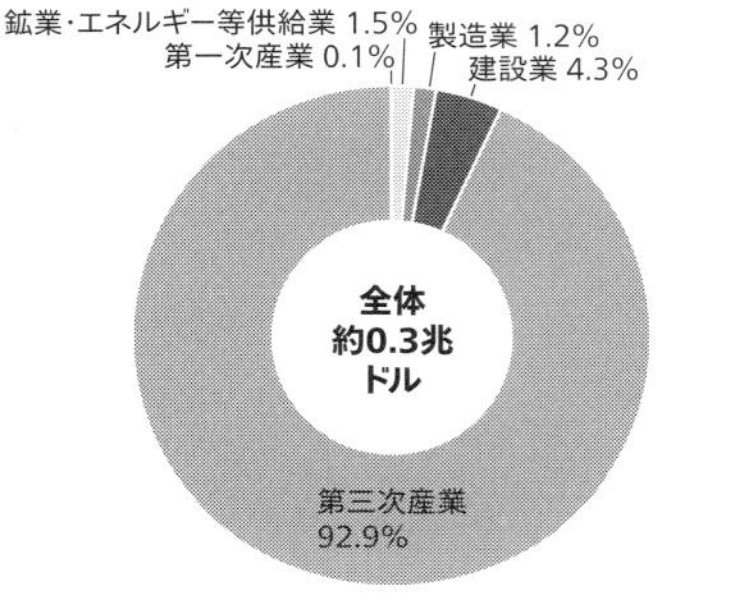

（出典）国連のデータを元に筆者作成

図表 1-3-24 ●シンガポールの産業構造（2011〜20 年平均）

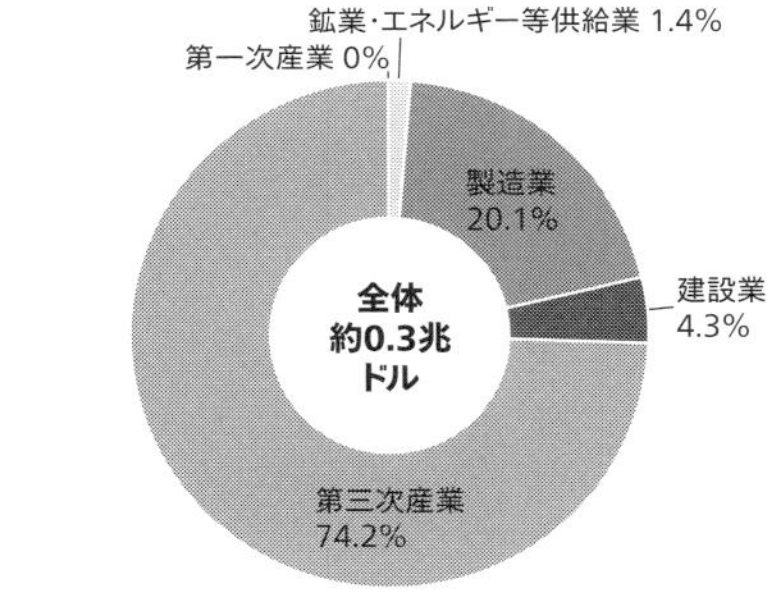

（出典）国連のデータを元に筆者作成

図表 1-3-25 ●香港の需要構成（2011〜20 年平均）

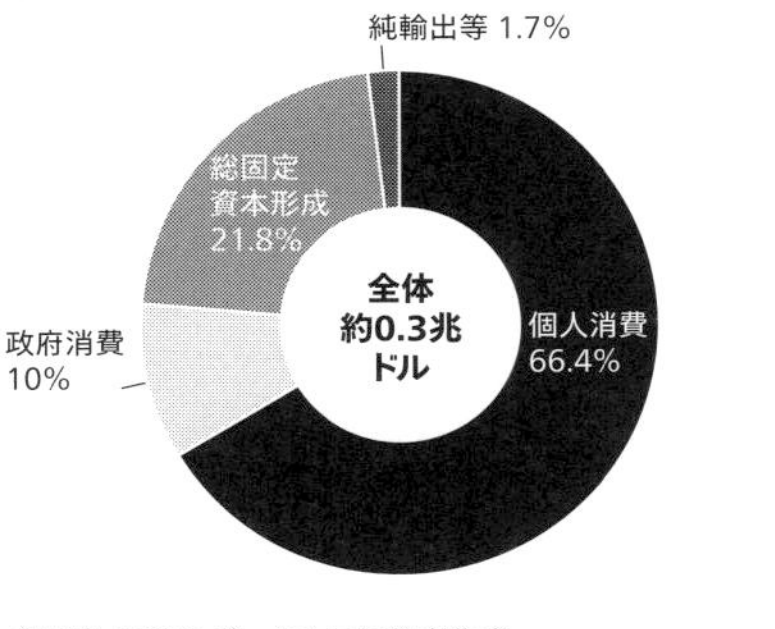

（出典）国連のデータを元に筆者作成

占め、その他は合わせて1割にも届きません。中国本土の対外貿易および国際金融のハブ機能および観光産業に特化していることが背景にあります。その点ではシンガポールに似ていますが、シンガポールは製造業の比率が20・1%もある点が異なります（図表1－3－24）。

他方、需要構成も中国本土とかなり違います。GDP（国内総生産）の需要構成を見ると（図表1－3－25）、香港の個人消費比率は66・4%と世界平均（56・5%）を大きく上回りますが、中国本土は世界平均より極めて低くなっています。香港は中国本土より所得水準が高いことに加えて、消費性向が高いからです。その半面、香港の貯蓄率は低く、第三次産業中心で構成され国内投資の必要性も低いため、中国本土よりも投資（≒総固定資本形成）のシェアが少なくなっています。

❹中国本土との関係

[1] 人的交流（ヒト）

中国本土と香港の人的交流は極めて盛んです。人的交流の現状を客観的に把握するため、香港当局が発表した入境・入国者の統計を見てみます。本土と同様コロナ前には6千万人前後で推移していましたが、コロナ禍の間、ゼロコロナ政策を取っていたこともあって激減し、２０２０年には約３６０万人、２０２１年には約9万人となっています。

平常時の入境・入国者数として、コロナ前3年（２０１７～19年）の平均値を見ると（図表1－3－26）、中国本土が77・6%と飛び抜けて多いことが分かります。近隣アジアでは台湾が3.0%、韓国が2.2%、日本が2.0%、東南アジアが合わせて5.0%などです。また、欧州は合わせて3.1%ですが、その3分の1は英国からの入国者です。アメリカ大陸は合わせて2.9%で、その7割を米国からの入国者が占めます。

一方で、中国本土に対しては（図表1－3－27）、コロナ前3年の平均値で香港からの入境者は56・3%でした。外国人を全部合わせても21・5%なので、その多さは際立っています。地理的な近接に加え言語障壁が極めて小さいためです。香港と同じ特別行政区で「アジアのラスベガス」と呼ばれるマカオと比べても、香港からの入境は3倍超となっています。

[2] 貿易（モノ）

香港は、中国本土の対外貿易におけるハブ（拠点）として、重要な機能を担っています。実際に統計を見ても、中国本土からの輸入も、中国本土への輸出も、全体の5割前後を占めています（図表1－3－28、29）。

また輸出入品目を見ても（図表1－3－30、31）、輸出入ともに機械および輸送用機器が7割余り、その他の製品が1割余り、素材別

図表 1-3-26 ●香港の入境・入国者の内訳（2017～19年平均）

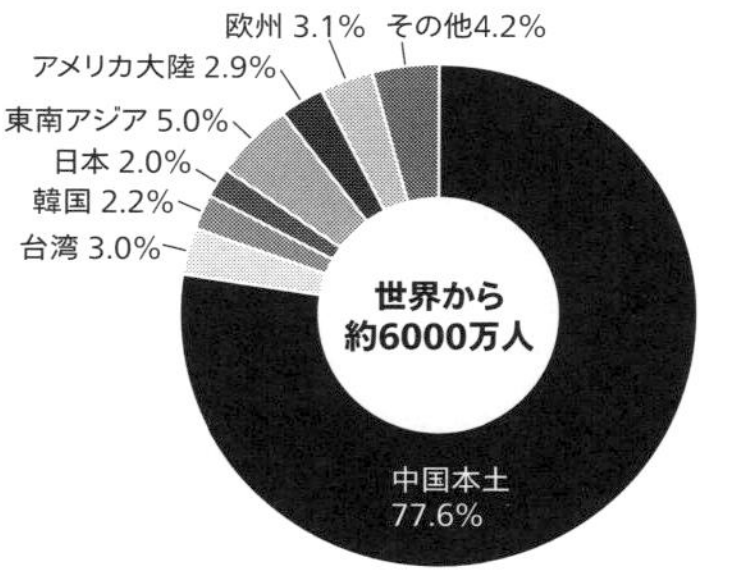

（出典）CEIC（出所は香港政府観光局）のデータを元に筆者作成

図表 1-3-27 ●中国本土への入境・入国者（2017～19年平均）

（図表 1-3-10 再掲）

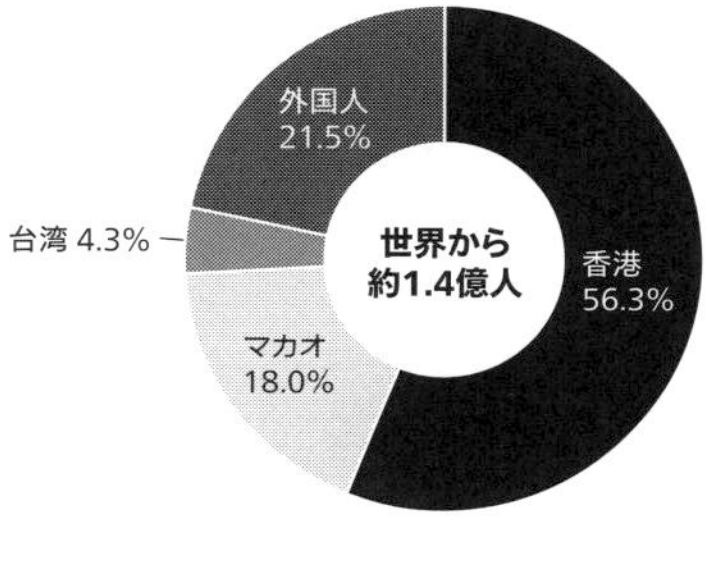

（出典）CEIC（出所は中国文化観光部）のデータを元に筆者作成

図表 1-3-28 ●香港の輸出先ランキング（2021年）

順位	国・地域	輸出額 億ドル	輸出額 シェア
	輸出全体	6,720	100.0%
1	中国	4,019	59.8%
2	米国	402	6.0%
3	台湾	190	2.8%
4	インド	175	2.6%
5	日本	153	2.3%
6	ベトナム	134	2.0%
7	シンガポール	106	1.6%
8	オランダ	102	1.5%
9	韓国	101	1.5%
10	英国	101	1.5%

（出典）CEIC（出所は IMF）のデータを元に筆者作成

図表 1-3-29 ●香港の輸入元ランキング（2021年）

順位	国・地域	輸入額 億ドル	輸入額 シェア
	輸入全体	7,138	100.0%
1	中国	3,162	44.3%
2	台湾	710	9.9%
3	シンガポール	542	7.6%
4	韓国	420	5.9%
5	日本	372	5.2%
6	米国	300	4.2%
7	マレーシア	215	3.0%
8	ベトナム	151	2.1%
9	タイ	137	1.9%
10	スイス	134	1.9%

（出典）CEIC（出所は IMF）のデータを元に筆者作成

製品が1割弱とほぼ均衡しています。

前述のように香港は製造業がごくわずかで第三次産業が9割超を占めるのにもかかわらず、GDP（約3700億ドル）の2倍前後も輸出入額があるのは、中国本土のエージェント（代理店）として再輸出することが多いためです。すなわち香港は、中国製品を輸入してそれを世界各地にそのまま再輸出したり、世界各地の製品を輸入してそれを中国本土にそのまま再輸出したりと、中国本土の貿易において中継基地の機能を果たしています。

［3］投資

投資においても香港は、中国本土の国際金融におけるハブとして、重要な機能を担っています。実際に統計を見ても、中国の対内直接投資における香港のシェアは57・6％（2005～20年累計）、対外直接投資においても58・8％（同期間）と、香港が過半を占めています。

さらに、中国本土やタックスヘイブン（租税回避地。英領バージン諸島、ケイマン諸島、バミューダ諸島、シンガポールなど）から香港に集まってきた約1.9兆ドルの直接投資先を見ると（図表1－3－32）、およそ5割が中国本土向けです。香港は世界の企業などにとって、中

図表 1-3-30 ●香港の輸入品目（2021 年）

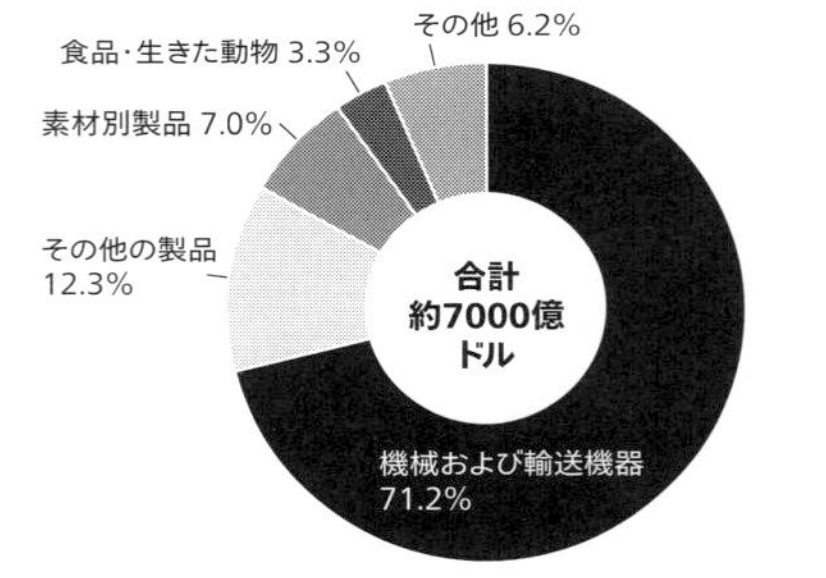

（出典）CEIC（出所は香港政府統計局））のデータを元に筆者作成

図表 1-3-31 ●香港の輸出品目（2021 年）

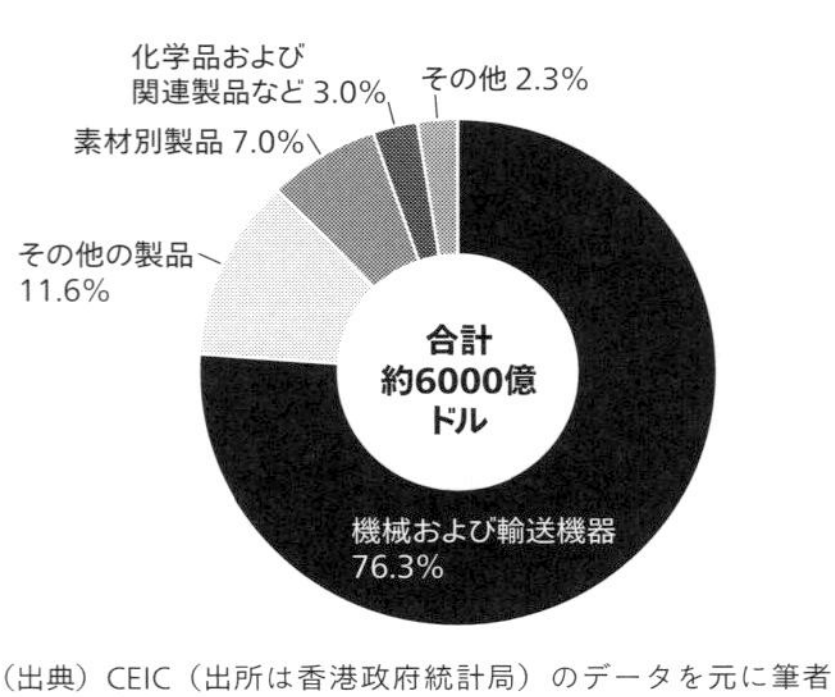

（出典）CEIC（出所は香港政府統計局）のデータを元に筆者作成

国本土に投資する上での拠点となっています。また残りの約4割はタックスヘイブン[1]向けです。中国本土の企業にとっても香港が、一帯一路沿線国などに投資する上での拠点となっています。香港ドルを米ドルペッグ制にしているのも対外貿易・国際金融の2つのハブ機能を果たす上で、その方が有利なためです。

なお、世界各地から香港経由（香港が元来持っていた資金を含む）で中国本土に向かう9000億ドル余り（47・3%）の投資先を見ると（図表1－3－33）、情報通信、投資・不動産・専門ビジネスサ―ビス、製造業、輸出入・卸小売、銀行が5大直接投資先となっています。世界のグローバル企業が、中国本土におけるこれらの産業の発展に期待している証でしょう。

図表 1-3-32 ●香港の対外直接投資残高（2020 年）

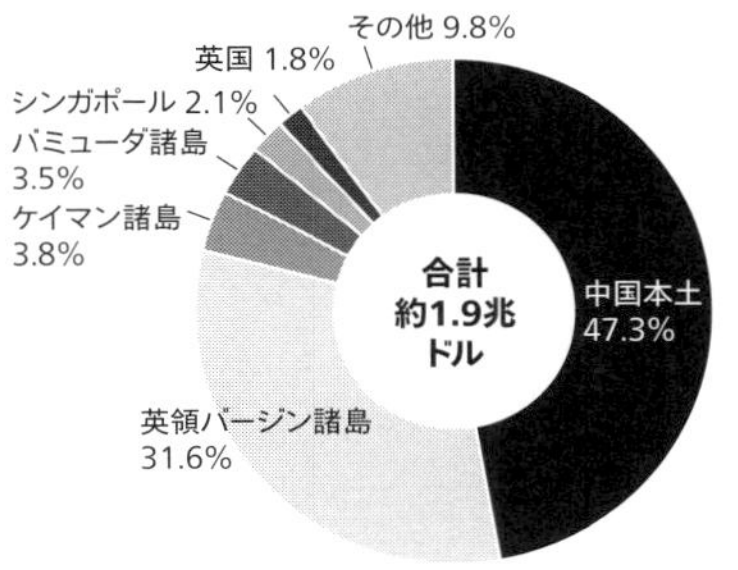

（出典）CEIC（出所は香港政府統計局））のデータを元に筆者作成

図表 1-3-33 ●香港の対中国本土直接投資残高（2020 年）

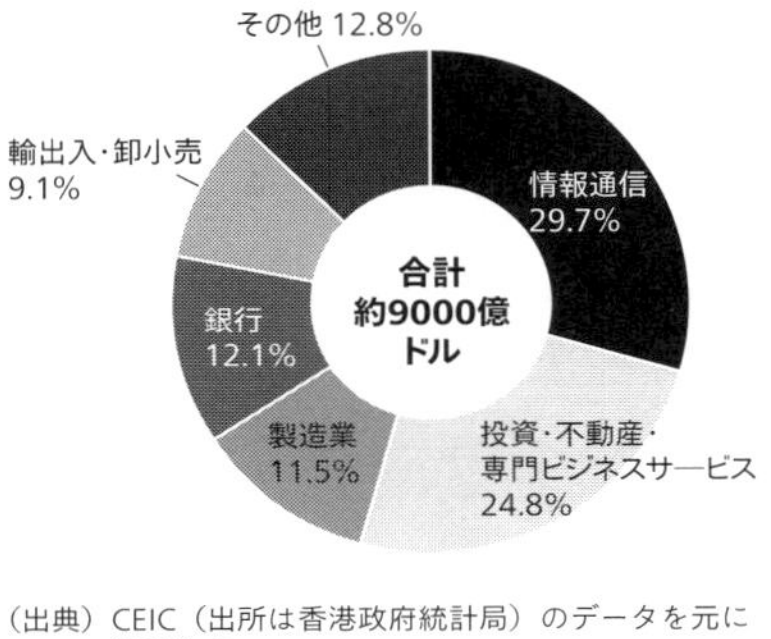

（出典）CEIC（出所は香港政府統計局）のデータを元に筆者作成

[1] タックスヘイブンは、課税が著しく軽減、もしくは完全に免除される国や地域のことであり、租税回避地とも呼ばれる。
租税負担軽減を目的に多くの外国資金が経由しており、タックスヘイブンを利用する企業は、競争力を維持するためには必要不可欠としているものの、そこで公正な企業活動が行われているかを検証するのが困難なブラックボックスでもあるため、注意が必要となる。

3 ウイグル問題

ウイグル問題は、中国の北西部に位置する新疆《しんきょう》ウイグル自治区における、ウイグル族住民の強制労働など人権侵害を巡る問題です。

中国政府はテロリストや分離独立主義者の取り締まりだと主張していますが、人権団体や西洋諸国は、ジェノサイド（民族虐殺や宗教迫害）の疑いがあると指摘しています。しかし中国政府は、国際社会が納得できるような形でその実態を説明しないので、さらに疑念が深まってしまいました。

そして欧米企業の一部がこの地で生産された新疆綿は強制労働によるものとして使用を停止しました。一方、その措置に不満を持った中国人が当該企業の製品の不買運動を展開したため、窮地に追い込まれる企業が続出する事態となり、混迷が続いています。

そこで新疆ウイグル自治区の歴史や社会・経済の概況、そしてこの問題に対する国際社会の反応を確認しておくことにしましょう。

新疆ウイグル自治区の概況

新疆維吾爾《ウイグル》自治区は、中国の北西部に位置する省級行政区で、面積は160万㎢と中国最大です。北東にアルタイ山脈を望み、南の崑崙《こんろん》山脈、南西のカラコルム山脈に囲まれた山岳地帯ですが、中央を東西に走る天山山脈の南にはタリム盆地があり、その大半はタクラマカン砂漠ですが、シルクロードのオアシス都市として栄えた楼蘭《ろうらん》などの遺跡があります。またその北にはジュンガル盆地があり、そこに省都のウルムチ市があります。

また、東にモンゴル、北にロシア、西にカザフスタン、キルギス、タジキスタン、アフガニスタン、南にパキスタン、インドとの国境があります。

インド北部のカシミール地方にあるアクサイチンは新疆ウイグル自治区の南部に接し、中国が実効支配しているものの、インドが領有権を主張するなど領有権争いの最前線に位置する地域でもあります。

❶新疆ウイグル自治区の歴史

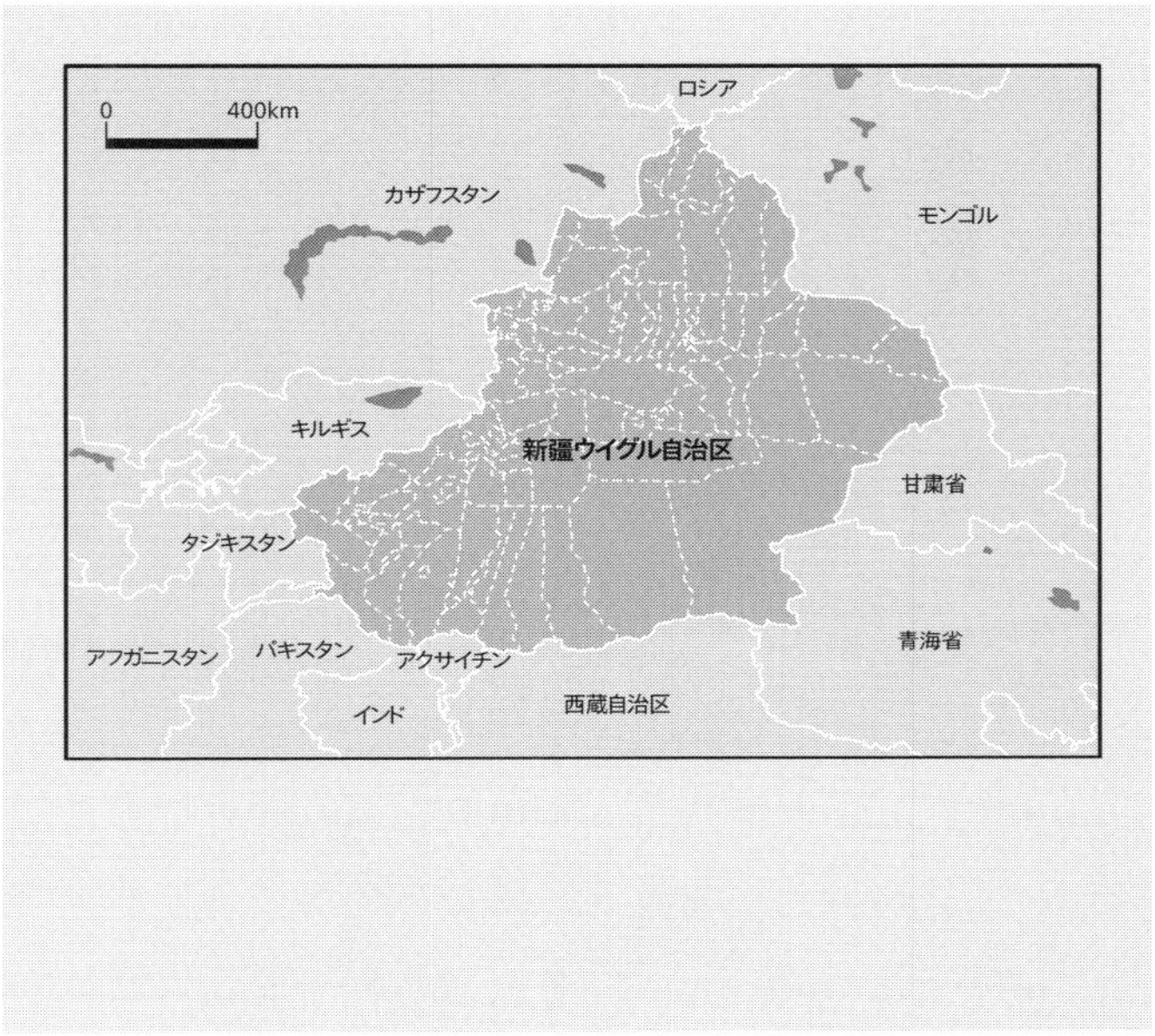

新疆ウイグル自治区の住民は、ウイグル族がおよそ半分を占めています。他に、カザフ族、回族などの少数民族もいますが、漢民族が4割近いと言われています。新疆ウイグル自治区は南にインドとの国境があり、領有権争いを抱えているため、人民解放軍が多く駐屯しており、軍人を含めると実際には漢民族の方がウイグル族よりも多いとの見方もあります。なお、ウイグル族はテュルク語族の言語を使用するテュルク系の民族集団（トルコ系諸民族とも言う）に属しトルコとも同じ民族です。

　この地域に住んでいたウイグル族は中華民国時代（1930年代～1940年代）に二度、独立した経験もあります。1949年に中華人民共和国が建国された後、中国政府は諸外国と国境を接し、首都の北京から遠く離れた辺境を防衛・開墾するため、この地域に1954年に新疆生産建設兵団を組織し漢民族を送り込みました。北海道を開拓した兵役と開墾を担う屯田兵のようなものです。そして1955年には新疆ウイグル自治区が設置されました。

　しかし、ウイグル族は、その伝統文化やイスラム法を守りたいという思いが強く、中国政府から送り込ま

図表 1-3-34 ●新疆ウイグル自治区の歴史

清朝が崩壊したあと中華民国に属す	
1933 年	第 1 次東トルキスタン共和国（建国）
1944 年	第 2 次東トルキスタン共和国（建国）
1954 年	新疆生産建設兵団（設立）
1955 年	新疆ウイグル自治区（設立）
2009 年	ウイグル騒乱
2014 年	ウルムチ駅爆発事件
（その後、再教育収容所が設置）	

（出典）各種資料を元に筆者作成

れた漢民族との対立が続きました。

そして2009年に起きたウイグル騒乱では多くの死傷者を出し、2014年にもウルムチ駅爆発事件（自爆テロ）が起こったため、中国政府は新疆ウイグル再教育収容所を設置しました。

中国政府はウイグル族を豊かにするために設置した教育訓練施設だと主張していますが、欧米先進国はこの施設をさまざまな人権侵害が起こる強制収容所だとして非難し、改善を求めています。（図表1－3－34）

❷社会概況

新疆ウイグル自治区の人口は約2600万人で、中国全体のおよそ1.8%を占めています。年齢構成を見ると（図表1－3－35）、現役世代が1800万人余りと69・8%を占めています。中国全土から労働者が集まる上海市より低いものの、全国平均と比べるとやや多

図表 1-3-35 ●新疆ウイグル自治区の年齢構成（2020 年）

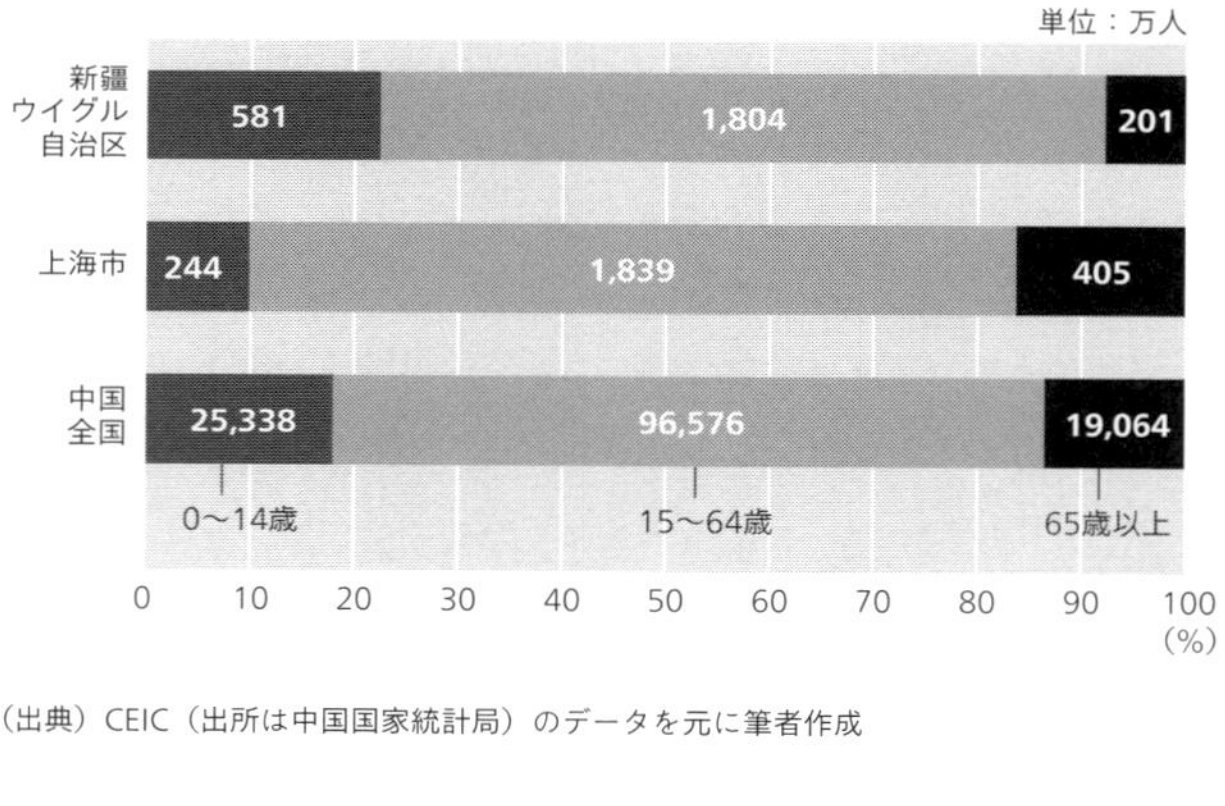

（出典）CEIC（出所は中国国家統計局）のデータを元に筆者作成

い状況にあります。また高齢者の比率は全国平均より低く、若年者の比率は全国平均より高くなっています。両親が出稼ぎ、あるいは再教育収容所にいて、子供と老夫婦だけが残る留守児童の問題が懸念されます。

なお、都市部に住む人が1400万人余りで、農村部に住む人が1100万人余りです。都市化率は56％程度にとどまり、中国全体（約65％）より都市化が遅れています。

❸経済概況

新疆ウイグル自治区の域内総生産（GRP）は約1.8兆元（2022年、日本円に換算すると約35兆円）で、中国全体のおよそ1.5％を占めています。改革開放後の経済成長率は実質で年平均9.7％増と中国全体の同9.2％を少し上回っています。1980年代は全国平均より高い経済成長を遂げていましたが、1990～2000年代に伸び悩みました。ただし、2010年代以降は「一帯一路」で中国が西に向かって対外開放を進めたこともあって、成長の勢いを取り戻しつつあります（図表1－3－36）。

他方、一人当たりGRPは右肩上がりで増加し2021年には6万元余り（日本円に換算すると約

図表 1-3-36 ●新疆ウイグル自治区の実質成長率

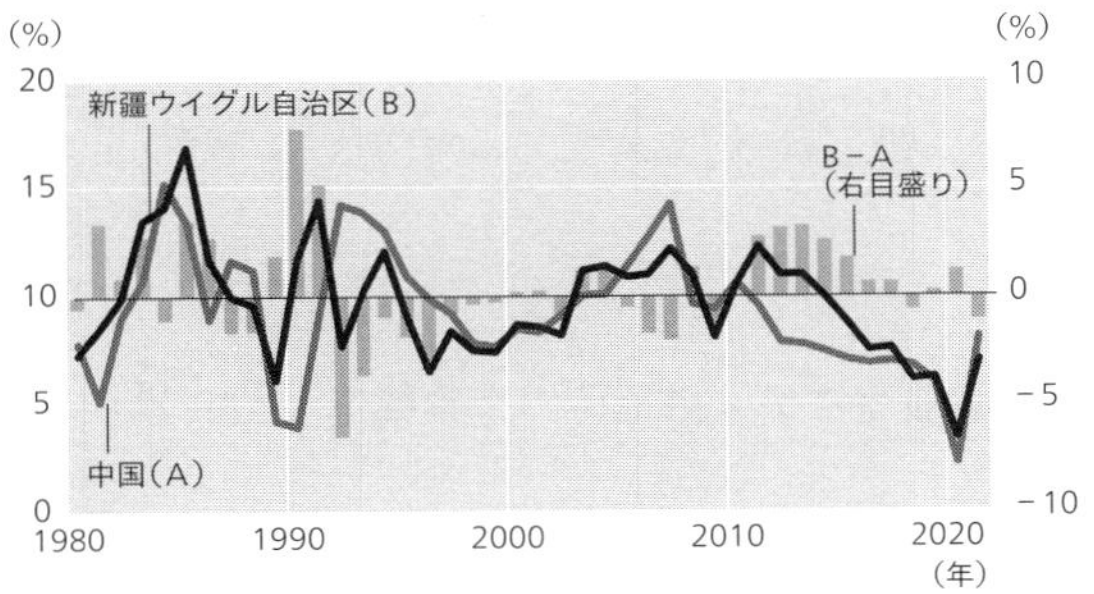

（出典）CEIC（出所は中国国家統計局）のデータを元に筆者作成

図表 1-3-37 ●新疆ウイグル自治区の一人当たり GRP

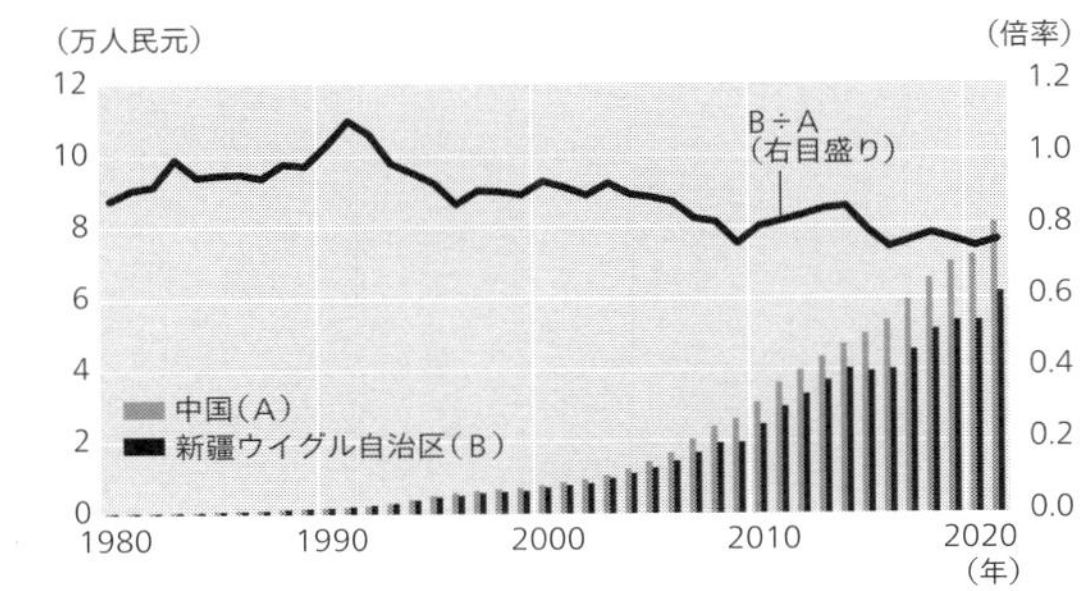

（出典）CEIC（出所は中国国家統計局）のデータを元に筆者作成

120万円）となりました。1980年代は全国平均並みでしたが、その後の発展が比較劣位にあり、相対的な貧困に陥り、2010年代には全国平均の8割前後で安定してしまっています（図表1－3－37）。

■産業構造、需要構成、財政状況

新疆ウイグル自治区では第一次産業が盛んです。その経済規模はおよそ5兆円に達し、GRPの約15%を占めています（図表1－3－38）。特にここで生産される新疆綿は世界三大高級コットンと呼ばれる高級品です。ただし、近年は強制労働の疑いから、国際的に新疆綿の輸入を禁止する動きが広がっています。この地の住民のためにも強制労働問題の早期解決が望まれます。

鉱工業は特に盛んではありません。ただしカラマイ油田を擁するなど石油・天然ガスの埋蔵量が豊富で、中国四大宝石として有名な「和田玉《ほーたんぎょく》」を産出するなど潜在力があります。

需要構成はかなり歪《いびつ》で、純輸出が大幅マイナスである一方、総資本形成（≒投資）や政府消費が大きなシェアを占めます。この地の財政収入は中央財政からの移転収入が5割強を占めており、新疆ウイグル自治区の経済は中央政府の支援によって支えられています。

そして2023年にはウルムチ、カシュガル、コスガ

図表 1-3-38●新疆ウイグル自治区の産業構造（2021年）

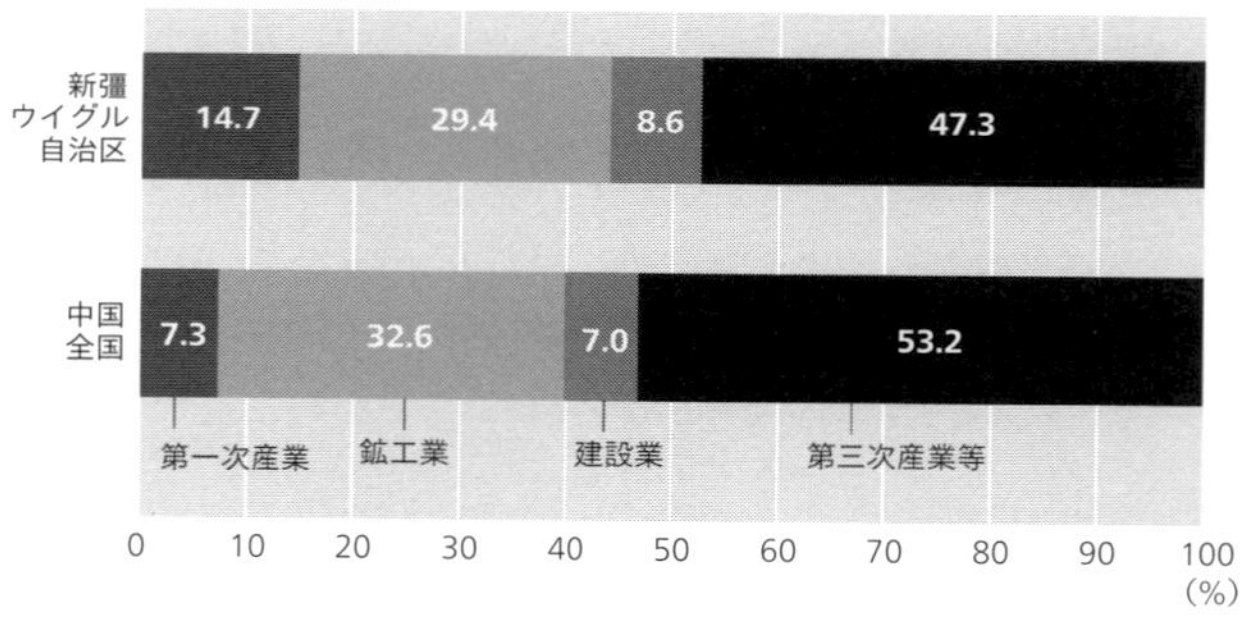

（出典）CEIC（出所は中国国家統計局）のデータを元に筆者作成

ルの3エリアに自由貿易試験区を設置するなど自立への糸口を探ろうとしています。

❹国際社会の反応

2021年6月にスイスのジュネーブでは国連人権理事会が開催され、カナダ大使らが新疆ウイグル、香港、チベットにおける人権状況に深刻な懸念を表明し、44ヵ国が署名することとなりました。これに対しベラルーシ大使らは、「新疆ウイグル、香港、チベットのことは中国の内政であり、外部が干渉すべきでない」として、中国を擁護する声明を出し、69ヵ国がそれに署名することとなりました。

どんな国が中国の人権問題に懸念を表明し、どんな国が擁護する立場をとったのか、図表1－3－39で分析します。縦軸にエコノミスト・インテリジェンス・ユニット研究所（EIU）の民主主義指数（10に近いほど民主的、0に近いほど強権的）をとり、横軸に一人当たりGDPをとって、懸念署名国と擁護署名国をプロットしています。なお円の大きさはGDPの規模を表しています。

これを見ると、香港問題のときと同様、政治的には民主的で、経済的には豊かで、GDPが大きい国が懸念声明に署名しています。国内に少数民族問題がないか、既に過去の問題となった国が多いようです。

図表 1-3-39 ●新疆ウイグル、香港、チベットにおける人権状況への懸念署名国 vs 擁護署名国

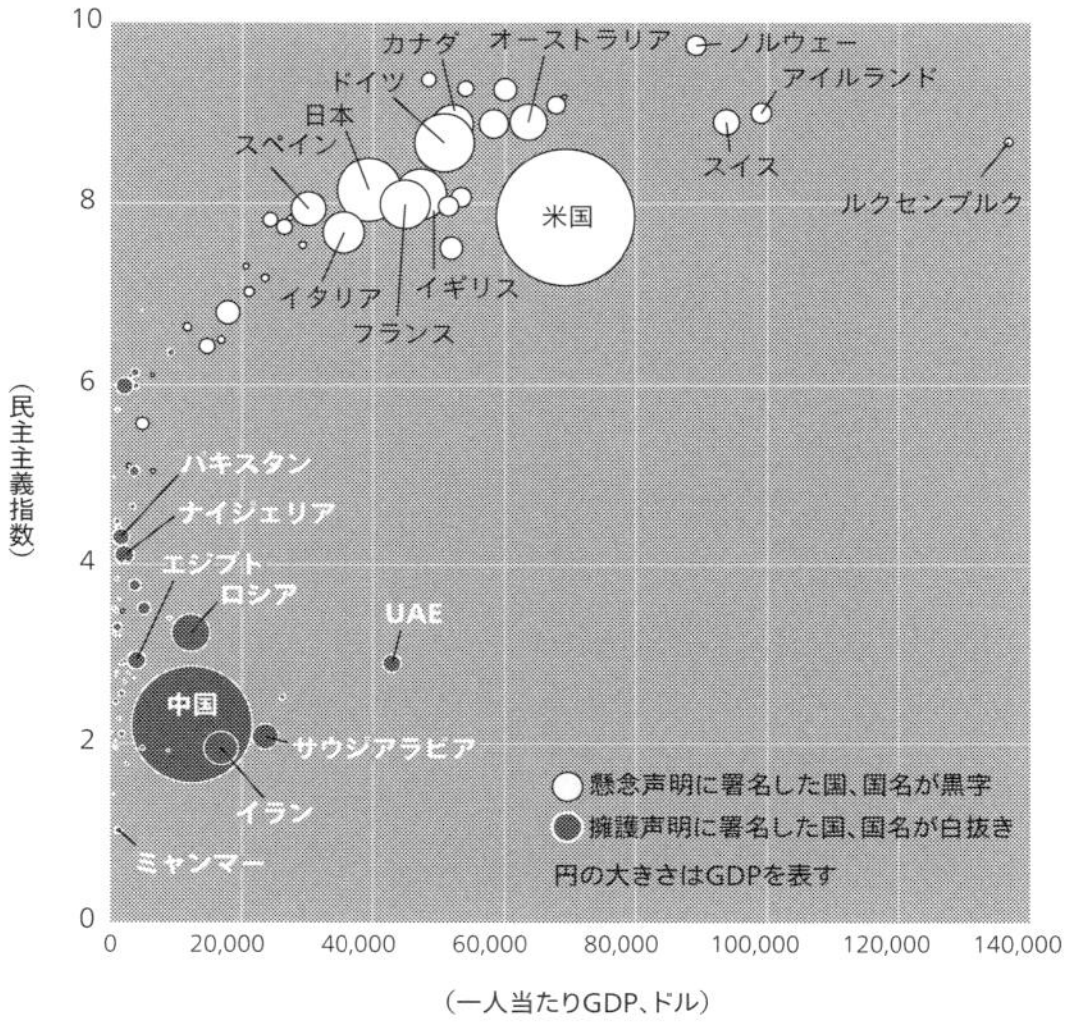

（出典）国連、IMF、EIU などのデータを元に筆者作成

一方、擁護声明に署名した国を見ると、政治的には強権的で、経済的には貧しく、中国を除けばＧＤＰが小さい国がほとんどです。国内に深刻な少数民族問題を抱えている国も目立ちます。この問題は、人権問題であるとともに、南北問題でもあると言えそうです。

第2部

西洋諸国と中国

■第２部では西洋の国々と中国の関係に焦点を当てます。中国にとって西洋諸国は経済的な発展という国益を追求する上で極めて重要です。中国経済がここまで発展できた背景には西洋諸国の多大なる貢献がありました。また最先端の科学技術力を持っており、世界経済において支配的地位にある西洋諸国とのヒト・モノ・カネの交流が途絶えるような事態になると、中国が目指す「社会主義近代化強国」の建設も遠のいてしまいます。一方、西洋諸国にとっても、巨大な内需を抱える中国は経済的な発展という国益を追求する上でとても重要な国です。

■その半面、中国にとって西洋諸国は国家の独立という国益を脅かす存在でもあります。中華文明に起源を持つ中国から見ると、西洋文化は異質で理解に苦しむ面があります。さらに、共産党による一党支配を行う中国からすると、西洋諸国の自由民主主義は国体を揺るがしかねない政治制度です。一方、西洋諸国から見ても、文化や政治体制が大きく異なる中国が台頭すると、西洋諸国の支配的地位を脅かすように思えます。

■このように西洋諸国と中国は、価値観の違いがあり反発しあいながらも一定の距離を保って交流したいという関係にあります。そして西洋諸国と言っても温度差があり、中国との関係性を一括りにすることはできません。そこで、第１章で西洋諸国のリーダーである米国、第２章では欧州連合（EU）のリーダー国の一つで独自外交を展開し米国も一目置くフランス、第３章ではファイブアイズの一員であり中国に地理的に近いオーストラリアを取り上げ、それぞれの国と中国の距離感を見ていきます。

本書では、欧州連合（ＥＵ）加盟国（114頁コラム「ＥＵとは」参照）と、米英を中心としたファイブアイズ加盟国を「西洋諸国」と定義します。政治面では個人の自由を重んじる欧米型民主主義、インド・ヨーロッパ語族が大宗を占め、各国の主要な宗教はキリスト教であり、共通する点が多い国々です。以下の人口などの統計はこの定義に従って記述しています。

西洋諸国は、古代ギリシャで生まれた民主主義を受け継ぎ、18世紀に欧州で成立した個人の自由や権利を重視する自由主義を育て上げ、それを世界に広めるなど現代社会の基盤を築く上で極めて重要な役割を果たしてきました。さらに科学技術の発展を牽引し、三次にわたる産業革命をもたらしたことで、世界経済の近代化に大きく貢献しました。そして今も国際政治および国際経済において大きな影響力を持っています。

西洋諸国のＧＤＰ（国内総生産）の総計はおよそ47兆ドルと世界の半分を占めます。第一次産業・第二次産業から第三次産業が中心の経済へと、すでに発展を遂げた国が多く、途上国に多くの生産拠点を持つグローバル企業を数多く抱えています。他方、人口はおよそ9億人と世界の1割強に過ぎず、一人当たりＧＤＰが高く豊かな国が多い地域です。

西洋諸国にとっての中国は、中華文明に起源を持つ異質な文化を持ち、地理的にも遠く、人的交流も多くはありません。また「中国の特色ある社会主義」を掲

図表 2-0-1 ●西洋諸国の経済概況

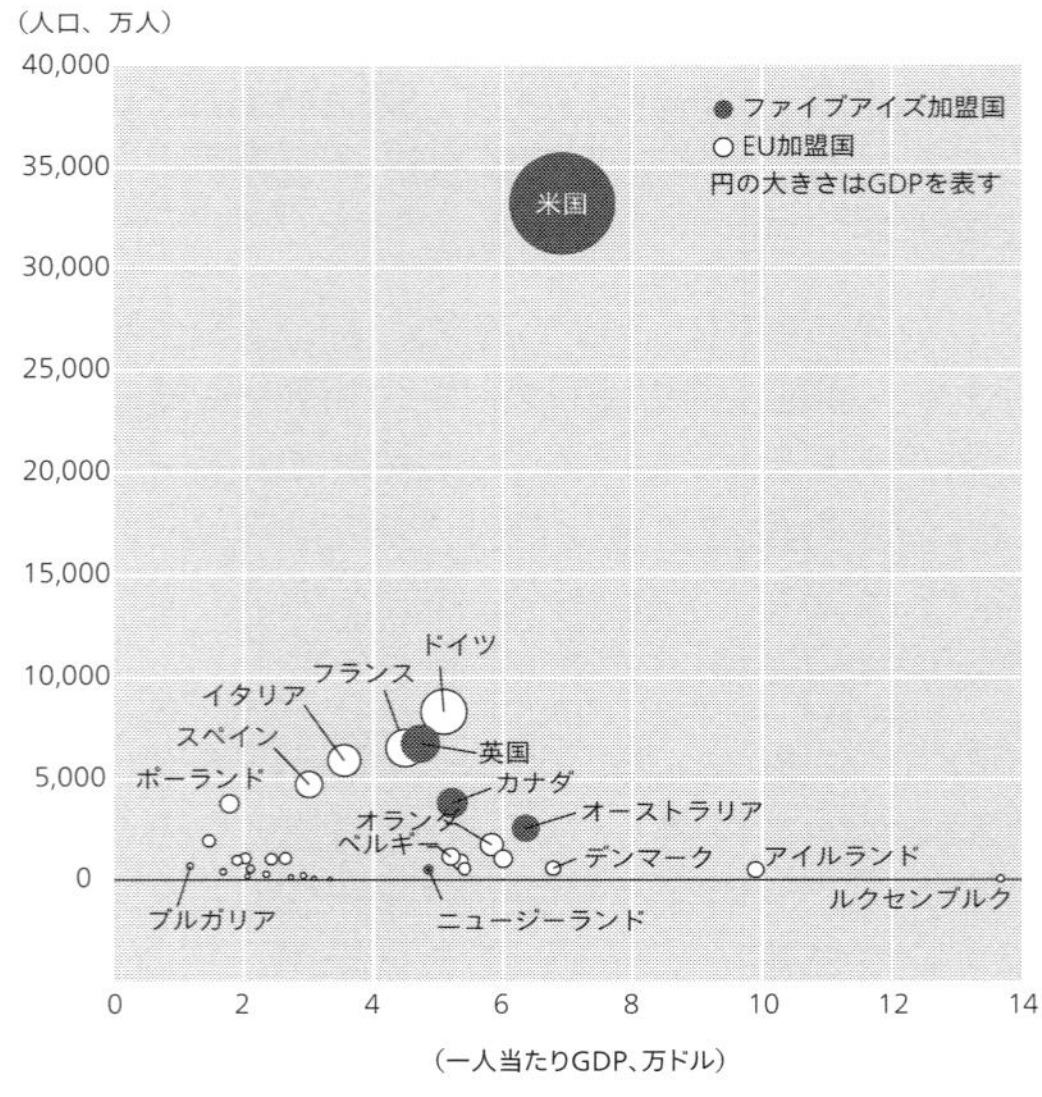

（出典）IMF のデータを元に筆者作成

げる中国とは、イデオロギーの面でも相容れません。

ただし、経済面における結びつきは強く、中国の輸出先の約4割が西洋諸国で、輸入元としても約3割を占めています。中国経済のここまでの発展にも、西洋諸国は多大なる貢献をしてきました。それは中国自身も認識しています。

しかし、中国が発展するとともに、西洋と中国の文化や政治・人権思想の違いが問題となることが多くなり、対立する場面が増えてきました。

以下では西洋諸国のうち、特にそのリーダーである米国、欧州連合（EU）のリーダー国の一つで独自外交を展開し米国も一目置くフランス、ファイブアイズでありながら地理的に中国に近い位置で、天然資源を供給するオーストラリアを取り上げ、中国との関係を掘り下げていきたいと思います。

ファイブアイズとは？

ファイブアイズ（Five Eyes）は、米国、英国、カナダ、オーストラリア、ニュージーランドの5ヵ国が政治的、軍事的な情報を共用するための同盟です。この同盟の起源は第二次世界大戦中に、通信傍受した暗号情報を共有したことにあるとされています。

ファイブアイズの加盟国は、文化、言語、経済の面で強い親和性を持ち、米国を中心に「エシュロン」と呼ばれる通信傍受網を通じて、電話やメールなどの情報を収集、分析、共有し、安全保障に生かしています。

この同盟の存在は長らく公式には認められていませんでしたが、2010年の関連文書の公開により、その活動の一部が明らかとなりました。

さらに最近では「プリズム」と呼ばれる大規模なインターネット監視システムの存在も広く知られることとなりました。米国の国家安全保障局（NSA）および中央情報局（CIA）の元職員であったエドワード・スノーデン氏が2013年にプリズムの存在を暴露したからです。その経緯は映画にもなりました。

第1章

世界一の超大国 米国

両国の距離感（ポイント）

米中関係は世界で最も重要な国家関係と言えます。両国は、地理的に遠く文化的には異質。政治思想面、人権思想面、そして国際社会における覇権を巡って激しく対立、米国の世論も極端な反中となっています。

ただし経済面では親密な関係にあります。

総括すると米国と中国の距離感は「やや遠い」と評価します。

米国と中国の距離感分析

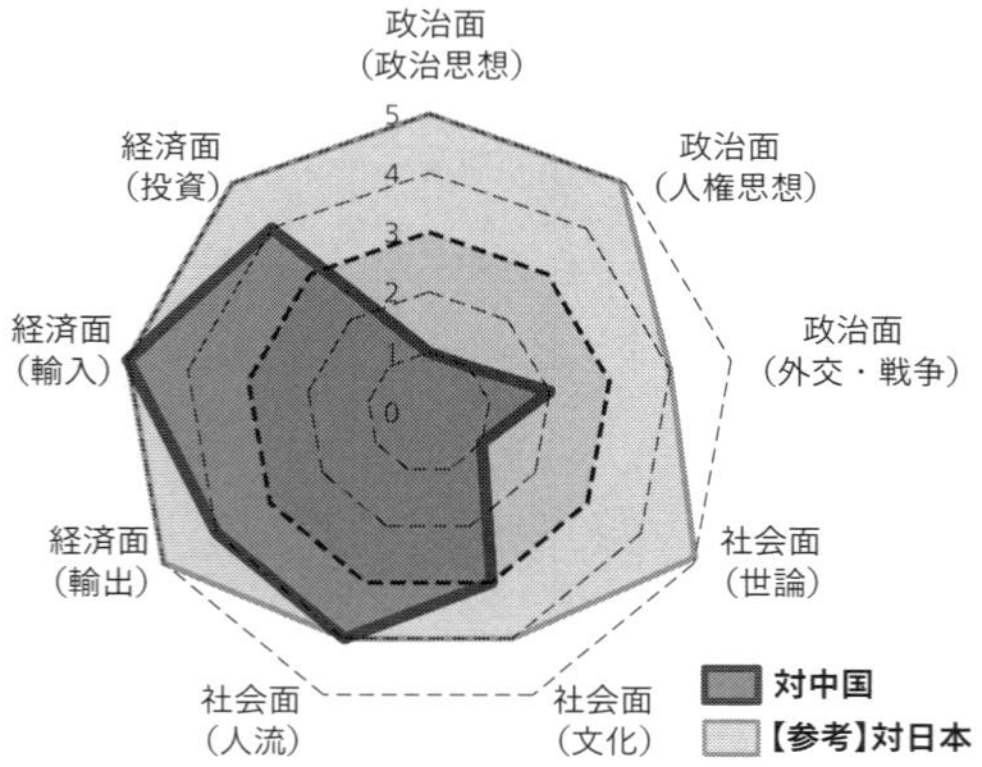

政治面		
	中	日
政治思想	1	5
人権思想	1	5
外交·戦争	2	4

社会面		
	中	日
世論	1	5
文化	3	4
人流	4	4

経済面		
	中	日
輸出	4	5
輸入	5	5
投資	4	5

（出典）筆者作成

米中関係は時代とともに大きく変化してきました。第二次世界大戦後の東西冷戦時代、中国はソ連を盟主とする東側に与していたため、米国とは対立関係にありました。しかし、中国がソ連と対立するようになると、米国は唐突に中国との和解に動き出しました。いわゆるニクソンショック（1971年）です。そして日本は慌てて中国との国交樹立に動き出すことになりました。

そして東西冷戦末期、米国は弱体化したソ連に代わり、世界第2位の経済大国となっていた日本をライバルと見るようになりました。いわゆる日米貿易摩擦です。一方、当時最貧国だった中国はその陰に隠れるように改革開放を進め、経済力を高めていきました。

2010年に中国が日本を追い越して世界第2位の経済大国になり、対外的に強硬な態度を取るようになると、米国は中国を唯一の競争相手と位置付けるようになり、日本や他の西洋諸国と協力して中国の台頭阻止に動いています。日本はしばしば米中関係の変化に巻き込まれ、多大な影響を受けてきたと言えるでしょう。

1 政治面「低位（遠い）」

米国は欧米型民主主義のリーダーで、それを世界に広めようとしているのに対し、中国の民主主義度は低く、しかもそれを正義と考えているため相容れません。

また人権思想を巡る議論においても、自由の国を自認する米国は国連人権理事会などで中国における人権侵害を糾弾しており、個人の自由よりも生存権・発展権を重視する中国とは対立関係にあります（図表2－1－1）。

領土・領海を巡る問題に関しては、戦火を交えた経験もあれば、戦友として共に戦った経験もあります。19世紀半ば以降、欧米列強の一つとして中国（当時の清国）の領土を分割し半植民地化しました。さらに1900年前後には、米国も八ヵ国連合軍に参加し清（当時）と戦火を交えました。ただし、英国、ドイツ、フランス、ロシア、日本と比べると、米国は相対的におとなしかったとも言えます。

また、1937年に勃発した日中戦争では、米国は中華民国（当時）を支援したため、米中は第二次世界大戦における戦友でもあります。

第二次世界大戦後、中国では共産党政権が成立し、東西冷戦だったこともあって、米中両国は敵対関係にありました。1950年に勃発した朝鮮戦争では、米国・国連軍が韓国を支援し、中国が北朝鮮を支援しました。1964年に米国がトンキン湾事件を起こして参戦したベトナム戦争では、米国が南ベトナムを、中国が北ベトナムをそれぞれ支援したため、直接戦火を交えることもありました。

しかし、1969年の国境紛争で中ソ関係が一層悪化すると、米中両国は関係改善を模索するようになり、1972年2月には米国ニクソン大統領の訪中が実現し、国交樹立に向けて動きだすこととなりました。

図表 2-1-1 ●米国の政治的自由度と民主主義指数

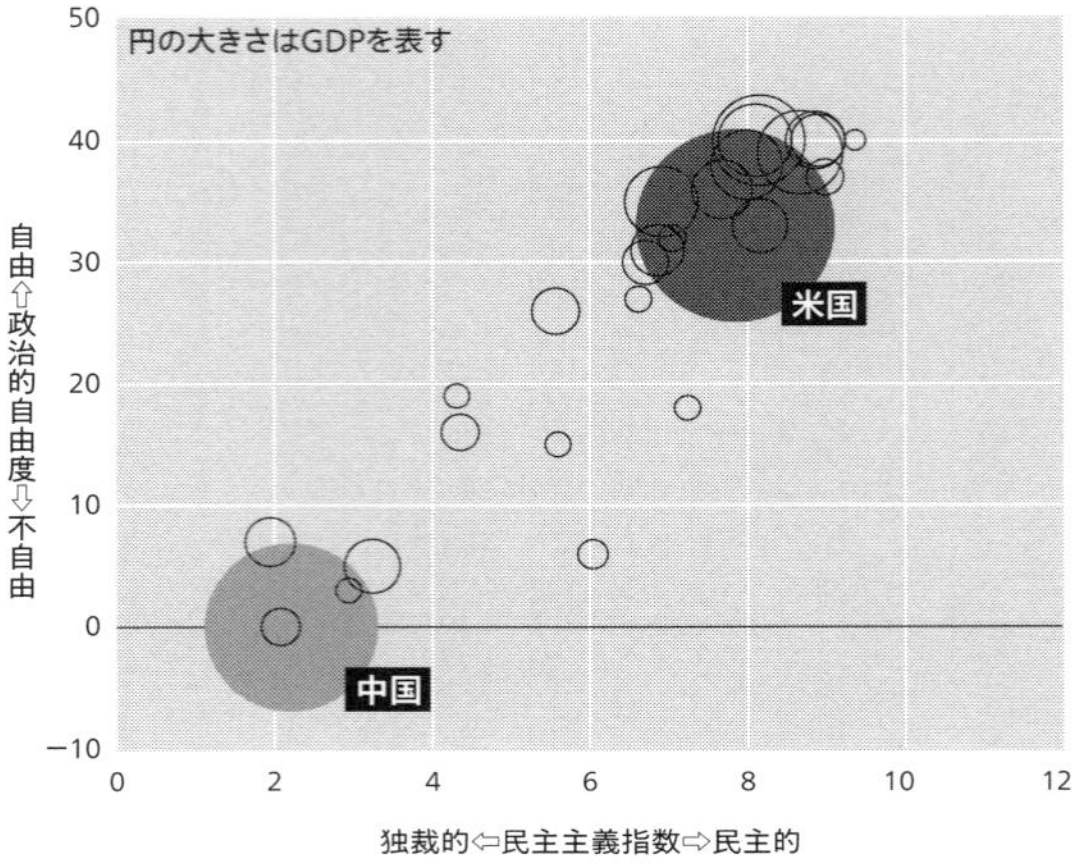

（出典）IMF、EIU、Freedom House のデータを元に筆者作成

米国の政治

アメリカ合衆国の国土面積は約937万㎢で、中核部分は北米大陸中央部にありますが、北米大陸北西部のアラスカと太平洋中部のハワイ諸島も含みます。中核部分の北ではカナダと、南西ではメキシコとそれぞれ国境を接しています。また南東にはメキシコ湾があり、西には太平洋を挟んでアジアがあり、東には大西洋を挟んで欧州大陸やアフリカ大陸があります。なお、首都はワシントンDCに置かれています。

政治体制は50州とコロンビア特別区からなる連邦共和制をとっていて、議会は上院・下院の二院制で、予算や法案を審議・可決します。任期は上院が6年（2年毎に約3分の1ずつ改選）、下院が2年となっています。大統領は国家元首であるとともに行政の長でもあり、任期は4年で再選まで可能です。大統領の選出は、国民が選挙人を選び、その選挙人が大統領を選ぶという形をとるため間接選挙と定義されていますが、実質的には直接選挙に近いとされています。なお、現行憲法は1787年に制定、1788年に発効しました。

米国の外交

バイデン政権は米欧関係やNATO（北大西洋条約機構）の再活性化など同盟関係の回復・強化を推進するとともに、多国間枠組みや国際機関への復帰による国際協調外交、米国の指導力の回復を目標に掲げています。そしてトランプ政権時代に亀裂が生じた欧州や東南アジアなどとの関係を修復し、国際協調と民主主義の重要性を訴え、中国やロシアなどを専制主義と定義し、それらの勢力との対抗姿勢を鮮明にしてきました。

ただし、トランプ政権が米国第一主義を掲げていたように、米国の外交は大統領がどんな人物かによって大きく変わります。なお、第一次世界大戦の講和条件を定めたヴェルサイユ条約の批准に際しては、上院の反対で国際連盟に加入できませんでしたが、このように議会が外交政策に直接関与することは稀です。

2024年の選挙で選ばれた新しい大統領については、その言動から歴代政権との違いや引き継がれる方針を見極めることが重要となります。

●米国と中国の国交樹立後の主な外交関係

1979年1月1日、米国と中国は正式に国交を樹立しました。その後の米中関係はさまざまな問題に直面しました。1989年の天安門事件（六四）では、米国が中国における人権侵害を非難し高官級の往来を中止するとともに、武器禁輸や経済制裁を科しました。

1995年に台湾の李登輝総統が訪米した際には、中国が反発して台湾周辺でミサイル実験を行った一方、米国が空母戦闘群に台湾海峡を通過させたことで第三次台湾海峡危機に直面しました。

1999年にはNATOがユーゴスラビアの中国大使館を爆撃（米国は誤爆と主張）するという事件もありました。

2001年には米軍の偵察機と中国の戦闘機が衝突するという事件（海南島事件）が発生しました。貿易不均衡が巨大化した2018年には制裁関税・報復関税を掛け合う事態となりました。

しかし、こうした深刻な事件や経済問題に対して米中両国は、首脳間の対話で問題を解決する姿勢を維持してきました。首脳レベルの対話を増やしたり、米中戦略経済対話や米中経済貿易ハイレベル協議などの場を設けたりして、妥協点を見つけ出してきています。

他方、台湾問題と人権問題に関しては、その妥協点を見い出せずにいます。この2つは米中両国ともに妥協できる余地がほとんどなく、かつ極めて大きな問題だけに、今後もことあるごとに対立することになりそうです。

ただし、米中双方が対話姿勢を維持しているだけに、第二のニクソンショックが起きる可能性もあります。地球温暖化阻止のための脱炭素（GX）は、米中両国が協力して取り組まなければ解決できない課題ですし、世界各地で頻発する紛争を第三次世界大戦に発展させないためにも、米中両国の協力が欠かせないからです。

2 社会面「低め（やや遠い）」

米国の社会

人口は3.3億人余りで、人口構成はつりがね型の形状となっています（図表2－1－2）。その大部分は白人で全体の8割弱（非ヒスパニック6割弱、ヒスパニック系2割弱）を占め、その他では黒人が2割弱、アジア系が6%前後、先住民が1%余りとなっています。言語は主として英語ですが、ヒスパニック系にはスペイン語を話す人が多いようです。宗教はキリスト教（プロテスタント）が5割弱と主流をなしますが、キリスト教（カトリック）も約2割と少なくありません。またユダヤ教とモルモン教が2%弱、イスラム教と仏教が1%弱などさまざまな宗教を信仰する人もおり、無宗教は2割余りとされています。

図表 2-1-2 ●米国の人口ピラミッド（2020 年）

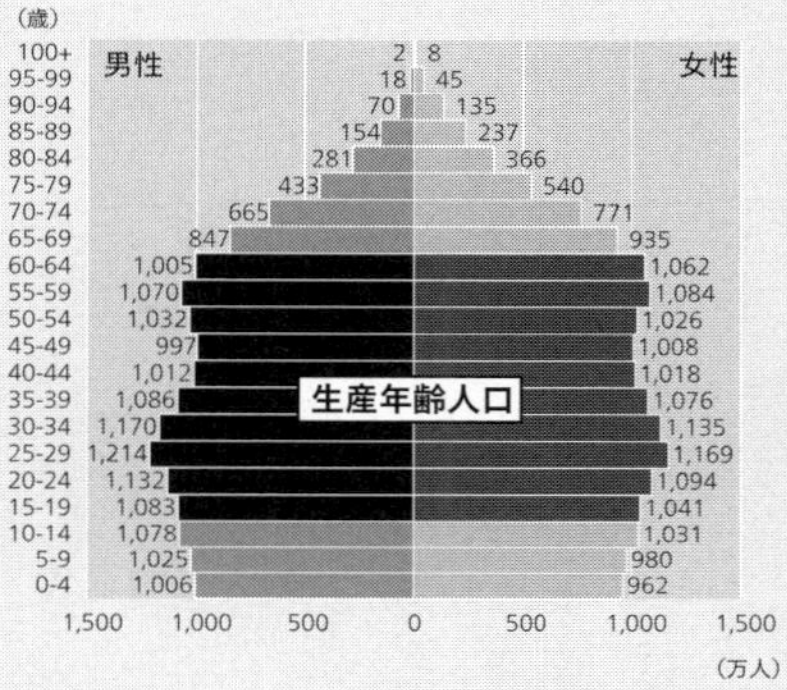

［米国］
生産年齢人口比率：65%
15 歳未満の若年層比率：18%
65 歳以上の高齢者比率：17%
平均寿命：78.8 歳

［世界］
生産年齢人口比率：65%
15 歳未満の若年層比率：25%
65 歳以上の高齢者比率：9%
平均寿命：72.3 歳

（出典）国連のデータを元に筆者作成

米国社会から見た中国は、言語・民族・宗教といった文化の起源を異にする異質な存在です。その半面、異文化に触れようとする意識もあって、２０１０～16年には「人文交流ハイレベル協議」が開催されました。地域間の交流も盛んで、これまでに50組の友好省州・２３２組の友好都市が誕生しています。しかし、近年、政治対立が激しさを増す中で、そうした動きも下火になってきました。

実際、米国における対中世論は極端な反中です。ピューリサーチセンターの調査結果を見ると（図表2

ー1ー3）、中国のことを「好ましい」と回答した人が20％、「好ましくない」と回答した人が76％と、差し引きマイナス56ポイントでした。２０１０年には差し引きプラス13ポイントと「やや親中」に傾いていましたので、米国では２０２１年までの間に急激な反中感情の高まりがあったと言えます。新疆ウイグル自治区における人権問題や香港における一国二制度の揺らぎが対中感情を悪化させました。さらに世界で感染爆発を起こした新型コロナウイルスを、当時のトランプ大統領がチャイナウイルスと呼ぶなどし、反中感情が一層高まったようです。

他方、中国における対米世論は極端な反米とまでは言えません。前述した調査結果を見ると、米国のことを「好ましい」と回答した人が50％、「好ましくない」と回答した人が44％と、差し引きプラス6ポイントとほぼ「中立」でした。ただし、中国における調査はやや古く２０１６年なので、その後、悪化した可能性はあります。

米国と中国との人的交流は西洋諸国の中では多い方です。米国へ入国した人の内訳を見ると（図表2ー1ー4）、中国からはコロナ前3年（２０１７〜19年）の年平均で約４％（約３００万人）と、日本からとほぼ同じで、韓国からよりやや多いといった状況です。他方、地理的に隣接するカナダとメキシコからが半分近くを占めています。自由貿易協定であるＵＳＭＣＡで結び付いたこの3ヵ国は人的交流の面でも特に緊密な

図表 2-1-3 ●米国の親米・親中分析

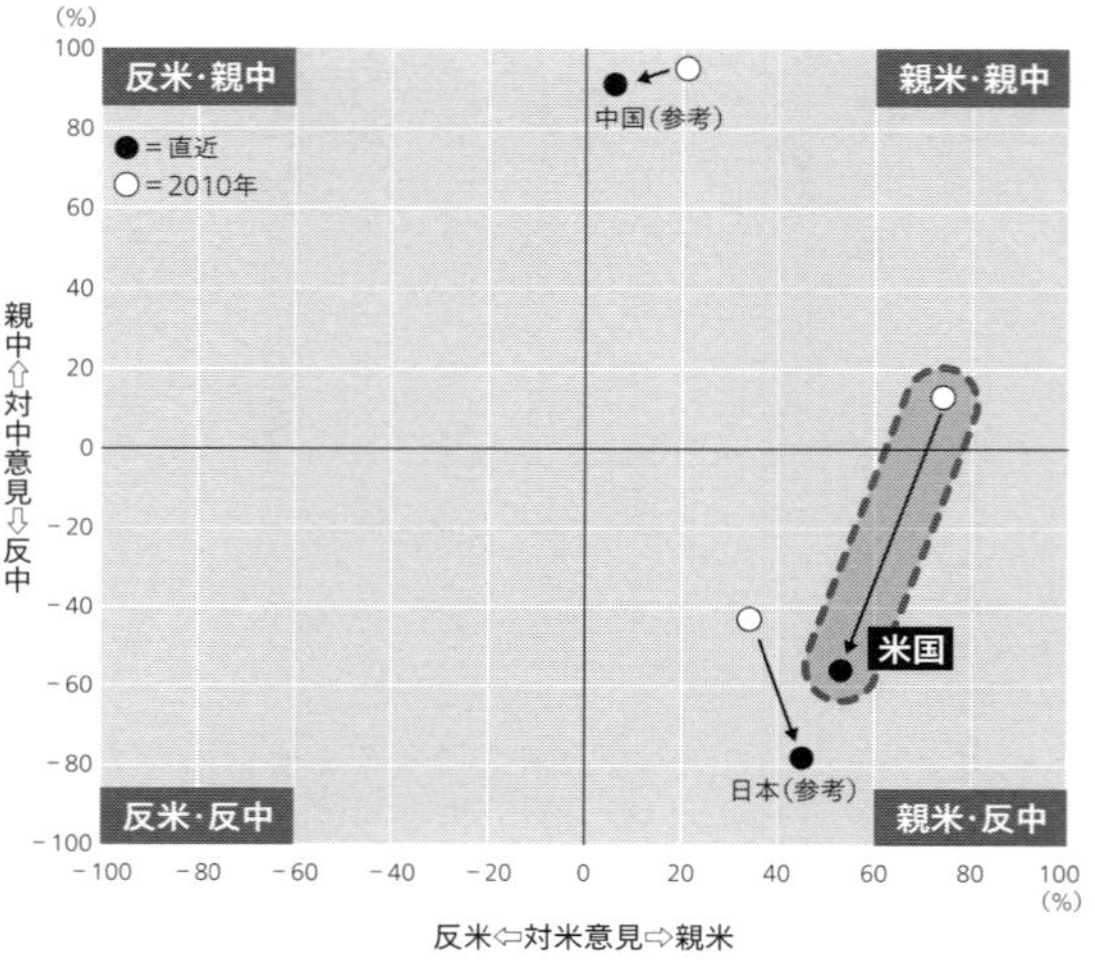

（出典）Pew Research Center のデータを元に筆者作成

関係にあることが分かります。

一方、中国へ入国した人の内訳を見ると、米国からは同じ時期に年平均で約240万人と、外国人全体（除く香港、マカオ、台湾）の8％弱を占めていました。日本、ロシアとほぼ同水準です（図表1－2－31）。

さらに海外留学する中国人にとって米国は一番人気の国で、米国留学者の国別内訳を見ると3分の1が中国です（図表2－1－5）。

図表 2-1-4 ●米国への入国者の内訳（2017～19年平均）

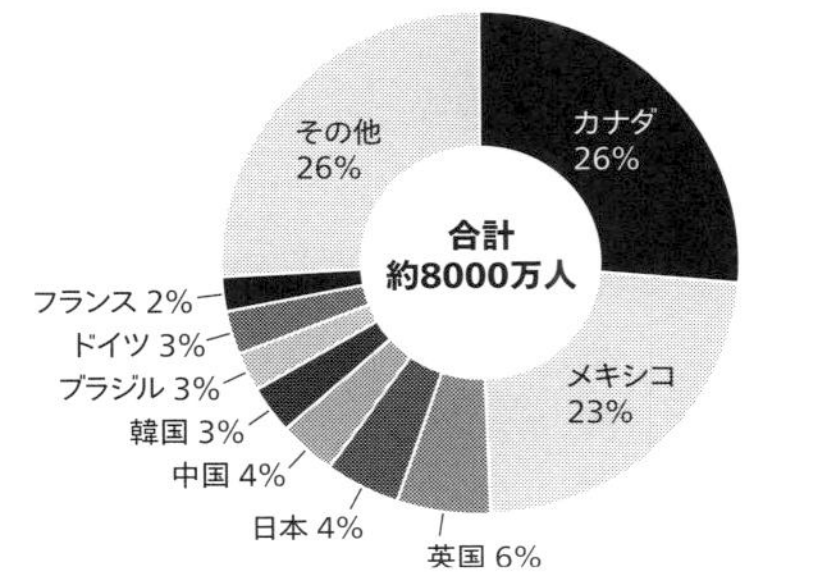

（出典）CEIC（出所はNational Travel and Tourism Office）のデータを元に筆者作成

図表 2-1-5 ●米国留学者（2020/21年度）

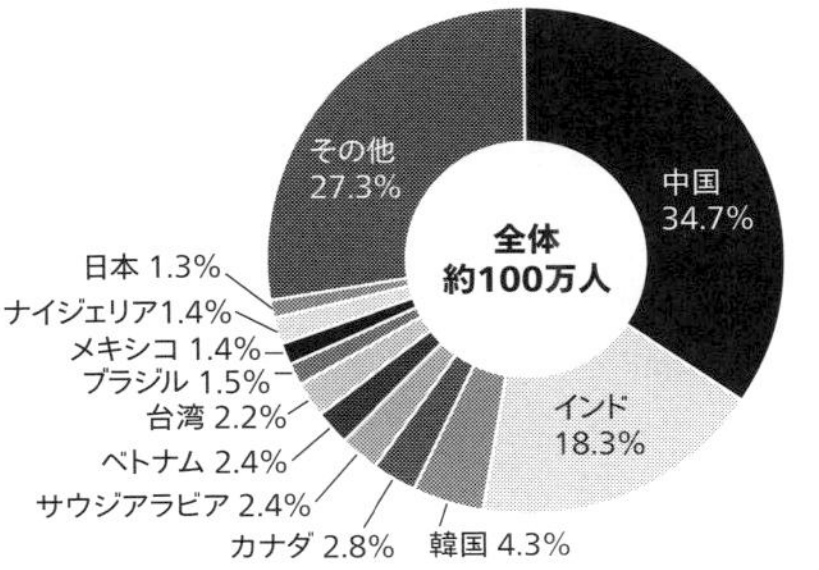

（出典）米国国際教育研究所（IIE）のデータを元に筆者作成

3 経済面「高め（やや近い）」

米国と中国の貿易関係を見ると、中国側の統計（2021年）では米国への輸出が5776億ドル、米国からの輸入が1808億ドルで、中国から見ると3968億ドルの大幅な輸出超過（米国の輸入超過）の状況となっています。そして、この巨大な貿易不均衡がしばしば米中対立の原因となってきました（図表1－2－3、1－2－10）。

ただし、米国にとって中国は最有力な貿易相手国とも言えます。米国が必要とするモノを供給してくれていて、米国製品を輸入してくれる得意先でもあるからです。米国の輸出先トップ10を見ると（図表2－1－6）、USMCA締結国のカナダとメキシコが、

図表 2-1-6 ●**米国の輸出先ランキング（2021 年← 2000 年）**

順位	国・地域	輸出額（2021 年）		輸出額（2000 年）	
		億ドル	シェア	億ドル	シェア
	輸出全体	17,586	100.0%	7,721	100.0%
1	カナダ	3,075	17.5%	1,746	22.6%
2	メキシコ	2,765	15.7%	1,088	14.1%
3	中国	1,511	8.6%	160	2.1%
4	日本	750	4.3%	645	8.4%
5	韓国	658	3.7%	273	3.5%
6	ドイツ	652	3.7%	292	3.8%
7	英国	615	3.5%	414	5.4%
8	オランダ	536	3.0%	217	2.8%
9	ブラジル	469	2.7%	152	2.0%
10	インド	401	2.3%	37	0.5%

（出典）CEIC（出所は IMF）のデータを元に筆者作成

図表 2-1-7 ●**米国の輸入元ランキング（2021 年← 2000 年）**

順位	国・地域	輸入額（2021 年）		輸入額（2000 年）	
		億ドル	シェア	億ドル	シェア
	輸入全体	28,404	100.0%	12,382	100.0%
1	中国	5,064	17.8%	1,062	8.6%
2	メキシコ	3,847	13.5%	1,351	10.9%
3	カナダ	3,572	12.6%	2,292	18.5%
4	ドイツ	1,352	4.8%	595	4.8%
5	日本	1,351	4.8%	1,495	12.1%
6	ベトナム	1,019	3.6%	9	0.1%
7	韓国	950	3.3%	409	3.3%
8	台湾	771	2.7%	419	3.4%
9	アイルランド	737	2.6%	158	1.3%
10	インド	733	2.6%	110	0.9%

（出典）CEIC（出所は IMF）のデータを元に筆者作成

それぞれ第1位・第2位と以下を引き離して多い状況にありますが、中国はその2ヵ国に次ぐ第3位で、日本向けの約2倍の輸出額です。

輸入元トップ10を見ても（図表2－1－7）、中国はカナダ・メキシコを抑えて第1位（シェア17・8％）となっており、日本の4倍近い輸入額です。20年ほど前（2000年）と比べると、輸出先としてのシェアは4倍、輸入元としてのシェアも2倍に増えており、この間に中国の存在感が急激に高まったことが分かります。

最近ではメキシコからの輸入が急増していますが、その背景には中国企業などによるメキシコ生産の拡大やそこを経由した迂回輸出が指摘されています。

他方、中国にとっても米国は最有力な貿易相手国です。輸出先としては第1位（シェア17・1％）、輸入元としても第4位（シェア6.8％）です（図表1－2－3、図表1－2－10参照）。

米国の経済

米国経済のGDP（国内総生産）は約23兆ドル（2021年）と世界一の経済大国です。経済成長率は過去30年において年平均2.3％と、世界全体の同3.3％を1ポイントほど下回りました。その主因は、東西冷戦が終結してグローバリゼーションが進展し、世界の成長センターが中国など新興国に移ったことにあります。

特に海外に工場が移転したため、米国の製造業が生み出した付加価値は平均2.6％と世界全体（3.7％）を大きく下回りました。またリーマンショック（2009年）の打撃が大きかった影響もあります。経済的な豊かさを示す一人当たりGDPは約7万ドルで世界第6位となっています。

産業構造は約8割を第三次産業が占めるサービス大国ですが、世界の農産品輸出の1割近くを担う農業大国でもあり、最近ではシェール革命で資源大国の顔も持つようになりました。さらに国際観光収入で世界一の観光大国でもあり、まさに超大国と言え

図表 2-1-8 ●米国の実質成長率

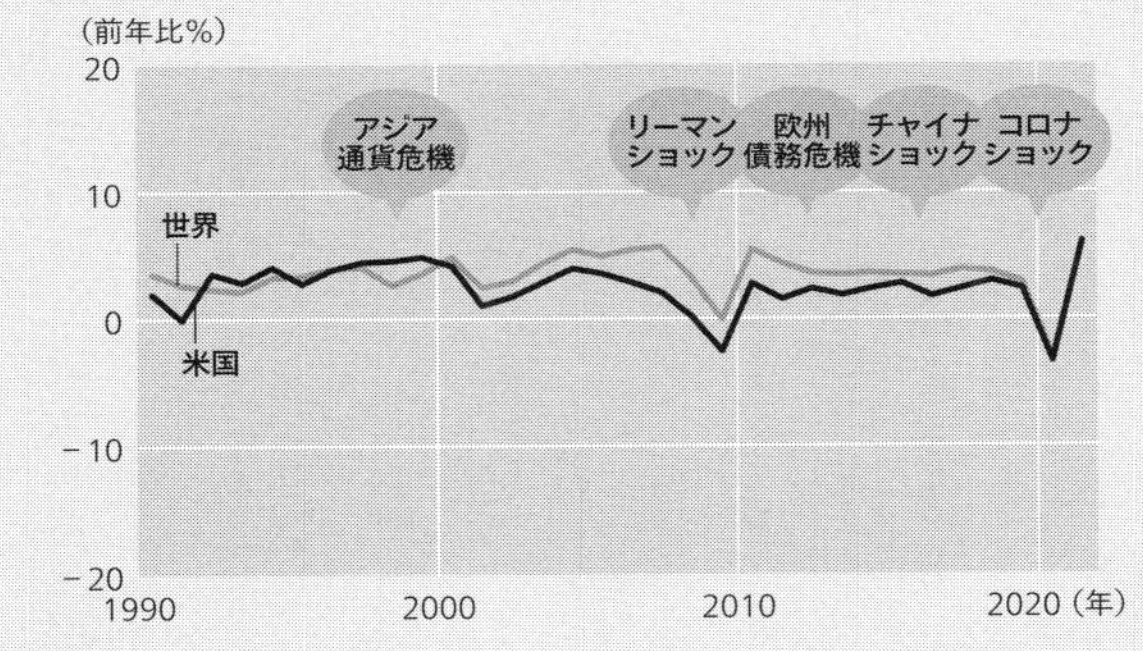

（出典）IMF のデータを元に筆者作成

図表 2-1-9 ●一人当たり GDP（米国と中国）

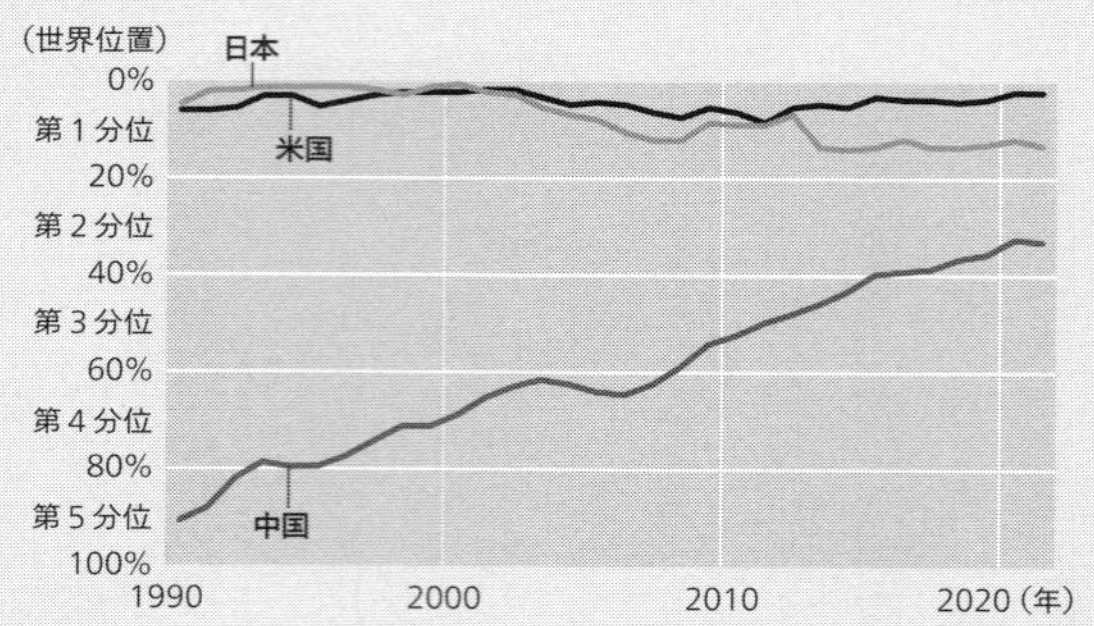

（出典）IMF のデータを元に筆者作成
（注）世界位置は（中国の順位－1）÷（対象国数－1）で計算

ます。

その半面、製造業には弱さがあります。米国製造業が付加価値の高い領域に重点を移しファブレスと呼ばれる生産設備を持たない経営方式にシフトしてきたからです。しかし、それが中国に過度に依存する結果となり、経済安全保障上も問題になったため、米国政府は補助金を出して半導体製造工場を誘致するなど国内製造業の再強化に取り組み始めました。政府調達で国内製品を優先するバイ・アメリカン法の運用を強化したのもその一環です。

需要構成は8割超を最終消費が占める消費主導型です。自由資本主義の旗手である米国は個人消費が多め、政府消費が少なめで、この点が欧州諸国とは異なります。

さらに、中国の産業構造・需要構成とは大きく異なっており、ほぼ対極と言えます。詳細は「参考①：米国の産業構造・需要構成」をご覧ください（93頁）。

■米国と中国の輸出・輸入品目

中国が米国へ輸出しているモノを見ると（図表2－1－10）、「工業原料類」、「機械・部品」、「電気機器・部品」、「輸送機械・部品」、「精密機械・部品」といった工業関連品を合わせるとおよそ7割です。

他方、中国が輸入しているモノを見ても（図表2－1－11）、「工業原料類」、「機械・部品」、「電気機器・部品」、「輸送機械・部品」、「精密機械・部品」を合わせるとおよそ65％です。これは幅広い工業分野で製品・部品・素材のやり取りをしており、サプライチェーン（供給網）が緊密に結び付いていることを示しています。

そして、米国がサプライチェーンの強靭化のため、

半導体や大容量バッテリーの国内生産化を進めても、半導体製造に必要なレアメタル（ガリウムやゲルマニウムなど）や大容量バッテリーを中国から輸入せざるを得なかったり、大容量バッテリーを国内生産に切り替えても、それに必要なレアメタル（ニッケル、コバルト、リチウム）を中国から輸入せざるを得なかったりしています。

他方、中国の対米国輸出で目立つのは「生活用品類」です。生活用品は日本も21％と高いシェアですが、米国はそれを上回る27％です。「反中」感情の高まりで中国製品をボイコットする動きが見られるものの、依存度はあまり下がっていません。価格と品質の両面で中国製の生活用品に取って代われる輸入元が見当たらないからです。

一方、中国が米国から

図表 2-1-10 ●中国の米国への輸出（2021 年）

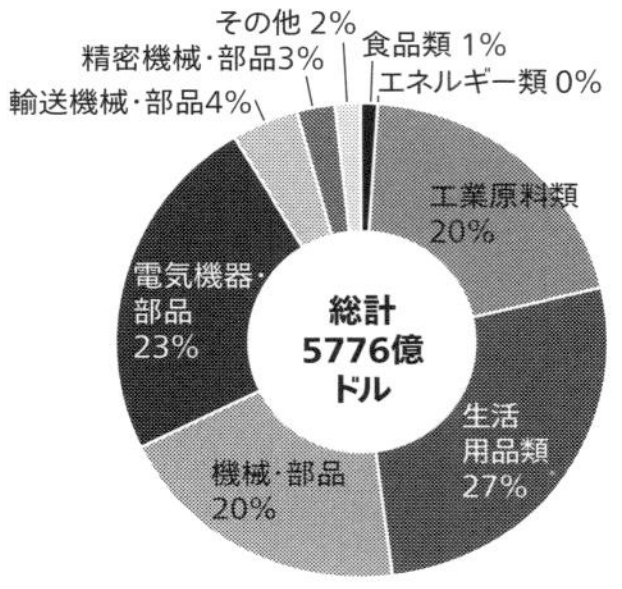

（出典）CEIC（出所は中国税関総署）のデータを元に筆者作成

図表 2-1-11 ●中国の米国からの輸入（2021 年）

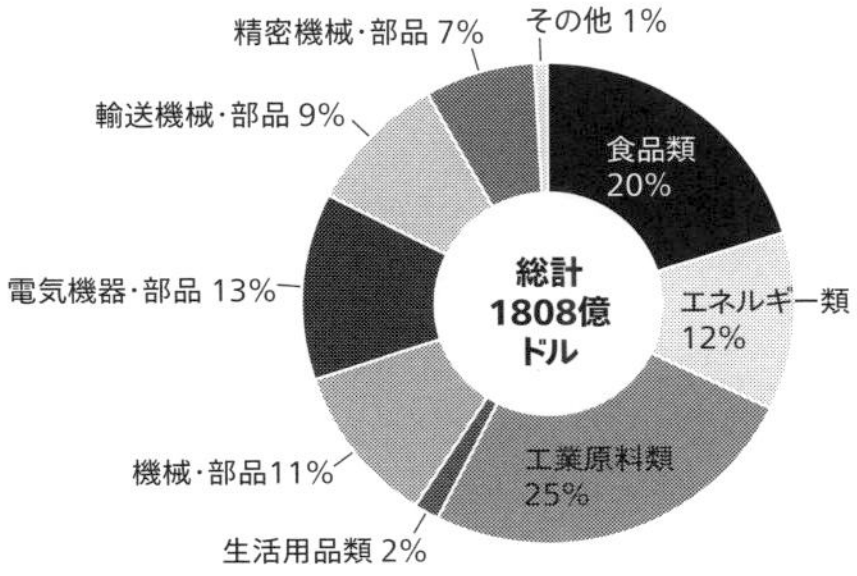

（出典）CEIC（出所は中国税関総署）のデータを元に筆者作成

輸入しているモノで目立つのは、「食品類」（シェア20%）、「エネルギー類」（シェア12%）です。

これは人口の多い中国が食糧・資源の調達に困って、米国から輸入しているとの見方があります。しかし、中国から見ると、食糧・資源の輸入元は米国以外にもあるので、米国との貿易不均衡を是正するために、米国からの輸入を優先しているだけかもしれません。実際、米中貿易交渉では、しばしば米国が中国に農産物の輸入拡大を求めてきました。

そして、米国が中国リスクのデリスキングを進め始めたのを見て、中国も食糧の自給自足を推進したり、エネルギー供給国である中東諸国との関係強化を図ったりしていますので、今後は米国からの食糧・資源の輸入が減少してきそうです。

■投資関係

中国の対米国直接投資累積額は800億ドルほどです。英国からの約5700億ドルや日本からの約5600億ドルと比べてはるかに少なくなっていますが、米国GDP比0.4%とその影響は小さくありません。

図表 2-1-12 ●米国の対外直接投資トップ 10（2020年）

順位	国・地域	直接投資累積額	
		億ドル	シェア
1	英国	8,901	14.5%
2	オランダ	8,440	13.7%
3	ルクセンブルク	7,594	12.3%
4	カナダ	4,222	6.9%
5	アイルランド	3,903	6.3%
6	英領ケイマン諸島	3,048	5.0%
7	英領バミューダ諸島	2,746	4.5%
8	シンガポール	2,708	4.4%
9	スイス	2,119	3.4%
10	オーストラリア	1,635	2.7%
12	日本	1,316	2.1%
13	中国	1,239	2.0%

（出典）CEIC（出所は OECD）のデータを元に筆者作成

なお、米国のどのような業種に投資しているかから、中国企業の関心がどこに向かっているのかをうかがい知ることができて有用です。「参考②：中国の対米投資」（95頁）を参照ください。

他方、米国の対中国直接投資累積額は1200億ドルほどです。日本の対中国投資（約1400億ドル）には及びませんが、ドイツや韓国を上回る投資元であり、中国のGDP対比で0.8%とその影響は大きいと言えます。

ちなみに米国の対外直接投資トップ10を見ると（図表2－1－12）、タックスヘイブン（租税回避地）が上位を占めることもあって、中国はランク外の第13位にとどまります。なお、日本は中国の一つ上で第12位（1316億ドル）となっています。

参考① 米国の産業構造・需要構成

❶米国と中国との産業構造の違い

米国と中国は、それぞれ世界第3位・第4位の国土を有し豊かな土壌に恵まれた食糧生産大国です。しかし、総付加価値（TVA≒GDP）の産業構造を見ると（図表2－1－13、14）、米国では第一次産業の比率が1.0％に過ぎない一方、中国では8.4％を占めています。開発水準の違いに加えて、米国の人口が3.3億人余りであるのに対し、中国は14億人余りと4倍超であることが影響しています。

また、米中両国はともに広大な国土にさまざまな天然資源が埋蔵されている資源大国でもあります。ただし、鉱業・エネルギー等供給業の比率は、米国が3.6％、中国が5.5％とともに世界平均（6.1％）を下回っており、両国における主力産業というほどではありません。

一方、米国経済と中国経済とでは第三次産業・製造業に大きな違いがあります。米国では第三次産業の比

図表 2-1-13 ●米国の産業構造（2011～20年平均）

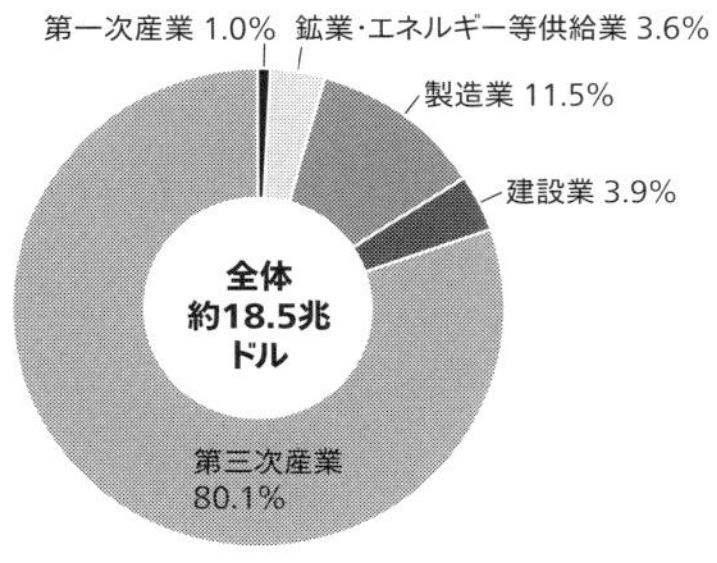

（出典）国連のデータを元に筆者作成

図表 2-1-14 ●中国の産業構造（2011～20年平均）

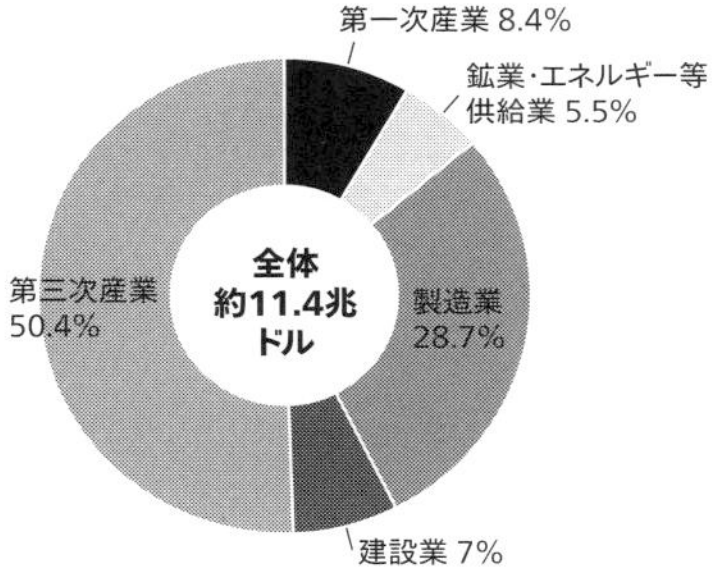

（出典）国連のデータを元に筆者作成

率が80・1%と世界平均を大きく上回る一方、中国は50・4%と大きく下回ります。特にGAFA（Google、Amazon、Facebook、Apple）に代表される米国の情報通信業は世界の最先端を走っています。中国のBAT（百度《バイドゥ》、阿里巴巴《アリババ》、騰訊《テンセント》）が追いかけてはいますが、まだ発展途上の段階で、世界全体に及ぼす影響力はGAFAに遠く及びません。他方、製造業では米国が11・5%と世界平均（16・7%）を大きく下回る一方、中国は28・7%と大きく上回っています。

❷米国と中国との需要構成の違い

米国と中国の需要構成は対極にあります。GDP（国内総生産）の需要構成を対比して見ると（図表2−1−15、16）、米国の個人消費比率は67・7%と世界平均を大きく上回る一方、中国は37・7%と大きく下回ります。

総固定資本形成（＝投資）を見ても、米国は20・4%と世界平均（25・0%）を大きく下回る一方、中国は42・9%と大きく上回ります。さらに純輸出等（含む在庫変動）を見ても、米国は2.7%の赤字である一方、中国は3.2%の黒字です。なお、政府消費は米中両国ともに世界平均（16・9%）をやや下回る水準にあります。

このように米国と中国は、それぞれ世界第1位・第2位の経済大国で、広大な国土を持つ食糧生産・資源産出大国として似ている面がありますが、需要構成は

図表 2-1-15 ●米国の需要構成（2011 ～ 20 年平均）

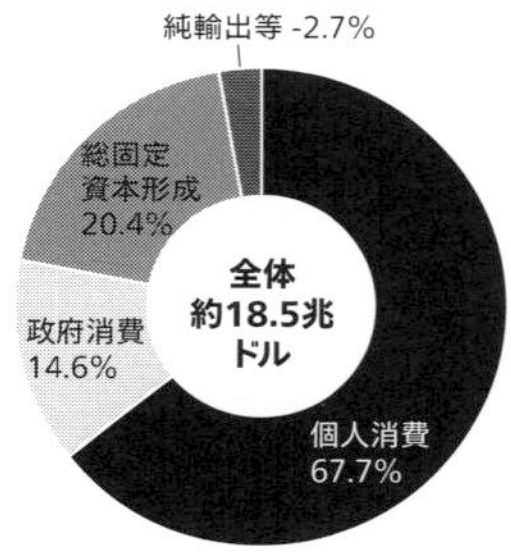

（出典）国連のデータを元に筆者作成

図表 2-1-16 ●中国の需要構成（2011 ～ 20 年平均）

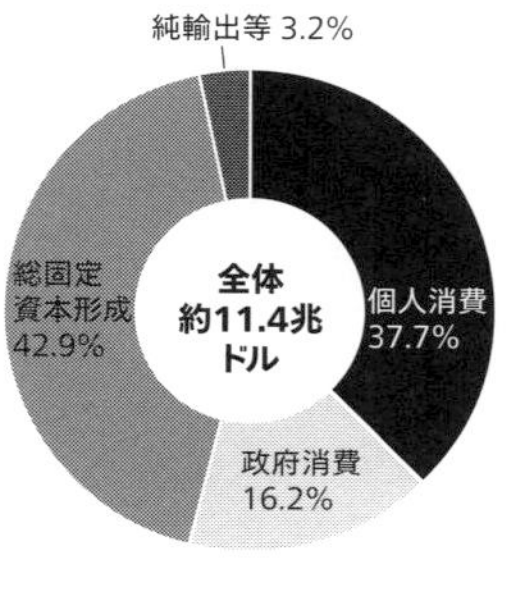

（出典）国連のデータを元に筆者作成

ほぼ正反対で、強みを持つ産業が異なります。換言すれば、米国は世界一の消費大国である一方、中国は世界一の投資大国であるということです。国内における投資が少ない米国は、国内の製造業が生産したモノだけでは旺盛な消費需要を賄いきれず、外国から大量にモノを輸入しています。

一方、消費需要が少ない中国では、長年にわたる投資で築いた世界の工場と呼ばれる製造能力を国内だけでは活用しきれず、米国などに大量のモノを輸出しています。

参考②　中国の対米投資

中国による対米国直接投資累積額の業種構成を見ると、第1位は製造業の234億ドルで全体の29.3%を占め、第2位は金融業の117億ドルで14.6%を占め、第3位は情報通信、ソフトウェアおよびＩＴサービス業の93億ドルで11.6%を占めています。なお、中国に

図表 2-2-17 ●中国の対米国直接投資累積額

	2020年時点		2010年時点	
	億ドル	シェア	億ドル	シェア
製造業	234	29.3%	13	27.0%
金融業	117	14.6%	5	10.8%
情報通信、ソフトウェアおよびＩＴサービス業	93	11.6%	1	3.0%
リースおよび商業サービス業	77	9.6%	6	11.8%
卸売および小売業	68	8.4%	11	23.1%
鉱業	54	6.7%	2	3.8%
科学研究および技術開発サービス業	34	4.3%	3	5.6%
不動産業	34	4.2%	1	1.6%
文化、スポーツ、娯楽	34	4.2%	0	0.0%
建設業	20	2.5%	2	4.7%
宿泊および飲食業	10	1.2%	1	1.2%
運輸、倉庫、郵便サービス業	8	1.1%	2	5.1%
電気、ガス、水の生産・供給業	6	0.7%	0	0.0%
その他	5	0.6%	0	0.7%
住民サービス・修理およびその他サービス業	4	0.6%	0	1.0%
農業、林業、畜産業、水産業	4	0.5%	0	0.6%
水保全、環境およびユーティリティ	0	0.0%	0	0.0%
教育	0	0.0%	0	0.0%
ヘルスケアおよびソーシャルワーク	0	0.0%	0	0.0%
公共管理および社会活動	0	0.0%	0	0.0%
その他を含めた合計	800	100.0%	49	100.0%

（出典）CEIC（出所は中国商務部）のデータを元に筆者作成

よる対米投資の全体合計額は10年前（2010年）の16倍に増えており、特に情報通信、ソフトウェアおよびITサービス業、不動産業、鉱業、金融業、製造業は、この10年で顕著に増加しています。

4 米国の対中国戦略

米国は中国を「唯一の競争相手」と位置づけ中国包囲網を構築し始めている一方、中国も対決する姿勢を強めており、米中新冷戦に突入する危惧は強い。

しかし、米国は豹変する国で、突如中国との協力に舵を切る可能性がある点は要注意。

日本としては、第二のニクソンショックが起きてもおかしくないと心得ておくべきだろう。

パクス・アメリカーナ（米国中心の国際秩序）を堅持したい米国政府は、その国際秩序を再構築する意図と

それを実現する経済力、外交力、軍事力、技術力を併せ持つ恐れがある中国を「唯一の競争相手」と位置づけた上で、中国を排除する方向に舵を切っています。それは自国の領土・領海、自国の国民、そして自国の国益を重視する米国政府にとっては正しい判断なのでしょう。反中意識の強い米国世論もそれを歓迎しているようだからです。

しかしそれは、国際展開する米国のグローバル企業にとっては足枷となりかねません。グローバル企業は世界各地に拠点を構え、世界各地に従業員がおり、世界全体で稼ぐ利益を重視した経営をするため、自国第一の国家よりも外国との壁が低く、視野がよりグローバルです。例えばアップル、デュポン、ファイザー、ナイキ、コストコ、マクドナルドなど、世界トップクラスのグローバル企業は、それぞれの業界において熾烈なシェア争いをしているだけになおさらです。

米国にとって中国は、大豆などの植物性生産品やシェールガス・原油などの有力な輸出先でもあり、中国人旅行者も多いので、それらが激減するようだと、農家やエネルギー産業・観光業で働く人々にも悪影響

が及ぶと見られます。それに加え米国は生活用品のおよそ半分を中国から輸入しているだけに、中国排除によるモノの値上がりで、広く庶民の生活にも悪影響が及びそうです。

そして、それが世論を動かし、ひいては政治家の対中姿勢に変化をもたらす可能性もあります。政治・社会・経済は相互に影響し合っていますので、全体を一つの系統（システム）として捉えることが肝要です。

一方、中国のグローバル企業にとってもサプライチェーンが分断されると、自国では生産できない設備や機械が続出しかねないのに加えて、輸出の2割近くを米国向けが占めるだけに、輸出産業への打撃も甚大と見られます。特に伝統的輸出産業が担う生活用品に関しては、有力な輸出先を失うことになるため、関連産業で働く人々の痛手は深刻でしょう。

経済面のダメージを覚悟の上で、政治・社会面の対立から米中新冷戦に突入するのか、それとも中国を巻き込んだ新たな国際秩序の形成に動きだすのか、その動向に注視が必要です。

なお日本としては、米国における政権交代や、地球的視野に立った課題解決のために、米中両国が歩み寄り、第二の「ニクソンショック」が起きてもおかしくないと心得ておくべきでしょう。

第2章

米国も一目置く戦略的自律の国 フランス

両国の距離感（ポイント）

フランスと中国は地理的に遠く文化的に異質で、自由民主主義を巡り激しく対立し、世論も反中です。ただし経済関係は親密で、フランスは独自外交を展開する国なので、中国が覇権主義に陥らなければ、米中が対立していても関係が良好に保たれる可能性があります。

総括するとフランスと中国の距離感は「やや遠い」と評価します。

フランスと中国の距離感分析

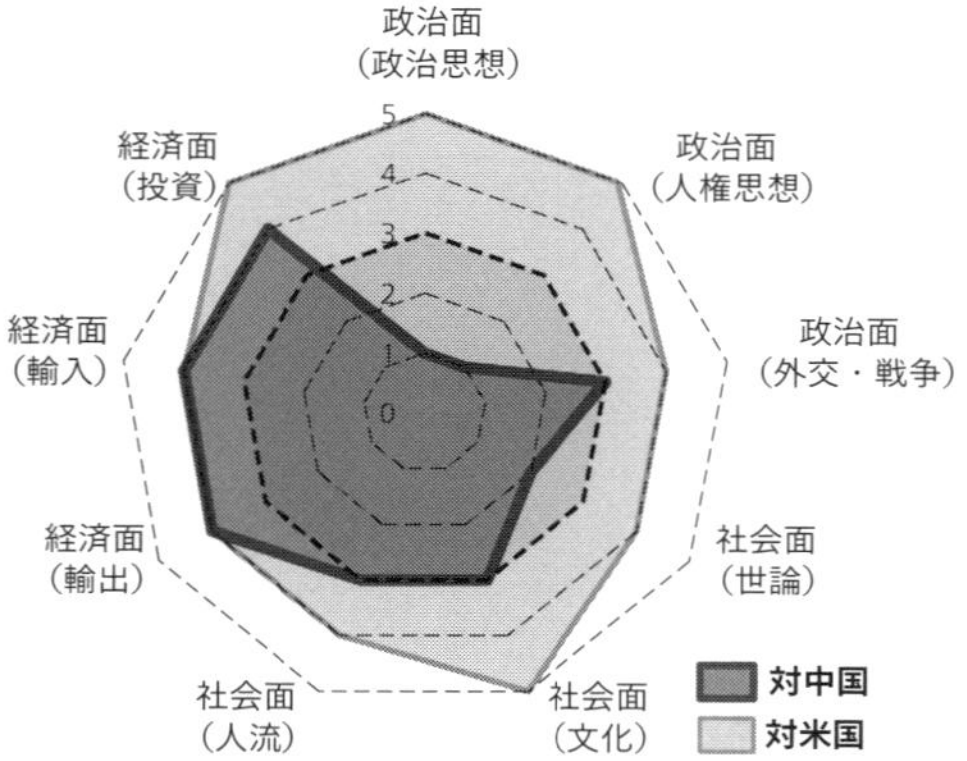

政治面	中	米	社会面	中	米	経済面	中	米
政治思想	1	5	世論	2	4	輸出	4	4
人権思想	1	5	文化	3	5	輸入	4	4
外交·戦争	3	4	人流	3	4	投資	4	5

（出典）筆者作成

フランスはＥＵの前身であるＥＣＳＣの設立を提唱した国で、ＥＵで唯一の国連安保理（安全保障理事会）の常任理事国でもあり、ＥＵにおけるオピニオンリーダー的な存在です。

そのようなフランスは米中対立の行方を占う上でカギを握る国です。中国の覇権主義的な行動に対して異を唱える一方、米国の覇権主義的な行動も許容しない「第３の道（戦略的自律）」を目指す国で、英独ほど米国追随ではないからです。

中国の人権侵害に対して反感を買うのを恐れず前面に立って反対する一方、米国が勇み足的にイラク戦争に踏み切った際には真っ向から反対しました。インドが核実験した際にも、米国とは一線を画し、経済制裁には参加しませんでした（１９９８年）。

したがって、米中新冷戦に突入しそうな現在の危機においても、フランスがどんな判断を示すのか注目されます。

日本にとっては、米国陣営に与して中国陣営と闘うにしても、米中両国の橋渡し役を試みるにしても、米中双方の覇権主義に反対してきたフランスは、Ｇ７の中でも世界を俯瞰することに長けている国だけに、是非とも力を合わせたい国です。

1 政治面「低位（遠い）」

フランスは「欧米型民主主義」の政治思想を持つ国です。政治的自由度×民主主義指数のマトリクスを見ても（図表２－２－１）、両者とも高水準にあります。この点、中国とは価値観が対極に位置しており相容れません。

人権思想を巡る議論においては、「人間と市民の権利の宣言（人権宣言）」を世界に先駆けて唱えたフランスは、西洋諸国の中でもリーダー的な存在で、中国におけるチベット騒乱など人権侵害に対しても厳しく接しています。ただし、カタールの人権問題に対してもサッカーＷ杯の試合中継をボイコットするなど、どの国の人権侵害に対しても公平に厳しく、中国に対してだけ厳しいのではありません。

図表 2-2-1 ●フランスの政治的自由度と民主主義指数

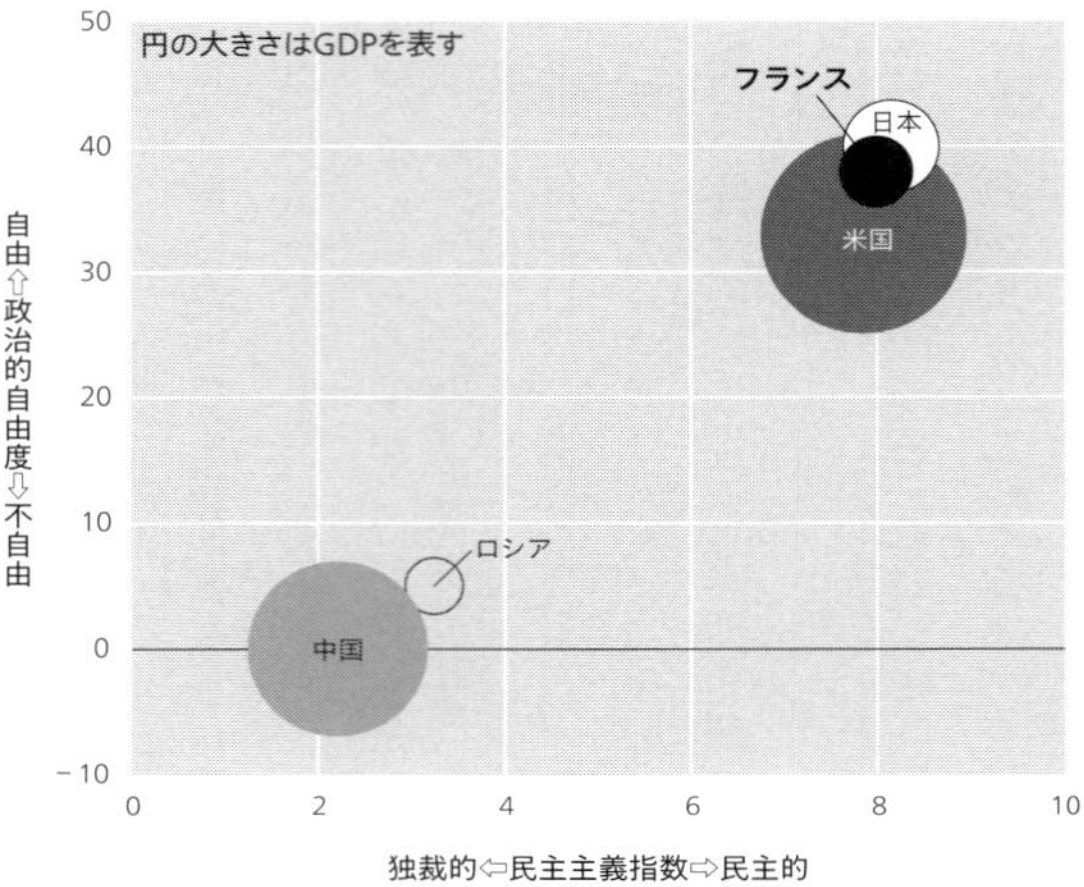

（出典）IMF、EIU、Freedom House のデータを元に筆者作成

一方、地理的に遠い両国は歴史的には疎遠で、中世以前には領土・領海を巡る問題もありませんでした。

しかし、産業革命以降、欧米列強が中国（当時の清国）の領土を分割し半植民地化したという遺恨があります。1900年前後には、フランスも八ヵ国連合軍に参加し戦火を交えました。特に、インドシナ半島を植民地化していたフランスは、1895年に広州湾（現在の中国南部）を武力で租借するなど、列強によって半植民地化されたときの主犯格であったことから、米国やドイツに対するよりも、中国が持つ遺恨は大きいと見られます。

第二次世界大戦後は、東西冷戦だったこともあってしばらく国交はありませんでした。しかし1964年に主要先進国（G7）の中では最初に中国と国交を樹立しました。さらに2003年に大量破壊兵器の保持を理由に、米国が国連の承認を得ることなくイラクへの武力行使に踏み切った際、フランスはロシア・中国とともに反対しています。

最近でも、米国がバイ・アメリカン政策を推し進めると、欧州もバイ・ヨーロピアン法を検討すべきと主張するなど、米国も一目置く存在となっています。

こうした独自性の強いフランス外交を中国も高く評価しているようです。習近平国家主席は2022年11月に行われたマクロン大統領との会談で、「フランスがEUの独立的で積極的な対中政策を後押しするよう希望する」と述べており、2023年4月にマクロン仏大統領が訪中した際には異例の歓待を行っています。

米中対立下においても、フランスは独自外交を展開する可能性があると見ておいた方が良いでしょう。

中国との外交関係は、西洋諸国の中ではごく普通で、歴史的に見れば首脳レベルの対話が特に多いというわけではありません。しかし、フランスは米中双方の覇権主義に反対しているため、米中新冷戦に突入した場合にも、その他のG7とは違って米国に完全に与するとは限らないでしょう。特に米国が覇権主義的な行動を強めるようだと、戦略的自律を目指すフランスは、それとは一線を画した行動を取る可能性があります。

またフランスは南北問題に対する取り組みにも前向きで、途上国の代表を自負する中国とは意見が近いところがあり、フランスの提唱で開催された「新グローバル金融協定のためのサミット」（2023年6月）には中国の李強首相も参加しています。

フランスの政治

フランス共和国の国土面積は約55万㎢で、欧州西部に位置し、本土は六角形のような形で、三辺は海に面しています。ベルギー、ルクセンブルク、ドイツ、スイス、イタリア、モナコ、スペイン、アンドラと国境を接し、北西は英仏海峡を隔てて英国と向かい合っています。国土の3分の2は平野ですが、アルプス山脈、ピレネー山脈、ジュラ山脈などもあります。本土国境線の総延長は6337㎞で、内訳は海岸線が3424㎞、陸上線が2913㎞です。なお、首都はパリに置かれています。

政治体制は共和制をとっていて、議会は国民議会（任期は5年）・上院（任期は6年、3年毎に半数改選）の二院制となっています。国家元首は直接選挙で選ばれる大統領（任期は5年、連続3選禁止）で、首相は大統領が指名します。議院内閣制の枠組みを持ちながら大統領が大きな権限を持ついわゆる「半大統領制」です。

なお、現行憲法は1958年に施行されました。

フランスの外交

フランスは、多極的・相互依存的な世界観に基づき、国連を中心とした国際協調を重視した外交を展開しています。また欧州統合を積極的に推進し、それを通じた影響力の拡大を目指しています。

さらに南北問題や人権問題への取り組みも盛んです。

そして中国の覇権主義的な行動に異を唱える一方、米国の覇権主義的な行動も許容しない「第三の道（戦略的自律）」を目指しています。

●フランスと中国の国交樹立後の主な外交関係

1964年1月27日、フランスは西洋の大国として最初に中国と正式に国交を樹立した国となりました。

国交正常化後、両国関係は順調に発展していきましたが、1989年の天安門事件（六四）でフランスが西側の対中制裁に参加したため一時は深刻な影響を受けました。しかし1994年には共同コミュニケを発表し、両国関係を正常に戻しました。その後2004年には、西洋の主要国で最初に包括的戦略パートナーシップを締結しています。

2008年にはチベット騒乱で両国関係はぎくしゃくしましたが、それも2009年には軟化に向かい、その後の両国関係はおおむね順調に発展しています。

また、マクロン大統領は、対中関係の発展を外交の重点の一つとし、対中協力を積極的に推進しました。2018年には、中国を公式訪問し、習近平国家主席との間で包括的戦略パートナーシップのレベルを向上させるとの共通認識を得ました。習近平国家主席も2019年、フランスを公式訪問し、包括的戦略パートナーシップをさらに向上させることで共通認識を得ました。さらにマクロン大統領が同年11月、第2回中国国際輸入博覧会に合わせて中国を公式訪問するなど首脳外交を積極的に展開しています。

新型コロナウイルス感染症の流行が始まって以降も、習近平国家主席とマクロン大統領はたびたび電話会談するなど対話を続け、2022年11月には対面での会談が実現、2023年4月にはマクロン大統領が訪中した際には、習近平国家主席が首都北京から広東省広州市に場を移して2日にわたり会食するなど異例の歓待をしています。

2 社会面「低め（やや遠い）」

フランス社会から見た中国は、言語・民族・宗教といった文化の起源を異にする異質な存在です。その半面、異文化に触れようとする意識もあって、文化面・地域間の交流も比較的盛んで、相互理解に努める姿勢が見られます。

2003〜04年に「中国文化年」というイベントが300回も開催されたり、中国でも「中仏文化交流の春」というイベントが16回も開催されたり、109組の友好省・州・市が誕生したりしています。国交樹立60年にあたる2024年にも、中仏武術交流イベントが貴州省で開催されるなど、節目節目で文化交流を深めてきました。

一方で、フランスの政治家のほとんどは、中国による海洋進出を覇権主義として脅威ととらえ警戒してい

図表 2-2-2 ●フランスの親米・親中分析

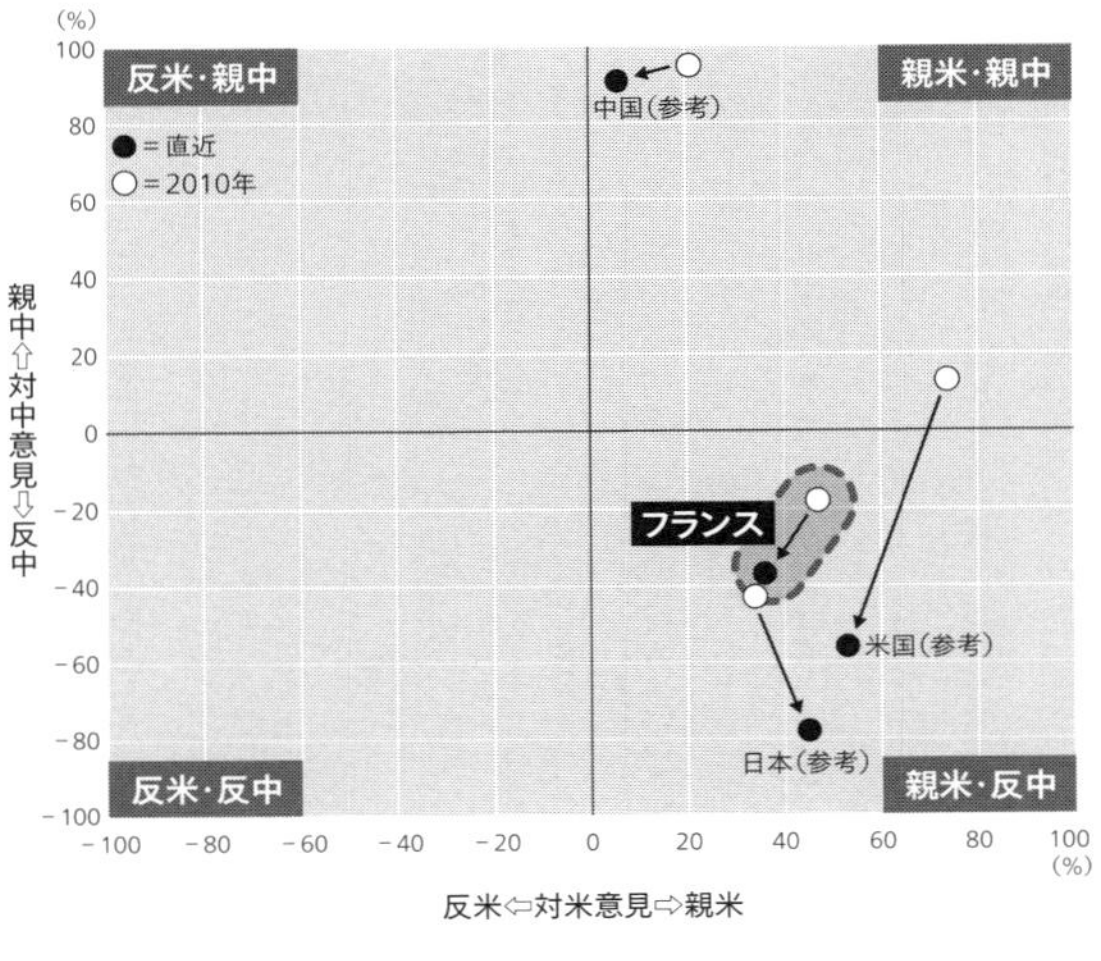

（出典）Pew Research Center のデータを元に筆者作成

ますが、地理的に遠いこともあって市民が感じる脅威は近隣アジア諸国ほどではないようです。

フランスの世論は反中のようです。ピューリサーチセンターの調査結果を見ると（図表2－2－2）、中国のことを「好ましい」と回答した人が29％、「好ましくない」と回答した人が66％と、差し引き37ポイントのマイナスでした。米国・英国と違ってフランスは長年にわたり既に反中だったので、香港デモが与えた影響は限定的だったようです。そもそも中国政府の自由・民主主義を軽んじるスタンスに不信感があったものと思われます。

他方、同じ調査で米国に対する回答は差し引き36ポイントのプラスでしたので、フランスは親米の社会だと言えるでしょう。ただし、米国がトランプ政権下にあった2020年には「好ましくない」の方が多かったので、米国の大統領がどんな人物なのかによって、世論は大きく振れるものと思われます。

一方で、フランスの反中意識は、日米ほどではないということも心得ておくべきでしょう。

なお、中国との人的交流は中くらいのレベルです。中国に入国した外国人の内訳を見ると、フランスはコロナ前（2017～19年）の年平均でおよそ50万人と、英国やドイツよりやや少ないといった水準でした（図表1－2－31）。

フランスの社会

人口はおよそ6500万人で、生産年齢層の多いつぼ型の人口構成です。そのフランスは、フランス語を話す人が大半ですが、欧州諸国や北アフリカからの移民が多い社会でもあります。宗教に関しては、フランスでは信仰に関する公的調査が禁止されていますが、民間調査を見るとキリスト教（カトリック）がおよそ半分を占め、イスラム教、キリスト教（プロテスタント、正教）が数％、無宗教が3割前後という状況のようです。

なお、フランスは「自由・平等・友愛」という価値観を大切にする国ですが、エリート主義的な社会でもあります。グランゼコールと呼ばれる高等教育機関で学んだエリート官僚がリーダーとなる伝統があります。その点、成績優秀で周囲から信頼されている人しかなれない中国の共産党エリートと類似している面があります。

図表 2-2-3 ●フランスの人口ピラミッド（2020 年）

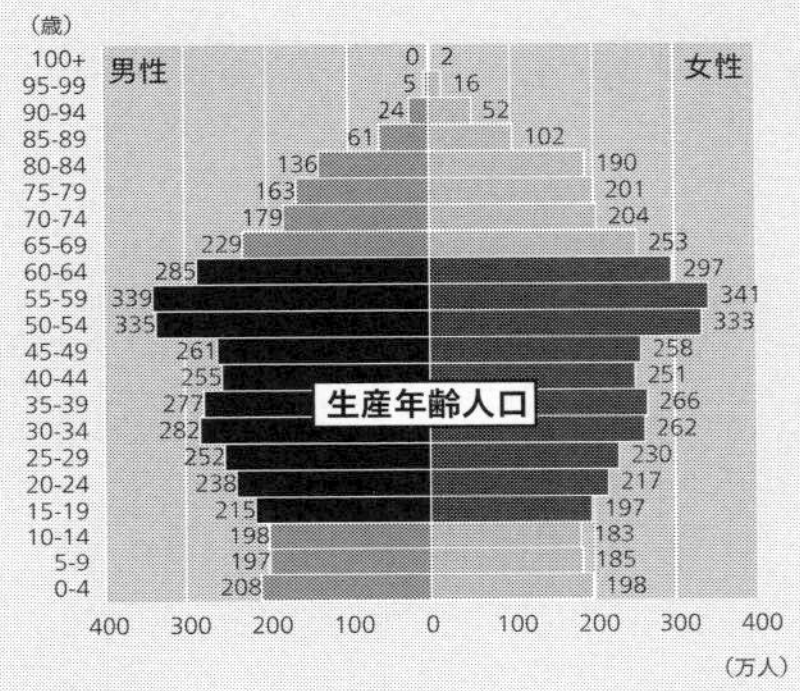

［フランス］
生産年齢人口比率：62％
15 歳未満の若年層比率：18％
65 歳以上の高齢者比率：21％
平均寿命：82.5 歳

［世界］
生産年齢人口比率：65％
15 歳未満の若年層比率：25％
65 歳以上の高齢者比率：９％
平均寿命：72.3 歳

（出典）国連のデータを元に筆者作成

3 経済面「高め（やや近い）」

経済面での対中国観は政治面とはやや様相が異なります。政治家は自国の領土・領海、自国の国民、そして自国の国益を重視して行動しますが、企業家は自社の利益を最優先して行動するからです。

フランスと中国の貿易関係を見ると、中国側の統計（2021年）ではフランスへの輸出が465億ドル、フランスからの輸入が392億ドルで、中国から見ると73億ドルの輸出超過（フランスの輸入超過）と、米国や英国ほどには大幅な対中貿易赤字ではありません。

フランスにとって中国は最有力な貿易相手国の一つと言えます。輸出トップ10を見ると（図表2－2－4）、西洋諸国ばかりが目立つ中で、中国はアジアで唯一第7位にランクインし、日本の4倍に近い輸出額です。

輸入トップ10を見ても（図表2－2－5）、中国はアジアで唯一第6位にランクインしており、日本の7倍近い輸入額となっています。2000年と比べると、輸出先としても輸入元としても当時の約3～5倍にシェアが増えており、中国の存在感が高まったことが分かります。

他方、中国から見てもフランスは有力な貿易相手国の一つです。輸出先としては第21位（シェア1.4％）で、輸入元としても第14位（シェア1.5％）となっています（図表1－2－3、図表1－2－10）。

フランスの経済

フランス経済のGDP（国内総生産）は約2.9兆ドルと世界第7位（2021年）です。経済成長率は

図表 2-2-4 ●フランスの輸出先ランキング（2021 年← 2000 年）

順位	国・地域	輸出額（2021 年）		輸出額（2000 年）	
		億ドル	シェア	億ドル	シェア
	輸出全体	5,848	100.0%	3,267	100.0%
1	ドイツ	836	14.3%	509	15.6%
2	イタリア	466	8.0%	284	8.7%
3	ベルギー	447	7.6%	220	6.7%
4	スペイン	439	7.5%	295	9.0%
5	米国	415	7.1%	281	8.6%
6	英国	336	5.7%	311	9.5%
7	中国	284	4.9%	31	1.0%
8	オランダ	236	4.0%	138	4.2%
9	スイス	201	3.4%	120	3.7%
10	ポーランド	144	2.5%	29	0.9%
14	日本	78	1.3%	50	1.5%

（出典）CEIC（出所は IMF）のデータを元に筆者作成

図表 2-2-5 ●フランスの輸入元ランキング（2021 年← 2000 年）

順位	国・地域	輸入額（2021 年）		輸入額（2000 年）	
		億ドル	シェア	億ドル	シェア
	輸入全体	7,140	100.0%	3,379	100.0%
1	ドイツ	1,202	16.8%	627	18.6%
2	ベルギー	762	10.7%	299	8.8%
3	オランダ	636	8.9%	236	7.0%
4	イタリア	597	8.4%	293	8.7%
5	スペイン	566	7.9%	220	6.5%
6	中国	481	6.7%	75	2.2%
7	米国	313	4.4%	246	7.3%
8	英国	235	3.3%	269	8.0%
9	スイス	190	2.7%	95	2.8%
10	ポーランド	174	2.4%	15	0.5%
18	日本	69	1.0%	78	2.3%

（出典）CEIC（出所は IMF）のデータを元に筆者作成

過去30年平均で1.3%と、日本の同0.7%よりは高いものの、米国の同2.3%よりも低く、世界全体の同3.3%を2ポイントも下回りました。

その主因は、東西冷戦が終結してグローバリゼーションが進展し、世界の成長センターが中国など新興国に移ったことにあります。特に海外に工場が移転したため、製造業が生み出す付加価値は年平均0.6%と世界全体（同3.7%）を大きく下回りました。また、IT産業で米国に出遅れたのに加えて、コロナショック（2020年）の打撃が米国より大きかったこともあります。

経済的な豊かさを示す一人当たりGDPは4万5千ドルほどで世界第23位となっており、ドイツや英国より低いものの、イタリアや日本よりも高い水準にあります。

なお、産業構造は8割近くを第三次産業が占めるサービス産業中心の国で、特にモン・サン・ミッシェルなど多くの世界遺産を抱えるフランスは世界トップクラスの国際観光収入を稼ぐ観光大国です。

その半面、製造業にはやや弱さがあります。そこでフランス政府は2020年にフランス再興プラン（France Relance）を発表し、エコロジー転換を軸とした製造業の競争力強化に取り組んでいます。他方、需要構成は8割近くを最終消費が占める典型的な消費主導型で、特に福祉国家のフランスは政府消費が

図表 2-2-6 ●フランスの実質成長率

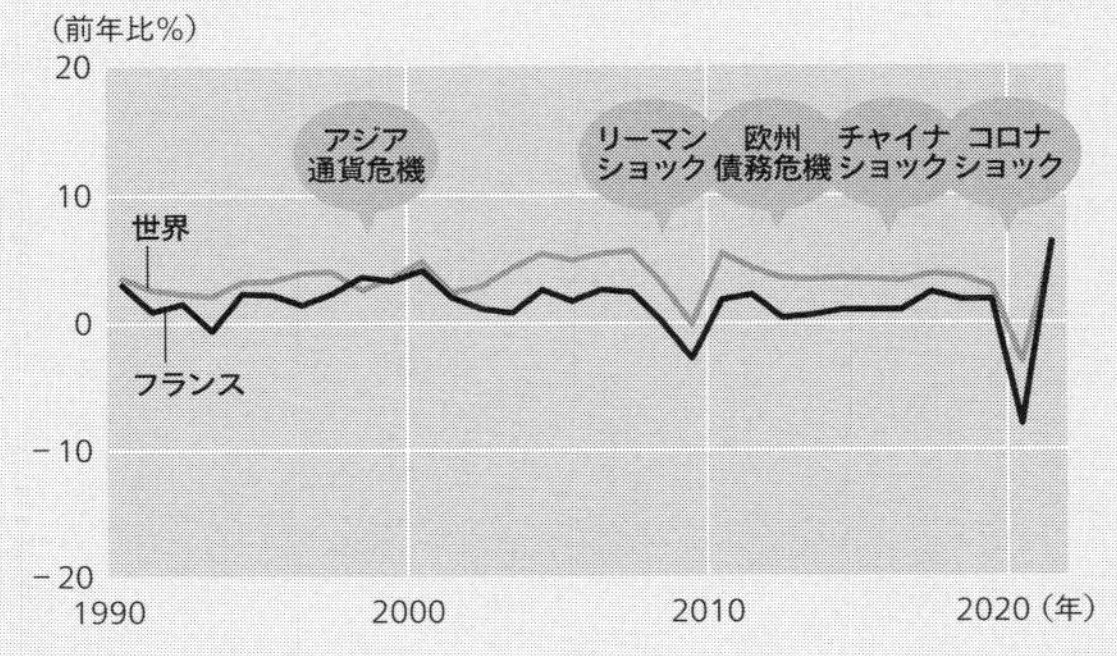

（出典）IMF のデータを元に筆者作成

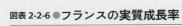

多い国です。詳細は「フランスの産業構造・需要構成」（１１０頁）を参照ください。

図表 2-2-7 ●一人当たり GDP（フランスと中国）

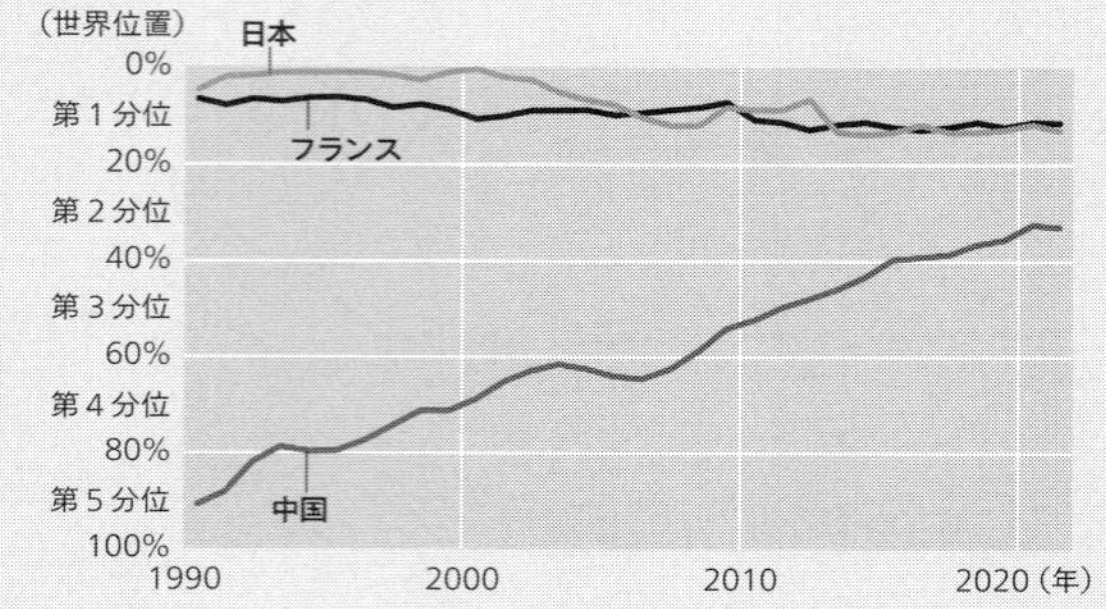

（注）世界位置は（中国の順位－１）÷（対象国数－１）で計算
（出典）IMF のデータを元に筆者作成

■フランスと中国の輸出・輸入品目

フランスが中国から輸入しているモノを見ると（図表２－２－８）、中国の主力産業である「機械・部品」「電気機器・部品」「輸送機械・部品」「精密機械・部品」といった工業機械類が47％、ベースメタルや化学産品といった「工業原料類」が21％、中国が伝統的に強みを持つ「生活用品類」が27％と、それらが多くを占めています。

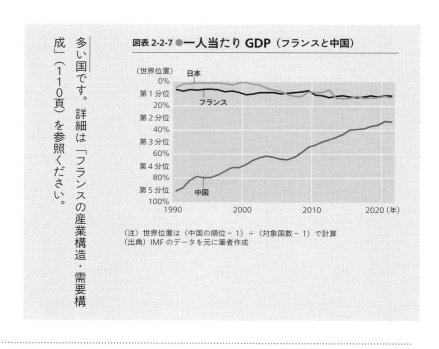

ただし10年ほど前（２０１０年）と比べると、生活用品類のシェアは29％から２ポイント低下しました。ウイグルの人権問題を背景に、フランスは中国からの輸入を減らしていると見られます。

他方、フランスが中国へ輸出しているモノを見ると（図表２－２－９、ここでは中国のフランスからの輸入を表示）、シェアを上げたのは化学産品や皮革などの「工業原料類」、有名ブランドなど衣類・雑貨を中心とする「生活用品類」、ワインや植物性生産品などさまざまな「食品類」で、それぞれ10年ほど前の3.4倍、2.8倍、4.6倍に増えています。一方、「機械・部品」「電気機器・部品」「輸送機械・部品」「精密機械・部品」といった工業機械類は36%と、10年ほど前のおよそ60%からシェアを落としました。前述した中国からの輸入でも工業機械類シェアは52%から5ポイント低下しているので、両国のサプライチェーンの結びつきは弱まる傾向にあるようです。

ただし、フランス政府は2013年に「フレンチ・テック」と称するスタートアップ支援プロジェクトを立ち上げ、デジタルトランスフォーメーション（DX）に注力し、それがサービス産業だけでなく製造業においてもイノベーションを促し、多くのユニコーン（企業価値が10億ドルを超える未上場企業）を育ててきました。将来的にはこうした取り組みが中国との貿易関係に変化をもたらすかもしれません。

図表 2-2-8 ●中国のフランスへの輸出（2021 年）

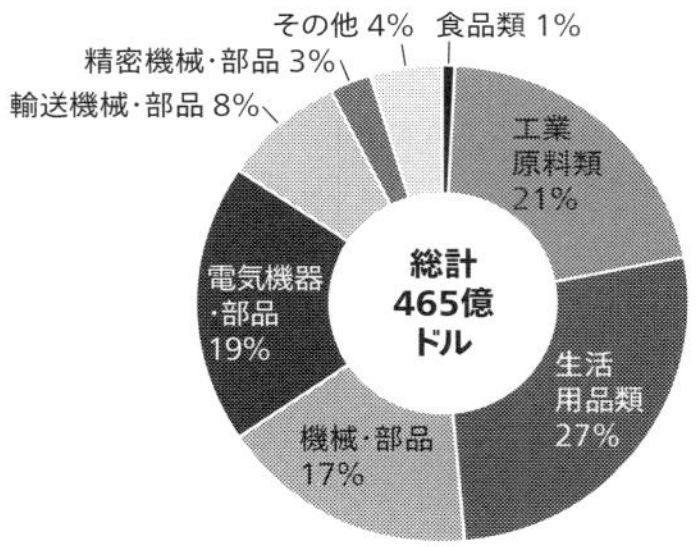

（出典）CEIC（出所は中国税関総署）のデータを元に筆者作成

図表 2-2-9 ●中国のフランスからの輸入（2021 年）

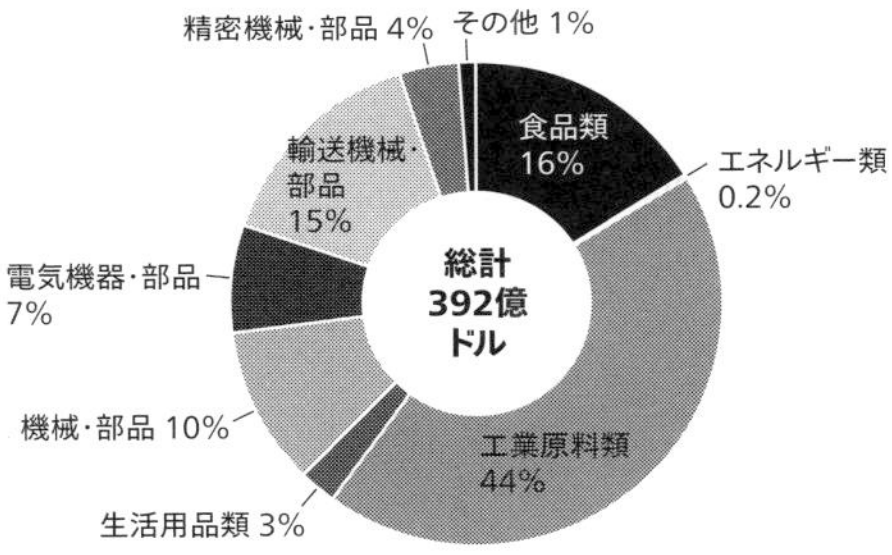

（出典）CEIC（出所は中国税関総署）のデータを元に筆者作成

■投資関係

フランスと中国の投資関係を見ると、中国の対フランス直接投資累積額は49億ドルほどです。フランスのGDPと比べると0.2%と、その影響は小さくありません。ただし、フランスにとっては日本からが約155億ドル、米国からが約912億ドルと多く、中国からの投資は遠く及びません（図表2－2－10）。

一方、フランスの対中国直接投資累積額は331億ドルほどです。中国にとってはGDP比で0.2%と、その影響は小さくありません。フランスの対外直接投資トップ10を見ると（図表2－2－11）、西洋諸国への投資が上位をほぼ独占していますが、その中で中国はアジアで唯一トップ10にランクインしており、日本向けの約1.4倍を投資しています。エアバス、ロレアル、カルフールなど多くのフランス企業が進出していることが反映されています。

図表 2-2-10 ●日米中のフランスへの直接投資累積額

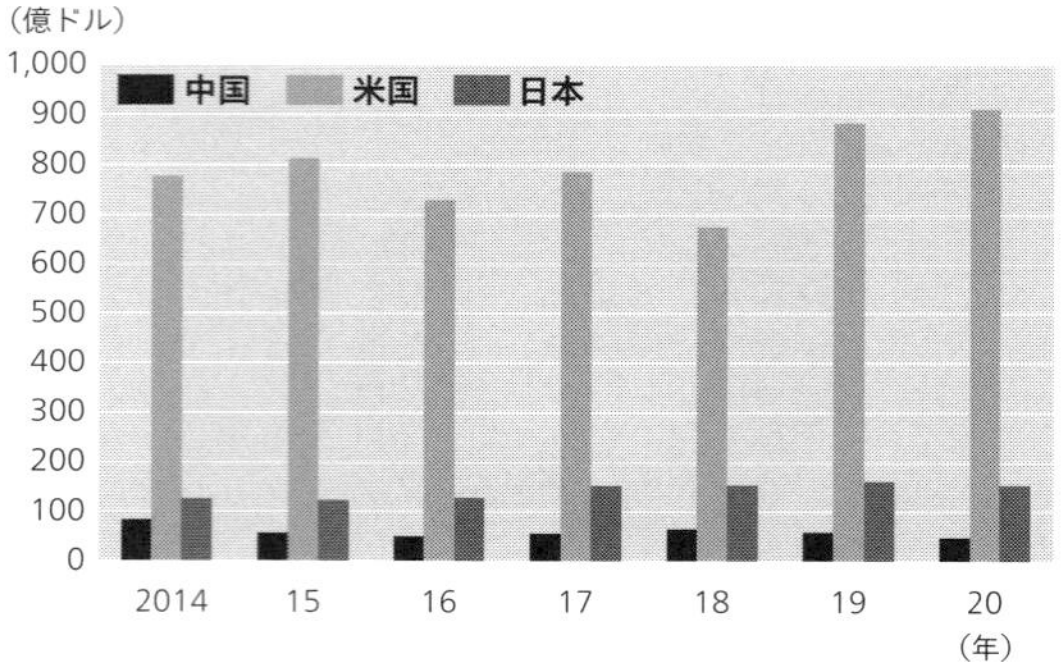

（出典）OECD、中国商務部のデータを元に筆者作成

図表 2-2-11 ●フランスの対外直接投資トップ 10（2020 年）

順位	国・地域	直接投資累積額	
		億ドル	シェア
1	オランダ	2,375	15.3%
2	米国	2,293	14.8%
3	ベルギー	1,791	11.6%
4	英国	1,473	9.5%
5	イタリア	817	5.3%
6	ドイツ	697	4.5%
7	ルクセンブルグ	670	4.3%
8	スペイン	663	4.3%
9	スイス	505	3.3%
10	中国	331	2.1%
14	日本	230	1.5%

（出典）CEIC（出所は OECD）のデータを元に筆者作成

参考

フランスの産業構造・需要構成

フランスの経済規模は世界第7位で、中国と比べるとおよそ6分の1です。

フランスと中国とでは産業構造が大きく異なります。

総付加価値（TVA≒GDP）の産業構造を見ると（図表2-2-12）、フランスは第三次産業の比率が78・7％と世界平均（67・2％）を大きく上回る一方、第一次産業が1.8％、製造業が11・4％と、それぞれ世界平均（4.3％と16・7％）を下回っています。

逆に中国は第一次産業の比率が8.4％、製造業も28・7％と、それぞれ世界平均を大きく上回る一方、第三次産業は50・4％と下回っています。

経済の需要面もフランスと中国は対照的です。国内総生産（GDP）の需要構成を見ると（図表2-2-13）、フランスは純輸出等（含む在庫変動）が赤字の国ですが、中国は3.2％の黒字です。

総固定資本形成（≒投資）を見ても、フランスは22・4％と世界平均（25・0％）を下回っていますが、中国は42・9％と大きく上回る投資主導国です。フランスは個人消費に政府消費を加えた最終消費が8割近い消費主導国です。

図表 2-2-12 ●フランスの産業構造（2011～20年平均）

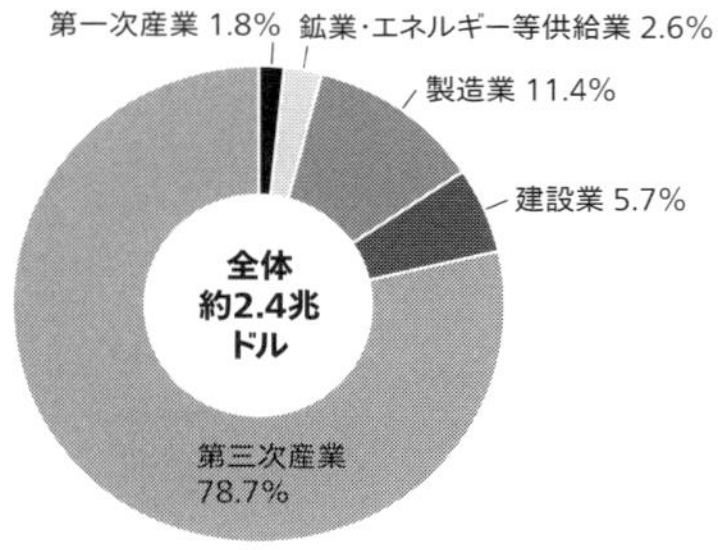

（出典）国連のデータを元に筆者作成

図表 2-2-13 ●フランスの需要構成（2011～20年平均）

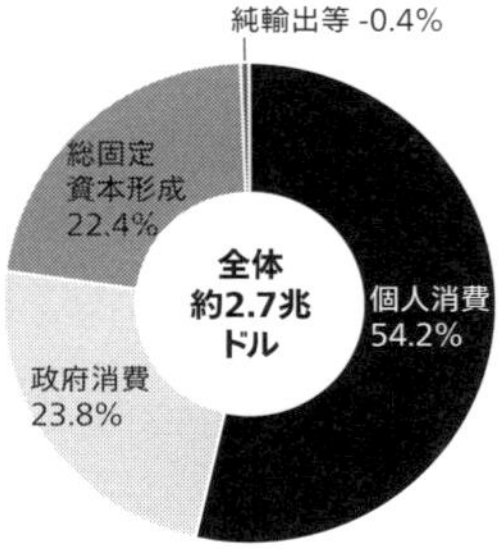

（出典）国連のデータを元に筆者作成

4 米中対立における立場

米国陣営に与する可能性が高い。

ただし、フランスの農家や観光業にとって中国はお得意先で、中国で事業展開するグローバル企業にも大打撃となる。

また、中国だけでなく米国の覇権主義にも反対する戦略的自律の国でもある。

日本が中国陣営と闘うにしても、それを回避すべく両国の橋渡し役を試みるにしても、力を合わせたい国。

フランスは米国と同じ欧米型民主主義の国であり、伝統的に人権問題を重視する国でもあるため、中国の政治思想とは相容れず、米中新冷戦に突入する事態となれば米国陣営に与する可能性が高いと見られます。そして反中意識の強いフランス世論もそれを後押ししそうです。

図表 2-2-14 ●米中仏の関係

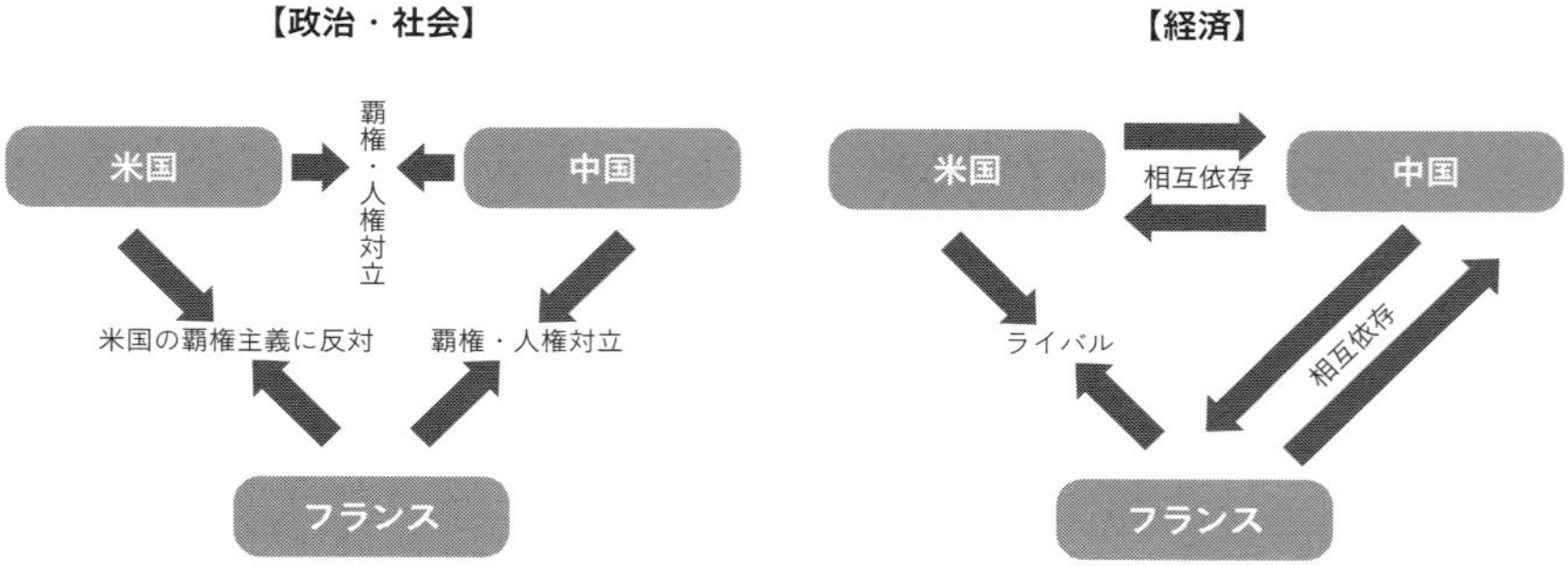

（出典）筆者作成

経済面では米国も中国もフランスにとって重要な国です。米国は輸出先としては第5位、輸入元としても第7位の有力な貿易相手国ですし、中国も輸出先としては第7位、輸入元としても第6位の有力な貿易相手国なので、米中どちらとの関係も悪化させたくありません。特に中国はワインなど食品のお得意先なので、その悪影響は農家にも及び、また世界有数の観光大国でもあるので、中国人旅行者が減れば観光業で働く人々にも悪影響が及びます。さらにフランス企業と中国企業は協力して収益を挙げる相互依存関係にあります。それは米国企業と中国企業の関係と同様です。

一方、フランス企業と米国企業は巨大な中国市場におけるシェアを争うライバル関係にあります。そして米中対立が激化すれば、中国はフランスのエアバス製の航空機の購入を増やし、米中対立が緩和に向かえば米国のボーイング製を増やすといった具合です。しかもフランスはシャネル、ミシュラン、ルグラン、ティファールといったグローバル企業を数多く抱えているので、さまざまな分野でそれに似たことが起こり得ます。

そして中国は米仏両国との関係が同時に悪化する事態に備えて、「自立自強」で科学技術力を伸ばし自前で代替製品を作ろうと動き出しています。

フランスは米中新冷戦に突入して中国との経済取引がシュリンクすることになれば、経済に大きな打撃を受けますので、米中新冷戦を回避したいと考えているでしょう。経済への打撃があまりに大きいと、それが世論を動かし、次の選挙で敗北する恐れがあるからです。

それは日本も同じです。したがって、日本が米国陣営に与して中国陣営と闘うにしても、それを回避すべく米中両国の橋渡し役を試みるにしても、フランスは力を合わせたい国です。

特にフランスは、中国だけでなく米国の覇権主義にも反対する戦略的自律の国で、米国とだけでなく、中国とも率直に意見交換できる関係を築きあげているので、日本が橋渡し役という重責を担う上では、頼りになる面があります。

EUとは

欧州連合（EU）は、欧州連合条約[1]に基づく、経済通貨同盟[2]、共通外交・安全保障政策[3]などの幅広い分野で協力を進める政治・経済統合体です。

EUの起源は1951年のパリ条約（発効は1952年）で設立された欧州石炭鉄鋼共同体（ECSC）にあります。フランスのジャン・モネやロベール・シューマンなどが提唱し、それにドイツ（当時は西ドイツ）、イタリア、オランダ、ベルギー、ルクセンブルクも加わったので、この6ヵ国がEUの原加盟国とされています。その後1958年に、これら6ヵ国は、欧州経済共同体（EEC）と欧州原子力共同体（EAEC）を設立しました。

こうした欧州統合に向けた動きを加速させることになったのが、1963年にフランスとドイツが締結したエリゼ条約です。長らくライバル関係にあった両国が「仏独同盟」とも呼ばれる強い協力関係を築いたことで統合への気運が一気に高まりました。

そして、1967年にはこれら3共同体を統合したため欧州共同体（EC）と呼ばれるようになり、1973年、1981年、1986年には新たな加盟国を加え（図表

---

[1] 欧州連合条約（Treaty on European Union、マーストリヒト条約）は、EU創設に関する基本条約であり、1993年に発効しました。欧州共同体設立条約の一部を改正し，政治・安全保障分野も対象とした共同体へ発展することとなりました。なお、その後もアムステルダム条約（1999年発効）、ニース条約（2003年発効）、リスボン条約（2009年発効）と、新たな課題に対応するため改正を重ねてきています。

[2] 経済通貨同盟（Economic and Monetary Union、EMU）は、EUにおける経済的な結束を強化し、グローバルな競争力を高める上で重要な枠組みとなっています。これは経済同盟と通貨同盟の二つの要素に分けることができます。経済同盟では各国の経済政策の調整と協力、および財政規律の維持などを通じて、EU加盟国間の経済的な一体化を促進しています。また通貨同盟では、単一通貨ユーロの導入、欧州中央銀行（ECB）の設立、金融市場の統合などを通じて、経済の安定と成長を図ることを目指しています。

[3] 共通外交・安全保障政策（Common Foreign and Security Policy、CFSP）は、EU各加盟国の権限に属する外交・安全保障についても、可能な限りEUとしての共通政策をとることにより，国際交渉の場面において統一的に行動することを目指すものです。決定は原則として全会一致で行われます。

図表 2-2-15 ● EU への加盟年表

加盟時期	国名	概況（2021 年）		
		人口（万人）	GDP（億ドル）	一人当たり GDP（ドル）
原加盟国（1952年）	ベルギー	1,157	6,000	51,875
	フランス	6,545	29,355	44,853
	ドイツ	8,320	42,259	50,795
	イタリア	5,924	21,013	35,473
	ルクセンブルク	64	868	136,701
	オランダ	1,748	10,187	58,292
第1次拡大（1973年）	デンマーク	584	3,957	67,758
	アイルランド	504	4,989	99,013
第 2 次拡大（1981 年）	ギリシャ	1,068	2,164	20,256
第 3 次拡大（1986 年）	ポルトガル	1,031	2,501	24,264
	スペイン	4,740	14,262	30,090
第 4 次拡大（1995 年）	オーストリア	895	4,774	53,368
	フィンランド	553	2,989	54,008
	スウェーデン	1,045	6,274	60,029
第 5 次拡大（2004 年）	キプロス	90	276	30,846
	マルタ	52	172	33,329
	チェコ	1,070	2,826	26,411
	エストニア	133	363	27,282
	ハンガリー	973	1,846	18,968
	ラトビア	189	390	20,581
	リトアニア	279	655	23,473
	ポーランド	3,784	6,741	17,815
	スロバキア	546	1,149	21,053
	スロベニア	211	616	29,193
同上（2007 年）	ブルガリア	688	803	11,684
同上（2007 年）	ルーマニア	1,933	2,835	14,667
第 6 次拡大（2013 年）	クロアチア	403	678	16,818

（注）英国は第 1 次拡大の 1973 年に加盟、2020 年に離脱
（出典）日本外務省、IMF のデータを元に筆者作成

2-2-15)、1993年に発効したマーストリヒト条約によりEUが正式に創設されることとなりました。その後も加盟国は段階的に増え続け、現在（2024年3月末時点）では27ヵ国となっています。フランスが今もEUのオピニオンリーダー的な存在である背景にはこうした経緯があります。

中国との関係においては、投資に関する包括的合意（CAI）の行方が注目されています。EUにとっては中国への直接投資を保護するなど有利な内容で、中国にとっては前例のない譲歩とされており、2020年12月には欧州理事会[4]の首脳らが原則合意しています。ところが、あとは欧州議会[5]による批准を待つだけなのに、2024年3月末時点で署名に至っていません。新疆ウイグル自治区における人権侵害など対中不信感の高まりが背景にあると見られます。信頼が回復すれば真っ先に批准されそうなだけに、EU・中国の相互信頼度を測る試金石と言えそうです。

---

[4] 欧州理事会（European Council）は、EUにおける政治レベルの最高協議機関で、EU加盟国の首脳、欧州理事会の議長、欧州委員会（European Commission）の委員長により構成されており、全体的な政治指針と優先課題を決定しています。

[5] 欧州議会（European Parliament）は、EUにおける立法機関の一つで、直接選挙で選ばれた議員で構成されています。EU理事会（Council of the European Union）と共同で法律を制定する立法権、EUの予算を審議し承認する予算権、行政執行機関である欧州委員会（European Commission）の活動を監督する監督権、EUが締結する国際協定を承認する権限などを持っています。

第3章 中国の近くに位置する西洋文明の国 オーストラリア

両国の距離感（ポイント）

オーストラリアは西洋諸国の中で中国と最も地理的に近い位置にあり、人的交流も経済交流も極めて活発です。

ただし世論は反中で、自由民主主義を巡る価値観は対立しています。

さらにファイブアイズの一角なので米国の外交方針に追随せざるを得ず、独自外交はあまり展開できません。

総括するとオーストラリアと中国の距離感は「普通」と評価しています。

オーストラリアと中国の距離感分析

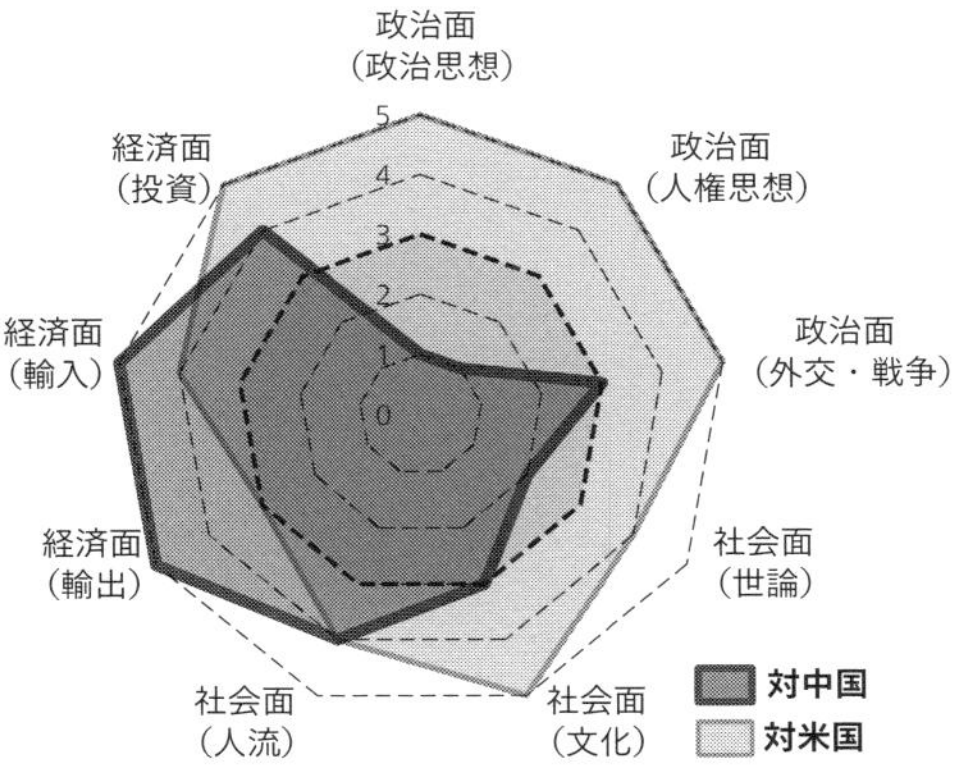

政治面	中	米
政治思想	1	5
人権思想	1	5
外交·戦争	3	5

社会面	中	米
世論	2	4
文化	3	5
人流	4	4

経済面	中	米
輸出	5	3
輸入	5	4
投資	4	5

（出典）筆者作成

オーストラリアは米中対立における立ち位置が日本に近い国です。

軍事的にはともに米国と同盟関係にあり、政治的にはともに自由民主主義の国で、社会的にはともに世論が反中に傾いており、経済的にはともに米中双方と親密な関係にあります。さらに中国に地理的に近いことも日本と共通しており、中国の海洋進出に対して肌で感じる軍事的脅威は米国・欧州諸国よりもはるかに大きいものがあります。

いざ米中新冷戦となれば米国陣営に与せざるを得なくなりそうな日豪両国ですが、オーストラリアは膨大な資源を輸出しているため中国との関係が悪化すれば経済的打撃は避けがたく、国益を害することになりそうです。

したがって、米中新冷戦を回避する道筋はないか、米中の橋渡し役を果たせないか、それが無理なら悪影響を少しでも緩和する方策はないか、日豪両国は同じような課題を抱えています。日本にとっては、米国陣営に与し中国陣営と闘うにしても、ともに橋渡し役を果たすにしても、力を合わせたい国です。

1 政治面「低位（遠い）」

オーストラリアは欧米型民主主義の政治思想を持つ国で、政治的自由度も民主主義度も米国・日本に勝るとも劣らない高水準にあり、この点で低水準にある中国とは相容れません。また人権思想を巡る議論においても、国連人権理事会などで中国における人権侵害を懸念する立場をとり、個人の自由よりも生存権・発展権を重視する中国とは対立関係にあります（図表2－3－1）。

オーストラリアと中国は、西洋諸国の中で最も地理的に近い位置にありますが、オーストラリア先住民と古代中国の交流はほとんどなかったようです。17世紀に欧州の探検家がオーストラリアを発見し、18世紀に欧州人の入植が始まったあと、19世紀に中国人も大量に渡来したとされます。しかし20世紀に進められた白豪主義で先住民とともに中国人も排斥され、現在のような白人社会となりました。

図表 2-3-1 ●オーストラリアの政治的自由度と民主主義指数

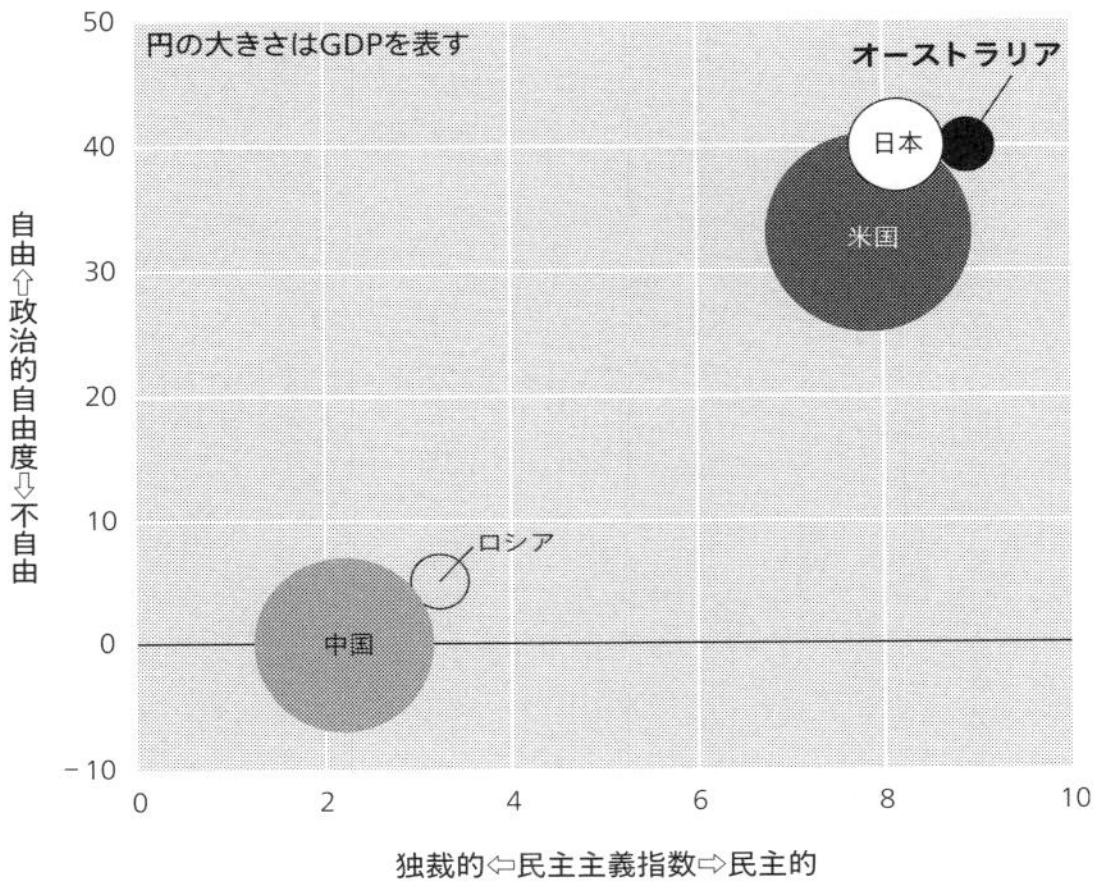

（出典）IMF、EIU、Freedom House のデータを元に筆者作成

第二次世界大戦後の朝鮮戦争やベトナム戦争では中国と戦火を交えることとなったものの、オーストラリアは米英と協同歩調をとっただけと見なされており、オーストラリアに対する遺恨はほとんどないようです。中国と国交樹立に至ったのは1972年12月と、ニクソンショックや英中が国交正常化を果たしたあとで、米英外交に追随することとなりました。

オーストラリアの政治

オーストラリア連邦の国土面積は769万㎢余りで、南太平洋とインド洋の間に位置し、オーストラリア大陸、タスマニア島などの島嶼と海外領土からなります。東は南太平洋に面した珊瑚海とタスマン海、北、西、南はインド洋とその沿海に面していて、海岸線の総延長は3万6735㎞に及びます。なお、首都はキャンベラに置かれています。

政治体制は英国と同じ国王を国家元首とする立憲君主制で、議院内閣制です。連邦議会は二院制をとっており、上院は6つの州の代表（任期6年）と2つの特別地域の代表（任期3年）で構成され、下院議員は小選挙区制の直接選挙で選出されます（任期3年）。首相は国王が任命した総督が指名する形式をとり、下院で過半数を制した党の党首が指名されます。

なお、現行憲法は1901年に施行されました。

オーストラリアの外交

オーストラリアは対米同盟を基軸とした外交を展開しています。米国とはファイブアイズで機密情報を共有する諜報同盟の関係でもあります。またアジア・太平洋を外交・貿易政策上の優先地域に位置づけています。

●オーストラリアと中国の国交樹立後の主な外交関係

1972年12月21日、オーストラリアと中国は正式に国交を樹立しました。その後1989年の天安門事件（六四）に際しては政治的緊張が高まりましたが、1993年には首脳レベルの交流が再開されました。

その後もチベット自治区や新疆ウイグル自治区における人権問題や、中国当局が資源大手リオ・ティントの社員をスパイ容疑で拘束したことなどで、政治的緊張が高まった時期もありました。しかし、首脳レベルの交流が絶えることはなく、2013年には戦略的パートナーシップを確立、2014年には包括的戦略パートナーシップに格上げすることとなりました。そして2015年には自由貿易協定（豪中FTA）に調印しています。

しかし、ここ数年、オーストラリアは日米豪印戦略対話（QUAD、クアッド）に参加し、米英豪安全保障協力（AUKUS、オーカス）を設立するなど、両国の政治的緊張は高まりつつあります。

その背景には、2017年にオーストラリアの上院議員が中国人実業家の支援を受けていたことが発覚し、中国による世論操作や内政干渉に対する懸念が高まったことや、2020年にオーストラリアが新型コロナウイルス感染症の発生源などを調べる世界保健機関（WHO）の国際調査団を受け入れるよう求めたことに中国が反発して、オーストラリアからの食肉やワインなどの輸入を制限するなど経済的威圧を行ったことがあります。

ただし、オーストラリアは米バイデン政権の「民主主義vs専制主義」とは一線を画しています。インド太平洋地域で平和を維持するためには、それよりも「管理された戦略競争」を選択すべきで、中国との対話継続が重要と考えているようです。実際、オーストラリアは対話による対中交渉により、中国による輸入制限措置は段階的に解除されつつあります。

こうした対中交渉ができる背景には、オーストラリアが中国にとって極めて重要な輸入元であることもあります（⇒3経済面を参照）。

2 社会面「中位（普通）」

オーストラリア社会から見た中国は、言語・民族・宗教といった文化を異にする異質な存在です。一方で、異文化に触れようとする意識もあって、2011～12年にシドニーで「中国文化年」というイベントが開催されたり、2014年にシドニーで中国文化センターが設立されたり、113組の友好省州市が誕生したりと、相互理解に努める姿勢が見られます。

そのオーストラリアの世論は反中のようです。ピュー・リサーチセンターの調査結果を見ると（図表2－3－2）、中国のことを「好ましい」と回答した人が21％、「好ましくない」と回答した人が78％と、差し引きマイナス57ポイントでした。習近平国家主席が誕生した2013年には差し引きプラス23ポイントと「好ましい」の方が多かったので、2021年までの間にオーストラリアの世論が親中から反中へ遷移したことが分かります。中国の南シナ海への海洋進出や、豪政治への浸透工作の発覚などが影響したものと見られます。また2019年に起きた香港の大規模デモ後の2020年にさらに対中意見が悪化したことから、中国政府の自由民主主義を軽んじる姿勢が脅威を高めた面もあるでしょう。

他方、オーストラリアの世論は親米というわけでもないようです。前述と同じ調査で、米国に対する回答は差し引きほぼゼロと中立でした。なお、米国がトランプ政権下にあった2020年には差し引きマイナス31ポイントと明らかな反米でしたので、米国の大統領がどんな人物なのかによって、オーストラリア世論も大きく振れるようです。

なお、中国との人的交流は中くらいのレベルです。中国に入国した外国人の内訳を見ると、オーストラリアからはコロナ前（2017〜19年）の年平均でおよそ74万人と、英国やドイツよりやや多く、インドネシアよりやや少ないといったところでした（図表1－2－31）。

他方、同時期におけるオーストラリアへの入国者の内訳を見ると（図表2－3－3）、中国（含む香港）からの入国者は年平均でおよそ170万人と全体の19％を占めていました。日本は50万人弱でしたので3倍を超えています。なお、西洋諸国からの入国者を見ると、欧州からは18％、米国からは9％に過ぎず、地理的に

図表 2-3-2 ●オーストラリアの親米・親中分析

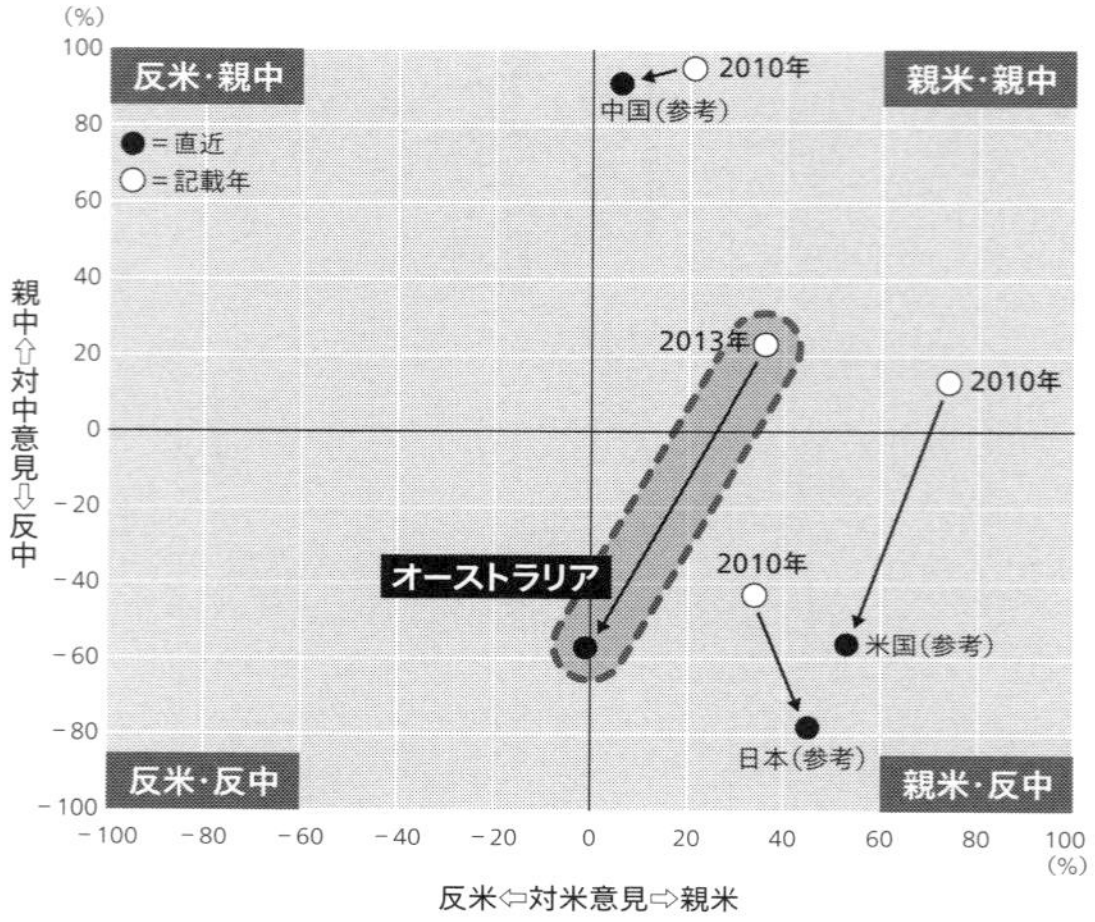

（出典）Pew Research Center のデータを元に筆者作成

図表 2-3-3 ●オーストラリアの入国者の内訳（2017 ～ 19 年平均）

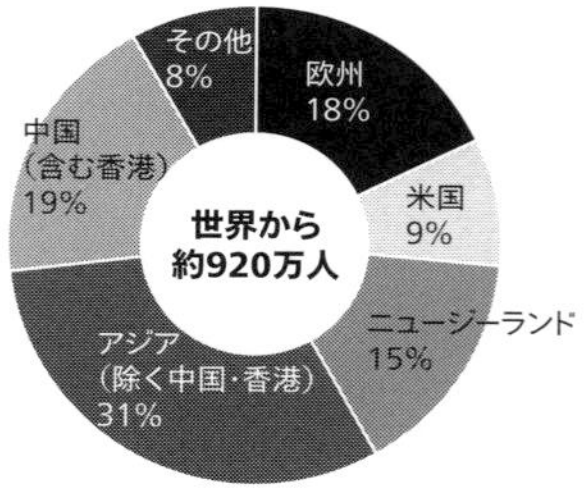

（出典）CEIC（出所は豪統計局）のデータを元に筆者作成

離れていることもあってそれほど多くありません。

オーストラリアの社会

人口は2600万人ほどで、人口構成はつりがね型です。15歳未満の若年層が20歳前後よりも多く安定的な形状です。オーストラリア市民は、その4分の3が英国およびアイルランド系の白人で、アジア系が5%程度、先住民族アボリジニが3%弱、その他の民族が2割弱といった民族構成です。

公用語は英語です。その英語を除けば中国語が2番目に多く使われる言語です。

宗教はおよそ3分の2がキリスト教（カトリック）ですが、仏教も6%弱とやや多く、イスラム教、ヒンドゥー教などを信仰する住民もおり、無宗教または宗教不明の住民が3割ほどとされています。

なお、オーストラリアの先住民には、1970年代まで実施されていた同化政策（白人文化の強要、子供の隔離措置）が遺恨として残ります。

図表 2-3-4 ●オーストラリアの人口ピラミッド（2020年）

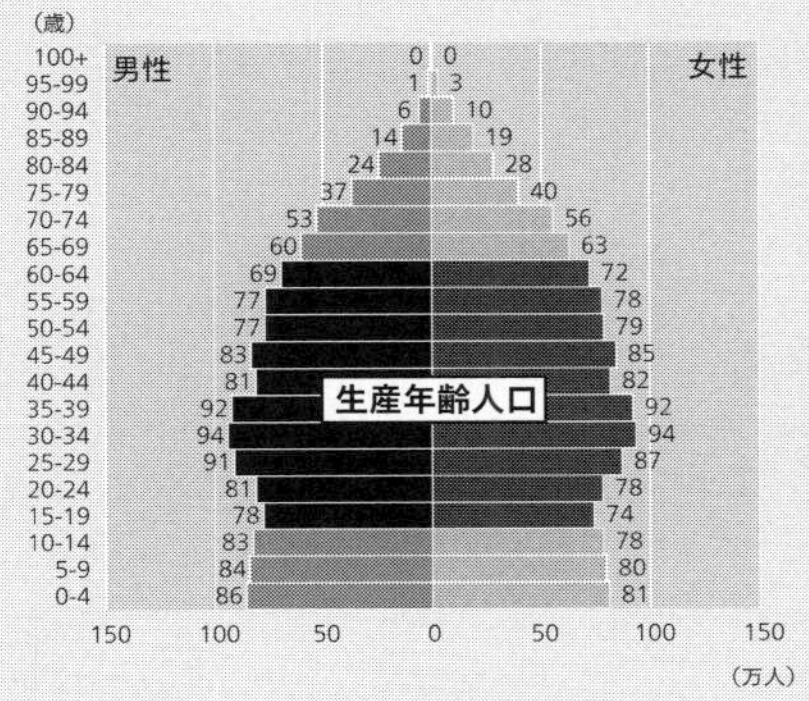

［オーストラリア］
生産年齢人口比率：65%
15歳未満の若年層比率：19%
65歳以上の高齢者比率：16%
平均寿命：83.2歳

［世界］
生産年齢人口比率：65%
15歳未満の若年層比率：25%
65歳以上の高齢者比率：9%
平均寿命：72.3歳

（出典）国連のデータを元に筆者作成

3 経済面「高位（近い）」

オーストラリアと中国の貿易関係を見ると、中国側の統計（2021年）では、オーストラリアへの輸出が665億ドル、オーストラリアからの輸入が1622億ドルで、中国から見ると957億ドルと大幅な輸入超過（オーストラリアの輸出超過）となっています。オーストラリアは多くの西洋諸国とは違って、対中貿易が黒字です（図表1－2－3、1－2－10）。

オーストラリアにとって中国は最有力な貿易相手国です。輸出先トップ10を見ると（図表2－3－5）、中国が2位以下を大きく引き離した第1位で、そのシェアは35・4％と日米合計の2倍を超えています。2000年も中国が第1位でしたが、そのシェアは日米合計（29・6％）を下回っていました。

さらに輸入元トップ10を見ても（図表2－3－6）、中国が2位以下を大きく引き離した第1位となっています。2000年には第3位だったので、この20年で米国・日本を追い越し1位となりました。オーストラリアでは日米の経済的な存在感が薄れ、中国が存在感を強めたことが分かります。

他方、中国から見てもオーストラリアは最有力な貿易相手国の一つです。輸出先としては第15位でロシア

図表 2-3-5 ●オーストラリアの輸出先ランキング（2021年←2000年）

順位	国・地域名	輸出額（2021年）		輸出額（2000年）	
		億ドル	シェア	億ドル	シェア
	輸出全体	3,441	100.0%	635	100.0%
1	中国	1,218	35.4%	169	26.5%
2	日本	466	13.6%	126	19.8%
3	韓国	262	7.6%	47	7.5%
4	台湾	190	5.5%	32	5.0%
5	インド	141	4.1%	11	1.7%
6	シンガポール	136	3.9%	34	5.3%
7	米国	122	3.6%	62	9.8%
8	ニュージーランド	85	2.5%	37	5.9%
9	インドネシア	74	2.2%	16	2.6%
10	香港	68	2.0%	20	3.1%

（出典）CEIC（出所はIMF）のデータを元に筆者作成

やメキシコと同規模に過ぎませんが、輸入元としては台湾、韓国、日本、米国に次ぐ第５位と最有力な輸入元の一つとなっています（図表１－２－３、１－２－10）。

図表 2-3-6 ●オーストラリアの輸入元ランキング（2021 年← 2000 年）

順位	国・地域名	輸入額（2021 年）億ドル	輸入額（2021 年）シェア	輸入額（2000 年）億ドル	輸入額（2000 年）シェア
	輸入全体	2,633	100.0%	716	100.0%
1	中国	725	27.5%	56	7.8%
2	米国	272	10.3%	144	20.1%
3	日本	161	6.1%	94	13.2%
4	タイ	120	4.6%	17	2.4%
5	ドイツ	114	4.3%	36	5.1%
6	マレーシア	107	4.1%	26	3.6%
7	台湾	106	4.0%	22	3.0%
8	韓国	100	3.8%	27	3.8%
9	シンガポール	98	3.7%	23	3.2%
10	インド	64	2.4%	5	0.6%

（出典）CEIC（出所は IMF）のデータを元に筆者作成

オーストラリアの経済

オーストラリア経済のＧＤＰ（国内総生産）は約1.6兆ドルと世界第12位（２０２１年）で、第11位のロシアよりやや小さく、第13位のブラジルよりやや大きいといった経済規模です。経済成長率は過去30年において平均2.9％と、世界全体の同3.3％を若干下回りました。

１９９０年代は世界平均を上回っていましたが、２０００年代に中国がＷＴＯ（世界貿易機関）に加盟するなどグローバリゼーションが進展したことで新興国の成長率が高くなったためです。

それでもオーストラリアは２０００年代も２０１０年代も米国を上回る安定成長を続けています。経済的な豊かさを示す一人当たりＧＤＰは６万４千ドルほどで世界第10位と米国に近い水準にあり、英国、ドイツ、フランス、イタリア、日本よりはるかに高水準です。１９９０年には日本の７割程度でしたが、現在は1.6倍と逆転しました。

中国と比べると、30年前には50倍を超えていましたが、現在は5倍程度まで縮小しました。

なお、産業構造は7割を第三次産業が占めるサービス産業中心の国です。特に世界トップクラスの国際観光収入を稼ぐ観光大国で、輸出金額に対する国際観光収入の比率はコロナ前（２０１９年）で15％

図表 2-3-7 ●オーストラリアの実質成長率

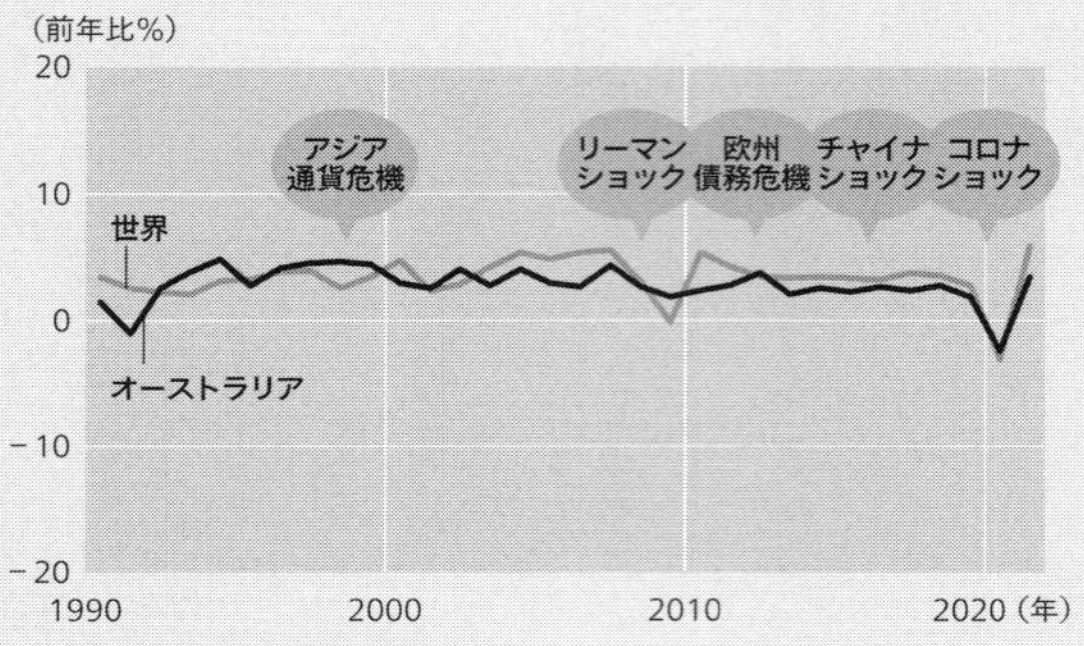

（出典）IMF のデータを元に筆者作成

図表 2-3-8 ●一人当たり GDP（オーストラリアと中国）

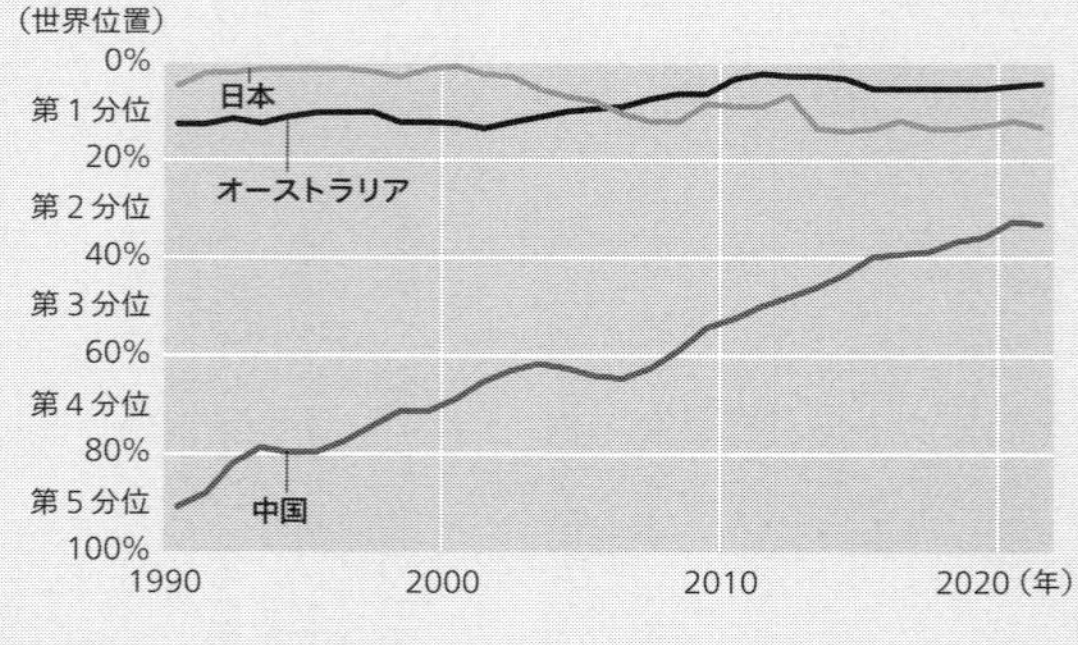

（注）世界位置は（中国の順位－1）÷（対象国数－1）で計算
（出典）IMF のデータを元に筆者作成

前後とタイに次ぐ世界第2位でした。

そしてオーストラリア政府はそれと関連する航空や語学教育の産業を支援しています。さらに鉄鉱石、石炭、ボーキサイト、天然ガスといった資源に恵まれた資源国型という側面や、牛肉などを輸出する農業国型という顔も併せ持つ国です。

需要構成は75%を最終消費が占めており、政府消費の比率が高く、個人消費は普通で、米国より欧州に近い消費構成の国です（参考①：オーストラリアの産業構造・需要構成、129頁）。

■オーストラリアと中国の輸出・輸入品目

中国がオーストラリアへ輸出しているモノを見ると（図表2－3－9）、「生活用品類」が24%、「工業原料類」が30%、「電気機器・部品」が17%、「機械・部品」が16%などとなっています。オーストラリアにとって中国は、生活用品や工業製品の有力な供給元と言えるでしょう。

他方、中国がオーストラリアから輸入しているモノを見ると（図表2－3－10）、「工業原料類」が8割超を占めており、そのほとんどは鉱物資源です。特に鉄鉱石の輸入元としては2位以下を大きく引き離しての第1位です（図表2－3－11）。その次に多いのが「エネルギー類」で12%を占めており、特に天然ガスの輸入元としては第1位です（図表2－3－12）。さら

図表 2-3-9 ●中国のオーストラリアへの輸出（2021年）

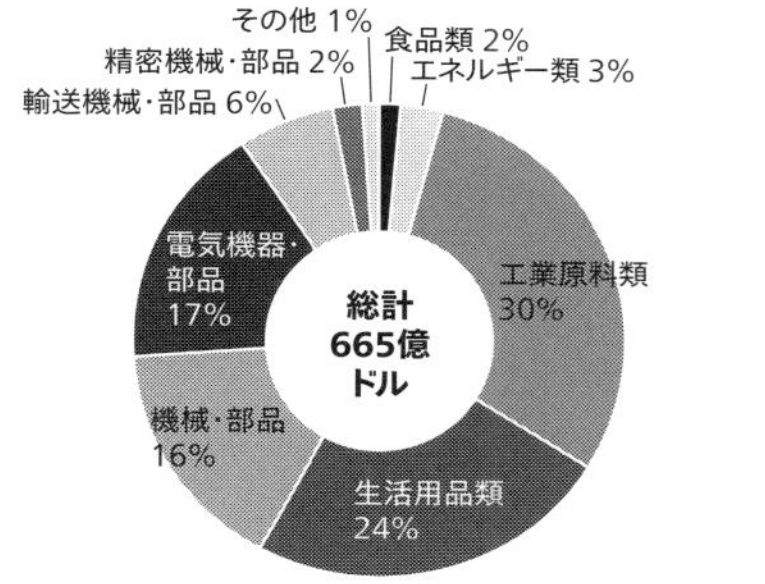

（出典）CEIC（出所は中国税関総署）のデータを元に筆者作成

図表 2-3-10 ●中国のオーストラリアからの輸入（2021年）

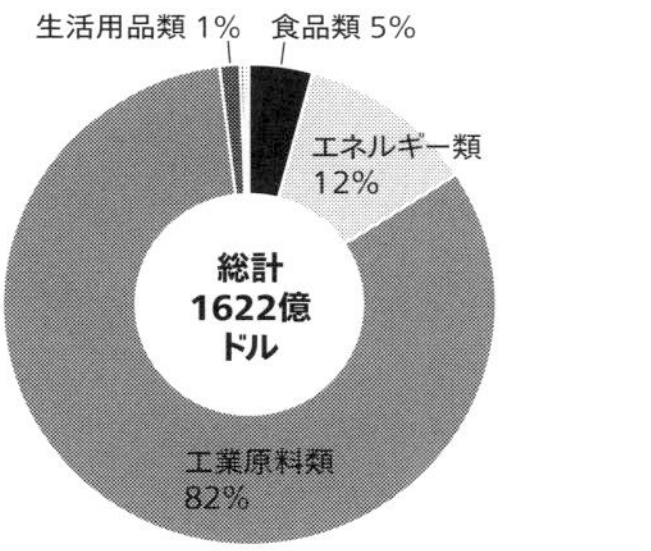

（出典）CEIC（出所は中国税関総署）のデータを元に筆者作成

に肉類、青果物、ワインなどの「食品類」も5％ほどあります。

中国にとってオーストラリアは、工業原料の供給元としても、エネルギーの供給元としても、さらに食糧の供給元としても、極めて重要だと言えるでしょう。

■投資関係

オーストラリアと中国の投資関係を見ると、中国の対オーストラリア直接投資累積額は344億ドルほどです。オーストラリアGDP比で2.5％とその影響は大きいと言えます。ただし、米国からの約1635億ドル、日本からの約877億ドルと比べると、中国からの投資は、はるかに少なくなっています（図表2－3－13）。なお、参考として中国がオーストラリアのどんな業種に投資しているのか、その概要を掲載しておきました（参考②：中国の対オーストラリア投資、130頁）。

他方、オーストラリアの対中国直接投資累積額は109億ドルほどです。オーストラリアの対外直接投資トップ10を見ると（図表2－3－14）、米国、英国、ニュージーランド、カナダと、上位にはファイブアイズの国々が並んでいます。対中国は第6位で対日本の10倍近い投資額ですが、中国GDP比では0.1％と中国経済への影響はそれほど大きくありません。

図表 2-3-11 ●中国の鉄鉱石輸入元別シェア（2021年）

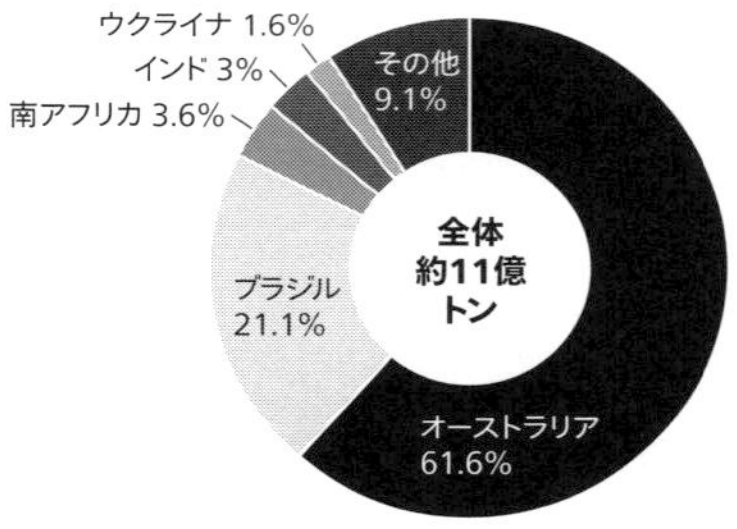

（出典）CEIC（出所は中国税関総署）のデータを元に筆者作成

図表 2-3-12 ●中国の天然ガス輸入元別シェア（2021年）

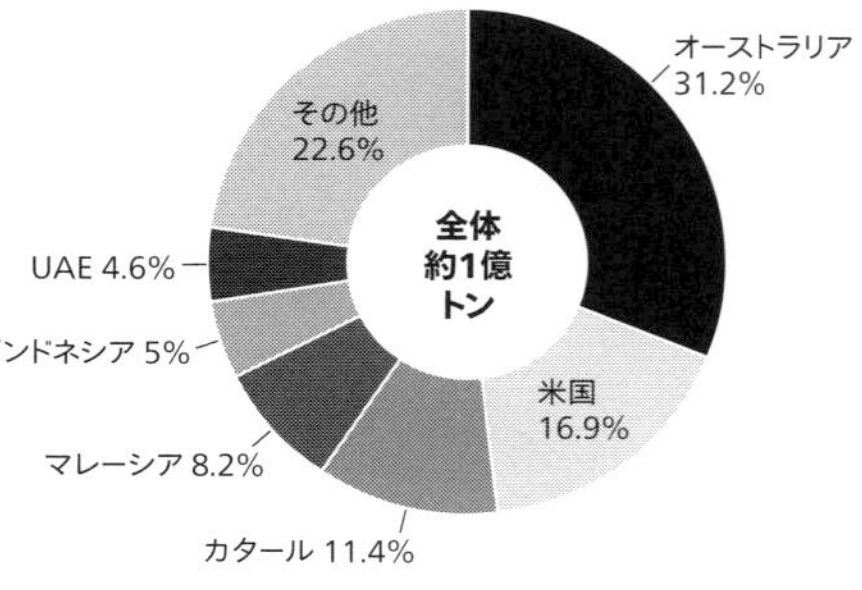

（出典）CEIC（出所は中国税関総署）のデータを元に筆者作成

参考①

オーストラリアの産業構造・需要構成

オーストラリアは世界第12位の経済大国で、中国の経済規模と比べるとおよそ10分の1です。

オーストラリアと中国とでは産業構造が大きく異なります。総付加価値（TVA＝GDP）の産業構造を見ると（図表2-3-15）、オーストラリアは鉱業・エネルギー等供給業の比率が11・7％と世界平均（6.1％）を大きく上回る一方、製造業は6.5％と世界平均（16・7％）を大きく下回っています。

逆に中国は鉱業・エネルギー等供給業の比率が5.5％と世界平均をやや下回る一方、製造業は世界平均を10ポイント以上も上回っています。したがって、両国の貿易はオーストラリアが食品、エネルギー、工業原料を中国に供給し、中国が工業製品や生活用品をオーストラリアに供給する

図表 2-3-13 ●日米中のオーストラリアへの直接投資累積額

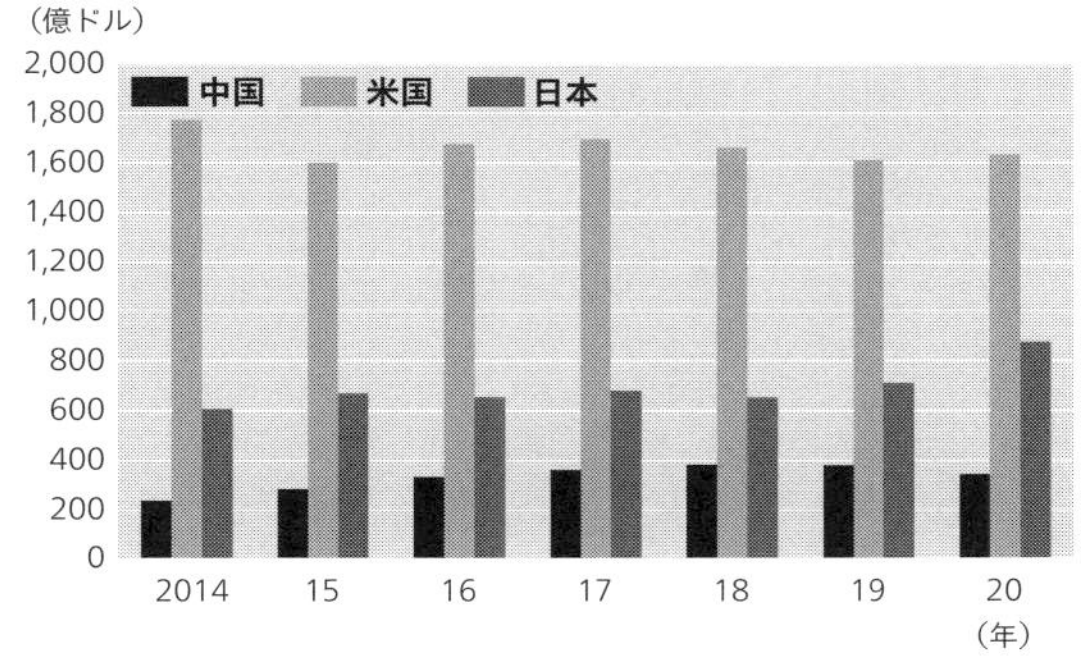

（出典）OECD、中国商務部のデータを元に筆者作成

図表 2-3-14 ●オーストラリアの対外直接投資トップ 10（2019 年）

順位	国・地域	直接投資累積額	
		億ドル	シェア
1	米国	1,022	17.6%
2	英国	1,005	17.4%
3	ニュージーランド	586	10.1%
4	カナダ	246	4.2%
5	シンガポール	197	3.4%
6	中国	109	1.9%
7	香港	53	0.9%
8	マレーシア	44	0.8%
9	オランダ	37	0.6%
10	ブラジル	31	0.5%

（出典）CEIC（出所は OECD）のデータを元に筆者作成

という関係となっています。

こうした過度の中国依存に懸念を深めたオーストラリアは、製造業の強化に動き出しています。

経済の需要面として国内総生産（GDP）の需要構成を見ると（図表2－3－16）、純輸出等（含む在庫変動）は0.6％の黒字です。この点は中国と類似しています。

一方、中国は投資主導国で、総固定資本形成（≒投資）の比率が42.9％と世界平均を大幅に上回るのに対し、オーストラリアは世界平均並みです。なお、オーストラリアは政府消費の比率が18.7％と高く世界平均（16.9％）を上回り、消費構成は米国型ではなく欧州型です。

図表 2-3-15 ●オーストラリアの産業構造（2011～20年平均）

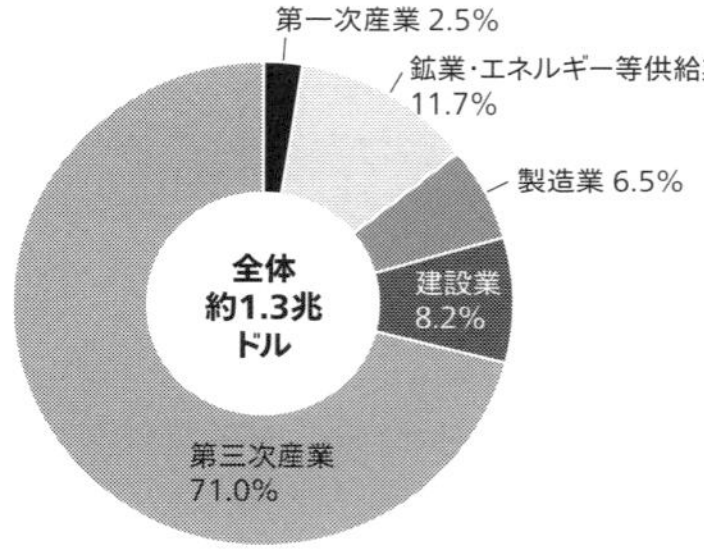

（出典）国連のデータを元に筆者作成

図表 2-3-16 ●オーストラリアの需要構成（2011～20年平均）

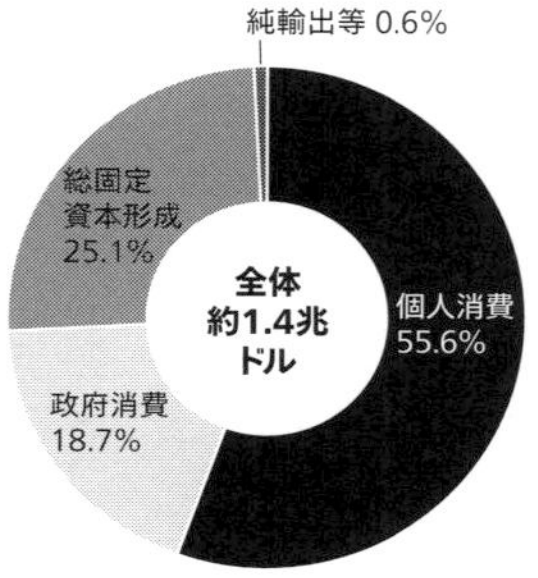

（出典）国連のデータを元に筆者作成

参考②

中国の対オーストラリア投資

2020年の中国による対オーストラリア直接投資累積額は344億ドルと、2010年の4倍超に増えました。業種別の内訳を見ると、第1位は鉱業の161億ドルで全体の46.8％を占めます。以下、第2位はリースおよび商業サービス業の48億ドル、第3位は金融業の35億ドル、第4位は不動産業の30億ドルな

図表 2-3-17 ●中国の対オーストラリア投資累積額

	2020年時点		2010年時点	
	億ドル	シェア	億ドル	シェア
鉱業	161	46.8%	64	81.6%
リースおよび商業サービス業	48	13.8%	3	3.4%
金融業	35	10.1%	3	3.5%
不動産業	30	8.8%	3	3.3%
製造業	19	5.6%	3	3.6%
農業、林業、畜産業、水産業	10	2.8%	0	0.3%
卸売および小売業	9	2.7%	1	1.5%
運輸、倉庫、郵便サービス業	9	2.6%	1	0.7%
電気、ガス、水の生産・供給業	6	1.8%	0	0.0%
ヘルスケアおよびソーシャルワーク	5	1.5%	0	0.0%
建設業	5	1.4%	1	1.2%
科学研究および技術開発サービス業	3	0.8%	0	0.6%
宿泊および飲食業	2	0.7%	0	0.0%
その他	2	0.6%	0	0.4%
情報通信、ソフトウェアおよびＩＴサービス業	0	0.0%	0	0.0%
水保全、環境およびユーティリティ	0	0.0%	0	0.0%
住民サービス・修理およびその他サービス業	0	0.0%	0	0.0%
教育	0	0.0%	0	0.0%
文化、スポーツ、娯楽	0	0.0%	0	0.0%
公共管理および社会活動	0	0.0%	0	0.0%
その他を含めた合計	344	100.0%	79	100.0%

（出典）CEIC（出所は中国商務部）のデータを元に筆者作成

どとなっています。

10年ほど前は鉱業が8割を超える一極集中でしたが、この10年で鉱業以外にも投資先が拡がってきています。

4 米中対立における立場

米国陣営に与する可能性が極めて高い。ただし、中国は農家、鉱業、観光業にとってお得意先で、また中国からの工業品が途絶えると国内での生産に支障が出てくる。

西洋の国でありながら中国の脅威が身近な国なので、力を合わせたい国。

オーストラリアは欧米型民主主義の国で、人権問題を重視する国でもあるため、「中国の特色ある社会主義」とは相容れず、政治面では中国と対立関係にあります。

また中国と地理的に近い位置にあるため、南シナ海への海洋進出を進める中国に対する脅威は、西洋諸国の中では最も高く、近隣アジアに勝るとも劣らないものがあり、軍事的緊張関係にあります。

さらにファイブアイズの一員であるオーストラリアは米国と「諜報同盟」の関係にあるため、いざ米中新冷戦となれば米国陣営に与する可能性が極めて高い国です。そして反中意識の強い世論もそれを後押ししそうです。

経済面では、オーストラリアにとっては米国も中国も重要な国です。米国は輸出先としては第7位、輸入元としては第2位の貿易相手国であり、対オーストラリア直接投資では中国をはるかにしのぐ投資元でもあるので、関係を悪化させたくありません。他方、中国は輸出先としても輸入元としても第1位と、米国をはるかにしのぐ貿易相手国なので、関係を悪化させたくありません。

特に中国は工業製品・部品・素材の供給元なので、それが入手できなくなると工業生産に支障が出てきます。また大量の食品、エネルギー、工業原料を買って

図表 2-2-18 ●米中豪の関係

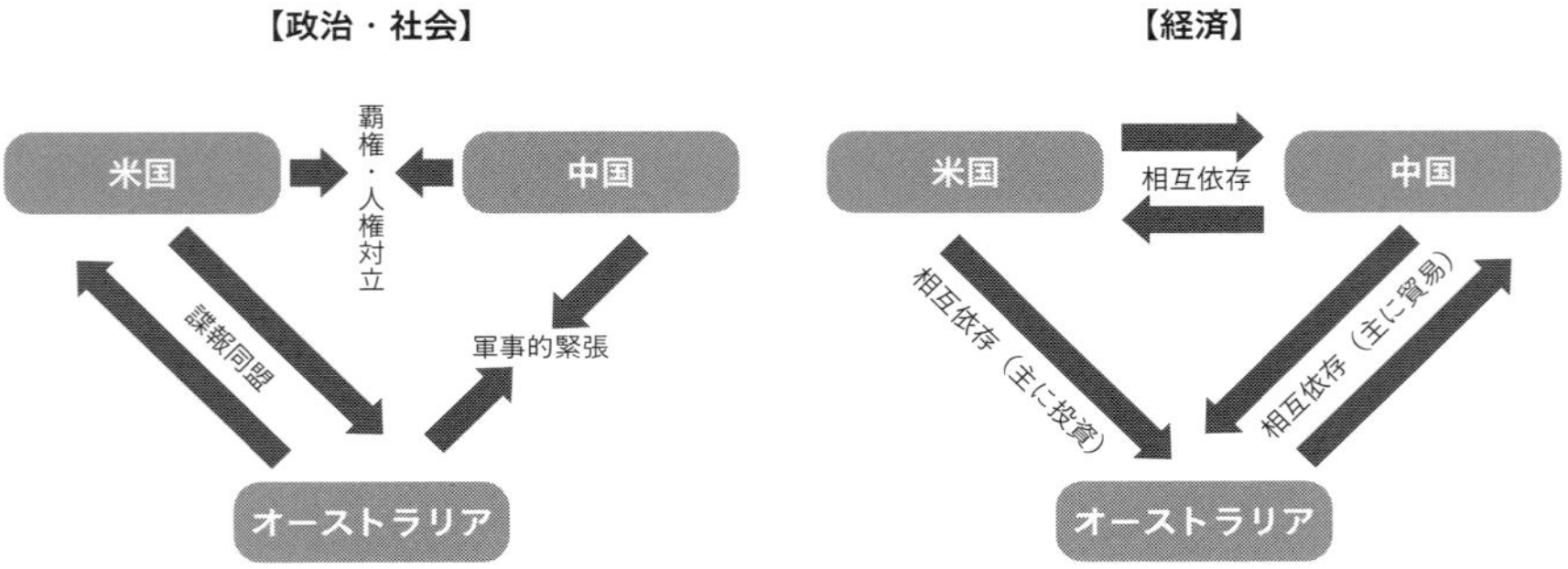

（出典）筆者作成

くれるお得意先でもあるので、関係が悪化すると製造業だけではなく農家や鉱業で働く人々にも悪影響が及びます。

さらに輸出に占める国際観光収入の比率が15％前後と世界第2位の観光大国なので、中国人旅行者が減ると観光業にも痛手となります。このようにオーストラリアは、米国とも中国とも相互依存関係にあります。

オーストラリアは米中新冷戦に突入して中国との経済取引がシュリンクすれば、経済に大きな打撃になるので、米中新冷戦は何としても回避したいと考えているでしょう。経済への打撃があまりに大きいと、それが世論を動かし、次の選挙で敗北する恐れがあるからです。

したがって、日本が米国陣営に与して中国陣営と闘うにしても、それを回避すべく米中両国の橋渡し役を試みるにしても、オーストラリアは力を合わせたい国です。

特に日本が橋渡し役を担おうとする場合、オーストラリアは強力なパートナーとなりそうです。西洋文明の国なので近隣アジア諸国とは異なるアプローチが可能かもしれませんし、ファイブアイズの一角でもあるので、日本に入手できない非公開情報に基づく方策を描けるかもしれないからです。

紀元前1世紀の欧州ではローマ帝国が誕生し繁栄していました。しかし、ゲルマン系民族が南下してきたため、西ローマ帝国は滅亡して東ローマ帝国だけとなりました。またケルト系民族は西方に駆逐されて、スラブ系民族は東欧に拡散しました。その後の9世紀にヴェルダン条約でフランク王国が3分割されてドイツ、フランス、イタリアの原型となり、現在の民族分布がほぼ完成しました。15世紀以降、欧州諸国は世界に進出していきました。新大陸を発見するなど大航海時代を迎える中で、国王が強大な権力を持って中央集権化を図り、三角貿易（例として本国から武器などをアフリカへ、アフリカから奴隷を新大陸へ、新大陸から砂糖などを本国へ）などで巨万の富を築きました。

そして18世紀になると産業革命で先行した英国が世界で覇権を握ることとなりました。また、産業革命が英国以外にも広がる中で、欧州の工業生産力は飛躍的に拡大し、その原料の供給元であり製品の販売先ともなる植民地の獲得競争が激化しました。それが第一次、第二次世界大戦の遠因となりました。

他方、産業革命で農業から工業へと産業構造が激変し、無産階級（プロレタリア）を生み出すこととなったため、共産主義が台頭する布石ともなりました。

その後の第一次、第二次世界大戦を経て、欧州が握っていた覇権は米国にバトンタッチされました。一方で、共産主義勢力の覇権を握ったソビエト連邦との東西冷戦時代となりました。そして米国とソビエト連邦の両超大国が覇権を握る体制の下で世界平和が維持される「パクス・ルッソ＝アメリカーナ」と称されました。それも1990年前後にソ連崩壊で終結し、その後は米国だけが覇権を握ることで世界平和を維持する「パクス・アメリカーナ（米国中心の国際秩序の意）」の時代となり、現在に至ります。

図表●欧州の歴史

紀元前20世紀ごろ	古代ギリシャ文明の始まり
紀元前1世紀	古代ローマが共和政から帝政に移行（⇒ローマ帝国誕生）
5世紀	西ローマ帝国滅亡とフランク王国成立（⇒封建制度の中世へ）
9世紀	ヴェルダン条約（⇒フランク王国が3分割され、仏・独・伊の原型へ）
15世紀～	絶対君主制の近世へ（新大陸発見、重商主義、ルネサンス、宗教改革）
1648年	ウェストファリア条約（⇒国民国家の理念に基づく国際秩序形成へ）
1789～95年	フランス革命（⇒ブルジョアが基本的人権を確保し市民社会へ）
18世紀～	産業革命（⇒工業生産の急増、産業構造の激変、プロレタリアの発生）
20世紀前半	第1次、第2次世界大戦（⇒欧州の地盤沈下、米ソ台頭、東西冷戦）
1990年前後	東西冷戦の終結
1992年	マーストリヒト条約（⇒1993年に欧州連合が発足）

（出典）各種資料より筆者作成

■定義

植民地とは、本国から移住者（植民・移民）を送り込んで経済的に開発し、本国に従属する立場とする地域のことを指します。また、半植民地とは、名目上は独立国であるものの、実質的には植民地と同様に従属的な立場にある地域のことを指します。そして宗主国とは、植民地を従属させ所有している本国を指し、それとは反対に従属させられた国のことは藩属国と呼びます。

国際法上の宗主関係は、中世の欧州における君臣関係から生まれた概念とされており、国際法上の宗主関係（宗主国・藩属国）が結ばれると、宗主国は藩属国に統治権を委ねる一方、対外主権（外交）に関してはその一部を宗主国が握ることになります。

■西洋による植民地支配の歴史

15世紀に大航海時代を迎えると、西洋諸国は北アフリカへの進出を手始めに、南アフリカの喜望峰からインドに至る航海ルートを確立していきました。他方、1492年にはアメリカ大陸を発見し、1522年にはマゼランが世界一周する過程でフィリピンを発見しました。さらに1606年にはオーストラリアを、1642年にはニュージーランドをそれぞれ発見しました。

こうして世界の主要地域に到達し、航路を開発した西洋諸国は、アフリカ大陸、アメリカ大陸、オセアニア、アジアを次々に植民地・半植民地にしていきました。

中国（当時の清国）も19世紀半ばのアヘン戦争以降、欧米列強による領土の分割が進み、名目だけの独立が与えられた半植民地となりました。そして、西洋諸国を宗主国、その他の諸国を藩属国とする欧州覇権の時代が到来することとなりました。

■東洋の植民地支配

東洋にも似た仕組みがありました。古代中国においては、覇権国家に対し使節を派遣（聘）、あるいは首長自身が参勤（朝）・貢納し、諸侯の待遇を得る集団安全保障体制が形成されていました。

この朝聘関係が周辺の非漢族地域に拡大することで、冊封・朝貢を基盤とする華夷秩序が形成されていました。なお、その範囲は、中国の歴代王朝の盛衰とともに拡張・収縮をくり返しました。

■現代も事実上残る植民地

第二次世界大戦後、世界各地の植民地では独立運動が盛んになり、共産主義を掲げるソ連が脱植民地化を支援したため、１９６０年の国際連合総会における植民地独立付与宣言の決議で、植民地という存在そのものを否定することとなりました。そして西洋諸国の植民地という立場を脱して独立する国が増えていきました。

ただし、現在でも、先住民に本国民と対等の権利を与えて自治領とするなど、旧宗主国・旧藩属国の関係が事実上続いている姿が散見されます。

第3部

近隣アジア諸国と中国

■東アジア、東南アジア、南アジアを総称して本書では「近隣アジア」と呼ぶことにします。中国と地理的に近いこの地域においては、政治面では民主主義の国もあれば独裁主義の国もあり、社会面では言語も宗教も多種多様です。

■この第３部では近隣アジアの国々と中国の関係に焦点を当てます。中国にとって、政治・文化・経済それぞれに長い交流の歴史がある国々である一方、近隣アジア諸国にとっては、歴代中国の王朝や政権との距離感の取り方で苦労を重ねてきた国が多くあります。そして過去に戦火を交えたり、現在も領土・領海問題を抱えている国も少なくありません。

■多くの近隣アジア諸国にとって中国は国家の独立という国益を脅かす恐れがあり、警戒を怠れない存在である一方、経済面で大きな恩恵を得てもいます。

■この部ではまず、ASEANのリーダー的存在であるインドネシア、中国と同じ社会主義国であるベトナムの２国を第１章と第２章で見ていきます。

■加えて日本と同じく中国の東に位置し、アジアの先進国の一つとなった「韓国」を第３章で、中国と南西で接し、人口大国でグローバルサウスの雄である「インド」を第４章で取り上げます。

本書では、日本の外務省が「アジア」に分類した21ヵ国に日本を加えた22ヵ国を「近隣アジア」と定義しました。北方には大航海時代にシベリアに侵攻したロシアがあり、西方には旧ソ連に属していた独立国家共同体（CIS）の国々や、7世紀以降にこの地にイスラム教を広めた中東諸国があり、南方にはインド洋が、東方には太平洋がそれぞれ広がる地域です。以下の人口などの統計はこの定義に従って記述しています。

近隣アジアの人口はおよそ41億人と、世界の5割超を占めています。また言語・民族・宗教といった文化基盤を異にする国々が存在しています。政治体制についても、民主主義国もあれば社会主義国もある、極めて多様な地域です。

GDP（国内総生産）はおよそ33兆ドルと世界の3分の1を占めます。産業構造は第一次産業・第二次産業（特に製造業）が中心で、国内外からの投資が盛んな一方、個人消費は少なく第三次産業は未成熟です。

他方、経済的豊かさを示す一人当たりGDPは、7万ドル超の豊かな国もあれば1千ドルほどの貧しい国もあり、全体としては低くなっています。

近隣アジア諸国と中国は、地理的に近く、おおむね人的・経済的交流が盛んです。特に東アジア・ASEANとの関係は深く、多くの国は歴史的に中華文明の影響を少なからず受け、歴代中国王朝との距離の取り方で苦労を重ねてきたという共通点を持ちます。

図表 3-0-1 ●近隣アジア諸国の経済概況

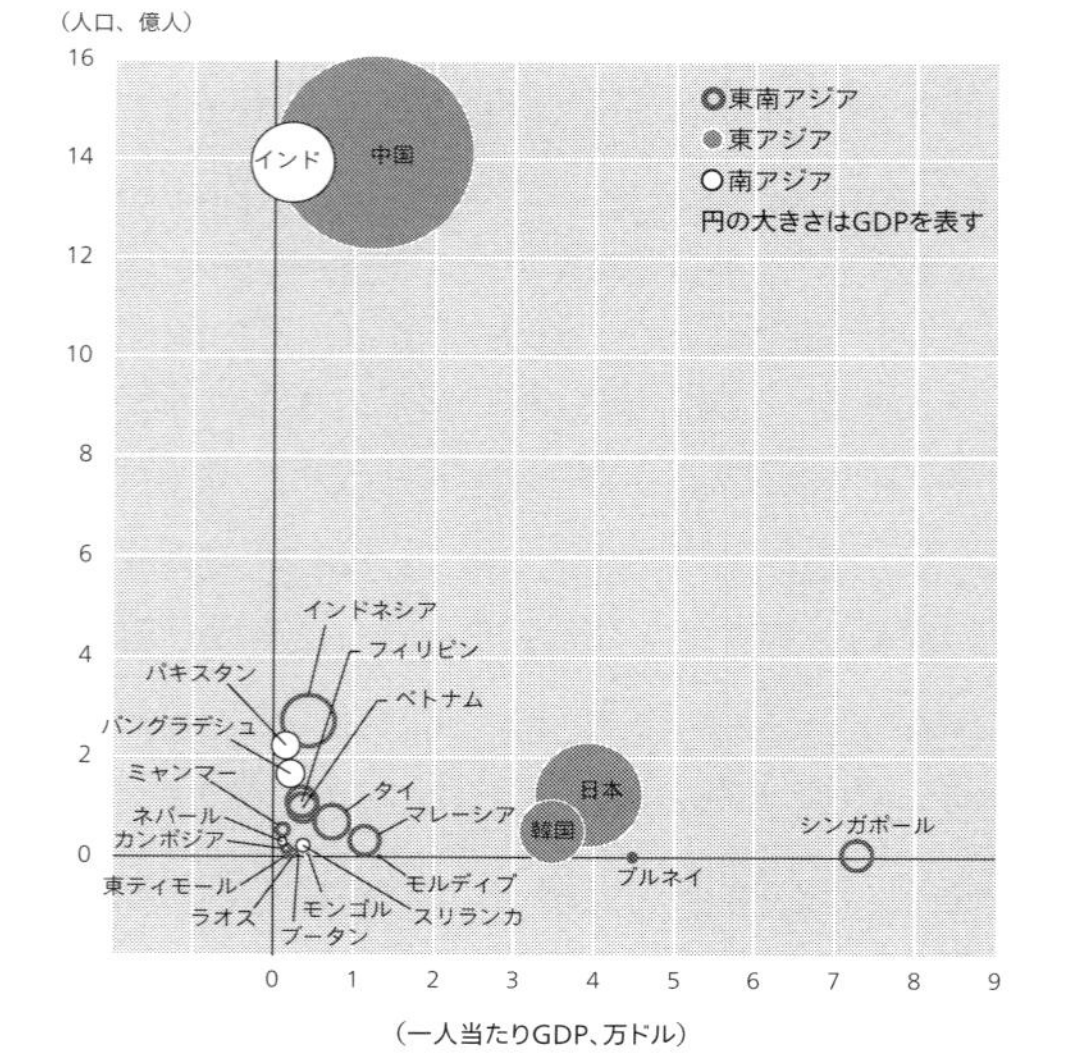

（出典）IMF のデータを元に筆者作成

中国の投資先としては途上国の多いASEAN、投資元としては東アジアの存在感が目立ちます。一方で、南アジアと中国のヒト・モノ・カネの関係は、やや薄いと言えるでしょう。

その近隣アジアでは、中国中心の国際秩序（パクス・シニカ）の復活を目論む中国と、それを阻止し米国中心の国際秩序（パクス・アメリカーナ）を維持したい米国が、それぞれ硬軟織り交ぜた外交戦術を展開しており、米中覇権争いの最前線となっています。

以下では近隣アジア諸国のうち、ASEANでガリバー的な大国のインドネシア、ASEAN最大の社会主義国のベトナム、東アジアで日本と立ち位置が酷似する韓国、そして南アジアにおける超大型途上国インドを取り上げ、中国との関係を掘り下げていきたいと思います。

パクス・シニカとは？

パクス・シニカ（ラテン語：Pax Sinica）は、中国が主導する近隣アジアの平和な時代を指す歴史学上の用語であり、直訳すれば「中国の平和」となります。パクス・シニカだった時代は約2千年にわたっており、漢の時代に始まり、唐、元、明、清の各王朝の時代に見られました。これらの時代には、中国が相対的な政治的、経済的、文化的な優位を保ち、近隣アジアに平和と秩序をもたらしたとされます。しかし、中国が強い影響力を及ぼし過ぎて、近隣アジアの文化や価値観が抑圧されるなどの問題点もありました。

また現代においては、パクス・シニカは中国が21世紀の世界秩序における主導的な役割を果たす可能性を示す概念として使われています。ただし、中国と他国との間の価値観の違いや、地政学的な陣取り合戦などの問題点が指摘されており、パクス・シニカが持続可能な平和をもたらすのかどうか、また、それが世界秩序に与える影響などについて、多くの政治学者や歴史家が議論を重ねています。

第1章 ASEANでガリバー的な大国 インドネシア

両国の距離感（ポイント）

欧米型民主主義の国であり、歴史的に共産主義をタブー視するため、政治面では中国の価値観と相容れません。

しかし長い交流の歴史から中国文化に対する理解は深く、途上国同士で共感できる面もあります。

世論の反中感情もそれほど強くなく、経済面では極めて親密な関係にあります。

総括するとインドネシアと中国の距離感は「やや近い」と評価しています。

インドネシアと中国の距離感分析

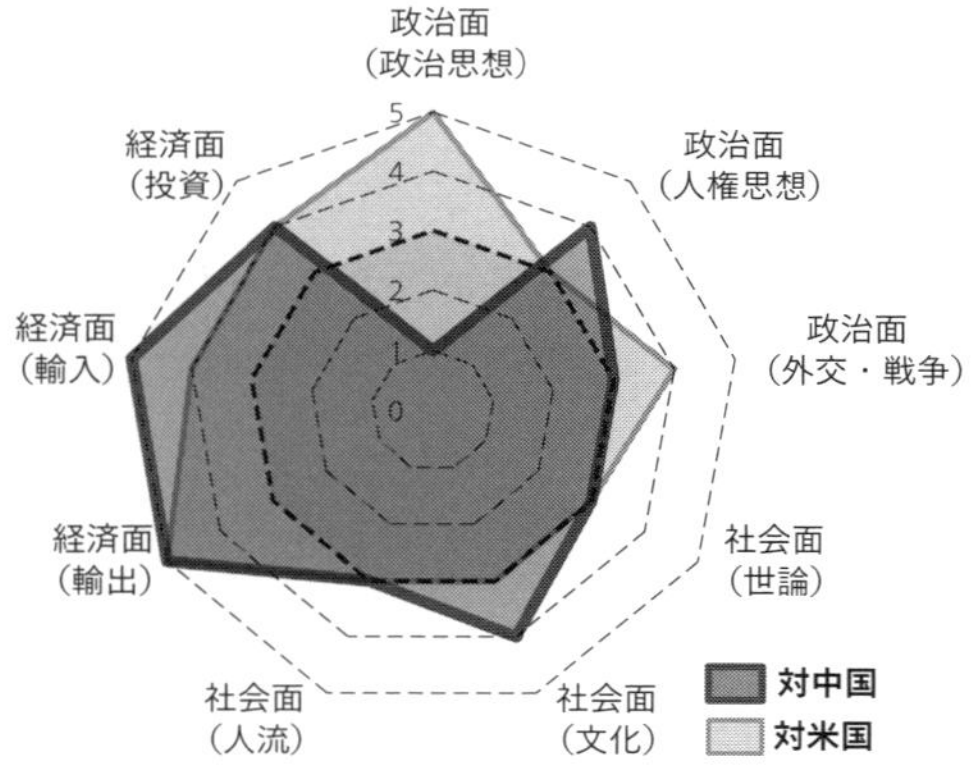

政治面	中	米
政治思想	1	5
人権思想	4	3
外交・戦争	3	4

社会面	中	米
世論	3	3
文化	4	3
人流	3	3

経済面	中	米
輸出	5	5
輸入	5	4
投資	4	4

（出典）筆者作成

インドネシアはASEANの人口の約4割、GDPの3割強を占める大国で、ASEANで唯一G20の参加メンバーです。

中国とは長い交流の歴史があり経済面の関係は極めて親密ですが、米国との経済関係も親密であり、欧米型民主主義の価値観を共有しています。

このまま米中新冷戦に突入して世界が分断されると、米中双方と親密なインドネシアは経済的に大きな打撃を受けます。

インドネシアはASEANで大きな影響力があるだけに、日本にとって協力を深めたい国です。

1 政治面「中位（普通）」

インドネシアは欧米型民主主義の政治思想を持つ国で、政治的自由度も民主主義度も西洋諸国とほぼ同水準です（図表3－1－1）。この点、中国とは対極にあり価値観が相容れません。特に後述する9・30事件後は共産主義がタブー視されています。

他方、人権思想を巡る議論においては、自国がまだ十分に発展していない途上国であり、華僑も多く在住

図表 3-1-1 ●インドネシアの政治的自由度と民主主義指数

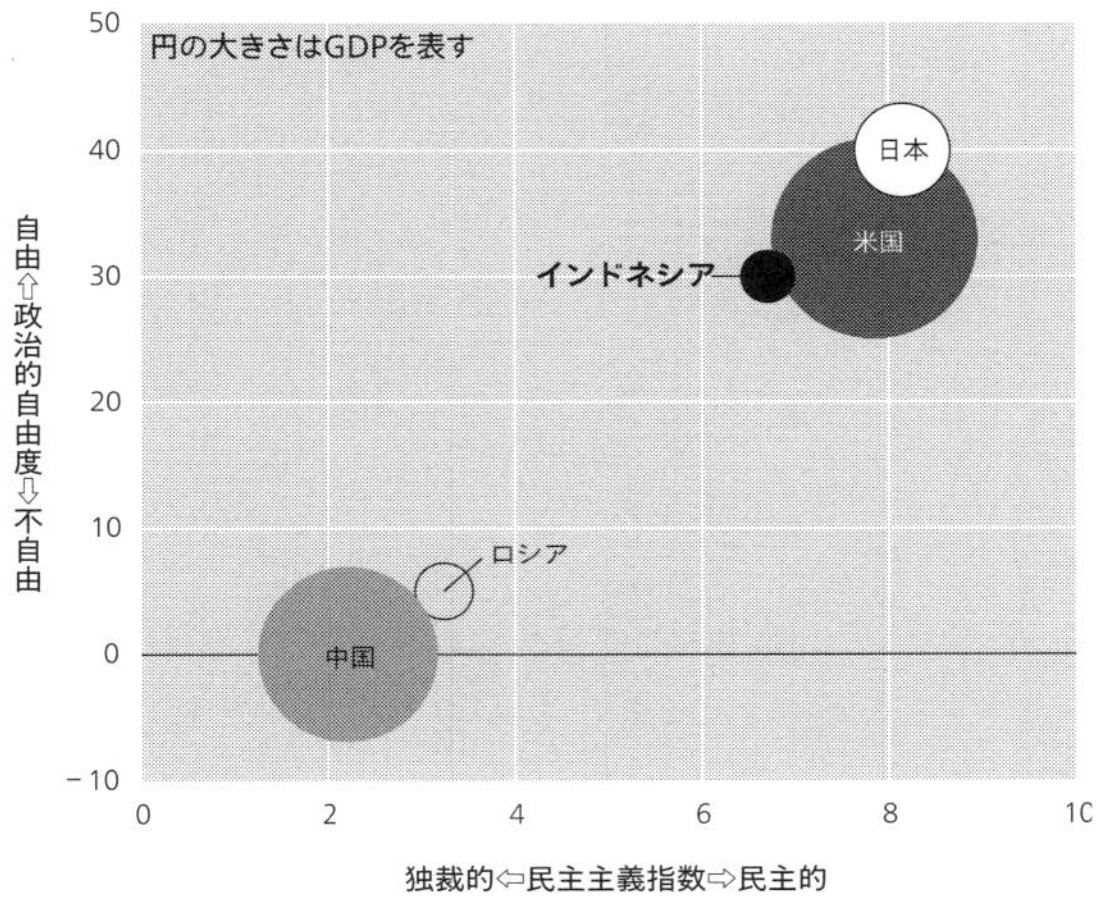

（出典）IMF、EIU、Freedom House のデータを元に筆者作成

する多民族国家でもあることから、生存権・発展権を重視する中国に共感できる面があり、国連人権理事会などで中国の人権侵害を非難する動きに対しては、中立の立場をとる傾向にあります。

一方、中国とは古来、交易を通じて深い関係にありました。西洋諸国が進出する前のインドネシアではさまざまな王国が栄枯盛衰を繰り返してきました。中国が15世紀に大航海時代を迎えインド洋に進出した際には、その指揮を委ねられた中国の鄭和がイスラム教徒だったこともあって、インドネシアの諸王国はインド洋と南シナ海を結ぶ中継貿易の拠点として繁栄しました。

西洋諸国が大航海時代を迎えると、オランダが1602年に東インド会社を設立、その後インドネシアは植民地化されていきました。周知のとおり日本軍に占領された時期もあります。

第二次世界大戦後、日本軍が撤退すると、スカルノらが独立を宣言しましたが、オランダはそれを認めず4年に及ぶ独立戦争となりました。しかし、東西冷戦下でインドネシアの共産化を恐れた米国がオランダに圧力をかけたことから1949年に独立を果たしました。それから1年も経たない1950年4月13日、インドネシアは中国と国交を樹立しました。

ところが、1965年に9・30事件と呼ばれる、国軍と共産党の権力闘争が起き、両国の関係は悪化しました。中国は否定しているものの、中国共産党の関与が強く疑われているからです。そして1967年に外交関係を中断することとなりました。

その後、東西冷戦が終結に向かうと、1990年に両国は外交関係を回復しました。それ以降の外交は順調で、2005年には戦略的パートナーシップ、2013年には包括的戦略パートナーシップを確立しています。

ただし、南シナ海におけるフィリピンやベトナムとの対立を目の当たりにしてきただけに、中国の覇権主義に対する警戒が強いのも事実です。実際、南シナ海のナトゥナ諸島を巡る問題で両国はにらみ合いを続けています。インドネシアが設定している排他的経済水域（EEZ）と中国の「九段線」が一部重複しているからです。

インドネシアの政治

インドネシア共和国は、東南アジアに位置する1万数千の島々からなる世界最大の島嶼国で、その国土面積は約192万㎢と日本の約5倍です。島嶼国なので国境を接する国は少なく、ティモール島で東ティモールと、カリマンタン島（ボルネオ島）でマレーシアと、ニューギニア島でパプアニューギニアとの国境があるだけですが、海を隔ててパラオ、インド（アンダマン諸島・ニコバル諸島）、フィリピン、シンガポール、オーストラリアとは近い位置にあります。

現在の首都はジャカルタ（ジャワ島）に置かれていますが、2024年に「ヌサンタラ（カリマンタン島）」に首都移転を開始し、2045年に完了させる計画です。

政治体制は共和制で、議会は国会と地方代表議会があり、任期はともに5年です。国家元首は直接選挙で選ばれる大統領で、首相は置かず大統領が閣僚を任命します。任期は5年（3選禁止）です。なお、現行憲法は1945年に施行されました。

インドネシアの外交

外交面では国益を重視した独立的かつ能動的な外交を基本方針としています。その外交理念に基づいて、ASEANを重視した地域外交、国際的な課題への対応に積極的に取り組んでいます。最近では2022年にはG20議長国、2023年にはASEAN議長国を務めました。

●インドネシアと中国の国交樹立後の主な外交関係

インドネシアと中国は1950年4月13日に国交を樹立しました。その後10年余は順調に外交関係が発展していきましたが、1965年に「9・30事件」が発生し、1967年に外交関係を中断することとなりました。

その後、東西冷戦が終結すると、1990年8月に外交関係を回復し、2005年には戦略的パートナーシップを確立、2013年には包括的戦略パートナーシップに格上げすることで合意しました。

その後の両国関係は改善傾向にあります。インドネシアは南シナ海のナトゥナ諸島を巡る問題で中国とにらみ合う関係にありますが、2018年には一帯一路と、ジョコ・ウィドド大統領が海洋経済の発展を目指して2014年に提唱した「全球海洋支点(Global Maritime Fulcrum)」を共同で建設することで合意しています。また2021年には「両国双園(相互に工業団地を設立し商工業の協力を深める趣旨)」の覚書にも調印し、企業誘致説明会を共同開催したりしています。

次期大統領に決まったプラボウォ氏(就任は2024年10月)は、初めての外国訪問先として中国を選びました。ただし直後に日本を訪問するなどバランスをとることとなりました。

なお、米軍とはガルーダ・シールドと呼ばれる合同軍事演習を行っています。しかし、イスラム教徒が多い国なので、イスラム教徒が大宗を占めるパレスチナへの共感から、イスラエルに対する反感が根強くあり、イスラエルの後ろ盾である米国と対立する面もあります。

実際、2023年に米国で開催されたAPEC首脳会議では、その終了後にイスラエルとハマスの即時かつ持続的な停戦を求める共同声明をマレーシア、ブルネイとともに公表しました。ちなみにガルーダとはインド神話に登場する神鳥で、インドネシアの国章にも採用されているものであり、ガルーダ・シールドにはインドもオブザーバー参加しています。

2 社会面「中位(普通)」

インドネシアと中国との間には長い交流の歴史があり、世界で最も華僑が多い国なので、中国文化に対する親近感もあります。ただし、インドネシアはイスラム教徒が多く、共産主義のタブー視もあるので、インドネシア社会の対中国観はやや複雑です。

インドネシアの世論は親中と反中が拮抗しています。ピューリサーチセンターの調査結果を見ると（図表3−1−2）、中国のことを「好ましい」と回答した人が36％、「好ましくない」と回答した人が36％でした。

図表 3-1-2 ●インドネシアの親米・親中分析

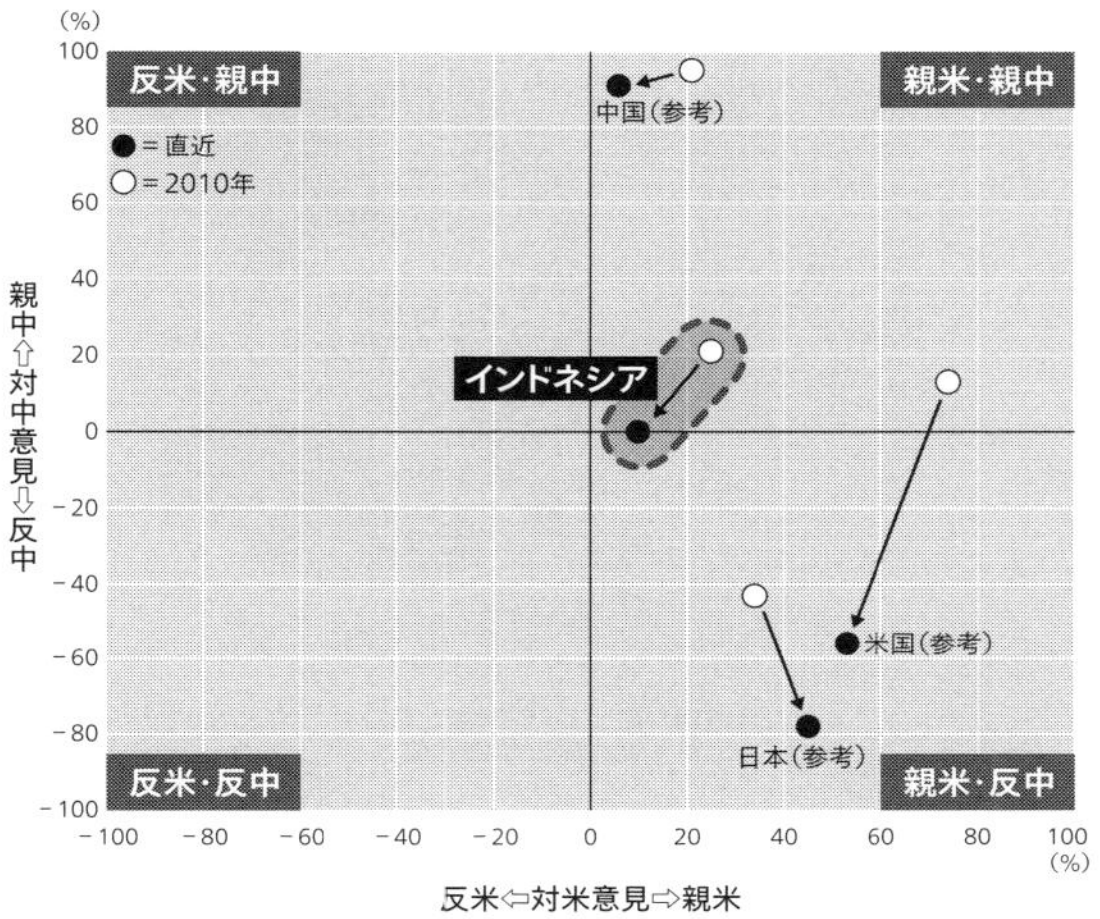

（出典）Pew Research Center のデータを元に筆者作成

一方、日本外務省が2022年に実施したアンケート調査の結果を見ると（図表3−1−3）、「現在、最も重要」との回答でも「最も信頼できる」との回答でも、中国は日本と並ぶ高水準にありました。したがってインドネシアの対中国観はやや複雑ですが、それほど悪くないというのが現状と考えています。

図表 3-1-3 ●インドネシアにおける中国・主要国の認識

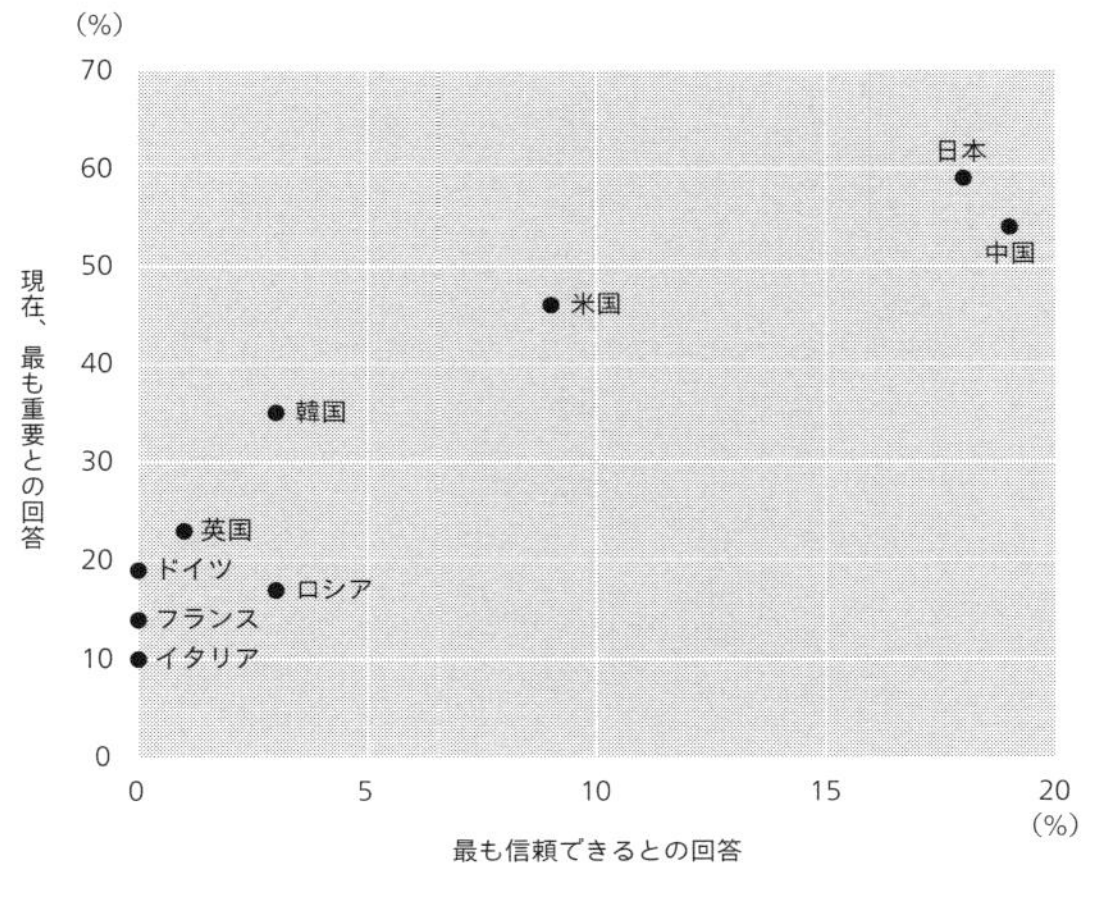

（出典）日本外務省 のデータを元に筆者作成

図表 3-1-4 ●インドネシアの入国者の内訳（2017 〜 19 年平均）

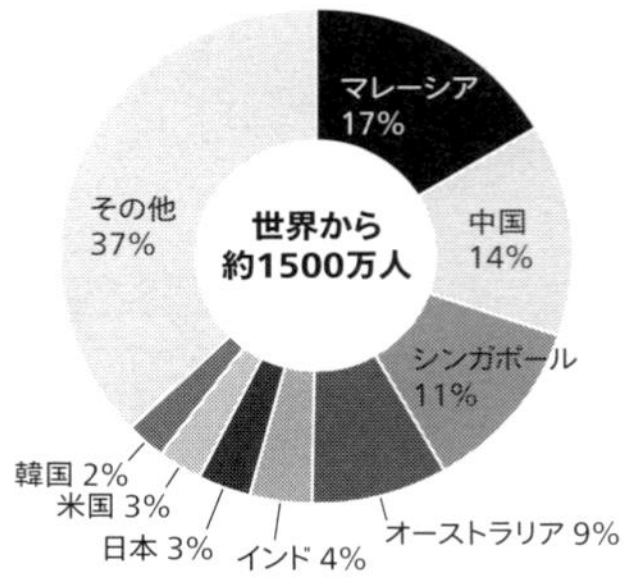

（出典）CEIC（出所はインドネシア中央統計庁）のデータを元に筆者作成

他方、前述の調査で米国に対して「好ましい」と回答した人は42%、「好ましくない」と回答した人は32%と、差し引きプラス10ポイントでした。世論はやや親米と言えるでしょう。ただし日本の世論ほど親米意識が高くない点には留意する必要があります。

中国との人的交流は、地理的に近いこともあって盛んです。インドネシアへ入国した人の内訳を見ると（図表３－１－４）、中国からの入国者はコロナ前（２０１７〜19年）の平常時で14％（年平均２１０万人）と、マレーシアより少ないものの、シンガポールより多く、日本の約4倍でした。中国人旅行者にとってインドネシアが人気のある観光地だということも背景にあります。一方、同時期に中国へ入国した人の内訳を見ると、インドネシアは年平均で約70万人と、日本の４分の１ほどにとどまります（図表１－２－31）。

インドネシアの社会

人口は2億7千万人余りと世界第４位の人口大国で、人口構成は富士山型とつりがね型の中間くらいなので、今後も生産年齢層は増加する見込みです。

その大部分はマレー系の諸民族で、ジャワ族がその半分弱を占めていますが、スンダ、バタックなど約3百とされる民族が存在する多民族国家でもあります。公用語はインドネシア語で、その起源はマレー語とされています。オセアニアに広く分布するオーストロネシア語族に属する言語で、台湾原住民の言語である台湾諸語やマレー・ポリネシア語派とは親戚関係にあります。なお、その他の民族が使う言語や方言も数多く存在しています。

宗教は13世紀にムスリム商人が伝えたとされるイスラム教の信者が9割近くを占めます。しかしイランやサウジアラビアと異なり、イスラム教の法制度であるシャリーアによる統治ではない世俗主義の国です。地域によってはヒンドゥー教徒やキリスト教徒の多い島々もあり、また民族宗教を信仰する人も少なくないようです。

ちなみにインドネシア人は楽観的でポジティブ、そして優しいとよく言われます。その半面、2015年のチャイナショック後、中国に加えてインドネシアにも工場を設けた企業経営者からは、締め切りを過ぎてもあせらないので驚くという声もよく耳にします。

図表 3-1-5 ●インドネシアの人口ピラミッド（2020 年）

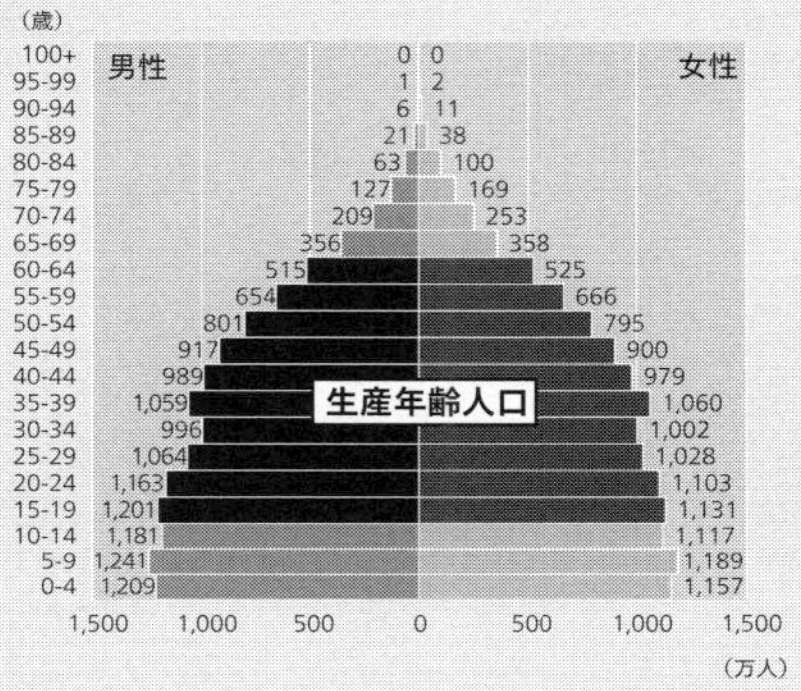

［インドネシア］
生産年齢人口比率：68%
15 歳未満の若年層比率：26%
65 歳以上の高齢層比率：６%
平均寿命：71.4 歳

［世界］
生産年齢人口比率：65%
15 歳未満の若年層比率：25%
65 歳以上の高齢者比率：９%
平均寿命：72.3 歳

（出典）国連のデータを元に筆者作成

3 経済面「高位（近い）」

インドネシアと中国の貿易関係を見ると、中国側の統計（２０２１年）では、インドネシアへの輸出が

607億ドル、インドネシアからの輸入が636億ドルで、中国から見ると30億ドルの輸入超過（インドネシアの輸出超過）となっています。中東産油国などと同様にインドネシアも対中貿易が黒字です。

インドネシアにとって中国は最有力な貿易相手国と言えます。輸出先トップ10を見ると、中国が2位以下を引き離して第1位で、第2位（米国）と第3位（日本）を合計したほどの規模です（図表3－1－6）。輸入元トップ10を見ても（図表3－1－7）、中国はトップで日本の3倍を超えています。20年ほど前（2000年）には、輸出先の第1位は日本で、第2位は米国と、中国は目立ちませんでした。また当時は輸入元として

図表 3-1-6 ●インドネシアの輸出先ランキング（2021 年）

順位	国・地域	輸出額（2021 年）		輸出額（2000 年）	
		億ドル	シェア	億ドル	シェア
	輸出全体	2,319	100.0%	621	100.0%
1	中国	448	19.3%	28	4.5%
2	米国	262	11.3%	85	13.7%
3	日本	192	8.3%	144	23.2%
4	シンガポール	159	6.8%	66	10.6%
5	インド	143	6.2%	12	1.9%
6	マレーシア	115	5.0%	20	3.2%
7	韓国	91	3.9%	43	7.0%
8	フィリピン	89	3.8%	8	1.3%
9	タイ	73	3.1%	10	1.7%
10	ベトナム	68	2.9%	4	0.6%

（出典）CEIC（出所は IMF）のデータを元に筆者作成

図表 3-1-7 ●インドネシアの輸入元ランキング（2021 年）

順位	国・地域	輸入額（2021 年）		輸入額（2000 年）	
		億ドル	シェア	億ドル	シェア
	輸入全体	1,880	100.0%	335	100.0%
1	中国	537	28.6%	20	6.0%
2	日本	149	7.9%	54	16.1%
3	シンガポール	123	6.6%	38	11.3%
4	米国	115	6.1%	34	10.1%
5	マレーシア	94	5.0%	11	3.4%
6	韓国	93	4.9%	21	6.2%
7	タイ	89	4.7%	11	3.3%
8	オーストラリア	63	3.4%	17	5.1%
9	インド	51	2.7%	5	1.6%
10	ベトナム	41	2.2%	3	0.9%

（出典）CEIC（出所は IMF）のデータを元に筆者作成

も日本が第1位で、第2位がシンガポール、第3位が米国で、中国は目立ちませんでしたので、この間にインドネシアでは日米の存在感が薄れ、中国の存在感が飛躍的に高まったことが分かります。

他方、中国から見てもインドネシアは有力な貿易相手国です。輸出先としては第16位（図表1－2－3）、輸入元としても第11位です（図表1－2－10）。

インドネシアの経済

インドネシアのGDP（国内総生産）は約1.2兆ドルと世界第17位（2021年）で、ASEANでは最大の経済規模です。経済成長率は過去30年平均4.8％と世界全体の同3.3％を上回っています。東西冷戦終結でグローバリゼーションが進み始めた1990年代前半には外資が流れ込み高成長を遂げましたが、アジア通貨危機が起きた1998年にはマイナス成長に大きく落ち込みました。しかしその後は世界平均をやや上回るペースで成長しています。

経済的な豊かさを示す一人当たりGDPは4400ドルほどで世界第117位と、第126位のベトナムよりやや豊かですが、マレーシアには及びません。中国にはアジア通貨危機のときに追い越されて以降、その差は拡大しています。

なお、インドネシアの産業構造は農業国型・資源

図表 3-1-8 ●インドネシアの実質成長率

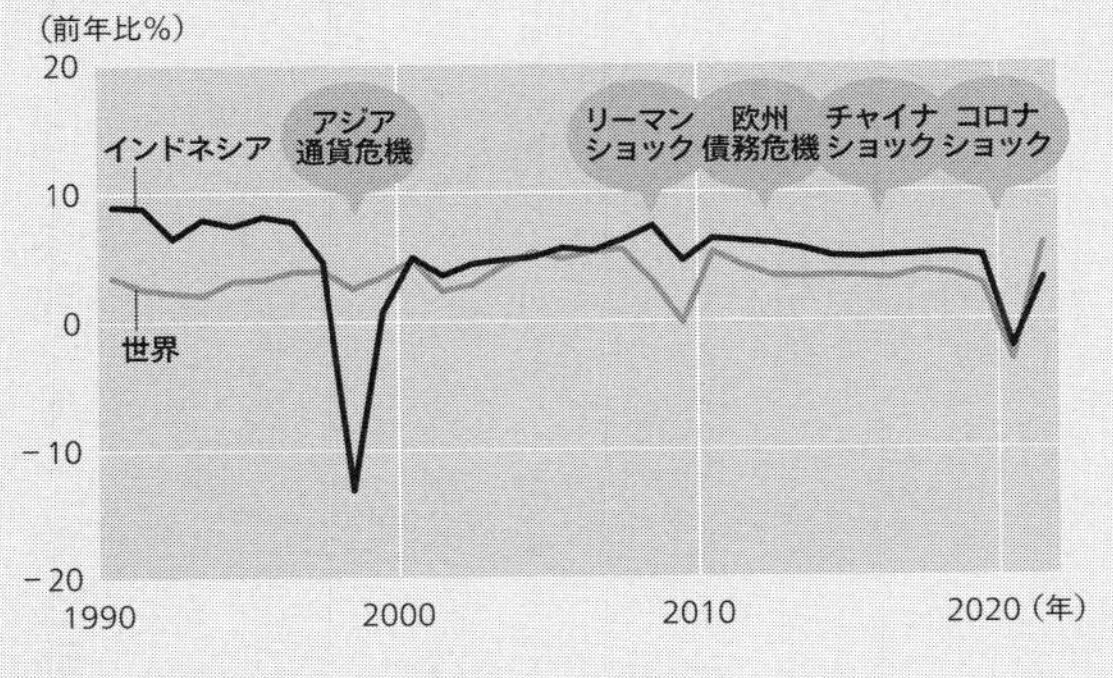

（出典）IMF のデータを元に筆者作成

図表 3-1-9 ●一人当たり GDP（インドネシアと中国）

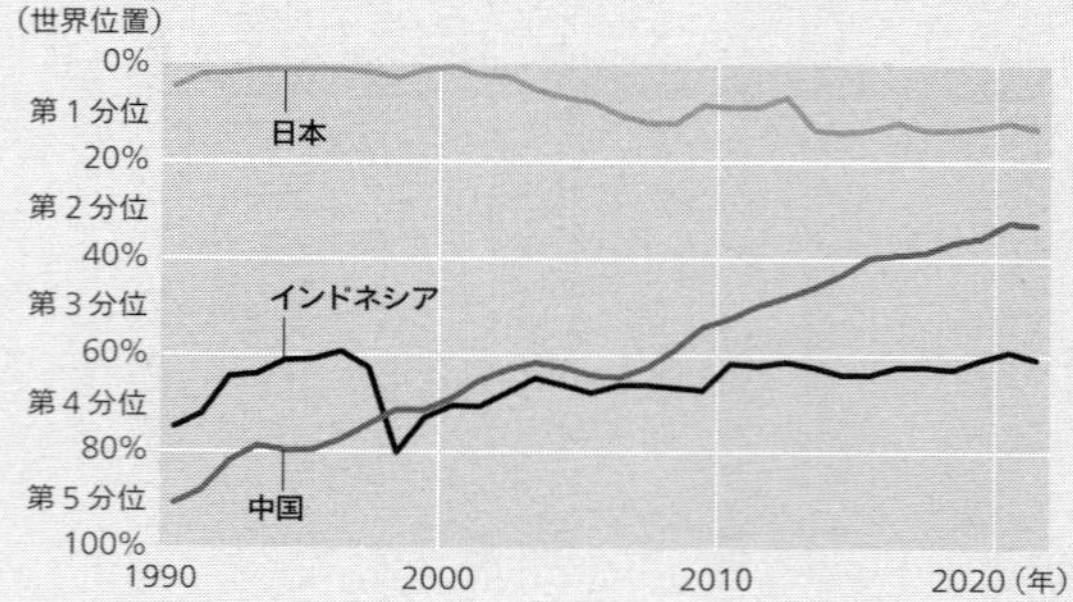

（注）世界位置は（中国の順位－1）÷（対象国数－1）で計算
（出典）IMF のデータを元に筆者作成

国型・観光国型で、需要構成は外需依存型・投資主導型です。

■インドネシアと中国の輸出・輸入品目

中国がインドネシアから輸入しているモノを見ると（図表3－1－10）、第1位が「工業原料類」、第2位が「エネルギー類」、第3位が「食品類」で、合計すると9割を超えます。そして「機械・部品」「電気機器・部品」「輸送機械・部品」「精密機械・部品」などは数％に過ぎません。

「工業原料類」のうち石炭は、中国から見るとインドネシアが第1位の輸入元で、そのシェアは6割もあります（図表3－1－11）。さらにアルミニウムやEV（電気自動車）用電池の主原料となるニッケルといった卑金属（ベースメタル）およびその製品が極めて多いのも特筆すべき点です。

また「エネルギー類」の輸入元としては、サウジアラビアなどの中東産油国、ロシア、米国、オーストラリアなどが目立ちますが、インドネシアからも6％ほど輸入しています。同様に「食品類」の輸入元としては、ブラジル、米国、カナダなどが目立ちますが、実はインドネシアも5％ほどを占めています。

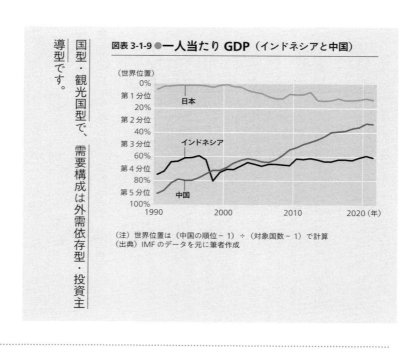

図表 3-1-10 ●中国のインドネシアからの輸入（2021年）

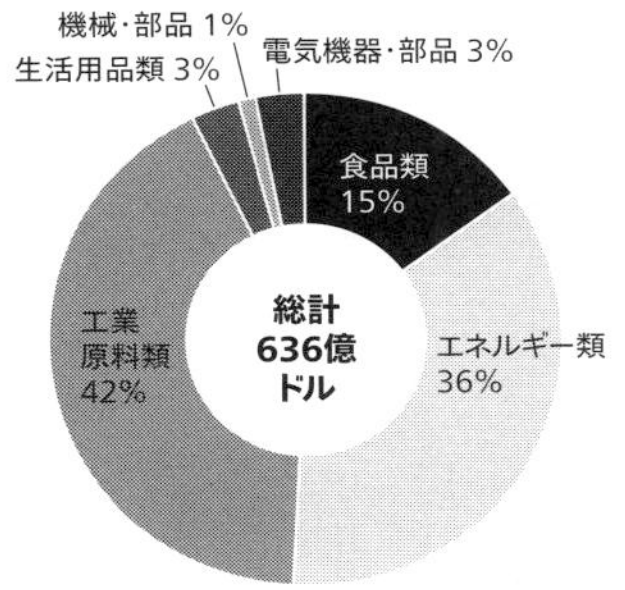

（出典）CEIC（出所は中国税関総署）のデータを元に筆者作成

図表 3-1-11 ●中国の石炭輸入元別シェア（2021年）

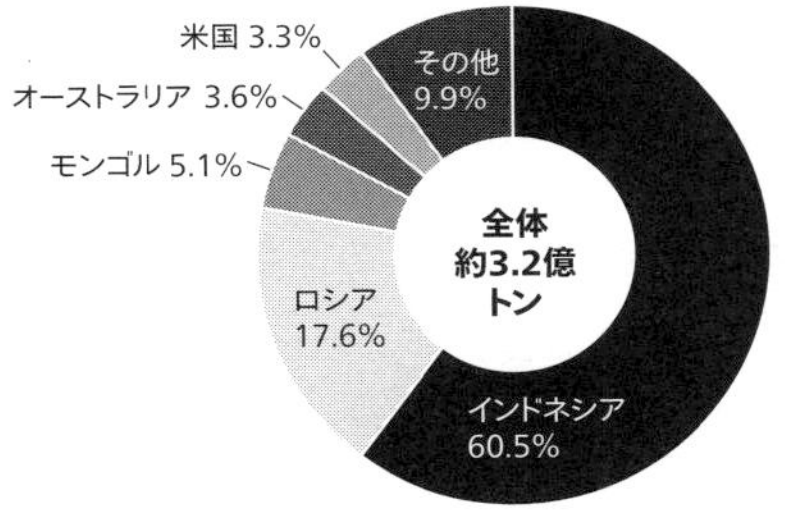

（出典）CEIC（出所は中国税関総署）のデータを元に筆者作成

図表 3-1-12 ●中国のインドネシアへの輸出（2021年）

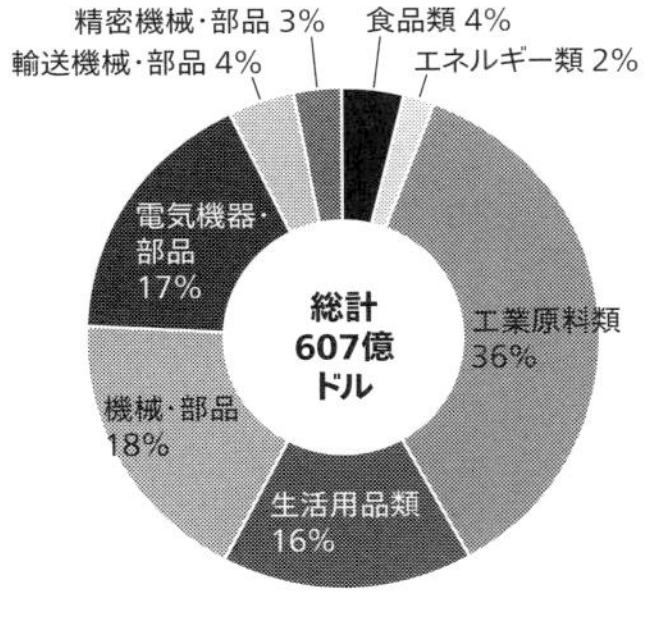

（出典）CEIC（出所は中国税関総署）のデータを元に筆者作成

　このように中国にとってインドネシアは、「工業原料類」の輸入元として重要な位置にあるのに加えて、食糧安全保障上もエネルギー安全保障上も極めて重要です。

　しかも、製造業の結びつきも深まりつつあります。インドネシアは前述のようにニッケル資源が豊富な国で、これまでは鉱石のまま輸出していたので、中国にとって工業原料類の供給元に過ぎませんでしたが、インドネシア国内にニッケル精錬工場を建設し、さらにはそれを載せたＥＶ（電気自動車）も自国内で生産すべく、投資を積極的に誘致するなど製造業の強化を図っているからです。

　一方、インドネシアにとって中国は、「生活用品類」や工業製品・部品・素材の重要な供給元です。インドネシアが中国から輸入しているモノを見ると（図表3－1－12、ここでは中国からインドネシアへの輸出を表示）、中国が伝統的に強みを持つ「生活用品類」が16％を占めます。それを除くほとんどは工業製品・部品・素材です。「工業原料類」、「機械・部品」、「電気機器・部品」、「輸送機械・部品」、「精密機械・部品」を合わせるとおよそ8割を占めています。10年ほど前（2010年）にはこの比率が7割ほどでしたので増加傾向にあります。特に「工業原料類」と「電気機器・部品」の増勢が顕著です。

ただし、前述した国内製造業の育成が軌道に乗ってくれば、インドネシアにとっての中国の位置づけも変化していくでしょう。

■投資関係

インドネシアと中国の投資関係を見ると、中国の対インドネシア直接投資累積額は180億ドルほどです。インドネシアGDP比で1.7％とその影響は大きいと言えます。米国もインドネシアに約187億ドルとほぼ同規模の投資をしていますが、その差は縮まりつつあります（図表3－1－13）。ただし、日本の自動車産業や大手商社、それにヤクルトや味の素のような食品メーカーが進出していることもあって、日本の対インドネシア直接投資累積額は約383億ドルと、米中両国の2倍を超えており、インドネシアでは日本の存在感の方がはるかに大きいと言えます。

図表 3-1-13 ●日米中のインドネシアへの直接投資累積額

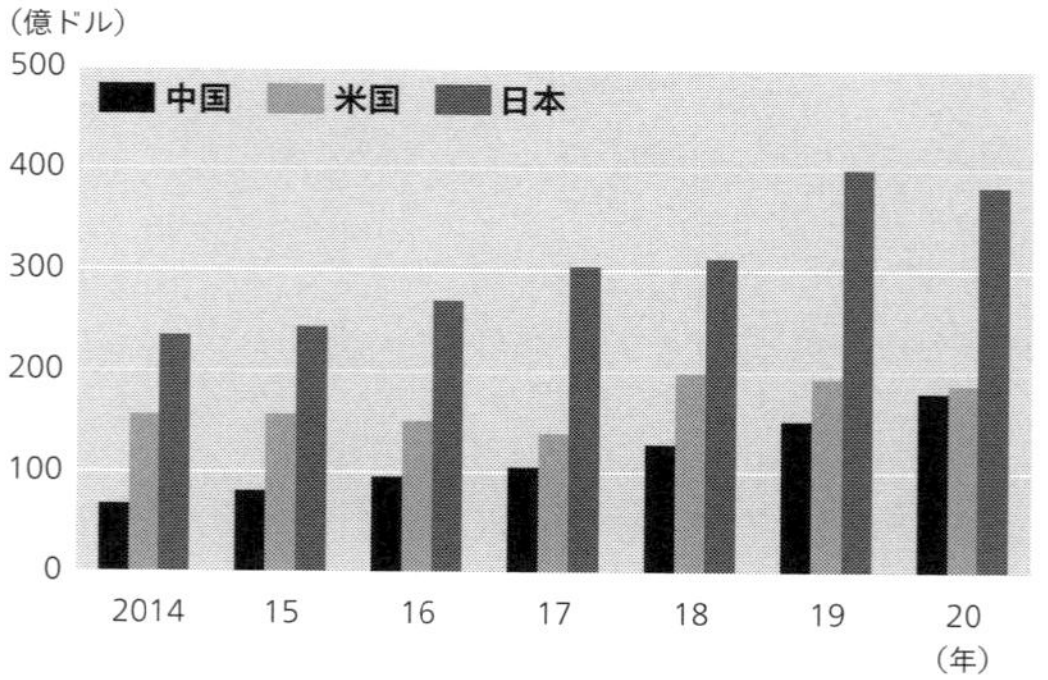

（出典）OECD、中国商務部のデータを元に筆者作成

参考

インドネシアの産業構造・需要構成

インドネシアの産業構造は20年ほど前の中国に似ています。総付加価値（TVA≒GDP）の産業構造を見ると（図表3-1-14）、第一次産業の比率は世界平均（4.3%）を大幅に上回り、鉱業・エネルギー等供給業も世界平均（6.1%）を上回り、製造業も世界平均（16.7%）を上回っています。一方、第三次産業は世界平均（67.2%）を大幅に下回っています。

これは20年ほど前の中国とほぼ同じです。第一次産業が15%前後、鉱業・エネルギー等供給業が1割前後、製造業が3割前後、第三次産業が4割前後でした。将来的に中国のような製造大国になるとしても、現在の製造業はまだまだ発展途上です。

両国の貿易はインドネシアが食品、エネルギー、工業原料を中国に供給し、中国が工業製品・部品・素材・生活用品をインドネシアに供給する構造となっているからです。なお、インドネシアでは国営企業の存在感が強く、国営企業全体の売上高はGDPの約15%に相当する規模があります。この点では中国に似ている面があります。

他方、国内総生産（GDP）の需要構成を見ると（図表3-1-15）、インドネシアは純輸出等がプラスとなっており、中国と同様、輸出で外貨を稼いでいます。ま

図表 3-1-14 ●インドネシアの産業構造（2011～20年平均）

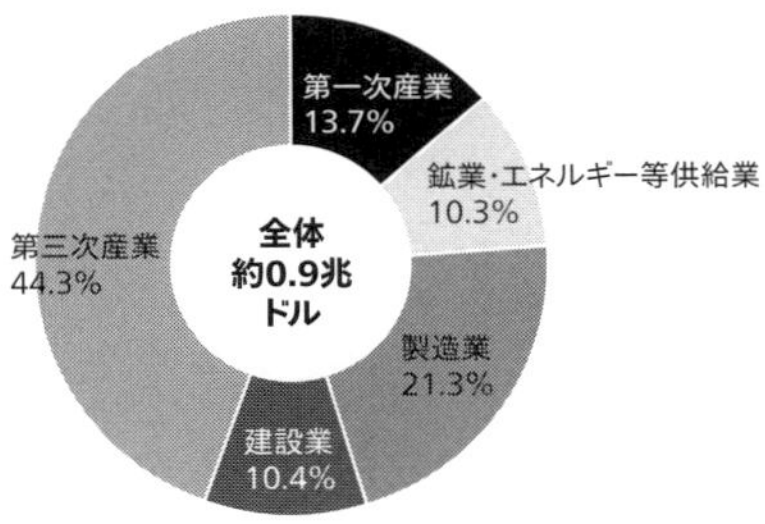

（出典）国連のデータを元に筆者作成

図表 3-1-15 ●インドネシアの需要構成（2011～20年平均）

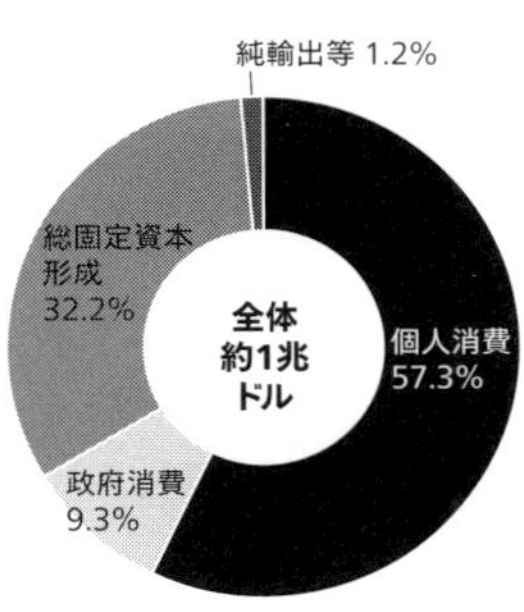

（出典）国連のデータを元に筆者作成

た投資についても、中国と同様、総固定資本形成（≒投資）が世界平均（25・0％）を上回っており、インフラや生産設備の拡充を進めています。

4 米中対立における立場

中国陣営に与する可能性は低い。

しかし、独立的・能動的な外交をする国で、経済的には米中双方と相互依存関係なので、米中新冷戦では中立を守る可能性が高い。

日本が米中両国の橋渡し役を試みる場合、ＡＳＥＡＮでリーダーシップを取ってくれ、日本の交渉力を格段に高めることが期待できる。

米国と同じ欧米型民主主義で、共産主義に拒絶反応を持っているので「中国の特色ある社会主義」とは相容れません。しかし世論は全体としてわずかに親米な程度で、親中も強い国です。

経済面では、インドネシアにとって米国も中国も重要です。米国は輸出先としては第2位、輸入元としては第4位の貿易相手国であり、さらに投資元としても米国の対インドネシア投資は中国のそれに比肩する規模なので、関係を悪化させたくありません。

他方、中国は輸出先としては第1位、輸入元としても第1位の貿易相手国で、投資元としてもＧＤＰ比1.7％と大きな影響力があるため、関係を悪化させると甚大な影響が出ます。とりわけ工業製品・部品・素材の主要な供給元であるため、それが滞ると工業生産に支障を来たします。さらに食品、エネルギー、石炭を買ってくれるお得意先でもあり、関係が悪化すると製造業だけでなく農家や鉱業で働く人々にも悪影響が及びます。インドネシアは観光大国でもあるので、中国人旅行者が減ると、観光業で働く人々にも悪影響が強く、経済への打撃は看過できません。

このようにインドネシア経済は、米国とも中国とも相互依存関係にあります。

そもそもインドネシアは、国益を重視した独立的かつ能動的な外交を基本方針としています。米中のいずれかに肩入れすれば、非友好国と見なされ経済的発展という国益を損ないかねないため、米中新冷戦になっても中立を守る可能性が高いと見られます。そして親中と反中が拮抗しているインドネシア世論もそれを望んでいるように見えます。

したがって、日本が米国陣営に与して中国陣営と闘うことになった場合、インドネシアに共闘を求めても同調してくれる可能性は低いでしょう。

一方、日本が橋渡し役を試みる場合には同調してくれる可能性が大いにあります。インドネシアにとって日本は米中以上に有力な投資元ですし、米中和解が国益に適うからです。実際、インドネシアのスリ財務相は「ASEANは米国と中国のバランスをとり、緊張を緩和する重要な役割を果たす」と述べています。日本がASEANのリーダー的な存在であるインドネシアと共同戦線を張ることができれば、対米・対中での交渉力は格段に高まります。

図表 3-1-16 ●米中インドネシアの関係

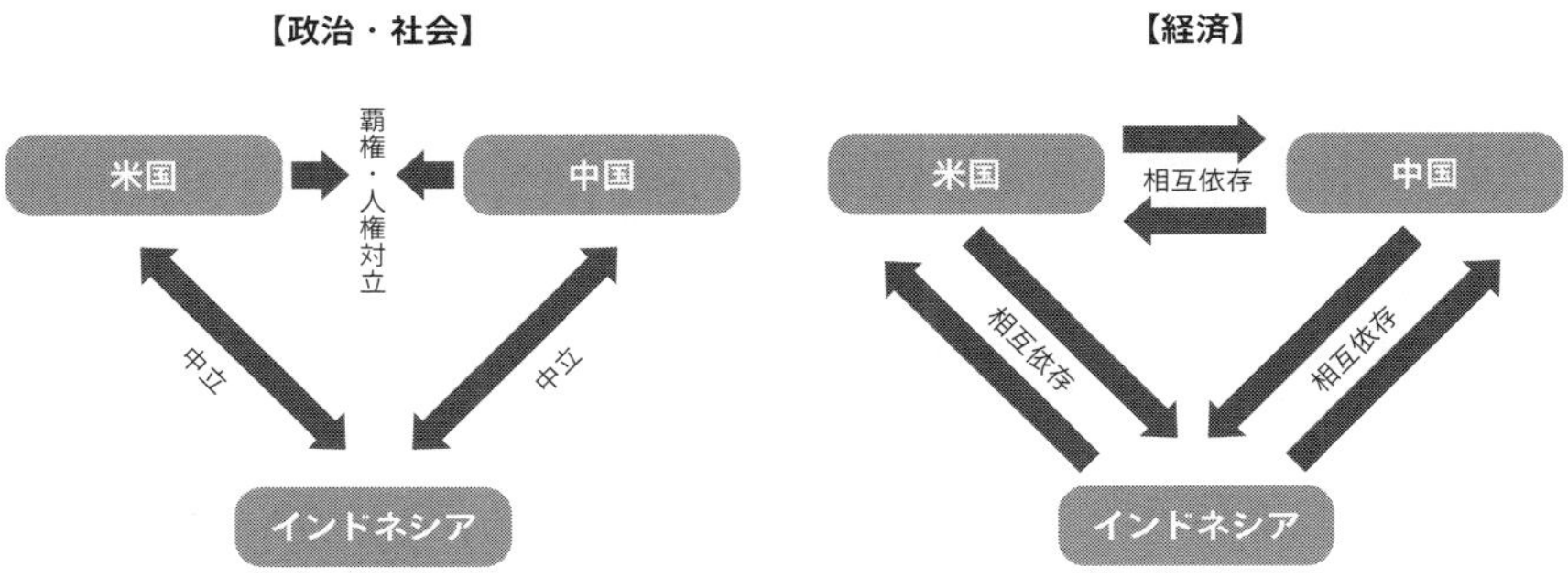

（出典）筆者作成

近隣アジアでは、パクス・シニカの復活を目論む中国と、それを阻止しパクス・アメリカーナを維持したい米国が、硬軟織り交ぜた外交を展開していますが、その主戦場となっているのが東南アジア諸国連合（ASEAN）の国々です。

2024年3月末、ASEANには10ヵ国が加盟しています。その目的は地域の平和と安定を促進し、地域の経済的発展を支援することで、内政不干渉や全会一致が中核原則となっています。1994年にはASEAN地域フォーラム（ARF）を設立、2018年にはASEAN物品貿易協定（ATIGA）に基づく関税撤廃を実現し、その目的を達成しつつあります。

ASEAN諸国が広がる東南アジアの歴史を振り返ると、地理的に中国の南、インドの東に位置し、中国とインドの交易の中継点として、古くから扶南（今のカンボジア南部）やチャンパ（今のベトナム南部）といった「港市国家」が繁栄しました。中国とインド双方の文化的影響を受ける一方で、12世紀にはアラブ商人がイスラム教を伝え、そして19世紀には西洋による植民地化が進み、

図表1 ● ASEAN 諸国の経済概況

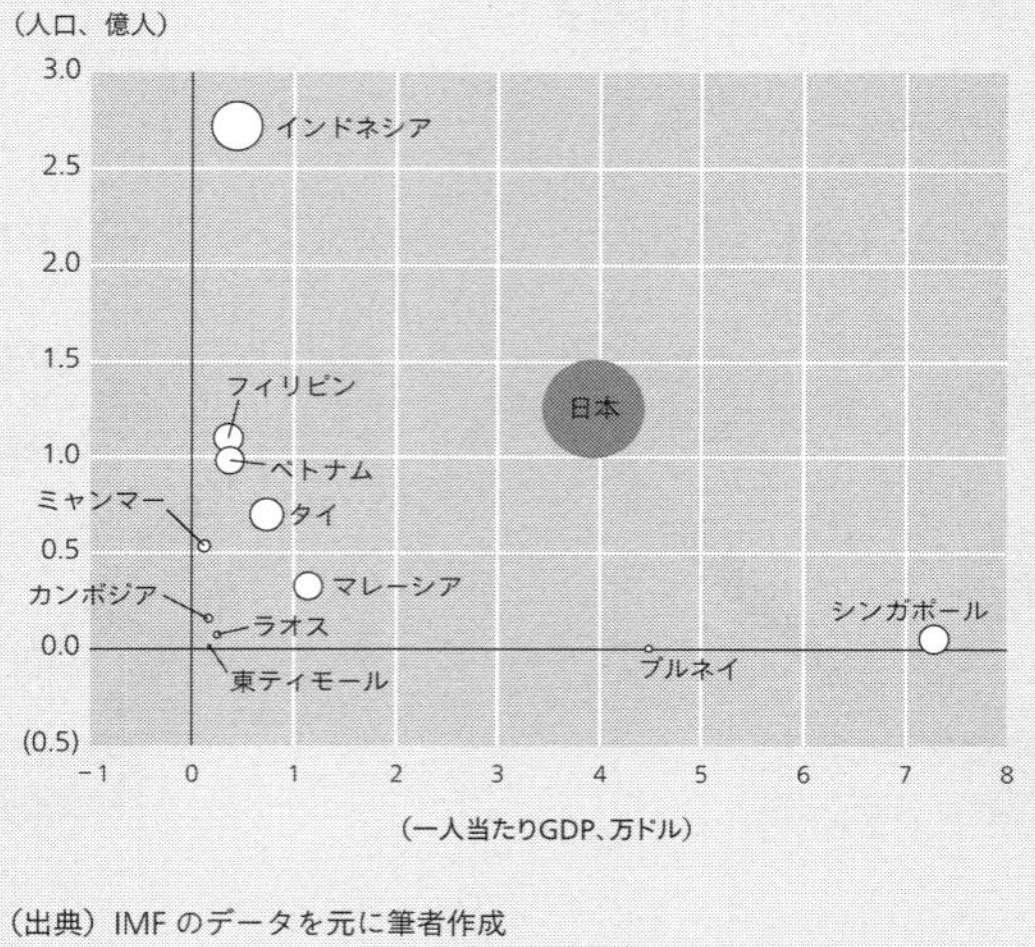

（出典）IMF のデータを元に筆者作成

その影響も強く受けてきました。

第二次世界大戦が終わり東西冷戦時代になると、次々に独立国家が誕生し、西側陣営に属したフィリピン、インドネシア、マレーシア、シンガポール、タイの5ヵ国が1967年にASEANを設立しました。

その後1984年にはブルネイが加盟し、そして東西冷戦が終わると東側陣営に属したベトナムなどの国々も加わりました。そして東ティモールの加盟も内定しています。

中国とASEANは2021年11月に、それまでの戦略的パートナーシップを包括的戦略パートナーシップに格上げするなど関係を強化しています。

また紛争の火種となっている南シナ海問題に関しては、中国は「九段線（断続する9つの線の連なり）」の領有権を主張していますが、ASEANの国々（ベトナム、フィリピン、マレーシア、インドネシア、ブルネイ）は異論を持っているため、紛争を予防するための仕組みとして法的拘束力を持つ南シナ海行動規範（Code of Conduct）を策定しようとしています。

米国による関与を排除しようとする中国と、今後も米国の関与に期待するASEANの溝は大きいとみられますが、今後の議論の行方が注目されます。なお、九段線と言われますが、1940年代には「十一段線」だったこともあり、また中国政府が現在採用している地図をよく見ると、「十段線」となっています。

図表2● ASEANの加盟年表

	植民地支配からの独立	ASEAN 加盟
フィリピン	1946年米国から独立	1967年
インドネシア	1949年オランダから独立	1967年
マレーシア	1963年英国から独立	1967年
シンガポール	1965年マレーシアから分離独立	1967年
タイ	植民地支配を回避	1967年
ブルネイ	1984年英国から独立	1984年
ベトナム	1945年フランスから独立	1995年
ラオス	1953年フランスから独立	1997年
ミャンマー	1948年英国から独立	1997年
カンボジア	1953年フランスから独立	1999年
東ティモール	1975年ポルトガルから独立 2002年インドネシアから分離独立	加盟内定

（出典）各種資料を元に筆者作成

第2章 ASEAN最大の社会主義国 ベトナム

両国の距離感（ポイント）

世論は親米・反中で、中国とは南シナ海における領有権問題を抱えており、中越戦争の遺恨もあります。

しかし政治面では中国と同じ社会主義国で、文化面では三教（儒教、道教、大乗仏教）の価値観を共有し、人的交流も盛ん、経済面での関係も極めて親密です。

総括するとベトナムと中国の距離感は「やや近い」と評価しています。

ベトナムと中国の距離感分析

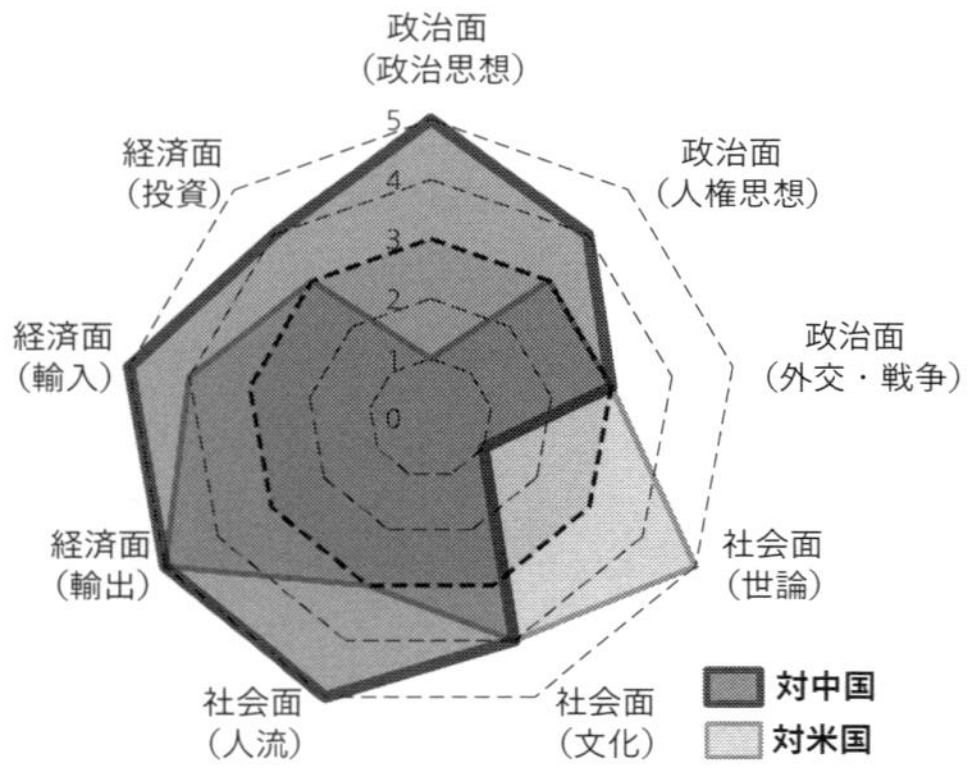

政治面	中	米
政治思想	5	1
人権思想	4	3
外交・戦争	3	3

社会面	中	米
世論	1	5
文化	4	4
人流	5	3

経済面	中	米
輸出	5	5
輸入	5	4
投資	4	3

（出典）筆者作成

ベトナムはＡＳＥＡＮで中堅に位置する国です。人口はＡＳＥＡＮで第３位、ＧＤＰは第６位とそれほど目立ちません。しかし中国と同じ社会主義国で共産党による一党支配下にある国としてはＡＳＥＡＮ内で最大です。

しかし古代から中国に服属させられていた時代も長く、今日に至るまでプレッシャーを受け続けています。中国との関係はどの為政者にとっても極めて重要な課題です。

そして経済面では米国とも親密な関係にあり、輸出先の第１位は米国です。加えて日本や韓国との経済関係も親密であり、極めてユニークな立ち位置にあると言えます。

したがって米中対立で大きなカギを握っています。欧米型民主主義の日本とは一味違った観点から、世界の分断を阻止する道筋を探り出せる可能性があるからです。

1 政治面「高め（やや近い）」

ベトナムは共産党による一党支配下にある国です。

そして政治的自由度も民主主義度も中国とほぼ同じ低

図表 3-2-1 ●ベトナムの政治的自由度と民主主義指数

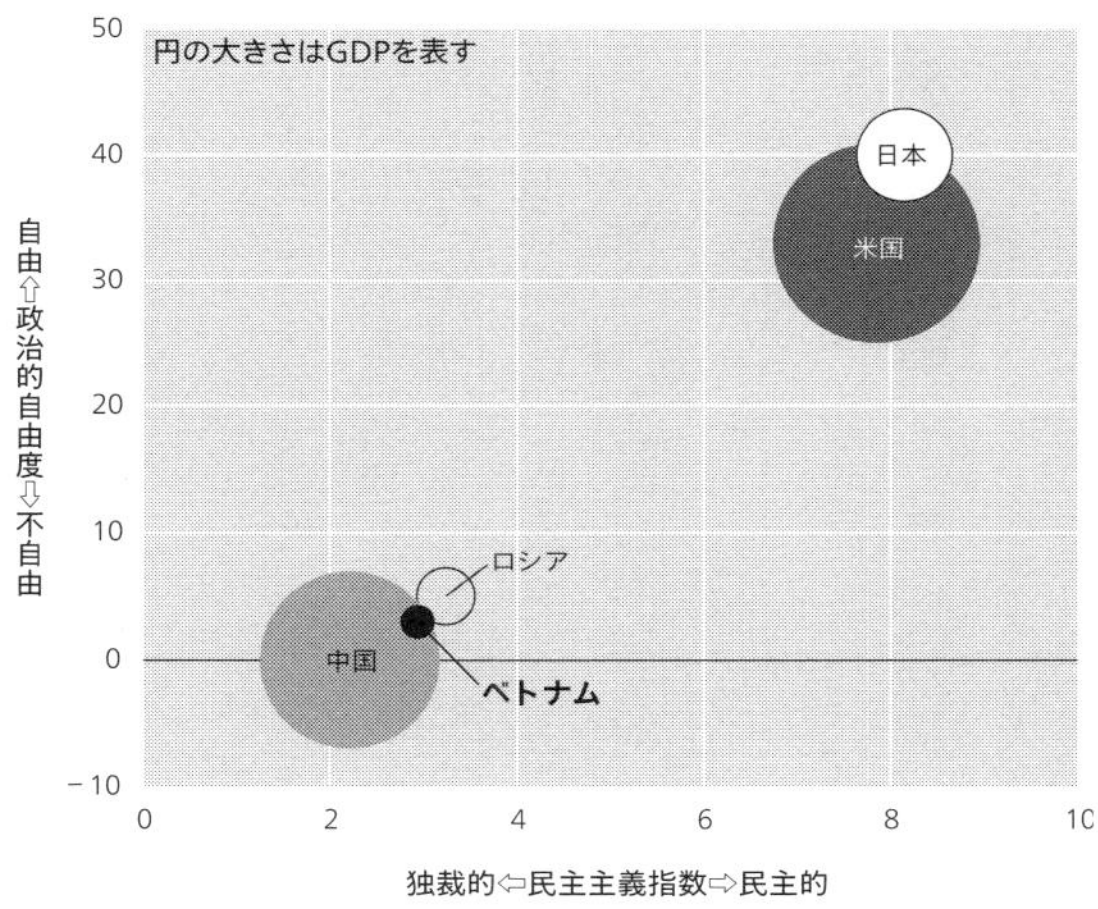

（出典）IMF、EIU、Freedom House のデータを元に筆者作成

水準にあり、日本や米国の政治思想とは対極に位置しています（図表3－2－1）。また人権思想を巡る議論においては、自国が発展途上国であることから、自由権よりも生存権・発展権を重視する中国の考えに共感できる面があり、国連人権理事会などで中国の人権侵害を非難する動きに対しては、中立の立場をとる傾向にあります。

一方、近年、中国経済が強大化して南シナ海の大部分を自国の領海だと主張するようになったこともあり、ベトナムはパクス・シニカの復活を警戒しているようです。

古代からの中越関係を振り返ると、ベトナムは一時期を除いて中国の歴代王朝に服属、または朝貢し冊封を受けるという関係にありました。また第二次世界大戦後の第1次インドシナ戦争やベトナム戦争ではともに戦ったものの、直近の中越戦争では戦火を交え同胞を殺されたという遺恨もあり、中国は完全に信用しきれる国ではありません。

ベトナムと中国は北部湾（別名：トンキン湾）における領海、排他的経済水域、大陸棚、漁業協力に関しては正式調印を終えており、陸地の境界に関する問題でも中越陸地境界画定議定書に署名して2010年に発効しました。現在、南沙諸島における領有権問題が残っています。

まとめると政治・人権思想で共通点も多い両国ですが、歴史的にはさまざまな遺恨があり、領有権問題もあるので、両国は警戒しつつも協力する関係にあります。すなわちウィンウィンの場合は協力を惜しまないものの、利害が対立する場合は断固反対するというスタンスです。

ベトナムの政治

ベトナム社会主義共和国の国土面積は33万㎢ほどで、インドシナ半島東部に位置し、北は中国、西はラオス、カンボジアと国境を接し、東は北部湾（トンキン湾）と南シナ海、南は南シナ海とタイ湾に面しています。南シナ海の南沙諸島では中国、台湾、フィリピン、マレーシア、ブルネイと領有権を巡る争いがあります。なお、首都はハノイに置かれています。政治体制は社会主義共和制で、ベトナム共産党による一党支配となっており、共産党書記長の政治的な地位が最も高くなっています。国家元首は国家主席で、国会議員（任期5年）の中から国会で選出されます。また行政機関の長である首相も国会で選出されます。現行憲法は2014年に施行されました。

なお現在、ベトナムでは反汚職運動が展開されており、2023年から2024年にかけて国家主席が立て続けに失脚した上、2024年7月には、長らく最高指導者を務めたグエン・フー・チョン氏が亡くなったため、新しい指導体制が軌道にのるまで、国内政治は不安定と見られます。

ベトナムの外交

ベトナムは共産主義国でありながらも、ASEAN諸国や日本などとの協調を重視し全方位外交を展開しています。例えば国際機関や地域的連携の枠組みにも積極的に参加しており、米国が離脱した後、日本が中心となって11ヵ国で締結した「環太平洋パートナーシップに関する包括的及び先進的な協定（CPTPP、別名TPP11）」にも加盟しています。

加えて中国も加盟するRCEP（地域的な包括的経済連携）にも加盟しており、自由貿易を強く希求しています。

●ベトナムと中国の国交樹立後の主な外交関係

ベトナムと中国は1950年1月18日に国交を樹立しました。1945年にフランスからの独立を宣言したベトナム民主共和国（北ベトナム）は第1次インドシナ戦争（1946～54年）でフランスと戦った際、中国はそれを支援して共に戦いました。その結果、ベトナム民主共和国は1954年のジュネーブ協定で北緯17度線より北を支配下におくことに成功しました。

その後のベトナム戦争（第2次インドシナ戦争、1960～75年）でも中国は北ベトナムを支援して共に戦い、1976年には南北統一を成し遂げたため、両国は良好な関係にありました。

その後、1978年にベトナムがカンボジアに侵攻すると、翌年には中国がベトナム北部に侵攻し（中越戦争）、両国は外交関係を断絶することとなりました。しかし、1991年にソ連が崩壊すると、ベトナムは中国にその代わりを求め接近しました。

中国はソ連の代わりは難しいとしたものの、「過去を終わらせ、未来を切り開き、両党の関係を正常化する」ことで合意し、両国は外交関係を再開することとなりました。そして1999年には中国共産党（江沢民総書記）とベトナム共産党（レ・カ・フュー書記長）の間で「長期安定、未来志向、善隣友好、全面協力」を両国関係の基本方針とすることを決めました。

その後は歴代首脳（中国共産党トップの総書記やベトナム共産党トップの書記長など）が頻繁に相互訪問し意思疎通を図っています。1986年から取り組みが始まった、ベトナム版の「改革開放」とも言うべき「ドイモイ（刷新）」政策推進にあたっても、こうした交流が貢献した面があります。

一方で、両国は南沙諸島における領有権問題を抱えています。中国政府が2020年4月に南沙諸島を管轄する行政組織「南沙区」を設置した際には、ベトナム政府は「ベトナムの主権に対する侵害で強く反対する」と表明するとともに、ベトナムもこの地で埋め立て作業を強化しています。そしてベトナム巡視船と中国船が衝突したり、逆に中国海警局の船とベトナム船が衝突したりする事故がしばしば発生するなど、紛争の火種となっています。

そして米海軍の空母カール・ビンソンの寄港を認めるなど安全保障協力を進めることで、それを抑止しようとしています。ただし、ベトナム軍は中国、カンボジア、マレーシア、タイ、ラオスの各軍と「平和友誼2023」と呼ばれる合同演習をするなど中国との関係が悪いわけではありません。

2 社会面「中位（普通）」

ベトナム社会にはフランス植民地時代の影響が強く

残っています。入植者が持ち込んだキリスト教の信者が一定程度いるほか、コーヒーを飲むことが国民的習慣なのもその影響です。

ただし、元来、中華文明から、強い影響を受けてきました。その国名（「ベトナム」を漢字で記述すると「越南」となります）に始まり、ベトナム語も漢語からの借用語が日本語と同様に極めて多く、さらに三教（儒教、道教、大乗仏教）の価値観を共有しています。

その一方で、中国とは国境を接している上、南沙諸島問題も抱えているため、ベトナム国民にとって中国

図表 3-2-2 ●ベトナムの親米・親中分析

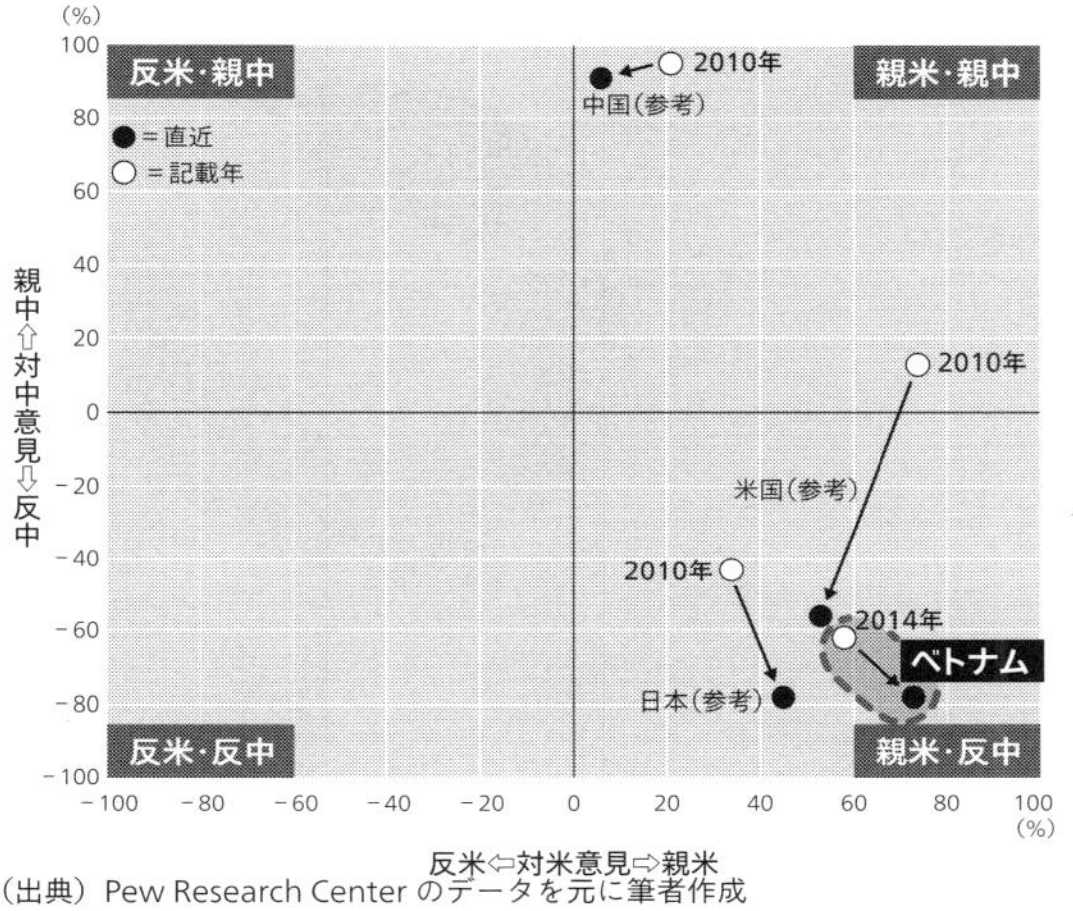

（出典）Pew Research Center のデータを元に筆者作成

図表 3-2-3 ●ベトナムにおける中国・主要国の認識

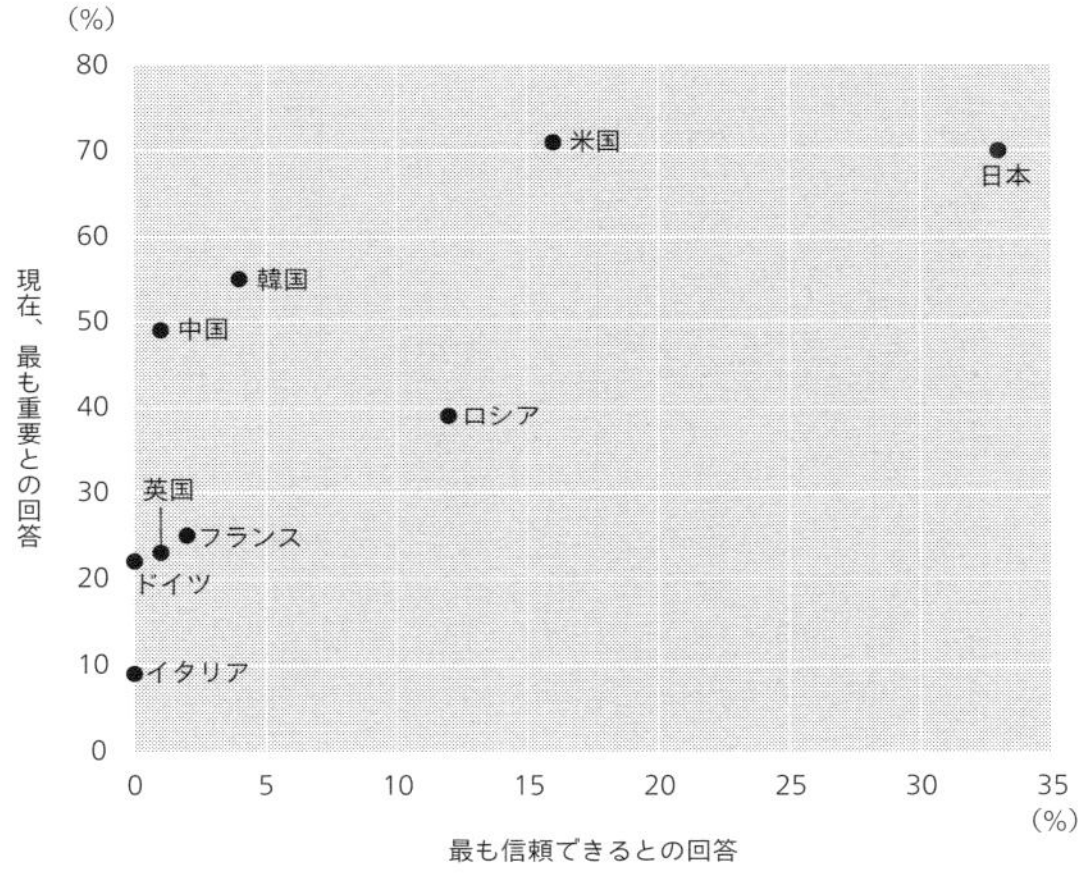

（出典）日本外務省 のデータを元に筆者作成

図表 3-2-4 ●ベトナムの入国者の内訳（2017 ～ 19 年平均）

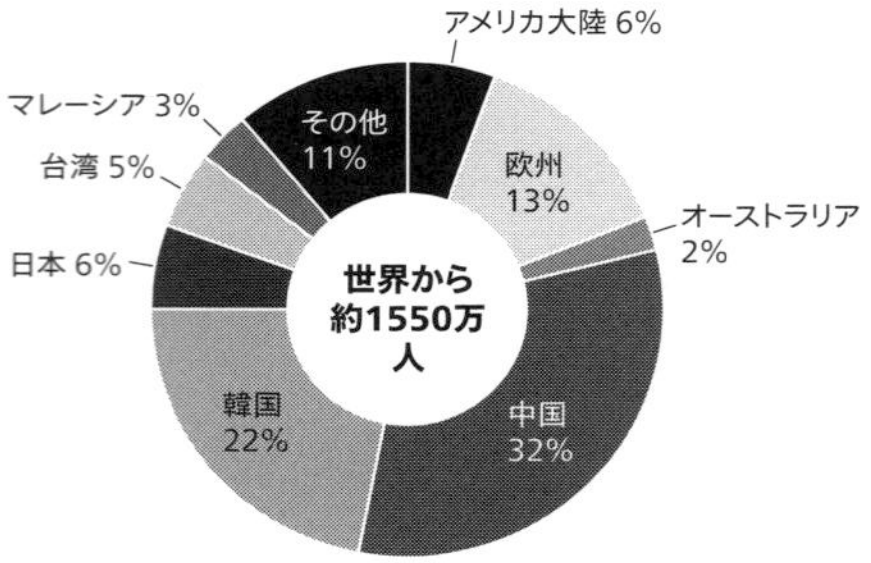

（出典）CEIC（出所はベトナム統計総局）のデータを元に筆者作成

は脅威を身近に感じる状況にあります。政治家も中国の覇権主義に対し強く警戒しています。

ベトナムの世論は反中です。ピューリサーチセンターの調査結果を見ると（図表3－2－2）、中国のことを「好ましい」と回答した人が10％、「好ましくない」と回答した人が88％と、差し引きマイナス78ポイントでした。他方、米国のことを「好ましい」と回答した人は84％、「好ましくない」と回答した人は11％と、差し引きプラス73ポイントなので、ベトナムの世論は日本に勝るとも劣らない親米・反中だと言えるでしょう。なお、ベトナムは日本やロシアに対する信頼も厚いようです。日本外務省が2022年に実施したアンケート調査の結果を見ると（図表3－2－3）、「最も信頼できる」との回答で、日本が最も多く、ロシアも米国に次ぐ多さでした。

ベトナムと中国の人的交流は、地理的に近いこともあって盛んです。ベトナムへ入国した人の内訳を見ると（図表3－2－4）、中国からの入国者はコロナ前（2017～19年）の年平均で約500万人と全体の3分の1を占めていました。日本は約90万人なのでおよそ6倍です。なお、中国の次に多いのは韓国で、約340万人と全体の2割を超えています。

ベトナムの社会

人口は1億人ほどで、人口構成はつぼ型とつりがね型の中間に位置する形となっています。ただし、15歳未満の若年層では若いほど人口が多いので、当面はつりがね型を維持できそうな形状です。ベトナム社会の8割超はベトナム人（キン族）ですが、ムオン、クメール、モン、タイなど53の少数民族もともに暮らしています。公用語はオーストロアジア語族のベト・ムオン語派に属するベトナム語です。

図表3-2-5 ●ベトナムの人口ピラミッド（2020年）

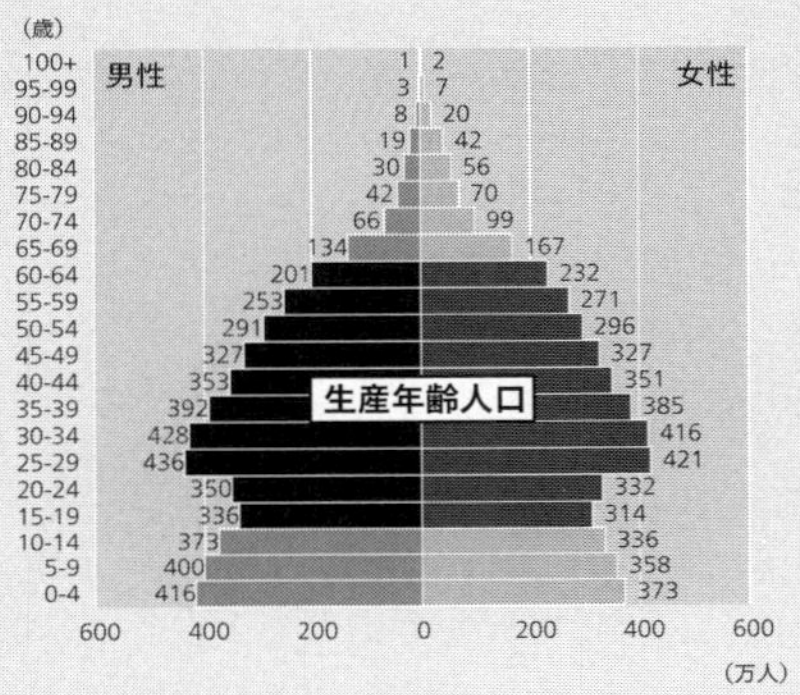

［ベトナム］
生産年齢人口比率：69%
15歳未満の若年層比率：23%
65歳以上の高齢者比率：８%
平均寿命：75.3歳

［世界］
生産年齢人口比率：65%
15歳未満の若年層比率：25%
65歳以上の高齢者比率：９%
平均寿命：72.3歳

（出典）国連のデータを元に筆者作成

宗教はキリスト教（カトリック）と仏教がそれぞれ6％前後で、無宗教が8割超とされますが、文化的にはほとんどの人が仏教から大きな影響を受けているようです。

ちなみに国土が南北に細長いベトナムでは、食文化（北部は塩辛い味、南部は甘く濃い味）や金銭感覚（北部は貯蓄志向、南部は消費志向）も南北でかなり違うようです。

3 経済面「高位（近い）」

ベトナムと中国の貿易関係を見ると、中国側の統計（2021年）ではベトナムへの輸出が1380億ドル（図表1－2－3）、ベトナムからの輸入が923億ドルで、中国から見ると457億ドルの輸出超過（ベトナムの輸入超過）となっています（図表1－2－10）。

図表 3-2-6 ●ベトナムの輸出先ランキング（2021 年）

順位	国・地域	輸出額（2021 年）		輸出額（2000 年）	
		億ドル	シェア	億ドル	シェア
	輸出全体	3,285	100.0%	145	100.0%
1	米国	967	29.4%	7	5.1%
2	中国	548	16.7%	15	10.6%
3	韓国	228	6.9%	4	2.4%
4	日本	198	6.0%	26	17.8%
5	香港	115	3.5%	3	2.2%
6	オランダ	74	2.3%	4	2.7%
7	ドイツ	71	2.2%	7	5.0%
8	インド	64	1.9%	0	0.3%
9	英国	62	1.9%	5	3.3%
10	カナダ	55	1.7%	1	0.7%

（出典）CEIC（出所は IMF）のデータを元に筆者作成

図表 3-2-7 ●ベトナムの輸入元ランキング（2021 年）

順位	国・地域	輸入額（2021 年）		輸入額（2000 年）	
		億ドル	シェア	億ドル	シェア
	輸入全体	3,227	100.0%	156	100.0%
1	中国	1,099	34.1%	14	9.0%
2	韓国	556	17.2%	18	11.2%
3	日本	219	6.8%	23	14.7%
4	台湾	207	6.4%	19	12.0%
5	米国	155	4.8%	4	2.3%
6	タイ	122	3.8%	8	5.2%
7	オーストラリア	85	2.6%	3	1.9%
8	マレーシア	75	2.3%	4	2.5%
9	インドネシア	75	2.3%	3	2.2%
10	インド	73	2.3%	2	1.1%

（出典）CEIC（出所は IMF）のデータを元に筆者作成

ベトナムにとっては中国も米国も最有力な貿易相手国です。輸出先トップ10を見ると（図表3－2－6）、米国が第1位で、中国は第2位です。ベトナムでは米国の存在感が急激に増してきており、20年ほど前（2000年）に5.1%だったシェアは29・4%まで高まりました。同時に中国の存在感も増しており、10・6%だったシェアが16・7%まで高まっています。中国の対米輸出の迂回貿易の拠点となっているのが一因と言われています（後述）。半面、第1位だった日本が第4位にシェアを落としています。

輸入元トップ10を見ると（図表3－2－7）、第1位は中国で、米国は第5位にとどまります。しかも中国からの輸入は急激に増えており、20年ほど前に9.0％だったシェアは34・1％に高まりました。半面、第1位だった日本が第3位にシェアを落としています。

一方、中国から見てもベトナムは有力な貿易相手国で、輸出先としては米国、香港、日本、韓国に次ぐ第5位（シェアは4.1％）、輸入元としては第9位（シェアは3.4％）です（図表1－2－3）。20年ほど前と比べると、輸出先シェアは6倍に、輸入元シェアは8倍にそれぞれ増えており、中国から見ても、ベトナムの存在感が急激に高まってきています。

ベトナムの経済

ベトナム経済のGDP（国内総生産）は約0.4兆ドルと世界第41位（2021年）で、香港やマレーシアとほぼ同じ経済規模です。経済成長率は過去30年で平均6.9％と、世界全体の同3.3％のおよそ2倍の成長スピードです。

その背景には、1986年に「ドイモイ（刷新）」政策に舵を切り市場化や対外開放を進めたことに加えて、1990年前後に東西冷戦が終結したことで進展したグローバリゼーションの恩恵を存分に受けたことがあります。この間にアジア通貨危機、リーマンショック、チャイナショック、コロナショックとさまざまな危機が訪れたものの、ベトナムの経済発展はおおむね順調でした。

図表3-2-8●ベトナムの実質成長率

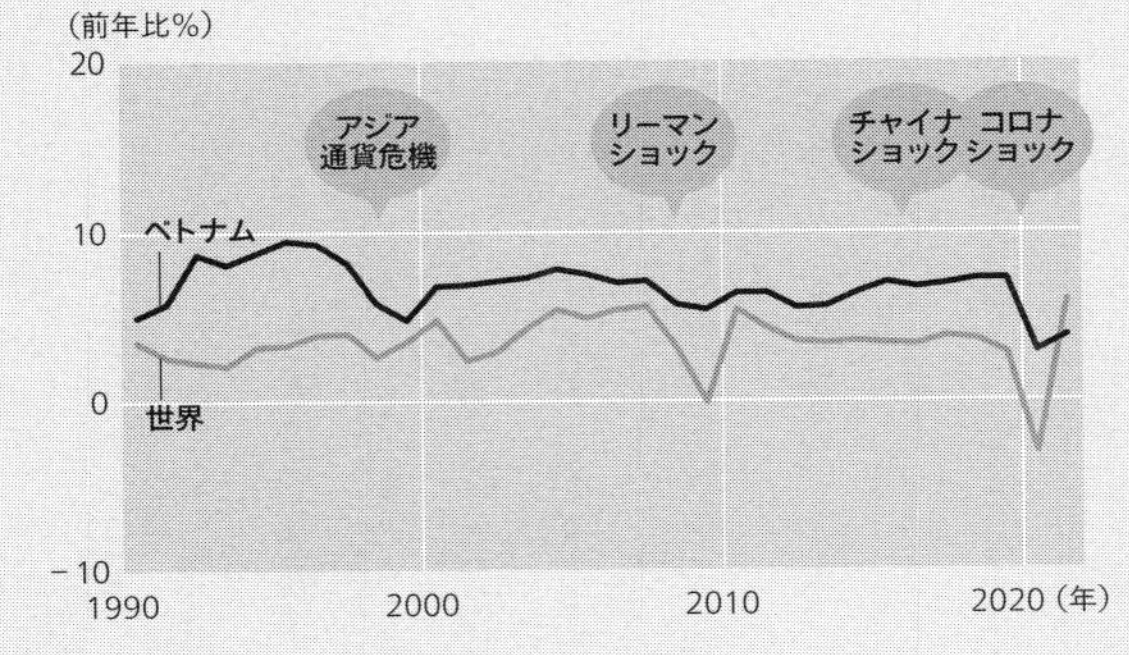

（出典）IMFのデータを元に筆者作成

図表 3-2-9 ●一人当たり GDP（ベトナムと中国）

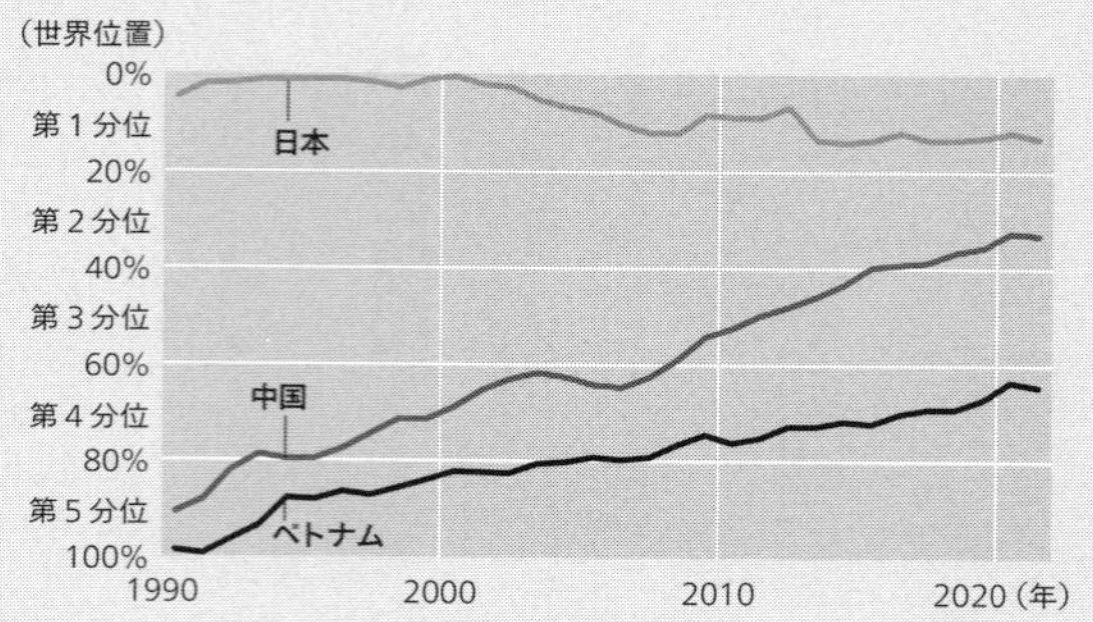

（注）世界位置は（中国の順位－ 1）÷（対象国数－ 1）で計算
（出典）IMF のデータを元に筆者作成

他方、経済的な豊かさを示す一人当たりＧＤＰは３７００ドルほどで世界第１２６位と、世界各国を５分位に分類したときは下から２番目（第４分位）のまだ比較的貧しい水準です。ただ中国の発展の速度には及びませんが、徐々に豊かな国になってきています。

なお、ベトナムの産業構造は農業国型・資源国型で、最近では製造国型に切り替わりつつあります。また需要構成は外需依存型・消費主導型です。

ちなみに筆者が２０１３年にホーチミンのスーパーで買い物をしたときの釣り銭はアメ玉でした。インフレで通貨（ドン）の価値が急落したことで、一般的に流通している最小額の貨幣である５００ドン札が日本円で３円程度の価値しかないことが影響しているようで、貨幣価値が不安定なためと言えます。

他方、ベトナムでは最近、キャッシュレス決済が急速に広まってきており、スマホ普及に伴って途上国が先進国を追い越す「リープ・フロッグ現象」の典型例とされています。

■ベトナムと中国の輸出・輸入品目

中国がベトナムへ輸出している品目を見ると（図表３－２－10）、「電気機器・部品」を中心とした工業製品・部品・素材がおよそ77％を占めています。他方、中国がベトナムから輸入している品目を見ても（図表3－2－11）、「電気機器・部品」を中心とした工業製品・部品・素材がおよそ79％を占めています。

世界の工場と言われる中国ですが、最近では賃金の安いベトナムなどに工場を移転し、自国を中心とするサプライチェーンにベトナムを組み込みつつあります。

その典型例が「生活用品類」です。周知のとおり中国は世界に生活用品類を輸出している国で、ベトナムも中国から輸入しています（図表3－2－12）。しかし一定程度豊かになった中国はより安く生産できるベト

図表 3-2-10 ●中国のベトナムへの輸出（2021 年）

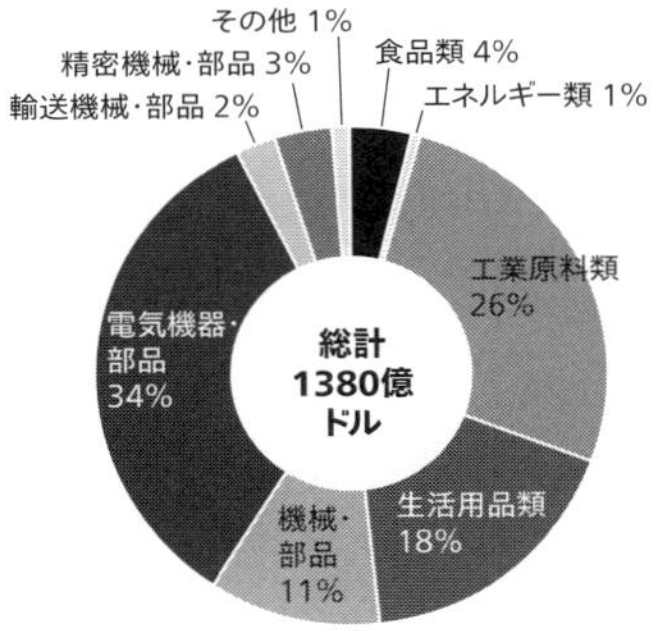

（出典）CEIC（出所は中国税関総署）のデータを元に筆者作成

図表 3-2-11 ●中国のベトナムからの輸入（2021 年）

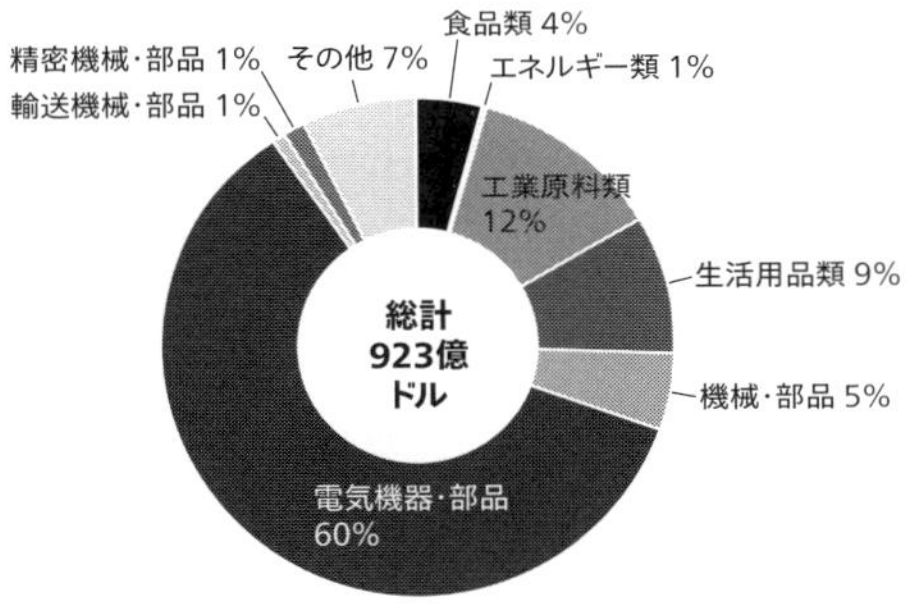

（出典）CEIC（出所は中国税関総署）のデータを元に筆者作成

図表 3-2-12 ●中国の生活用品類の輸出先（2021 年）

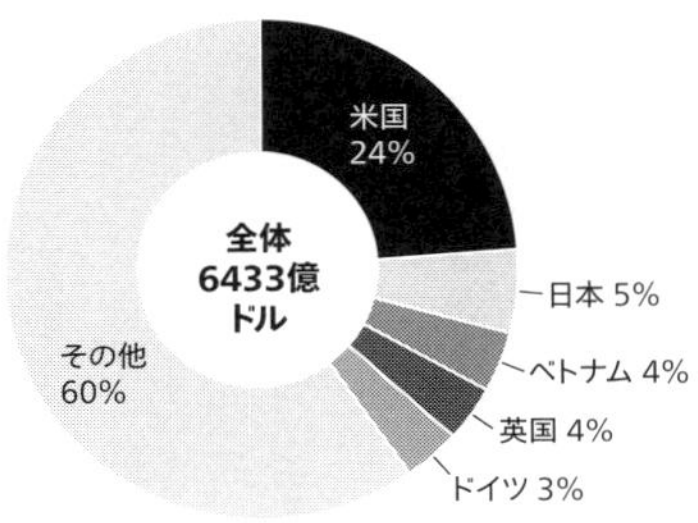

（出典）CEIC（出所は中国税関総署）のデータを元に筆者作成

図表 3-2-13 ●中国の生活用品類の輸入元（2021 年）

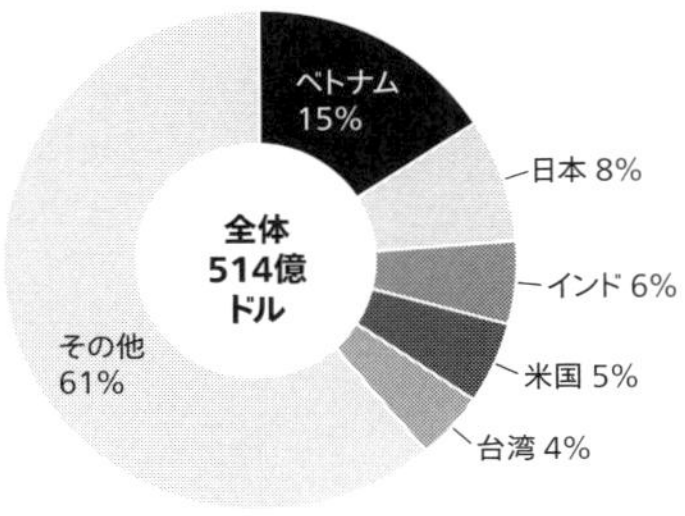

（出典）CEIC（出所は中国税関総署）のデータを元に筆者作成

ナムに工場を移転し、そこから繊維製品や履物などを輸入するようになってきました（図表3－2－13）。

さらに前述のようにベトナムは、中国からの輸入を増やす一方、米国への輸出を急激に増やしていることから、中国企業がベトナムを経由して対米輸出を行い制裁関税を回避する迂回貿易の拠点となっているとの見方もあります。

図表 3-2-14 ●日米中のベトナムへの直接投資累積額

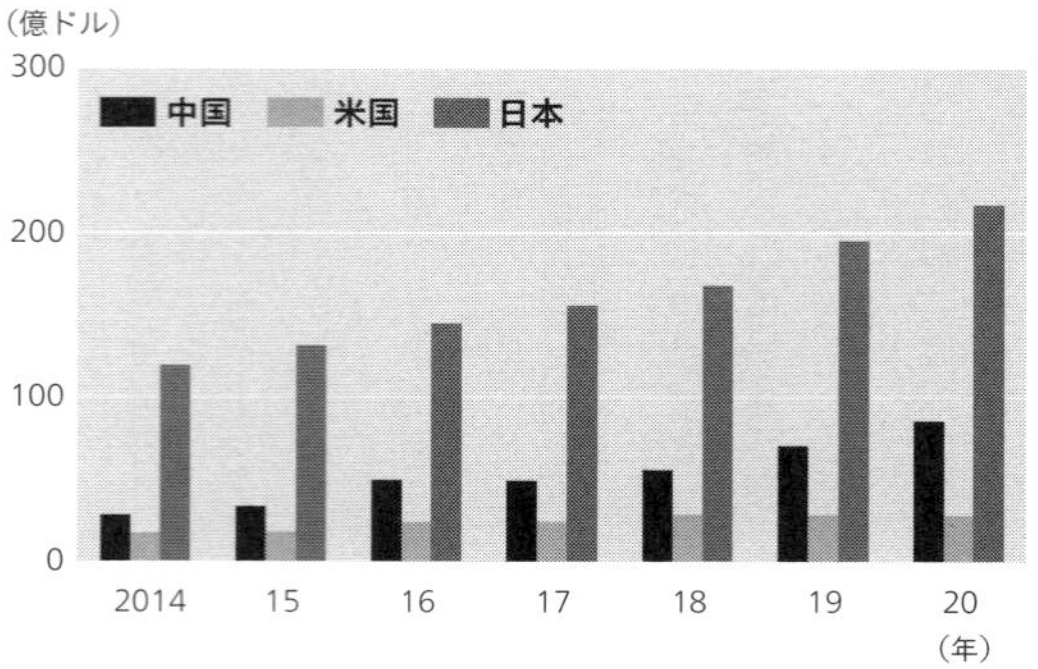

（出典）OECD、中国商務部のデータを元に筆者作成

なお、食品類の貿易も盛んであり、輸出・輸入とも約4％のシェアがあります。

■投資関係

ベトナムと中国の投資関係を見ると、中国の対ベトナム直接投資累積額は86億ドルほどで、ベトナムのGDP比で2.5％とその影響は大変大きいと言えます。米国からの28億ドルと比べると約3倍です。

一方、日本の対ベトナム直接投資累積額は、トヨタやパナソニックなどが製造拠点を設けていることもあって、約217億ドルと、米中両国のそれをはるかに超えています（図表3－2－14）。ちなみに韓国は約312億ドルとさらに巨大な投資元です。サムスン電子がスマートフォンの製造拠点とするなどしています。

参考

ベトナムの産業構造・需要構成

ベトナムの産業構造は20～30年前の中国によく似て

います。総付加価値（TVA≒GDP）の産業構造を見ると（図表3-2-15）、ベトナムの第一次産業の比率は18.1％で世界平均（4.3％）を大きく上回ります。特にコーヒー生産はブラジルに次ぐ世界第2位です。また鉱業・エネルギー等供給業の比率も14.5％と世界平均（6.1％）を上回っています。一方、第三次産業の比率は44.6％と世界平均（67.2％）を大幅に下回っています。20～30年前の中国もこれに似た産業構造でした。したがって、ベトナムが中国の後を追うように経済発展を続けていけるのかに関心がもたれています。

経済の需要面について、GDPの需要構成を見ると（図表3-2-16）、中国と同様、ベトナムは純輸出等が+1.8％と輸出で外貨を稼いでいます。一方、ベトナムの個人消費比率は67.3％と世界平均（56.5％）を大幅に上回っています。これを見ると個人消費が旺盛のようですが、所得水準が低いので稼いだ所得の大半が生活資金（個人消費）で消えてしまうのが実態です。なお、ベトナムの政府消費比率が6.4％と低いのも、個人消費のシェアが高い要因の一つとなっています。

またベトナムの総固定資本形成（≒投資）比率は24.5％と世界平均並みにとどまります。ベトナムは発展途上国なので、世界平均を上回るような投資が求められる発展段階にあり、投資は不足していると言えます。

図表 3-2-15 ●ベトナムの産業構造（2011～20年平均）

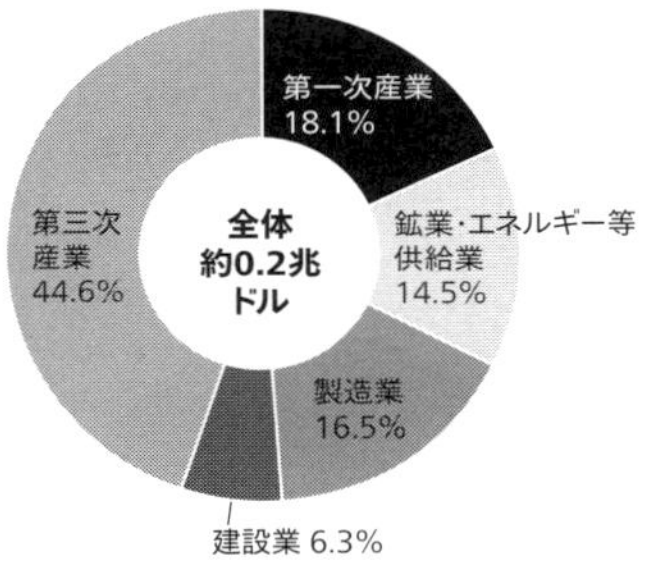

（出典）国連のデータを元に筆者作成

図表 3-2-16 ●ベトナムの需要構成（2011～20年平均）

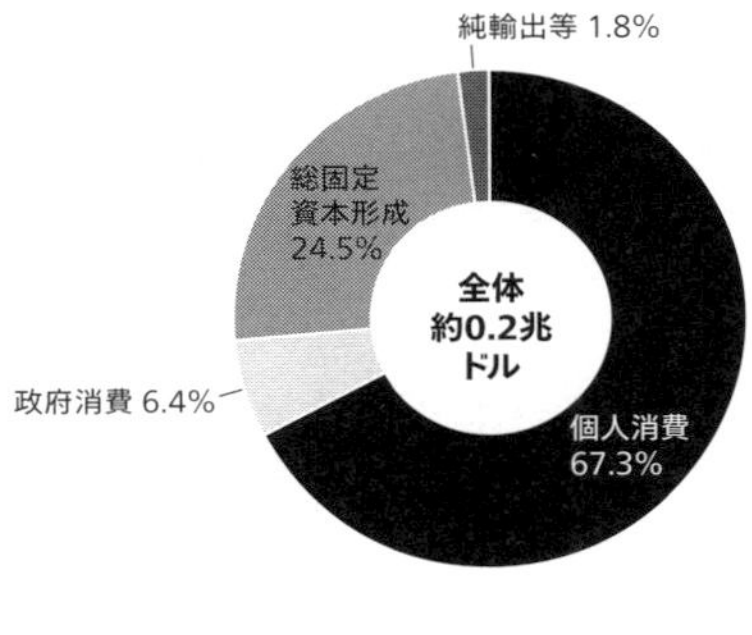

（出典）国連のデータを元に筆者作成

このままだと中国のように発展するのはだいぶ先のことになってしまいそうです。そこでベトナム政府は、法人所得税を一部免除するなど、日本など海外からの投資を積極的に誘致しています。

4 米中対立における立場

中国と同じ共産主義国なので米国陣営に与する可能性は低い。一方で、中国は歴史的に脅威であり続けており、経済面では米中双方と親密なので、米中新冷戦では中立を守る可能性が高い。

日本が橋渡し役を試みる場合、共産主義国の立場から米中和解の道筋を探り当てられる可能性があるため、力を合わせたい国。

ベトナムは中国と同じ共産主義国で、共産党トップ同士が緊密に結びついており、政治面では欧米型民主

図表 3-2-17 ●米中ベトナムの関係

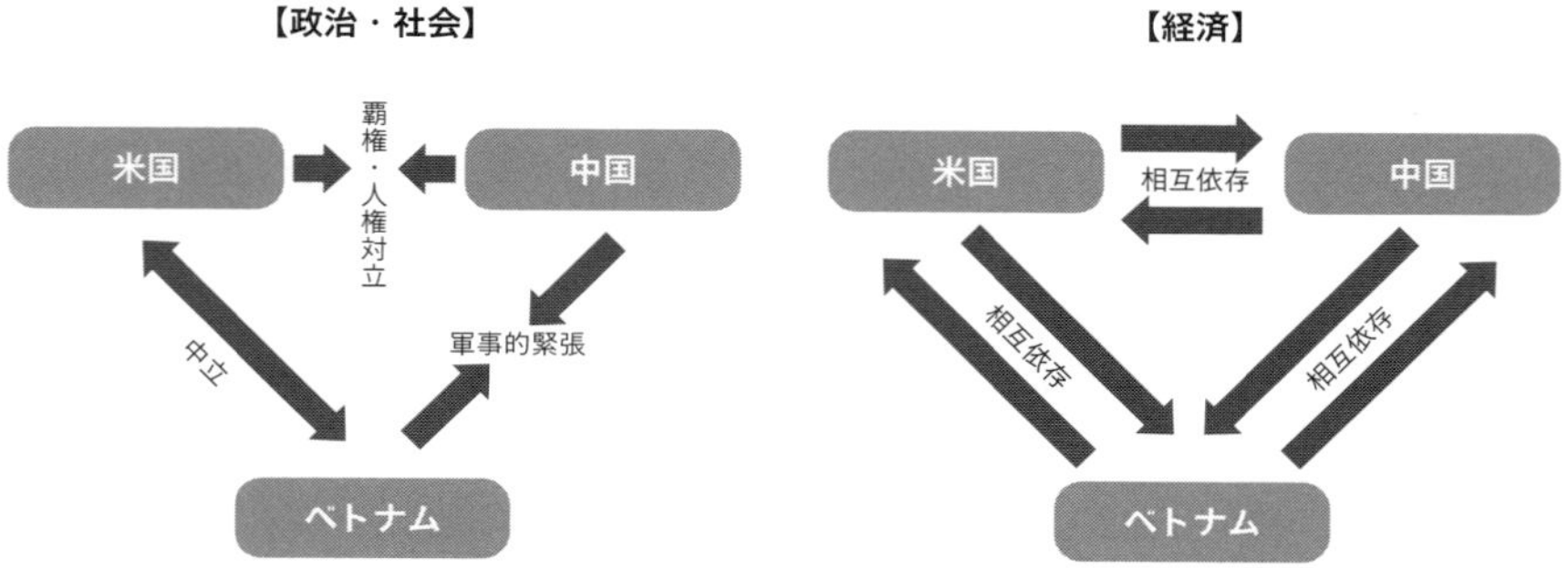

（出典）筆者作成

主義の米国と相容れません。しかし南シナ海への海洋進出を進める中国は脅威で、軍事的には緊張状態にあります。

そして米国などと安全保障協力を進めることで、それを抑止しようとしています。一方で、中国を含む国々と軍事演習も行っています。なお、世論は極端な親米・反中です。

経済面では、ベトナムにとっては米国も中国も重要な国です。貿易面では米中双方とも、また、特に投資面では中国の存在感は極めて大きいものがあります。

特に中国とはサプライチェーンが緊密に結びついているので、関係が悪化すると製造業への大打撃が避けられません。さらに中国は食品の有力な輸出先でもあるので農家にも痛手となります。このようにベトナム経済は、米国とも中国とも相互依存関係にあります。

以上から、共産党トップ同士が緊密に結びつくベトナムが米国陣営に与する可能性は低いものの、中国とは軍事的緊張状態にあり、世論は極端な反中なので、中国陣営に与する可能性も高くありません。

こうした国際環境下でベトナムは全方位外交を展開しており、CPTPPやRCEPに加盟するなど地域的連携にも積極的なので、中立を守る可能性が高いと見られます。

したがって、日本が米国陣営に与して中国陣営と闘うことになった場合、ベトナムに共闘を求めても同調してくれる可能性は低いでしょう。一方、日本が橋渡し役を試みる場合には、同調してくれる可能性があります。米中和解はベトナムの国益に適いますし、ベトナムにとって日本は米中以上に有力な投資元でもあるからです。

特にベトナムは西洋諸国との関係を良好に保ちながら、中国とは同じ共産主義国で、中国と同様に国有企業問題を抱えているので、日本など欧米型民主主義の国々とは一味違った観点から、米中和解の道筋を探り当てることができるかもしれません。

第3章

日本と立ち位置が酷似する隣国 韓国

両国の距離感（ポイント）

欧米型民主主義の国であり、政治思想面で中国とは相容れず、中国の人権侵害を懸念する立場にあり、世論も親米・反中。

ただし文化的には中国と共通する面もあり、人的交流も盛んで、経済的には極めて親密な関係にある。また、中国の扱いには日本より慣れている。

総括すると韓国と中国の距離感は「普通」と評価しています。

韓国と中国の距離感分析

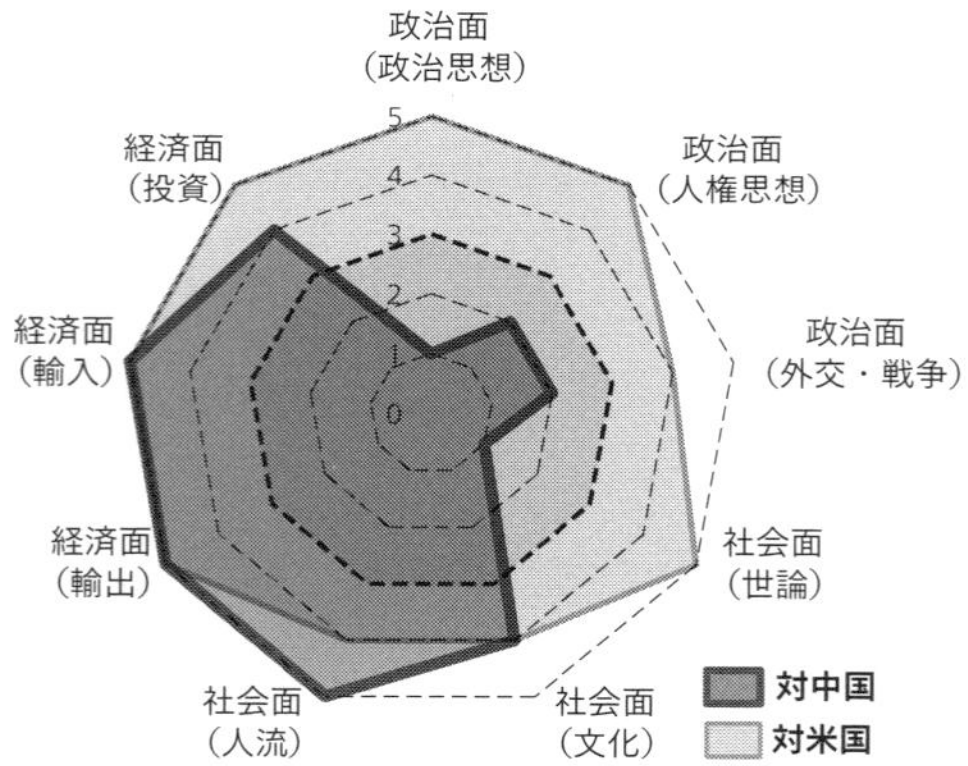

政治面	中	米
政治思想	1	5
人権思想	2	5
外交·戦争	2	4

社会面	中	米
世論	1	5
文化	4	4
人流	5	4

経済面	中	米
輸出	5	5
輸入	5	5
投資	4	5

（出典）筆者作成

韓国は日本と共通点の多い国です。軍事面では、日韓とも米国と同盟関係にあります。さらに自由民主主義を重んじる欧米型民主主義の国であり人権思想も近く、世論はともに親米・反中です。

一方で、韓国と中国にはともに製造大国という共通点があり、中国のサプライチェーンと緊密な関係にあります。しかも米国や欧州諸国とは異なって、中国と地理的に近く文化交流の歴史も長いため、漢字や三教（儒教、道教、大乗仏教）といった文化面の共通点を持ち、社会主義を中国文化でアレンジした「中国の特色ある社会主義」に対する理解は西洋諸国よりはるかに深いと言えます。したがって、韓国は米中新冷戦を回避するアプローチを取れる可能性を秘めています。

ただし米中の橋渡し役という重責を担うためには、両超大国に妥協を迫るだけのパワーが必要となります。その点、アジア経済に大きな影響力を持つ日本と韓国が共同戦線を張れば、対中国でも対米国でも交渉力が高まります。日本にとって韓国は小異を捨てて力を合わせるべき国と言えるでしょう。

1 政治面「低位（遠い）」

韓国は欧米型民主主義の政治思想を持つ国で、政治的自由度も民主主義度も高レベルなので、中国の価値観とは対極に位置し相容れません（図表3－3－1）。この点、日本とほぼ同じ状況にあります。

国連人権理事会などにおける人権思想を巡る議論においても、中国における人権問題を懸念する立場を取っており、中国とは相容れません。この点も日本と同じです。

また、韓国と中国は朝鮮戦争で戦火を交えました。一方、北朝鮮と中国はともに戦った戦友で「血で結ばれた関係」と呼ばれています。核開発問題などでここ数年は北朝鮮と中国とは不協和音が目立ってきましたが、今も安全保障上の後ろ盾です。

他方、韓国にとって米国はともに戦った戦友で、今も安全保障上の後ろ盾となっています。しかもこの戦争は休戦協定（1953年発効）を結んだだけで終戦には至っていないため、韓国と中国との間には安全保障上の対立がくすぶっています。

最近では米国のＴＨＡＡＤミサイル（サード、Terminal High Altitude Area Defense、終末高高度防衛ミサイル）を配備した際の中国の反応が国際社会で注目を集めました。中国は、韓国への団体旅行の販売を中止するよう国内旅行会社に非公式に指示するなどの「限韓令」を出し、事実上の経済的威圧を行ったのです。

さらに、古代からの中韓関係を振り返ると、朝鮮半島は中国の歴代王朝に朝貢し冊封を受けるという政治関係にありました（後述）。したがって、韓国が先進国の仲間入りを果たした今も、パクス・シニカを恐れる面があります。

そのため、米国に追随しがちな日本と比べると、米中バランス外交の色彩が強いと言えます。２０２２年にペロシ米下院議長が台湾を訪問して中国の大反発を受けたアジア諸国歴訪の際には、同氏が台湾訪問の後、ソウルにまで来たのにもかかわらず、尹錫悦《ユンソンニョル》大統領は同氏との対面会談を、休暇中だとして断ったほどです。歴史的に韓国は日本よりも中国の脅威が強かっただけに、中国の扱いには日本よりも慣れています。

なお、欧米型民主主義の韓国は選挙で為政者を選択する政治体制を採用しています。したがって、選挙の結果しだいで親中に傾いたり反中に傾いたりします。

図表 3-3-1 ●韓国の政治的自由度と民主主義指数

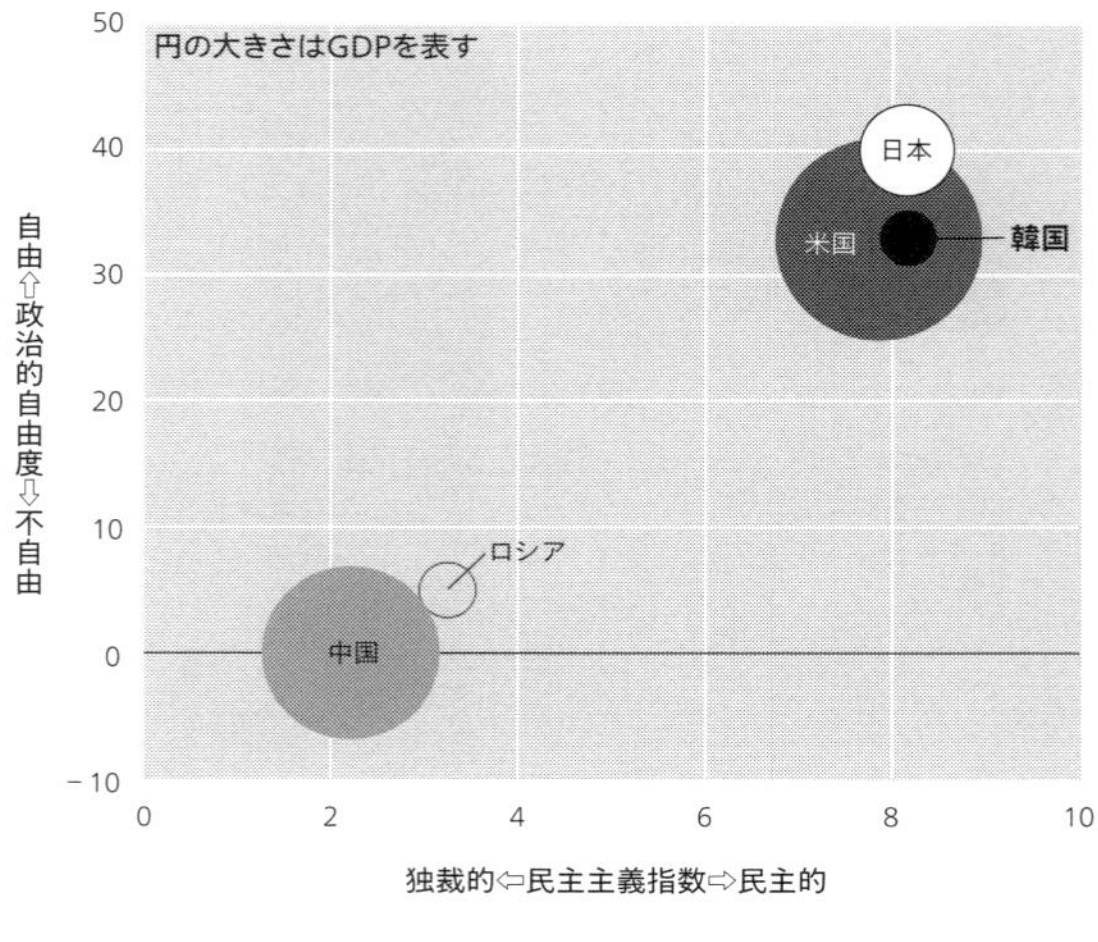

（出典）IMF、EIU、Freedom House のデータを元に筆者作成

韓国の政治

大韓民国はアジア大陸北東部に位置する国で、朝鮮半島全域を領土と主張していますが、北緯38度線付近にある南北軍事境界線以北は朝鮮民主主義人民共和国（北朝鮮）が実効統治しているため、韓国が実効統治している国土面積はその半分弱の10万㎢ほどです。西は黄海、南は対馬海峡、東は日本海と三方を海に囲まれており、日本とは竹島（韓国名：独島）の領有権を巡る争いがあります。首都はソウルに置かれています。

政治体制は共和制をとっていて、一院制の議会があり、議員は直接選挙で選ばれ、任期は4年となっています。国家元首は直接選挙で選ばれる大統領（任期は5年、再選禁止）で、首相はその大統領が指名します。さらに閣僚も任命するため、大統領が強い権限を持っています。

なお、現行憲法は1988年に施行されました。

韓国の外交

韓国は、建国時に後ろ盾となった米国と緊密な外交関係にあり、特に安全保障面では対米関係を重視しています。他方、北朝鮮の後ろ盾である中国とは、安全保障面で対立関係にありますが、経済面での関係は深めようとしています。

そこで、韓国の外交は経中安米、米中バランス外交などと呼ばれています。

ただし、韓国の外交方針は揺れ動きやすい面があります。朴槿恵《パククネ》大統領がTHAADミサイルの配備を決定したのに対し中国が「限韓令」を出して反韓政策を行うと、文在寅《ムンジェイン》大統領が「3不政策（THAADを追加配備しない、米ミサイル防衛システムに参加しない、韓米日三国同盟にしない）」を打ち出すなど、国際情勢の変化や大統領の交代で一変することが少なくないからです。

2022年に就任した尹錫悦《ユンソンニョル》大統領は米国・日本との関係改善に動いており、2023年8月に米大統領山荘（キャンプデービッド）で開かれた日米韓首脳会議では、これまで北朝鮮問題に限られていた安全保障協力をインド太平洋に広げ、随時開催だった首脳会議を年1回以上とするなど、より広範囲で制度的な枠組みに昇華させようとする動きがあり、今後の動向が注目されます。

●韓国と中国の国交樹立後の主な外交関係

韓国と中国は1992年8月24日に国交を樹立しました。

第二次世界大戦後、朝鮮半島は米国とソ連が分割占領し、1950年には朝鮮戦争が勃発しました。その当時、中国はソ連と同盟関係にあったため北朝鮮を支援する側に立ち、韓国と戦火を交えました。

こうした経緯もあって、1972年に日本が中国と国交を樹立した後も、韓国は中国と緊張関係にありました。しかし、1987年に北朝鮮が大韓航空機爆破事件を起こすなど、テロ行為が目立つようになると、中国はしだいに北朝鮮と距離を置くようになり、1990年に韓国がソ連と国交を樹立したこともあって、日本より20年ほど遅れて国交樹立に至りました。

その後は中国の歴代国家主席と韓国の歴代大統領が相互訪問を重ねるなど、両国は友好協力関係を築いてきました。

特に、2015年に両国は自由貿易協定（中韓FTA）をスタートし、中国が主導する形で設立されたアジアインフラ投資銀行（AIIB）に参加するなど経済面での協力が盛んです。

2 社会面「中位（普通）」

韓国社会には中華文明の影響が深く根付いています。古代より長く、中国とは朝貢・冊封関係にあったため、良し悪しは別として三教（儒教、道教、大乗仏教）の価値観が共有されてきました。その半面、15世紀に作られたハングル（訓民正音）が長らく正式に使えなかったとの苦い経験もあるなど、反感もくすぶります。さらに、第二次世界大戦後の東西冷戦下で起きた朝鮮戦争は、今も休戦しているだけなので、北朝鮮の後ろ盾である中国の行動は、政治家だけでなく一般庶民にとっても身近な脅威となっています。

こうした韓国社会の世論は反中です。ピューリサーチセンターの調査結果を見ると（図表3－3－2）、中国のことを「好ましい」と回答した人が22％、「好ましくない」と回答した人が77％と、差し引き55ポイントのマイナスでした。他方、米国のことを「好ましい」と回答した人は77％、「好ましくない」と回答した人が22％と、差し引き55ポイントのプラスでした。日本ほどではないものの反中意識が強い社会と言えるでしょう。ちなみに、ロシアに対しては日本ほどの反露ではないようです。ロシアのことを「好ましい」と回答した人は39％、「好ましくない」と回答した人が54％で、差し引きマイナス15ポイントと、日本のマイナス53ポイントより少なくなっています。

一方で、韓国と中国の人的交流は盛んです。中国に入国した外国人の内訳を見ると、韓国からはコロナ前（2017～19年）の平常時の年平均で約413万人と、日本からの約268万人を上回っていました（図表1－2－31）。韓国の人口が日本の半分に満たないことを考えるとかなり多いと言えます。

他方、韓国に入国した人の内訳を見ても（図表3－

図表 3-3-2 ●韓国の親米・親中分析

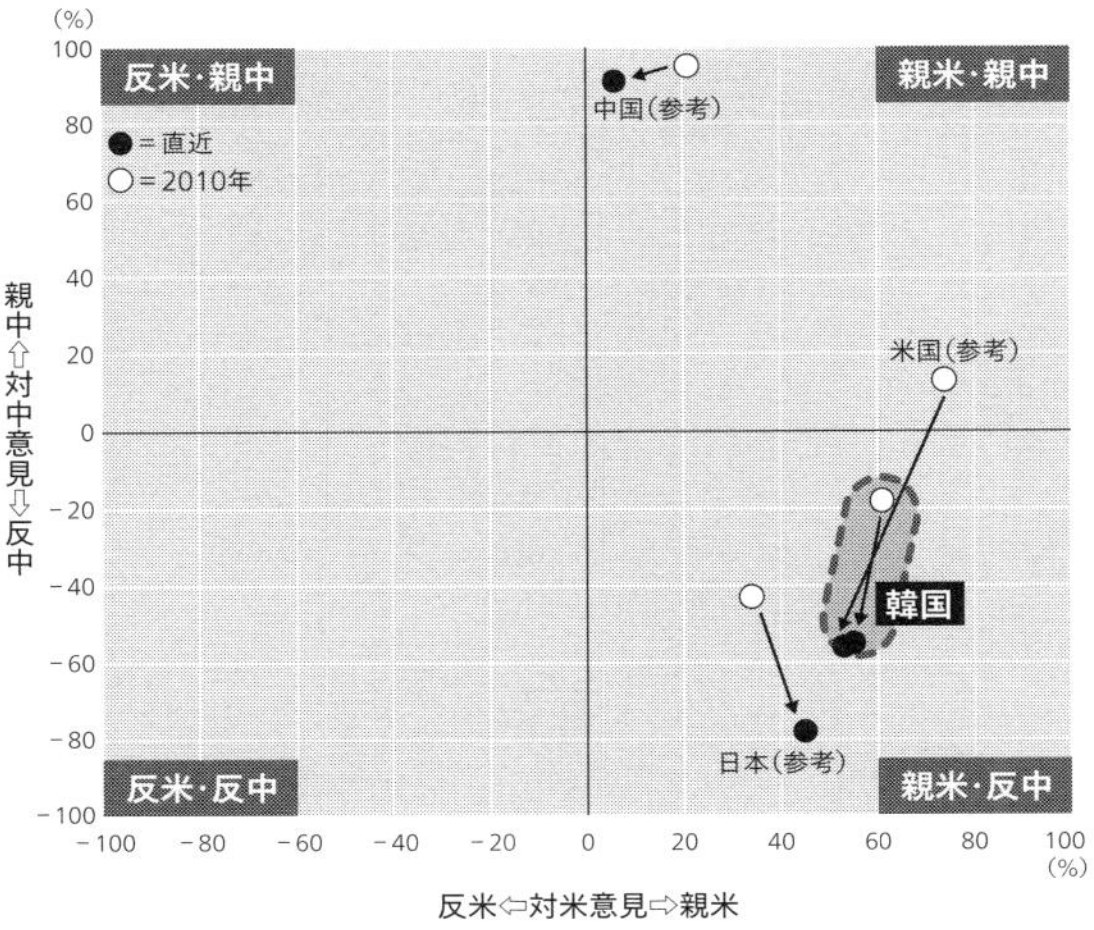

（出典）Pew Research Center のデータを元に筆者作成

図表 3-3-3 ●韓国の入国者の内訳（2017 ～ 19 年平均）

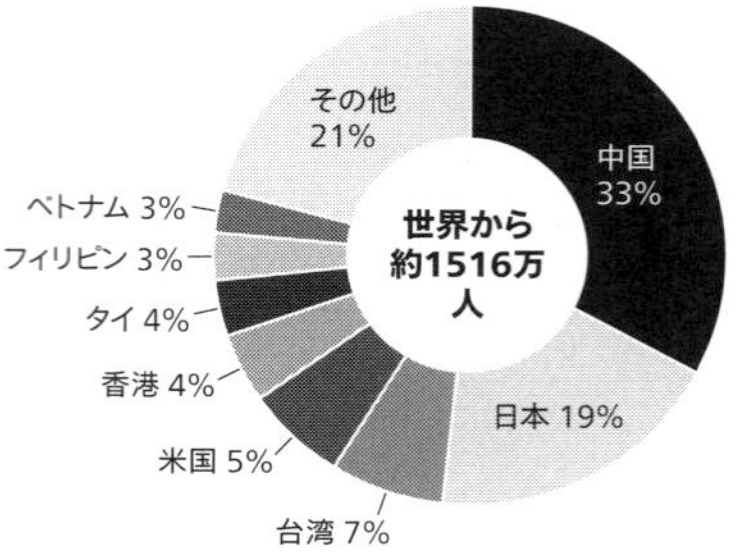

（出典）CEIC（出所は韓国観光公社）のデータを元に筆者作成

3－3）、中国が3分の1を占め、日本を大きく上回っています。ビジネスでの人的交流が盛んなのに加えて、韓流ブームを背景に観光先としての人気も高いからです。

韓国の社会

人口は5千万人ほどで、かなり極端なつぼ型の人口構成となっています。そして15歳未満の若年層が占める比率が13%と極めて少ないため、今後は生産年齢人口比率が急速に低下しそうです。なお平均寿命は82.8歳です。

図表 3-3-4 ●韓国の人口ピラミッド（2020 年）

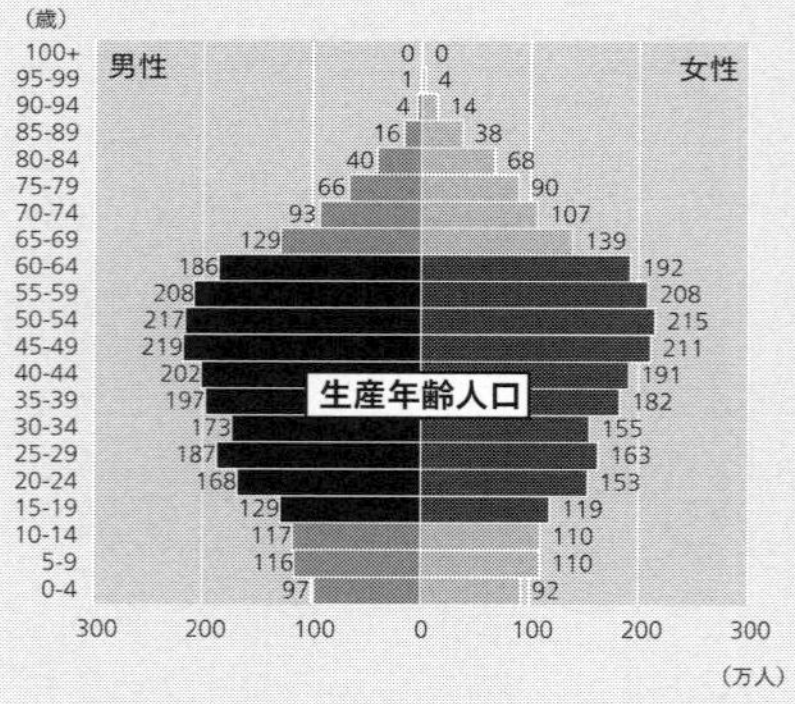

［韓国］
生産年齢人口比率：72%
15 歳未満の若年層比率：13%
65 歳以上の高齢者比率：16%
平均寿命：82.8 歳

［世界］
生産年齢人口比率：65%
15 歳未満の若年層比率：25%
65 歳以上の高齢者比率：９%
平均寿命：72.3 歳

（出典）国連のデータを元に筆者作成

韓国の国土には、歴史的にさまざまな異民族が出入りを繰り返しましたが、現在は朝鮮語族に属する韓国語を話す朝鮮民族が住む、事実上の単一民族国家とされています。

なお、日本語と韓国語は、同じユーラシア大陸を横断する形で分布するアルタイ諸語に属し、共通点が多いと言われています。

宗教はキリスト教（プロテスタント）が2割ほど、仏教が15％ほど、キリスト教（カトリック）が8％ほど、無宗教が5～6割とされています。

3 経済面「高位（近い）」

韓国と中国の貿易関係を見ると、中国側の統計（２０２１年）では韓国への輸出が１５０６億ドル（図表１－２－３）、韓国からの輸入が２１３６億ドルで、中国から見て６３０億ドルの輸入超過（韓国の輸出超過、図表１－２－10）となっています。韓国は西洋諸国の多くとは違って、対中貿易が黒字です。

韓国にとって中国は最有力の貿易相手国です。輸出先トップ10を見ると（図表３－３－５）、中国のシェアは25・３％と、米国や日本を大幅に上回っています。２０００年には、中国のシェアが10・７％に過ぎず、米国と日本を下回っていましたので、２０００年から21年の間に大きく伸張しました。

輸入元トップ10を見ても（図表３－３－６）、中国のシェアは22・５％と、米国や日本を大幅に上回っています。２０００年には日本が第１位（シェア19・９％）、米国が第２位（シェア18・３％）でしたので、やはり２０００年から21年の間に輸入元も大きな変動がありました。

韓国の経済

韓国経済のＧＤＰ（国内総生産）は約1.8兆ドル（２０２１年）と世界第10位で、第11位のロシアとほぼ同じ経済規模です。経済成長率は過去30年において年平均4.8%と、世界全体の同3.3%を1.5ポイントほど上回りました。特に1990年代前半に東西冷戦が終結してグローバリゼーションが進んだ時期に、外資が流れ込んで高成長を遂げました。

1998年にはアジア通貨危機が起きてマイナス

成長に落ち込むこともありましたが、その後もほぼ世界平均並みで経済成長しています。

経済的な豊かさを示す一人当たりGDPは約3.5万ドルで世界第30位となっており、世界を5分位に分類したとき最上位（第1分位）で、日本とほぼ同水準です。なお、第2分位まで上昇した中国との差は

図表 3-3-5 ●韓国の輸出先ランキング（2021 年）

順位	国・地域	輸出額（2021 年）		輸出額（2000 年）	
		億ドル	シェア	億ドル	シェア
	輸出全体	6,444	100.0%	1,722	100.0%
1	中国	1,629	25.3%	185	10.7%
2	米国	963	14.9%	378	22.0%
3	ベトナム	567	8.8%	17	1.0%
4	香港	375	5.8%	107	6.2%
5	日本	301	4.7%	205	11.9%
6	台湾	243	3.8%	80	4.7%
7	インド	156	2.4%	13	0.8%
8	シンガポール	141	2.2%	56	3.3%
9	メキシコ	113	1.8%	24	1.4%
10	ドイツ	111	1.7%	52	3.0%

（出典）CEIC（出所は IMF）のデータを元に筆者作成

図表 3-3-6 ●韓国の輸入元ランキング（2021 年）

順位	国・地域	輸入額（2021 年）		輸入額（2000 年）	
		億ドル	シェア	億ドル	シェア
	輸入全体	6,151	100.0%	1,603	100.0%
1	中国	1,386	22.5%	128	8.0%
2	米国	737	12.0%	293	18.3%
3	日本	546	8.9%	318	19.9%
4	オーストラリア	329	5.4%	60	3.7%
5	サウジアラビア	243	3.9%	96	6.0%
6	ベトナム	240	3.9%	3	0.2%
7	台湾	235	3.8%	47	2.9%
8	ドイツ	220	3.6%	46	2.9%
9	ロシア	174	2.8%	21	1.3%
10	カタール	116	1.9%	23	1.4%

（出典）CEIC（出所は IMF）のデータを元に筆者作成

縮まりつつあります。

産業構造は製造業が3割近くを占める製造大国です。その半面、第一次産業と第三次産業は少なめです。需要構成は約3割を投資が占める投資主導国で、純輸出等がプラス基調の輸出主導国でもあります。

一方で、最終消費（個人消費、政府消費）は少なめで

図表 3-3-7 ●韓国の実質成長率

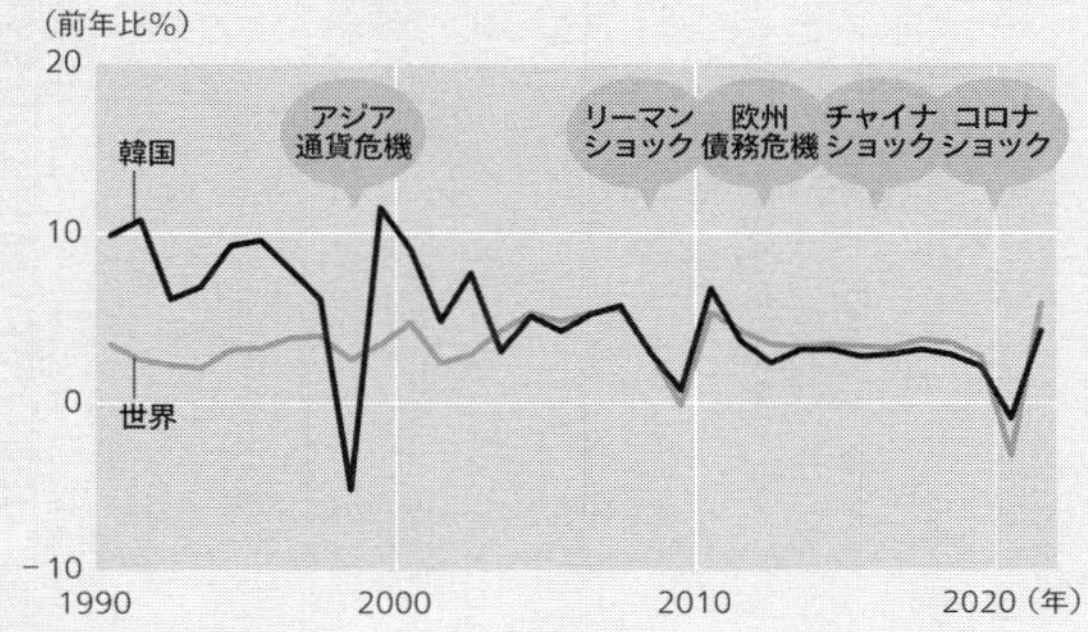

（出典）IMF のデータを元に筆者作成

す。中国と産業構造・需要構成が似ていることが分かります。

図表 3-3-8 ●一人当たり GDP（韓国と中国）

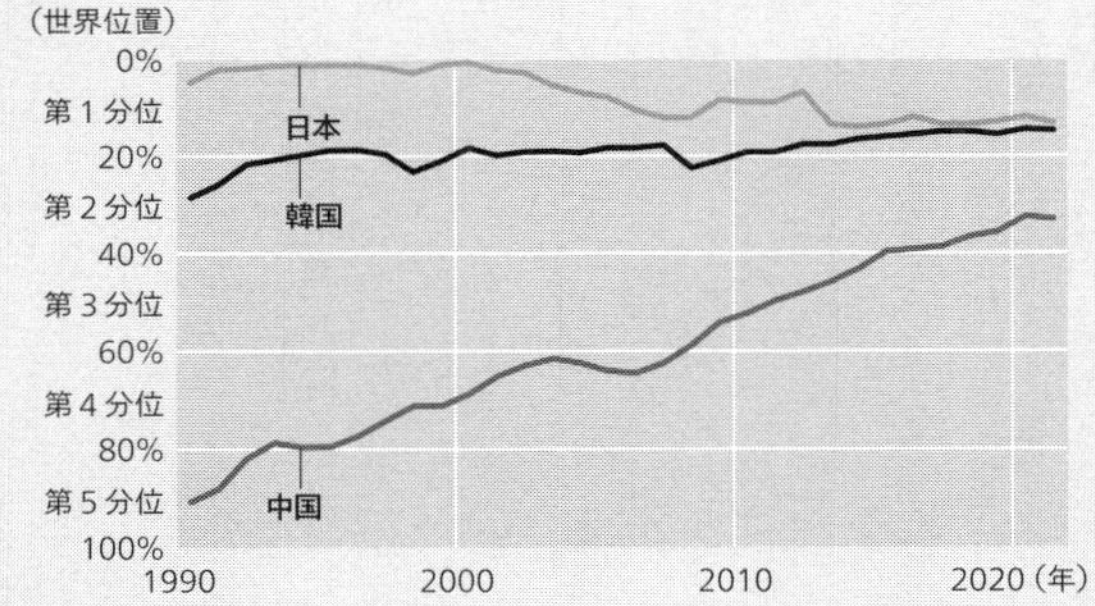

（注）世界位置は（中国の順位－1）÷（対象国数－1）で計算
（出典）IMF のデータを元に筆者作成

■韓国と中国の輸出・輸入品目

中国が韓国へ輸出しているモノを見ると（図表3－3－9）、「工業原料類」、「機械・部品」、「電気機器・部品」、「輸送機械・部品」、「精密機械・部品」など工業製品・部品・素材の総計は8割に達します。他方、中国が輸入しているモノを見ても（図表3－3－10）、それらの工業製品・部品・素材の総計は94％に及びます。

このように工業製品・部品・素材を盛んにやり取りしているという事実は、サプライチェーンが緊密に結びついていることを表しています。例えば、中国が電気機器を製造する場合、電気機器の部品を輸入する必要があるのに加えて、製造装置などの機械や化学品などの原料も同時に輸入することになります。こうして工業製品・部品・素材の輸出と輸入が同時に増えてきているのです。

例に挙げた、輸出・輸入ともに最大シェアを占める「電気機器・部品」では、中国が全世界から輸入した6716億ドルのうち16％は韓国からの輸入でした。ちなみに韓国から見ても、半導体輸出の6割を中国向けが占めています。

一方、中国が全世界に輸出した「電気機器・部品（9019億ドル）」のうちの15％は米国へ輸出されており、韓国への輸出は5.4％に過ぎません。これは中国が韓国から電気部品を輸入し、中国国内で電気機器を組み立てて、その大宗を米国へ輸出するという貿易構造となっていることを示唆しています。

■投資関係

韓国と中国の投資関係を見ると、中国の対韓国直接投資累積額は71億ドルほどで、韓国GDP比で0.3％とその影響は小さくありません。ただし、日本の対韓国直接投資累積額は約418億ドルもあり、米国も約339億ドルの対韓投資をしていますので、中国の対韓投資はそれほど目立つ存在ではありません（図表3－3－11）。

一方、韓国から中国への直接投資累積額は879億ドルほどです。韓国の対外直接投資トップ10を見ると（図表3－3－12）、対中投資は対米投資に次ぐ第2位で、全

図表 3-3-10 ●中国の韓国からの輸入（2021年）

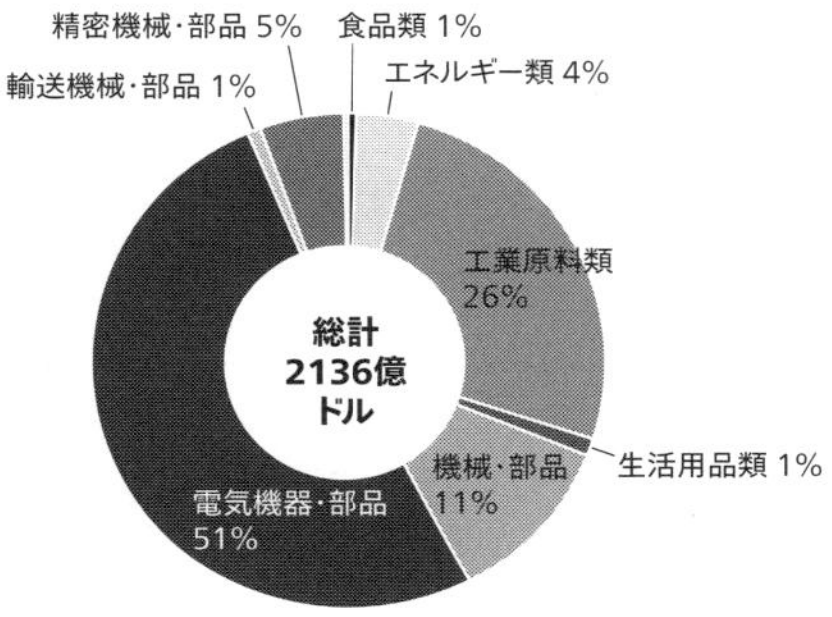

（出典）CEIC（出所は中国税関総署）のデータを元に筆者作成

図表 3-3-9 ●中国の韓国への輸出（2021年）

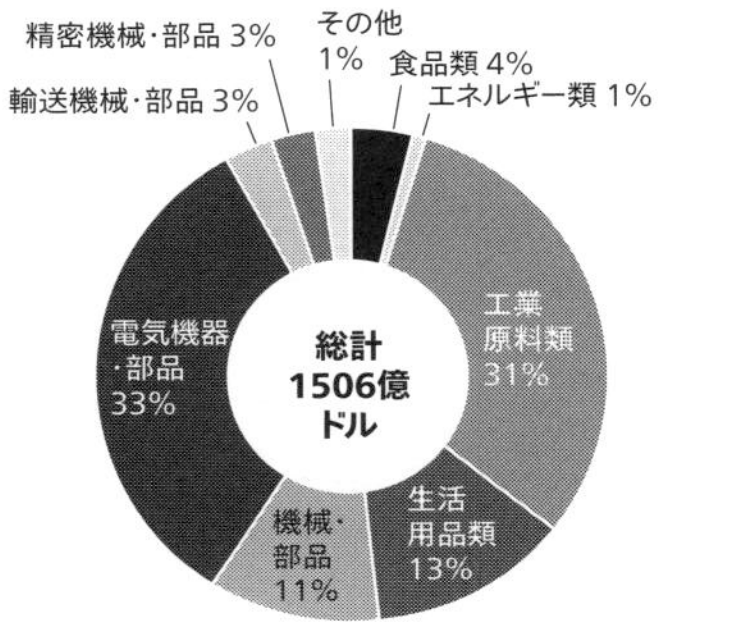

（出典）CEIC（出所は中国税関総署）のデータを元に筆者作成

図表 3-3-11 ●日米中の韓国への直接投資累積額

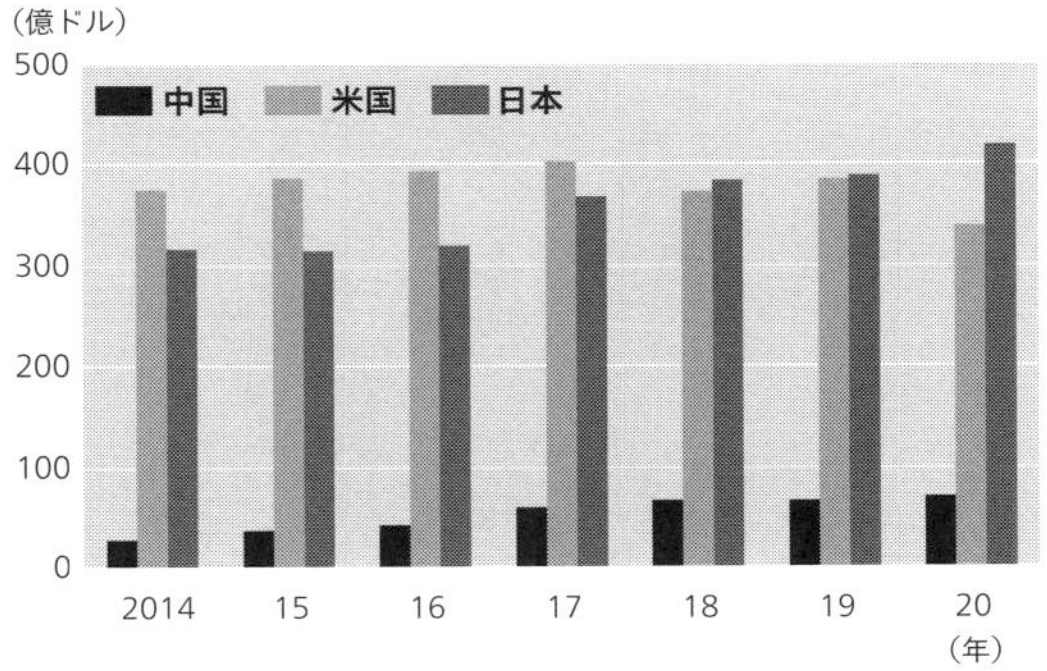

（出典）OECD、中国商務部のデータを元に筆者作成

図表 3-3-12 ●韓国の対外直接投資トップ 10（2020年）

順位	国・地域	直接投資累積額	
		億ドル	シェア
1	米国	1,128	23.1%
2	中国	879	18.0%
3	ベトナム	312	6.4%
4	英領ケイマン諸島	301	6.2%
5	シンガポール	254	5.2%
6	香港	201	4.1%
7	オランダ	129	2.7%
8	オーストラリア	121	2.5%
9	ルクセンブルク	116	2.4%
10	英国	110	2.2%

（出典）CEIC（出所は OECD）のデータを元に筆者作成

体の18％を占めています。これは対日投資の10倍近い規模です。中国GDPと比べても0.6％に相当する規模で、サムスン電子の西安工場では年間1千億元（日本円に換算すると約2兆円）ほどの半導体を生産、現代自動車も北京や広州などに工場を構えるなどしており、韓国が行っている対中投資のインパクトは大きいと言えます。

参考

韓国の産業構造・需要構成

韓国は製造大国である一方、サービス産業が未成熟です。総付加価値（TVA≒GDP）の産業構造を見ると（図表3－3－13）、韓国の製造業比率は3割弱と世界平均（16・7％）を大幅に上回り、第三次産業比率は世界平均（67・2％）を下回っています。これらの特徴は中国と共通しており、両国の産業構造は極めて近いと言えます。

一方、韓国の第一次産業比率は2.1％と世界平均（4.3％）を大幅に下回るところまで産業構造が高度化していますが、中国はそこまで行っていません。第一次産業⇒第二次産業（製造業など）⇒第三次産業という順に高度化することを踏まえると、韓国は中国の一歩先を行っていると考えられます。

また、韓国は投資主導国かつ輸出主導国です。国内総生産（GDP）の需要構成を見ると（図表3－3－14）、韓国の個人消費比率は世界平均（56・5％）を大幅に下回り、政府消費比率も世界平均（16・9％）を下回る最終消費が少ない国です。

また総固定資本形成（≒投資）比率は世界平均（25・0％）を上回り、純輸出等は＋5.4％と輸出で外貨を稼いでいる国です。これらの特徴は中国と共通しており、両国の需要構成は極めて近いと言えます。

図表 3-3-13 ●韓国の産業構造（2011 ～ 20 年平均）

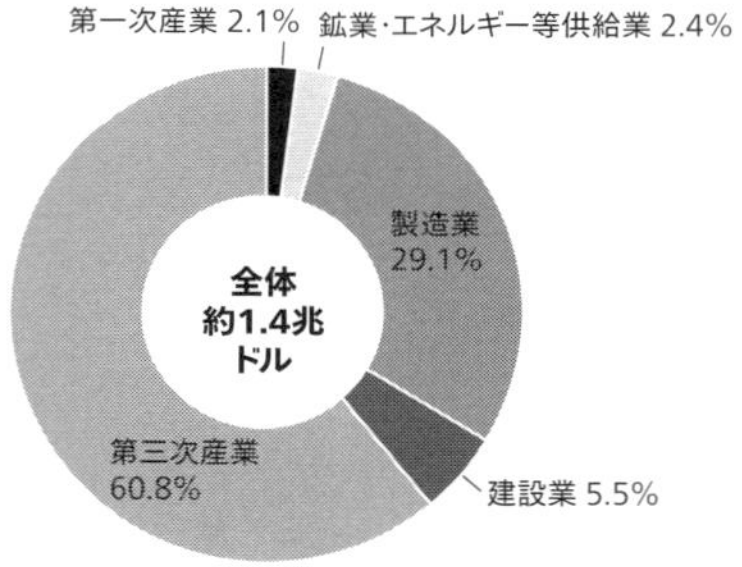

（出典）国連のデータを元に筆者作成

図表 3-3-14 ●韓国の需要構成（2011 ～ 20 年平均）

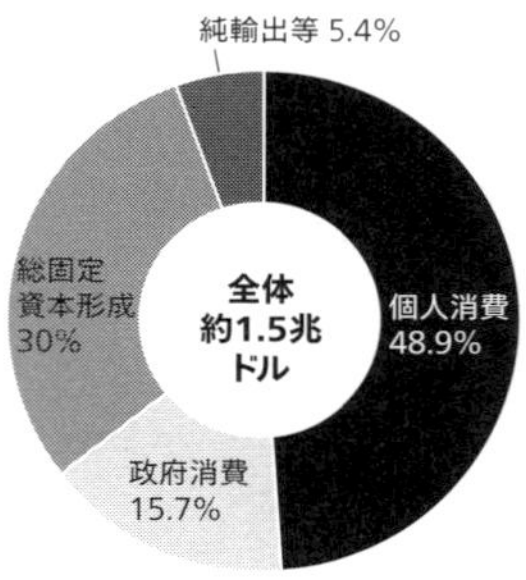

（出典）国連のデータを元に筆者作成

4 米中対立における立場

米国と同盟関係にあるため、米中新冷戦に突入する事態となれば米国陣営に与する可能性が高い。ただし、経済的には貿易においても投資においても中国は重要。

日本が中国陣営と闘うにしても、米中両国の橋渡し役を試みるにしても、力を合わせたい国。日韓の足並みが乱れていると、中国にその隙を突かれ懐柔される恐れがある。

韓国は米国と同じ欧米型民主主義の国で、人権問題を重視する国でもあるため、政治面では「中国の特色ある社会主義」とは対極に位置し、相容れません。軍事面でも、韓国は米国と相互防衛条約に基づく軍事同盟を結んでおり、北朝鮮の後ろ盾である中国とは軍事的緊張関係にあります。

したがって、いざ米中新冷戦となれば米国陣営に与する可能性が高い国です。これは日本の立ち位置に近いと言えます。そして反中意識が極めて強い世論もそれを後押ししそうです。この面でも日本に近いところがあります。

経済面では、韓国にとっては米国も中国も重要な国です。米国は輸出・輸入とも第2位の貿易相手国で、投資面においても米国の対韓投資は中国のそれをはるかに上回り、韓国の対外投資においても米国は第1位の投資先なので、米国との関係は悪化させたくありません。他方、中国は輸出・輸入ともに第1位の貿易相手国です。また、韓国の対外投資において中国は米国に次ぐ第2位の投資先で、中国による対韓投資も韓国GDP比0.3%と小さくないため、中国との関係も悪化させたくありません。

特に中国とはサプライチェーンが緊密に結びついているので、関係が悪化すると現代自動車、サムスン電子、LG電子、ロッテといった韓国のグローバル企業にとって痛手となります。さらに韓国を訪問する中国人旅行者も多いので、観光業で働く人々にも悪影響が及びます。このように韓国経済は、米国とも中国とも相互依存関係にあり、経済面においても韓国は日本に似ています。

韓国は米中新冷戦に突入して中国との経済取引がシュリンクすれば、経済に大打撃となるので、米中新冷戦を何としても回避したいと考えているでしょう。米中新経済への打撃があまりに大きいと、それが世論を動かし、次の選挙で敗北する恐れがあるからです。したがって、日本が米国陣営に与して中国陣営と闘うにしても、それを回避すべく米中両国の橋渡し役を試みるにしても、韓国側の体制がどうあれ意思疎通を図っておきたい国です。

日韓の足並みが乱れていると、中国にその隙を突かれ懐柔される恐れがあります。さらに日本が橋渡し役を担う場合には、米中双方に譲歩を迫る場面がでてきそうですが、韓国との共同戦線で臨めば交渉力を高めることができます。日韓が一枚岩となって臨めば、米中両国といえどもその意向を軽視できないのです。

このように現在の国際情勢からみると日韓が力を合わせるべきなのは明らかですが、周知のとおり韓国における反日感情には根深いものがあり、それが障害と

図表 3-3-14 ●米中韓の関係

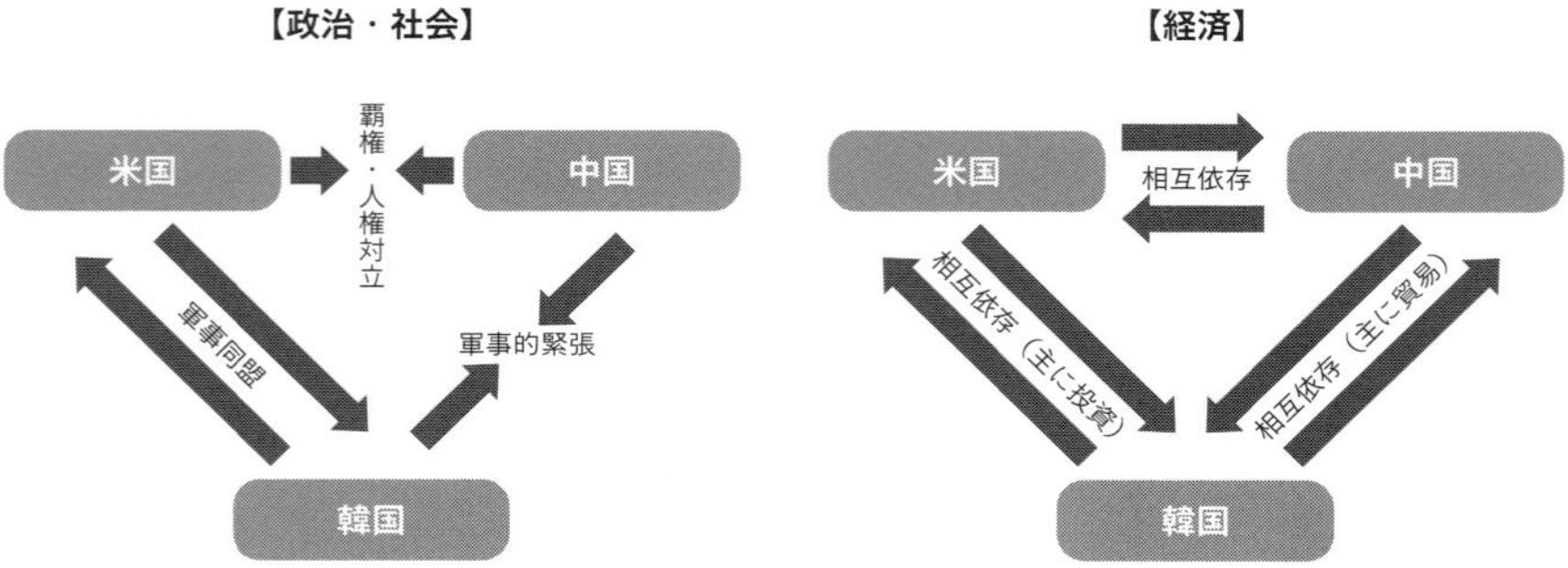

（出典）筆者作成

なりそうです。その点、現在の尹錫悦大統領は国際情勢を重視しているので、その在任中に、日韓の国際情勢に関する意思疎通を図る枠組みを制度的に築き上げたいものです。

その点、19世紀から第二次世界大戦まで、何度も戦火を交えたフランスとドイツの取り組みが参考になるでしょう。その負の歴史を乗り越えるため、両国は1963年にエリゼ条約を締結し、融和に向けた制度的な枠組みを整えました。それが現在のEUの源流となっています。

第4章

南アジアの超大型途上国 インド

両国の距離感（ポイント）

欧米型民主主義の国で、政治思想面で中国の価値観とは相容れません。

さらに中国とは係争地を抱えており、世論も親米・反中、人的交流も多くありません。

ただし文化的には相互に尊重する関係にあり、中国の人権侵害に対する判断もインドは慎重で、南南協調をともに重視、経済面での関係も親密です。

総括するとインドと中国の距離感は「普通」と評価しています。

インドと中国の距離感分析

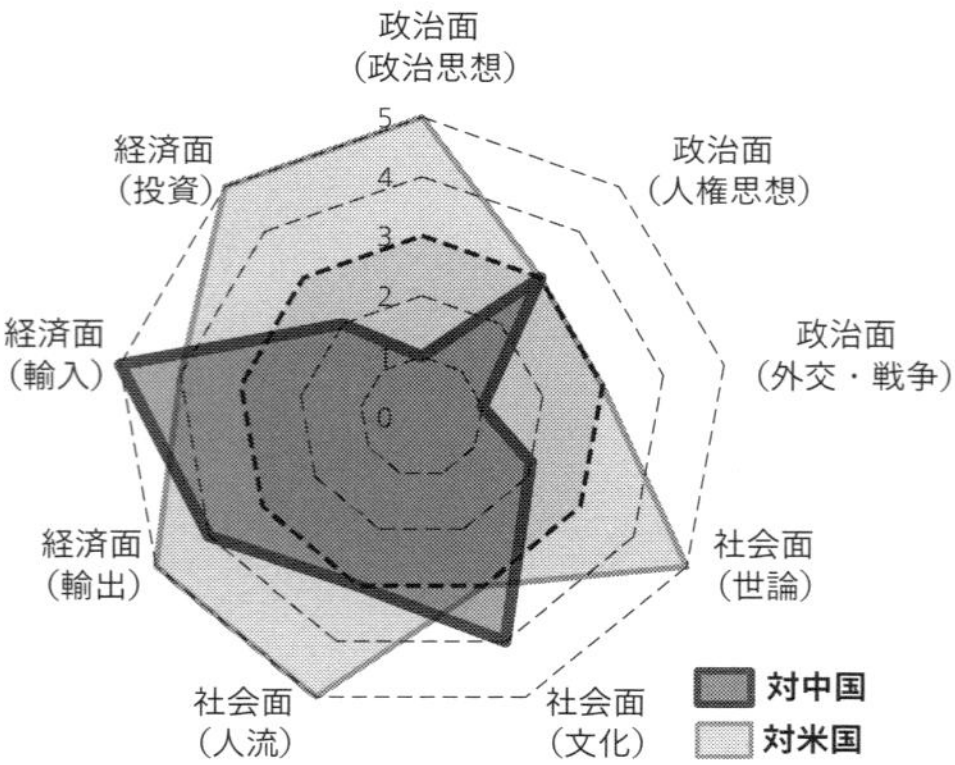

政治面	中	米
政治思想	1	5
人権思想	3	3
外交·戦争	1	3

社会面	中	米
世論	2	5
文化	4	3
人流	3	5

経済面	中	米
輸出	4	5
輸入	5	4
投資	2	5

（出典）筆者作成

途上国が世界で多数派を占めている中、インドは途上国が米中どちら側に傾くか、カギを握っている国です。現在の経済規模は世界第6位にとどまりますが、中国と並ぶ人口大国で、比較的安定した経済成長を続けているので、日本、ドイツを超えて米中両国に次ぐ第3位の経済大国に浮上するのは時間の問題と見られています。

世界最大の民主国家と言われるインドは、政治面でおおむね米国と価値観が一致していると言え、米印関係は概して良好です。一方、国境紛争を抱える中国とは対立する場面が多々あります。

しかし、ロシアと伝統的に緊密な関係にあることもあり、世界の主要途上国が集まるBRICS首脳会議や、中央アジアの途上国が集まる上海協力機構（SCO）では、中露とともに行動することも多く見受けられます。そしてG20のように世界の主要先進国（G7）と主要途上国が一堂に会する場面では、インドがG7と利害が対立することも少なくありません。

日本としては、米中新冷戦に陥らないようにする上で、また米中新冷戦に突入した場合の世界情勢を見極める上で、目が離せない国と言えるでしょう。

1 政治面「低位（遠い）」

インドは欧米型民主主義の政治思想を持つ国で、政治的自由度も民主主義度も高レベルにあって、中国とは対極に位置しており、価値観は相容れません（図表3-4-1）。ただし、途上国（含む中国）における人権問題に関しては内政干渉を避ける傾向があります。

インドは国内に信教を巡る人権問題を抱えており、特に2014年から首相となったナレンドラ・モディ氏によるヒンドゥー至上主義の政権下では西洋諸国から非難されることも少なくないため、他国の人権問題にも干渉しにくいのです。国連人権理事会などでは、中国における人権侵害を懸念することも擁護することもしない中立の立場をとることが多くなっています。

古代からの中印関係を振り返ると、インドと中国は

図表 3-4-1 ●インドの政治的自由度と民主主義指数

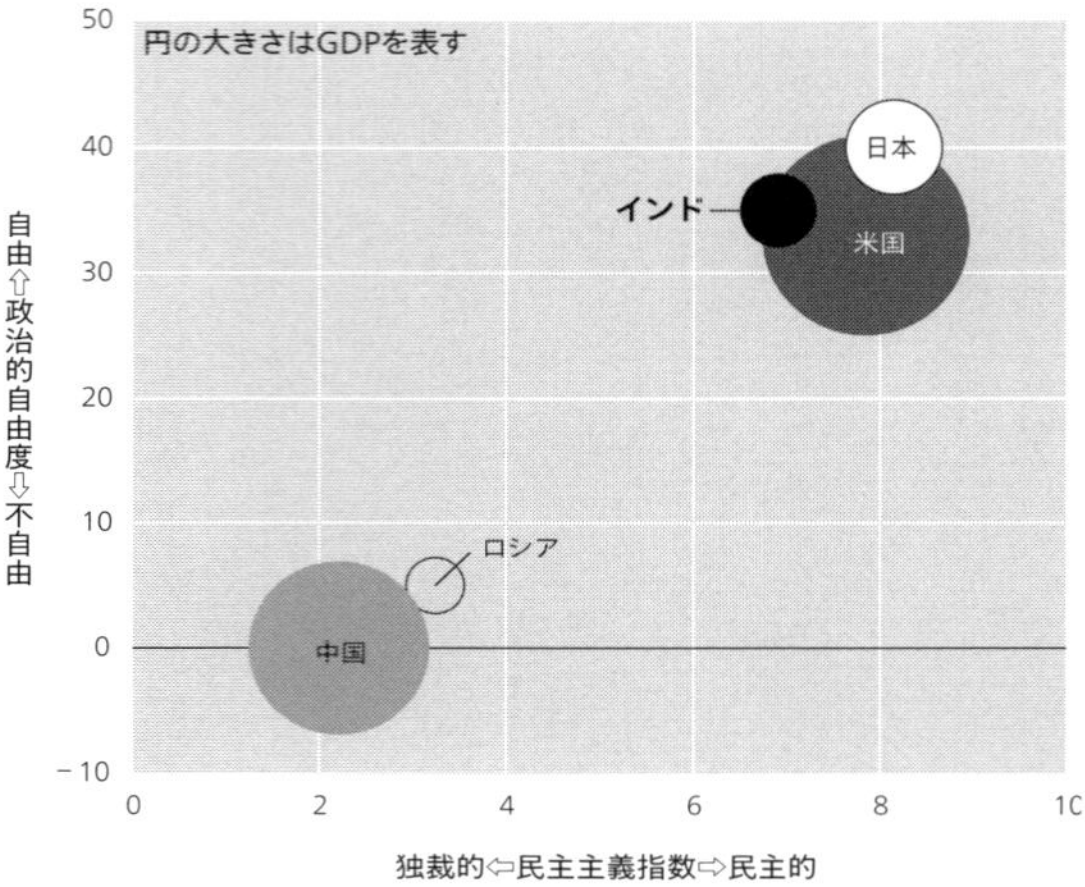

（出典）IMF、EIU、Freedom House のデータを元に筆者作成

友好的な関係を維持してきました。紀元前2世紀頃に確立したとされるシルクロード（西域南道）を通じて、両国は盛んに貿易を行っていたのに加えて、文化面における交流も盛んで、仏教はこのルートを通じて伝えられ、三教（儒教、道教、大乗仏教）の一つとして中国に根付くこととなりました。特に7世紀に玄奘《げんじょう》（三蔵法師）がインドに向かい、経典や仏像などを持ち帰って『大唐西域記』を著したことは有名です。

しかし、現代においてはチベットを併合したり、新疆ウイグル自治区の統治強化がなされたことで領土争いが持ち上がり、1962年の中印国境紛争以降、数次にわたり軍事衝突や一触即発の事態が起きました。

このようにインドと中国には長い交流の歴史があり、ともに欧米列強の植民地支配に苦しみ、欧米先進国による内政干渉を嫌うという共通点があるものの、政治思想では相容れず、さまざまな係争地を抱えていることから紛争や対立が絶えないという間柄にあります。

インドの政治

インド共和国の国土面積はパキスタン、中国との係争地を含めると328万km²余りで、首都はニューデリーにあります。

アジア南部に位置し、北西部ではパキスタン、アフガニスタンと国境を接し、北部は中国、ブータン、ネパールと国境を接し、東部はバングラデシュと国境を接しており、陸地の国境線は1万5千㎞に及びます。

北西部カシミール地方にはパキスタン・中国との係争地があります。インドが領有権を主張するアクサイチン（位置は71頁地図を参照）は中国が実効支配しています。この地にはリチウム鉱床があるとされており、火種がくすぶっています。

インド亜大陸の海岸線は7500㎞に及び、海を挟んでスリランカ、モルディブ、インドネシアと領海を接しています。

政治体制は連邦共和制をとっていて、28の州と8の連邦政府直轄領からなります。なお、インドは多民族・多言語・多宗教の国家なので、州は増える方向にあり、将来は50州になるとの見方もあります。

議会は主として各州の代表で構成される上院（任期6年）と、主として国民の代表で構成される下院（任期5年）の二院制です。国家元首は上下両院議員などが間接選挙で選ぶ大統領（任期5年）ですが、政治の実権は下院の総選挙で多数議席を得た議会党団の指導者が任命される首相にあります。

なお、現行憲法は1950年に施行されました。

インドの外交

インドは伝統的に非同盟で、全方位外交を志向する国です。ロシアとの伝統的な友好関係を維持する一方、近年は米国や日本との関係も強化しています。

特にモディ首相はインド太平洋地域における協力を推進する「アクト・イースト」を展開しています。

●インドと中国の国交樹立後の主な外交関係

1947年に英国から独立したインドは1950年4月1日、非共産圏で初めて中国と国交を樹立しました。

それからしばらくは良好な関係が続きましたが、1959年のチベット動乱でダライ・ラマ14世がチベットを脱出しインド北部に亡命政府を樹立すると関係が悪化し、1962年にはアクサイチン（インド名ラダックの一部）などを巡る中印国境紛争、

1967年にはヒマラヤ国境を巡るナトゥラとチョーラの衝突と争いが続き、一時は外交断絶となりました。

しかし1969年の中ソ国境紛争で中国とソ連との対立が深刻化する一方、インドはパキスタンと戦争になったことから両国は歩み寄り、1976年には大使の相互派遣を再開することとなりました。

その後も1987年にはマクマホン・ライン（1914年に決められたチベットと英領インドの境界線）がどこかを巡る対立、2017年にはドクラム危機（中国軍と対峙したブータンの要請でインドが派兵）、2020年にはアクサイチン、2022年にはインドが実効支配するアルナーチャル・プラデーシュ州（中国名：南チベット）でそれぞれ軍事衝突と、両国は紛争の火種をあまた抱えています。

一方で、両国の歴代首脳（中国の国家主席・首相やインドの大統領・首相）は関係改善に努め相互訪問を重ねてきました。さらにG20サミット（2008年〜）、BRICS首脳会議（2009年〜）、上海協力機構（インドは2015年に正式加盟）といった国際会議の機会を捉えた首脳会談も頻繁です。

なお、中印国境交渉を2015年から19年にかけて8回にわたり開催し、中印戦略経済対話も6回にわたり開催して、国境問題に関する協議や経済協力に関する協議を進めています。しかし、さまざまな係争地を巡る問題は未解決で、紛争の火種は残ったままです。

2 社会面「中位（普通）」

インドと中国は、それぞれヒンドゥー文明と中華文明の発祥地ということもあって、独自の伝統を持っています。そして、数千年にわたり相互に影響を与えつつ尊重し合い、友好的な関係が維持されてきました。

一方、近年、両国は国境を巡る紛争でしばしば戦ってきたため、インド国民にとって中国は身近に脅威を

図表 3-4-2 ●インドの親米・親中分析

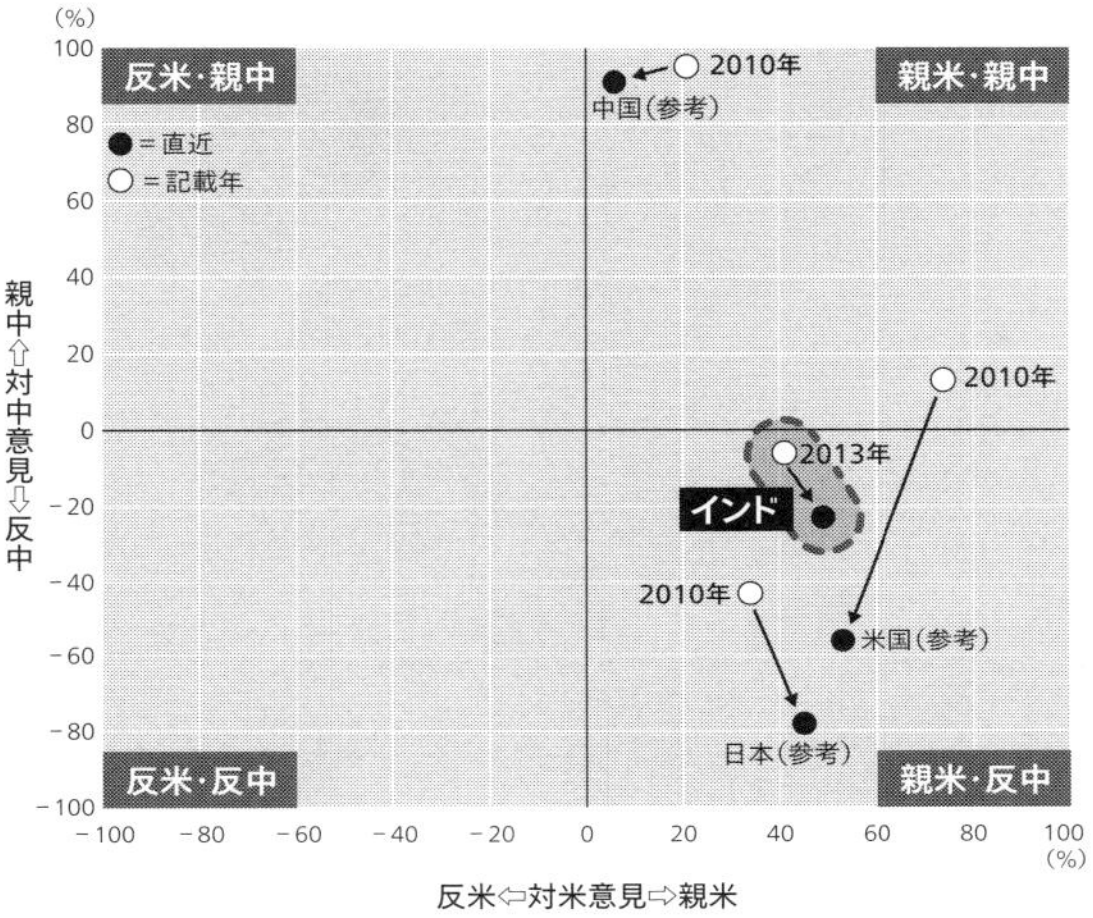

（出典）Pew Research Center のデータを元に筆者作成

感じざるを得ない状況にあり、政治家も中国の覇権主義に対する警戒を怠ることはありません。

そうしたインドの世論は親米・反中です。ピューリサーチセンターの調査結果を見ると（図表3－4－2）、中国のことを「好ましい」と回答した人が23％、「好ましくない」と回答した人が46％と、差し引きマイナス23ポイントでした。他方、米国のことを「好ましい」と回答した人は60％、「好ましくない」と回答した人が11％と、差し引きプラス49ポイントでした。ただし、米国や日本と比べると、インドの反中度合いはやや低いようです。

一方で、インドはロシアに対する信頼が厚いようで

図表 3-4-3 ●インドにおける中国・主要国の認識

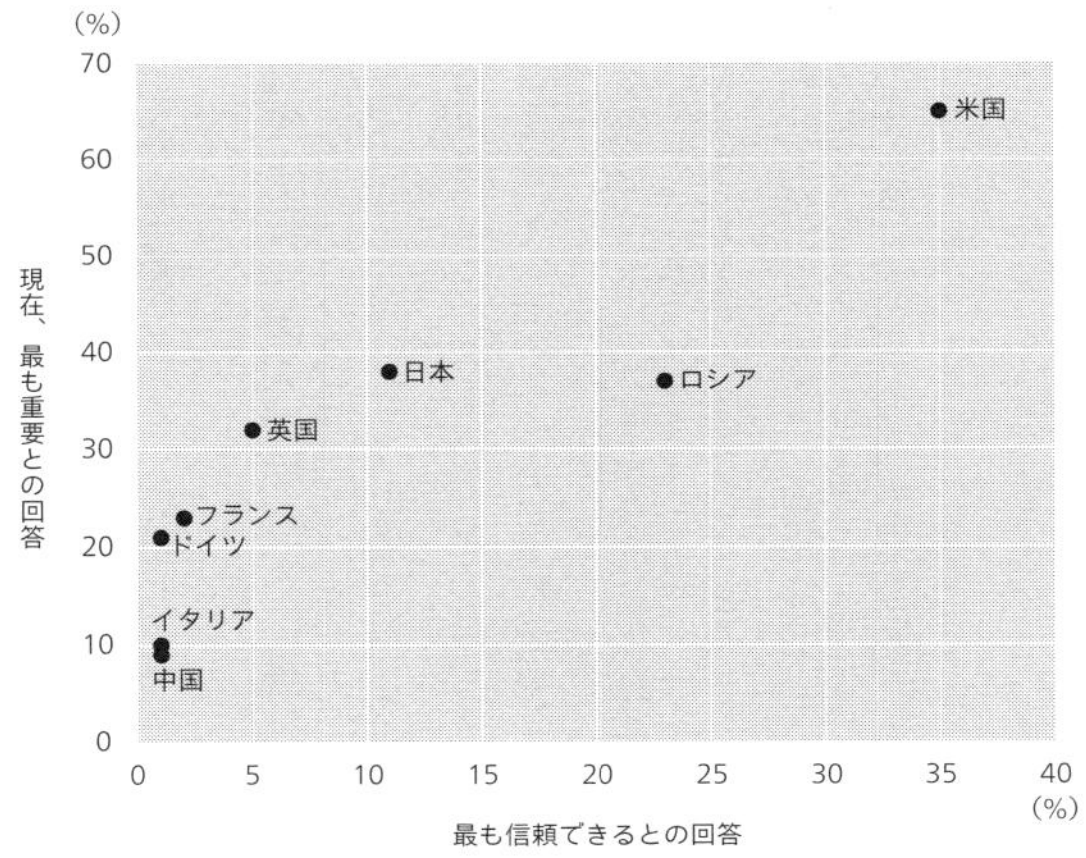

（出典）日本外務省 のデータを元に筆者作成

す。日本外務省が２０２２年に実施したアンケート調査の結果を見ると（図表３－４－３）、「最も信頼できる」として、ロシアを挙げた人が米国に次ぐ多さで、日本を挙げた人を上回っています。

インドと中国の人的交流は、両国とも人口が多く国境を接する割に多くありません。インドへ入国した人の内訳を見ると（図表３－４－４）、中国はコロナ前（２０１７～19年）の平常時で年平均約29万人と、米国の約１４５万人に遠く及びませんでした。ただし日本からの約23万人をやや上回っています。

図表 3-4-4 ●インドの入国者の内訳（2017 ～ 19 年平均）

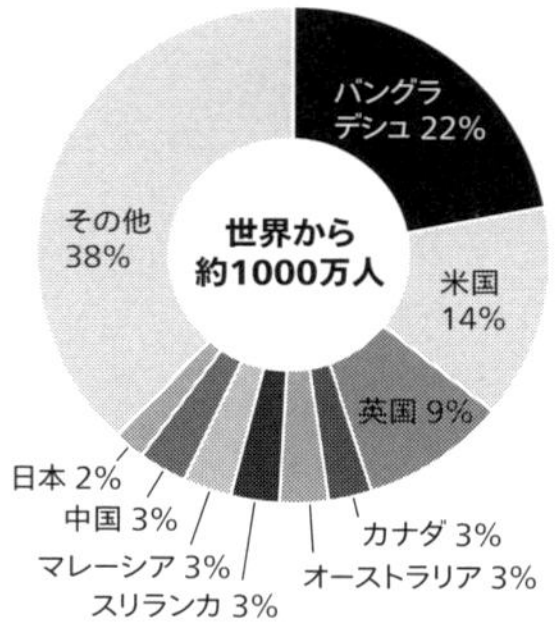

（出典）CEIC（出所はインド観光省）のデータを元に筆者作成

インドの社会

人口はおよそ14億人です。人口構成は富士山型だった時期もありましたが、最近では若年層が少なくなっており、つりがね型に近づきつつあります。

住民のほとんどはインド・ヨーロッパ語族ですが、ドラビダ語族、オーストロアジア語族、シナ・チベット語族なども存在する多民族社会です。公用語はヒンディー語で、英語も補助公用語であり、その他に憲法で公認されている地方言語が21種類もある多言語社会です。

宗教はヒンドゥー教徒が8割ほどを占めますが、イスラム教徒も14％余りと比較的多く、さらにキリスト教徒、シク教徒、仏教徒、ジャイナ教などの信者も一定数存在する多宗教社会でもあります。

ちなみにインド国旗は、オレンジ（サフラン）色、ホワイト、グリーンの三色旗となっており、中央には「チャクラ」と呼ばれる輪が描かれています。サフランはヒンドゥー教、グリーンはイスラム教、ホワイトはその他の宗教を含めた平和をそれぞれ表しているとされます。現実には難しい多宗教社会の平和を祈念した国旗と言えるでしょう。

図表3-4-5 ●インドの人口ピラミッド（2020年）

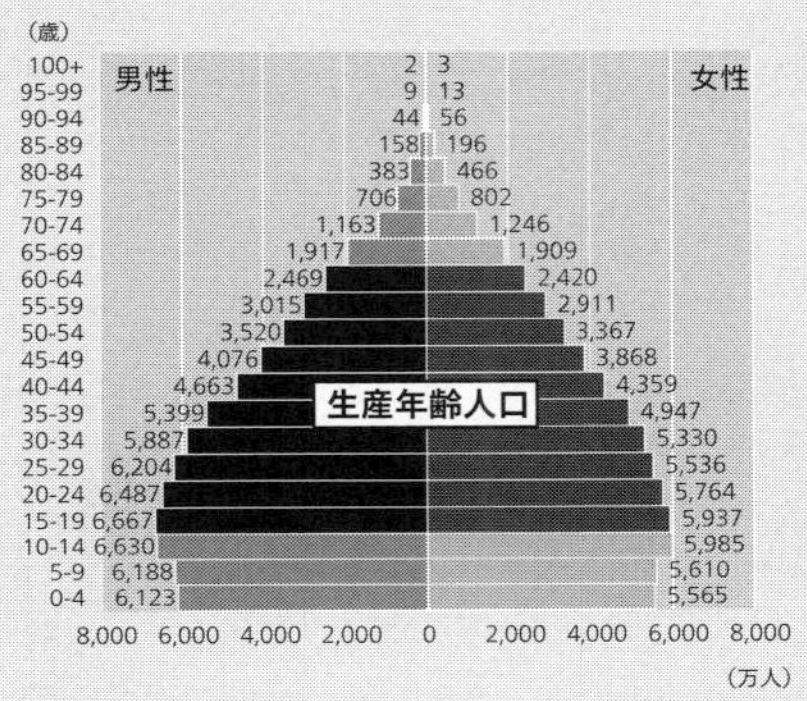

［インド］
生産年齢人口比率：67％
15歳未満の若年層比率：26％
65歳以上の高齢者比率：７％
平均寿命：69.3歳

［世界］
生産年齢人口比率：65％
15歳未満の若年層比率：25％
65歳以上の高齢者比率：９％
平均寿命：72.3歳

（出典）国連のデータを元に筆者作成

なお、このように多様な社会で暮らすインド人は「話が長い」とよく言われます。実際、筆者が米国で知り合ったインド人はみな例外なく話が長かったです。

3 経済面「高め（やや近い）」

インドと中国の貿易関係を見ると、中国側の統計（2021年）ではインドへの輸出が976億ドル（図表1－2－3）、インドからの輸入が280億ドル（図表1－2－10）で、中国から見ると696億ドルの輸出超過（インドの輸入超過）となっています。インドは西洋諸国の多くと同様に対中貿易が赤字です。

インドにとって中国は有力な貿易相手国です。輸出トップ10を見ると（図表3－4－6）、米国向けが第2位以下を大きく引き離してトップですが、中国向けも第3位にランクインしており、日本向けの4倍近い輸出額です。

輸入トップ10を見ても（図表3－4－7）、中国は第1位で、米国の2倍、日本の6倍をそれぞれ超える輸入額となっています。20年ほど前（2000年）には英国やベルギーなどの欧州諸国が上位に並び、中国からの輸入のシェアは2.9％に過ぎませんでしたので、この20年間に輸入元が大きく変化し、急激に中国からの輸入が増えたことが分かります。

他方、中国から見るとインドは有力な貿易相手国の一つといったところです。中国の輸出先としては第8位（シェア2.9％）で、米国向けの6分の1、日本向け

図表 3-4-6 ●インドの輸出先ランキング（2021年）

順位	国・地域	輸出額（2021年）		輸出額（2000年）	
		億ドル	シェア	億ドル	シェア
	輸出全体	3,948	100.0%	425	100.0%
1	米国	715	18.1%	91	21.4%
2	UAE	254	6.4%	25	5.8%
3	中国	230	5.8%	8	1.8%
4	バングラデシュ	141	3.6%	9	2.0%
5	香港	113	2.9%	26	6.1%
6	シンガポール	107	2.7%	8	1.9%
7	英国	104	2.6%	22	5.3%
8	オランダ	103	2.6%	9	2.1%
9	ドイツ	95	2.4%	19	4.4%
10	ネパール	92	2.3%	1	0.3%
22	日本	61	1.6%	10	2.4%

（出典）CEIC（出所はIMF）のデータを元に筆者作成

図表 3-4-7 ●インドの輸入元ランキング（2021年）

順位	国・地域	輸入額（2021年）		輸入額（2000年）	
		億ドル	シェア	億ドル	シェア
	輸入全体	5,761	100.0%	503	100.0%
1	中国	875	15.2%	14	2.9%
2	UAE	431	7.5%	11	2.1%
3	米国	414	7.2%	32	6.3%
4	スイス	295	5.1%	30	6.0%
5	サウジアラビア	277	4.8%	12	2.4%
6	イラク	266	4.6%	1	0.1%
7	香港	182	3.2%	8	1.7%
8	シンガポール	182	3.2%	15	2.9%
9	韓国	171	3.0%	10	2.0%
10	インドネシア	167	2.9%	9	1.8%
12	日本	144	2.5%	20	4.0%

（出典）CEIC（出所はIMF）のデータを元に筆者作成

の半分強に過ぎません。輸入元としてもインドは第23位（シェア1.0％）で、日本・米国それぞれの7分の1くらいです（図表1－2－3、1－2－10）。

インドの経済

インド経済のGDP（国内総生産）は約3兆ドルと世界第6位（2021年）です。1947年に独立したインドはそれから40年余り社会主義色の強い経済運営を実施したため、インド経済は停滞気味でヒンドゥー成長率と呼ばれる3.5％程度の低成長の国でした。

しかし東西冷戦が終結し世界でグローバリゼーションが進展したことに加えて、インドが1991年に経済の自由化を進める改革を推進したことから、その後の経済成長率は年平均6.1％と世界全体（同3.3％）のおよそ2倍のスピードとなっています。

経済的な豊かさを示す一人当たりGDPは2千ドル余りで世界第146位となっており、第65位の中国より貧しく、第160位のパキスタンより少しだけ高い水準にあります。世界を5分位に分類したとき下から2番目（第4分位）の位置にとどまっており、1990年前後に同じ第5分位だった中国とは大きな差がつきました。

なお、インドの経済発展が遅れた背景には、過剰な保護主義の問題があるとされ、経済自由化に舵を

図表 3-4-8 ●インドの実質成長率

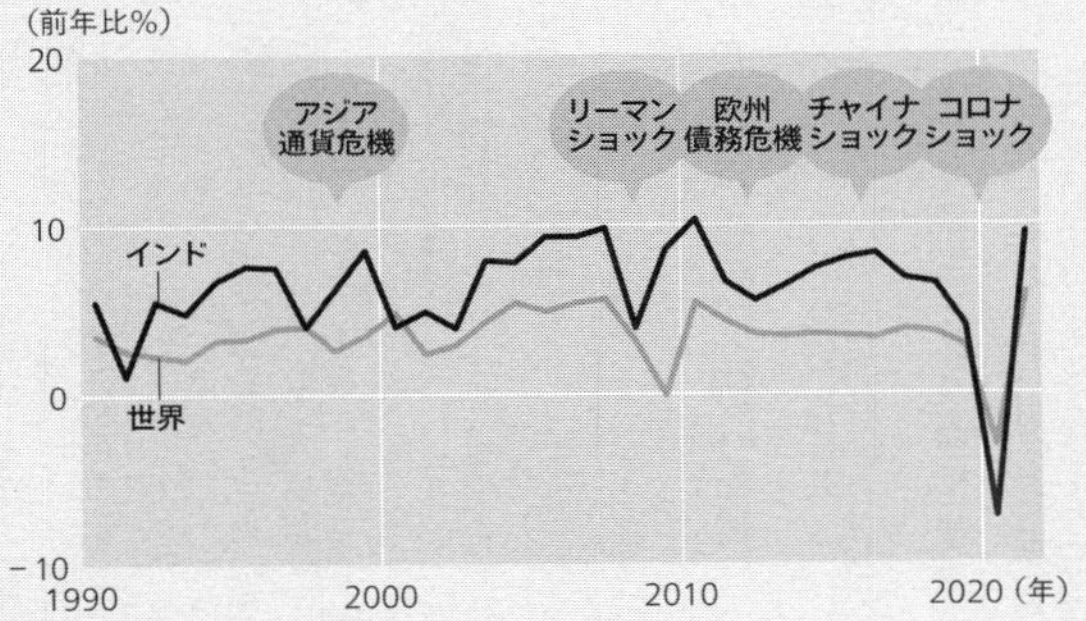

（出典）IMF のデータを元に筆者作成

図表 3-4-9 ●一人当たり GDP（インドと中国）

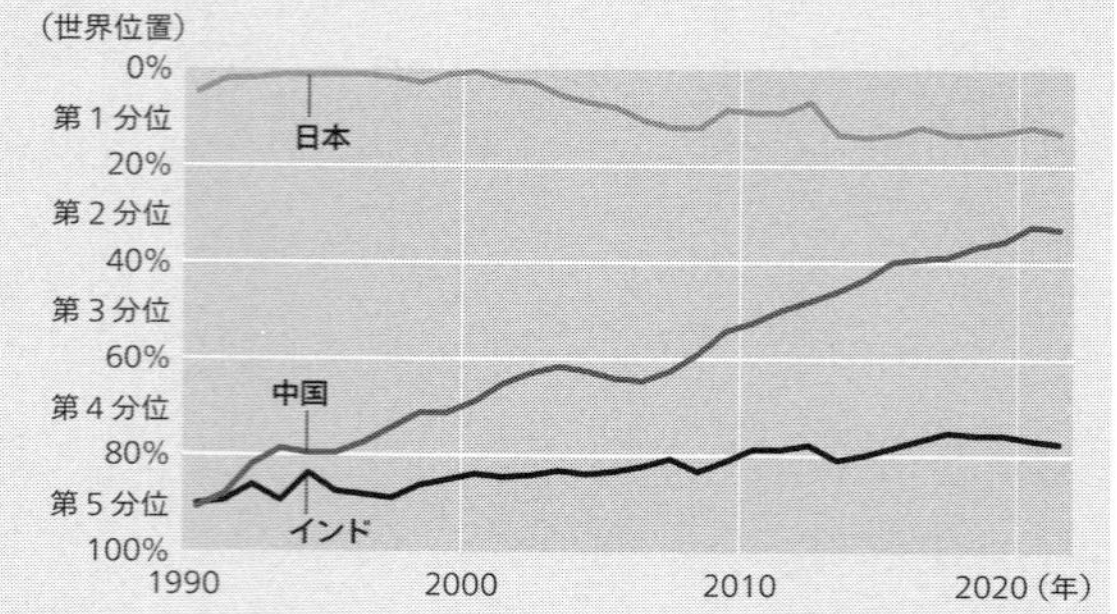

（注）世界位置は（中国の順位－1）÷（対象国数－1）で計算
（出典）IMF のデータを元に筆者作成

切ったはずの今も保護主義的、市場フレンドリーではない政策が取られることがしばしばあります。

直近では2019年11月、日本や中国、韓国やASEAN諸国、オーストラリアなどが加盟するRCEP（地域的な包括的経済連携協定）から離脱してしまいました。

インドの産業構造は典型的な農業国型ですが、ITサービスでも有名でTCS（タタ・コンサルタンシー・サービシーズ）などグローバル企業も育ち、最近では「メイク・イン・インディア」を旗印に製造業も強化されつつあります。また、需要構成は投資主導型ですが、政府消費が少なく個人消費が多いという特徴があります。

■インドと中国の輸出・輸入品目

中国がインドへ輸出しているモノを見ると「電気機器・部品」が3割近くを占めます。特にインドのスマートフォン市場では中国メーカーのシェアが3分の2にも達しています。さらに「工業原料類」「機械・部品」「輸送機械・部品」「精密機械・部品」を加えるとおよそ9割にも達します（図表3－4－10）。世論が反中のインドでは、しばしば中国産品のボイコット運動が起きますが、それは中国産品がインドで目立ちすぎていることの証左とも言えます。

他方、中国がインドから輸入しているモノを見ると

（図表３－４－11）、「工業原料類」が７割近くもあります。その内訳はベースメタル、レアメタル、レアアース、宝石類、化学工業品などが大半で、中国にとって、インドは工業原料の重要な輸入元と言えるでしょう。

なお、中国は「食品類」もインドから輸入しており、食糧安全保障上も重要です。

ただし、日本、韓国、ベトナムなどと比べると、サプライチェーンの結びつきは弱いと言えます。インドは製造業が未成熟だからです。今後、「メイク・イン・インディア」が軌道に乗ってくれれば、両国の輸出・輸入品目も変化していくでしょう。

■投資関係

インドと中国の投資関係を見ると、中国の対インド直接投資累積額は32億ドルほどと、対パキスタンの62億ドルを下回り、インドGDP比でも0.1％とその影響は大きくありません。その背景には過度な中国依存を警戒したインド政府が、「国境を接する国」からの

図表 3-4-10 ●中国のインドへの輸出（2021年）

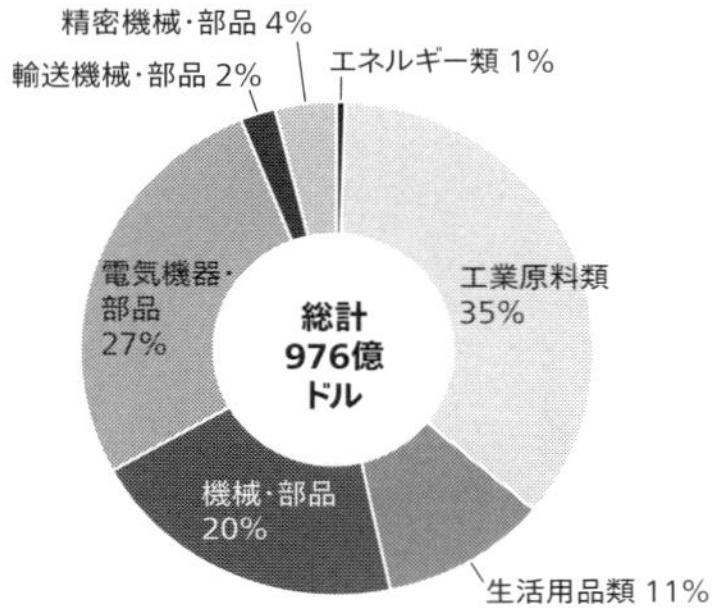

（出典）CEIC（出所は中国税関総署）のデータを元に筆者作成

図表 3-4-11 ●中国のインドからの輸入（2021年）

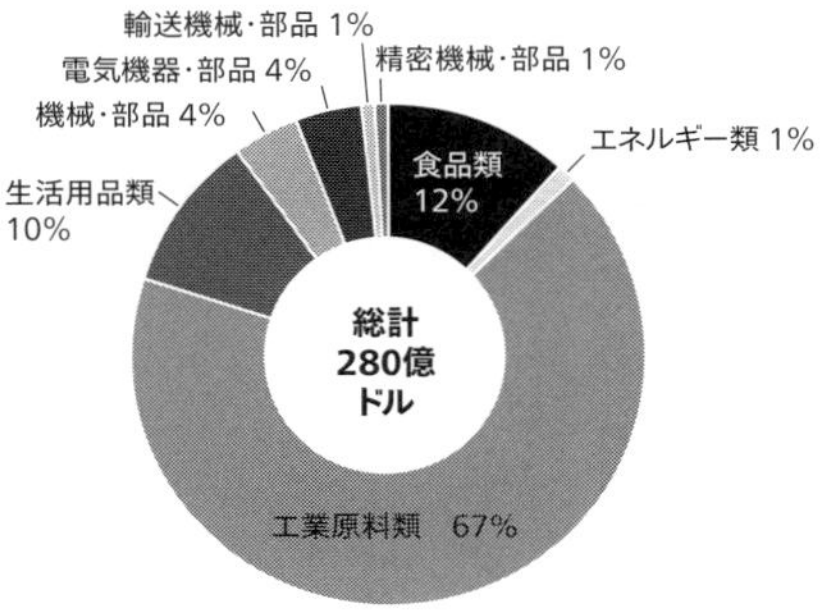

（出典）CEIC（出所は中国税関総署）のデータを元に筆者作成

図表 3-4-12 ● 日米中のインドへの直接投資累積額

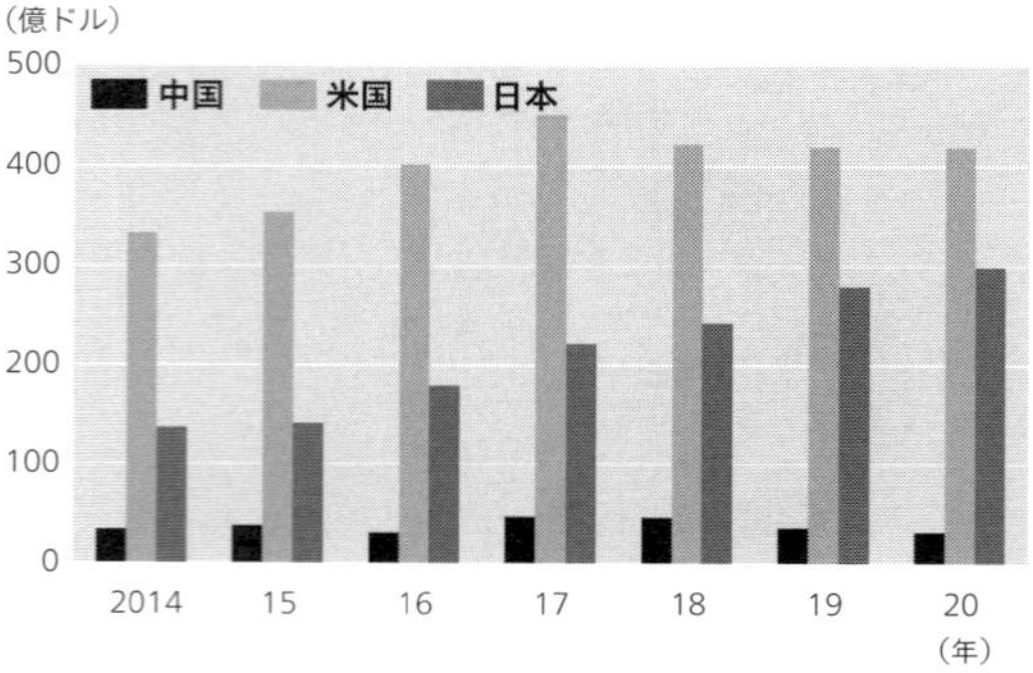

（出典）OECD、中国商務部のデータを元に筆者作成

投資を許可制に切り替えるなど、中国からの投資を事実上制限していることがあります。

他方、米国の対インド直接投資累積額は約419億ドル、日本は約299億ドル、英国は約237億ドルと、対インド直接投資累積額では日米英の方がはるかに大きい投資をしています（図表3－4－12）。特にインドの乗用車市場では、日本のスズキの子会社マルチ・スズキが販売台数のおよそ4割を占め、圧倒的なシェアを握っています。

参考 インドの産業構造・需要構成

インドの総付加価値（TVA≒GDP）の産業構造を見ると（図表3－4－13）、第一次産業の比率が18.1％と世界平均を大幅に上回る農業大国です。かつて20～30年前の中国もインドのような農業大国でしたが、中国はそのような短い期間で、農業大国から製造大国に経済発展しました。

そこで、世界のグローバル企業は、インドが中国に代わる製造大国（半導体などの製造拠点）となることを期待しています。しかしインドのインフラは、解消に向かっているとはいえ電力不足が依然として深刻で、さらに交通インフラや衛生環境に不安があり、それらの整備が急務です。

さらにインドには輸入増に対する過度な懐疑論があり、それが製造拠点となる上での障害となっています。インドに製造拠点を設ける上では、その製造に必要な部品・素材を輸入できることが前提になるからです。したがって、この問題を先送りし続ければ、中国のような製造大国になる道も遠のきます。経済成長を促進するため、インドはもっと強く自由貿易にコミットするべきでしょう。

他方、GDPの需要構成を見ると（図表3-4-14）、インドは投資が盛んで中国を追いかけようとしており、総固定資本形成（≒投資）の比率が31.0%と世界平均（25.0%）を大幅に上回っています。

なおインドは純輸出等がマイナスの国で輸入超過ですが、中国はプラスで輸出超過です。その背景には有力な輸出産業の数の違いがあります。

図表 3-4-13 ●インドの産業構造（2011～20年平均）

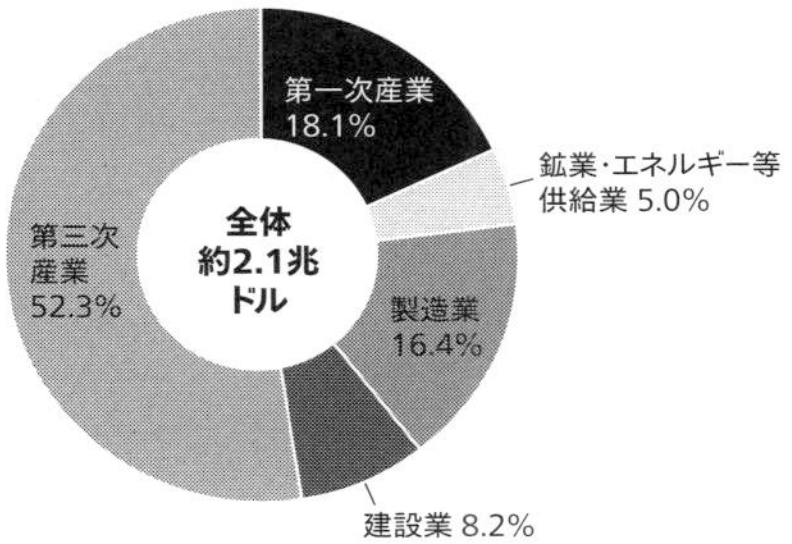

（出典）国連のデータを元に筆者作成

図表 3-4-14 ●インドの需要構成（2011～20年平均）

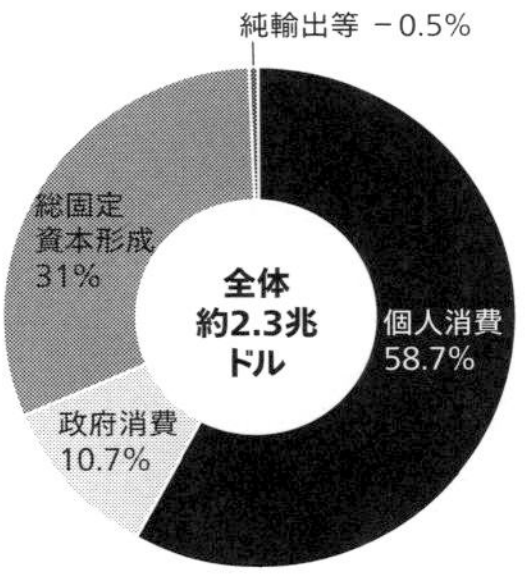

（出典）国連のデータを元に筆者作成

4 米中対立における立場

中国陣営に与する可能性は低い。
しかし、非同盟・全方位外交を展開するインドは、米国とも対立する面がある一方、経済的には中国も重要な国なので、中立を守る可能性が高い。
日本としては、米国と協力して、インドが重視する南北問題に道筋を付けるべき。

インドは欧米型民主主義の国で「中国の特色ある社会主義」とは相容れず、さらに中国とは国境紛争があるので、インドが中国陣営に与する可能性はほとんどないでしょう。しかも世論は親米・反中なので、今後も親米・反中の政権が続く可能性が高いと見られます。

一方、インドは伝統的に非同盟・全方位の外交を展開してきた国なので、米国陣営に与する可能性も低いでしょう。さらに米国はインドと親密な関係にあるロシアを敵視していますし、インドと紛争を抱えるパキ

図表 3-4-15 ●米中印の関係

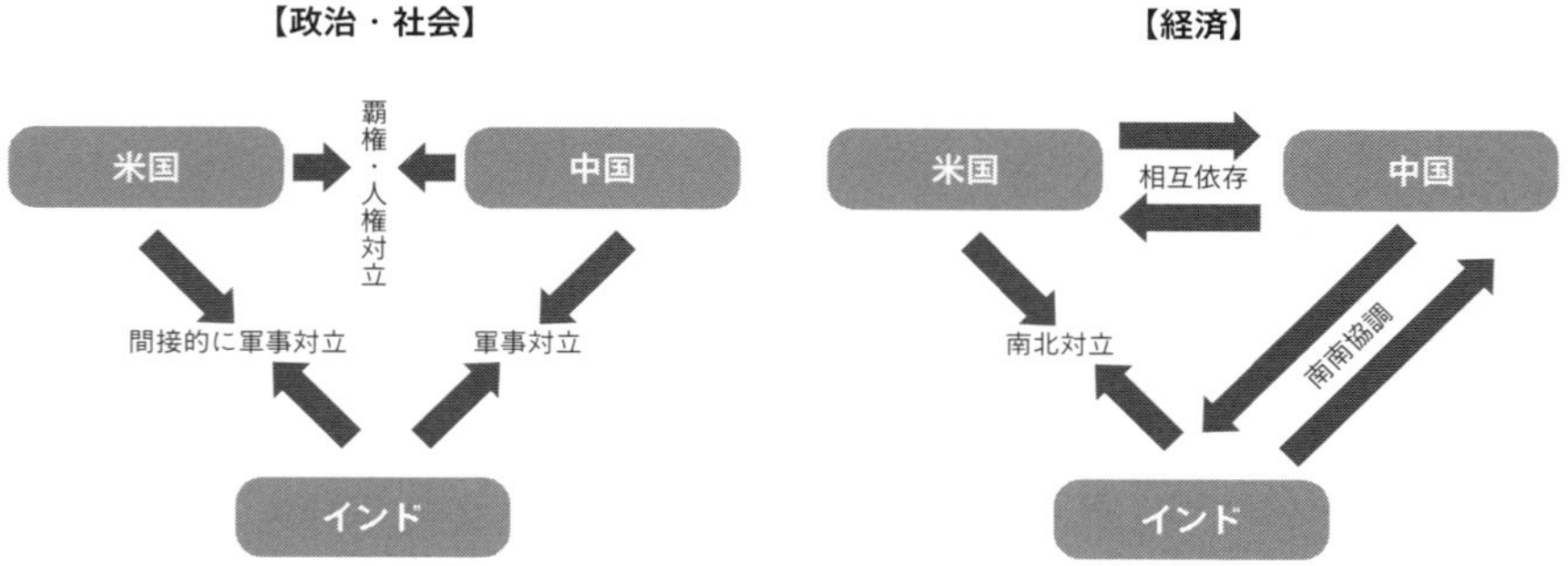

（出典）筆者作成

スタンを軍事的に支援しています。したがって、米中新冷戦に突入した場合、インドは中立を守る可能性が高いと見られます。

経済面では、インドにとっては米国も中国も重要です。米国は輸出先としては第1位、輸入元としては第3位の有力な貿易相手国で、対インド直接投資が極めて多いので、関係を悪化させたくありません。他方、中国も工業機械・部品・素材の有力な輸入元で、関係が悪化すると工業生産に支障があります。

さらに中国は食品、レアアース、レアメタル、宝石類などの輸出先でもあるので、製造業だけでなく農業や鉱業で働く人々にも悪影響が及びます。

すなわち、米中どちらの陣営に与しても経済的な発展という国益を損ないます。中立を守れば、そうした経済的な悪影響を軽微に抑えられます。

一方、世界の途上国に対して中国に次ぐ影響力を持つインドは、米国など先進国と南北問題で対立しており、世界の途上国とは南南協調を図っています。経済的に豊かな米国など先進国が、貧しい暮らしを強いられている途上国を上から目線で見る割に、それを是正する努力を惜しみ、結果的に世界における貧富の格差を固定化していると見ているのです。この点で、インドと中国の認識は一致しており、世界の途上国も共感しています。

すなわち、インドが重視する南北問題を放置していると、インドを含む世界の途上国を中国寄りに追い込む恐れがあります。

日本としては、米国などG7と協力して、南北問題に道筋を付けるべきでしょう。インドは世界の途上国に対して中国に次ぐ影響力を持っているだけに、それが世界の途上国を米国寄りに導くことにつながると思料します。

第4部

その他の国・地域と中国

■第４部では、ここまであまり触れてこなかった地域で、筆者が特に注目すべきと考える国・地域の概況と中国との関係を見ていきます。

■第１章と第２章では、世界で台頭する新興国として注目を浴びたBRICSの初期メンバーのうち、まだ取り上げていなかったブラジルとロシアの概況を確認した上で、中国との距離感を見ていきます。

■第３章と第４章では、原油や天然ガスを多く産出する一方、紛争の絶えない地域として世界に大きな影響を及ぼす中東諸国と、鉱物資源や観光スポットに恵まれ最後のフロンティアとしてグローバル企業が注目しているアフリカ諸国を取り上げ、それぞれの概況を確認した上で、中国との距離感を見ていきます。

第1章

ラテンアメリカで最大の途上国
ブラジル

両国の距離感（ポイント）

地理的に遠く文化は異質で、人的交流も少なく、政治思想も相容れません。

一方、経済関係は親密で、ブラジルは国家主権の相互尊重を求める国なので、米国の覇権主義的行動に反発。中国の人権侵害を巡る議論では中立を守り、途上国の共通利益を守る点でも中国と一致しています。世論は親米かつ親中。

総括するとブラジルと中国の距離感は「普通」と評価しています。

ブラジルと中国の距離感分析

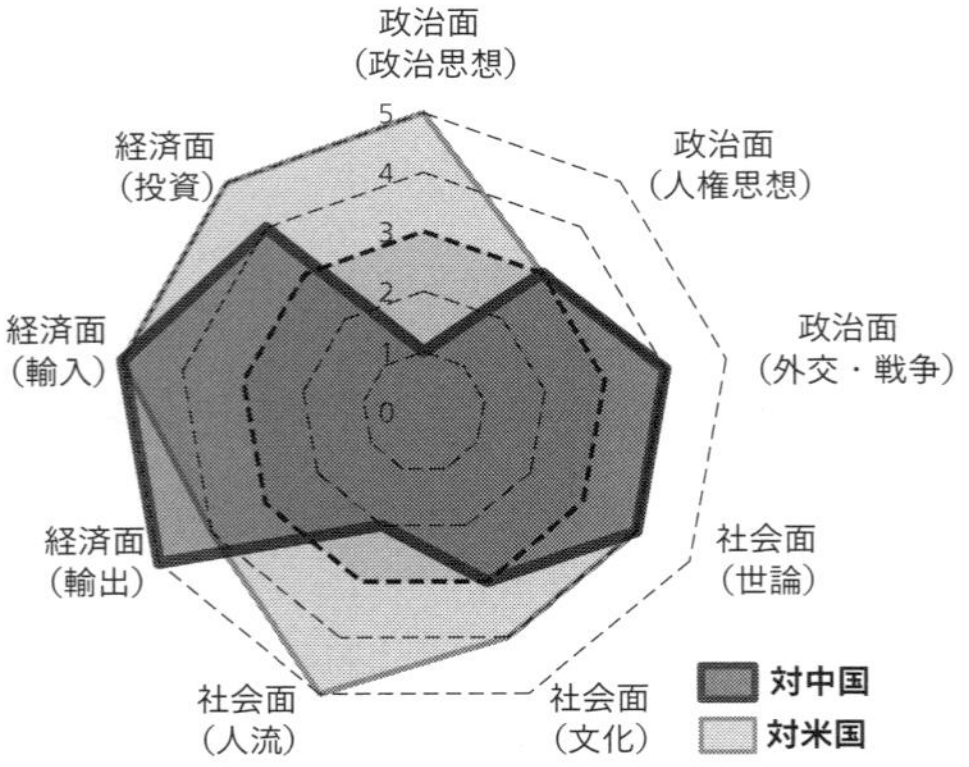

政治面	中	米
政治思想	1	5
人権思想	3	3
外交·戦争	4	4

社会面	中	米
世論	4	4
文化	3	4
人流	2	5

経済面	中	米
輸出	5	4
輸入	5	5
投資	4	5

（出典）筆者作成

ブラジルはラテンアメリカで人口・経済規模とも最大の国です。しかもカリブ海やラテンアメリカの近隣諸国と積極的に連携しているため、米中対立でラテンアメリカ諸国がどちら寄りに傾くか、カギを握っています。

ブラジルにとって中国は最有力な貿易相手国であり、世界の有力な途上国が集まるBRICS首脳会議など で、途上国が抱える共通の課題を話し合うなど、途上国同士ということで連帯感を持っています。一方、米国との関係もおおむね良好で、ブラジルにとっては中国と一、二を争う貿易相手国です。さらに地理的条件や歴史的経緯もあって、投資元としては中国をはるかに超える大きな存在です。

一方でブラジルは、主要先進国の集まりであるG7と利害が対立しがちで、G20のように世界の主要先進国と主要途上国が一堂に会する場面で対立することが少なくありません。

日本としても、米中対立下にある世界で、目の離せない国と言えるでしょう。

1 政治面「中位（普通）」

ブラジルは欧米型民主主義の政治思想を持つ国です。政治的自由度×民主主義指数のマトリクスを見ても（図表4－1－1）、政治的自由度、民主主義度ともに米国や日本とほぼ同水準にあります。

この点、中国の政治思想とは対極に位置しており、相容れません。他方、人権思想を巡る議論においては、ブラジルがしばしば西洋諸国から批判されることもあり、さらに生存権・発展権を重視する中国に共感できる面もあって、国連人権理事会などで中国の人権侵害を非難する動きに対しては、中立の立場を取る傾向にあります。

第二次世界大戦後の東西冷戦時代には、1964年に米国の支援を受けたブランコ将軍が軍事独裁政権を確立し、親米・反共政策をとりました。そして米国の支援を受けて「ブラジルの奇跡」と呼ばれる高度経済成長を達成した一方、軍事政権による人権侵害を非難されることともなりました。そうした背景もあって東西冷戦後は、対米関係を軸としながらも、南米をはじめとする世界の途上国との関係強化など自立性も重視する外交を展開するようになり、中国との外交関係も改善しました。

さらにブラジルは国家主権の相互尊重など対等な外交を志向しています。例えば、ロシアのウクライナ侵攻を非難する国連決議でも原則を重んじて、多くの途上国が棄権したところを賛成していますし、米国がブラジルからの入国者に顔写真・指紋登録を求めた際には、それに反発してブラジルも米国からの入国者に同様のことを求めました。

このようにブラジルと中国は政治思想では相容れないものの、ともに国家主権の相互尊重を強く求めており、米国の覇権主義的な行動に対しては反発し、途上国の共通の利益を守ろうとする点では中国と一致協力する関係にあります。

親米政権だったボルソナーロ大統領時代には、就任前に中国批判を展開したことで関係が軋む場面はあったものの、就任後には表立った批判を避けて、中国との決定的な関係悪化には至りませんでした。

図表 4-1-1 ●ブラジルの政治的自由度と民主主義指数

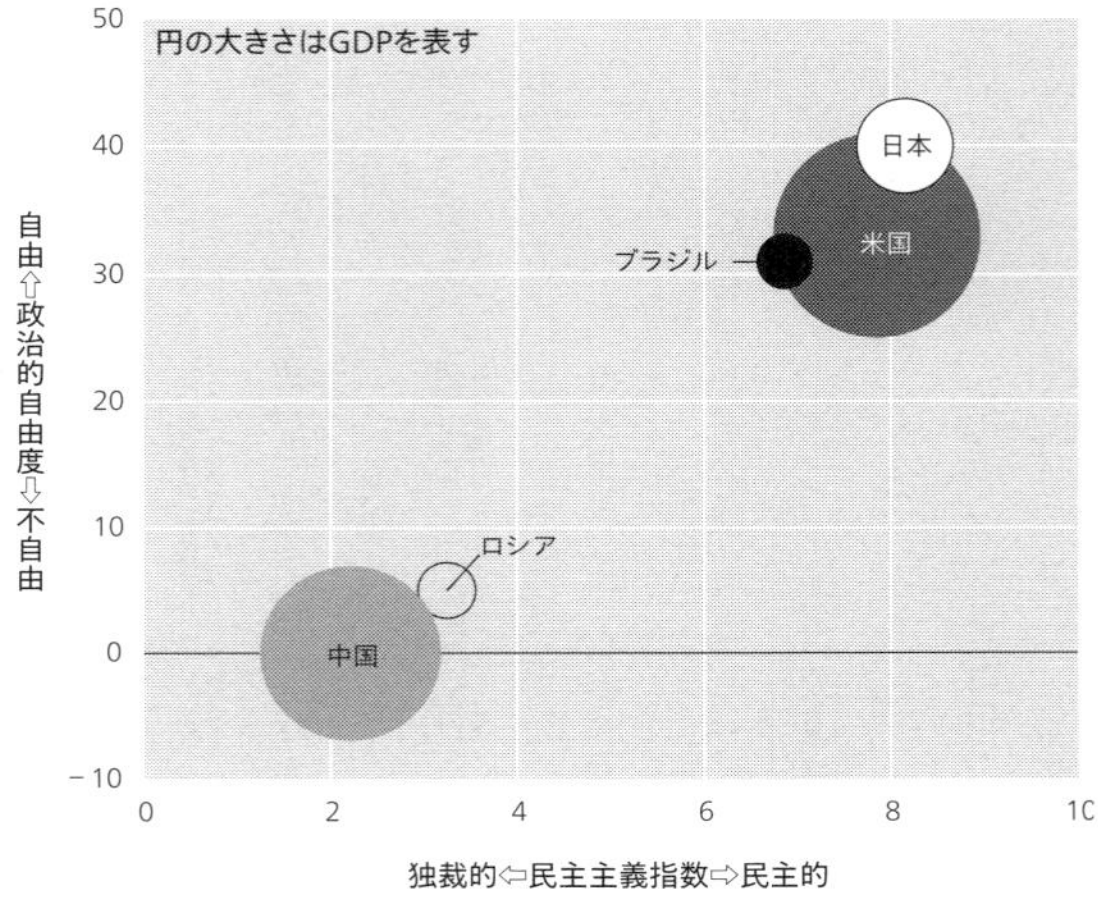

（出典）IMF、EIU、Freedom House のデータを元に筆者作成

ブラジルの政治

ブラジル連邦共和国の国土面積は約851万㎢で、南米東部に位置し、北はフランス領ギアナ、スリナ

ム、ガイアナ、ベネズエラ・ボリバル、コロンビア、西はペルー、ボリビア、南はパラグアイ、アルゼンチン、ウルグアイと国境を接しています。

北部を東西に流れるアマゾン川の流域には「地球の肺」と呼ばれる熱帯雨林があり、CO_2を大量に吸収するとともに、多様な生物が生息するため、その開発を巡る問題は地球規模の課題となっています。なお、首都はブラジリアに置かれています。

政治体制は連邦地区（首都ブラジリア）と26州で構成する連邦共和制をとっていて、議会は上院・下院の二院制で任期は上院が8年、下院が4年です。国家元首は直接選挙で選ばれる大統領で、任期は4年となっています（再選は1回まで）。なお、現行憲法は1988年に施行されました。

ブラジルの外交

ブラジルの外交方針は大統領が誰かによって大きく変わります。ボルソナーロ大統領（2019～22年）が就任する前は、ラテンアメリカ・カリブ諸国共同体（CELAC、セラック）[1]や南米南部共同市場（MERCOSUR、メルコスール）[2]に参加する近隣途上国との連携を重視する外交を展開していましたが、ボルソナーロ大統領時代には米国との関係を重視する外交に転換しました。しかし2023年に就任したルーラ大統領は途上国との連携を重視する外交に戻し、また欧米とは一定の距離を保ちながらも積極的に対話する外交となりました。

実際、ルーラ大統領は就任直後の1月、ボルソ

[1] CELAC（ラテンアメリカ・カリブ諸国共同体）は、全ての中南米諸国が参加する、地域協力組織で、将来的な中南米統合を長期的な目標に掲げています。CELACは、中南米諸国の協議組織であったリオ・グループ（RG）がその前身で、中南米の問題は中南米で解決するという目標を持っていることから、米国やカナダはメンバーではありません。

[2] MERCOSUR（メルコスール、南米南部共同市場）は、南アメリカの貿易圏であり、アルゼンチン、ボリビア、ブラジル、パラグアイ、ウルグアイ、ベネズエラが正加盟国で、チリ、コロンビア、エクアドル、ガイアナ、ペルー、スリナムが準加盟国です。メルコスールは、自由貿易圏を設定し、加盟国はお互いの輸入品に課税や制限をしないことになっています。

ナーロ大統領が参加することのなかったCELAC首脳会議に参加し、ブラジルの復帰を祝う盛大な拍手を浴びることとなりました。

●ブラジルと中国の国交樹立後の主な外交関係

ブラジルと中国は1974年8月に国交を樹立しました。そして1993年には戦略的パートナーシップを確立し、2012年にはそれを包括的戦略パートナーシップに格上げするなど、外交関係は順調に発展してきています。両国首脳はG20サミットに加えて、BRICS首脳会議でも顔を合わせることから、首脳外交が緊密です。

航空宇宙、情報技術、バイオテクノロジー、農林畜産、水産養殖、医薬衛生、冶金などの分野で協力を深めており、特に人工衛星の共同研究開発プロジェクトは南南協力の模範とされています。

さらにブラジリア大学、サンパウロ大学に中国語教室を設置したり、11校の孔子学院と3校の孔子学堂を設置したりと、文化交流も盛んです。

2 社会面「中位（普通）」

ブラジル社会から見た中国は、地理的に遠いこともあって言語・民族・宗教といった文化を異にする異質な存在です。植民地支配・被支配や戦争といった遺恨がなく、西洋諸国に搾取されてきた途上国同士という点で共感する面もあります。文化面での両国関係は良くも悪くもないといったところです。

ブラジルの世論は親米かつ親中です。ピューリサーチセンターの調査結果を見ると（図表4－1－2）、米国のことを「好ましい」と回答した人が56％、「好ましくない」と回答した人が25％で、差し引きプラス31ポイントと親米でした。他方、中国に対する回答では「好ましい」と回答した人が51％、「好ましくない」と回答した人が27％ポイントで、差し引きプラス24ポイントと親中でした。政治面でも文化面でも異質な中国に対して世論が親中なのは、両国がともに豊かになり切っていない途上国であることが背景にあると筆者は

図表4-1-2 ● ブラジルの親米・親中分析

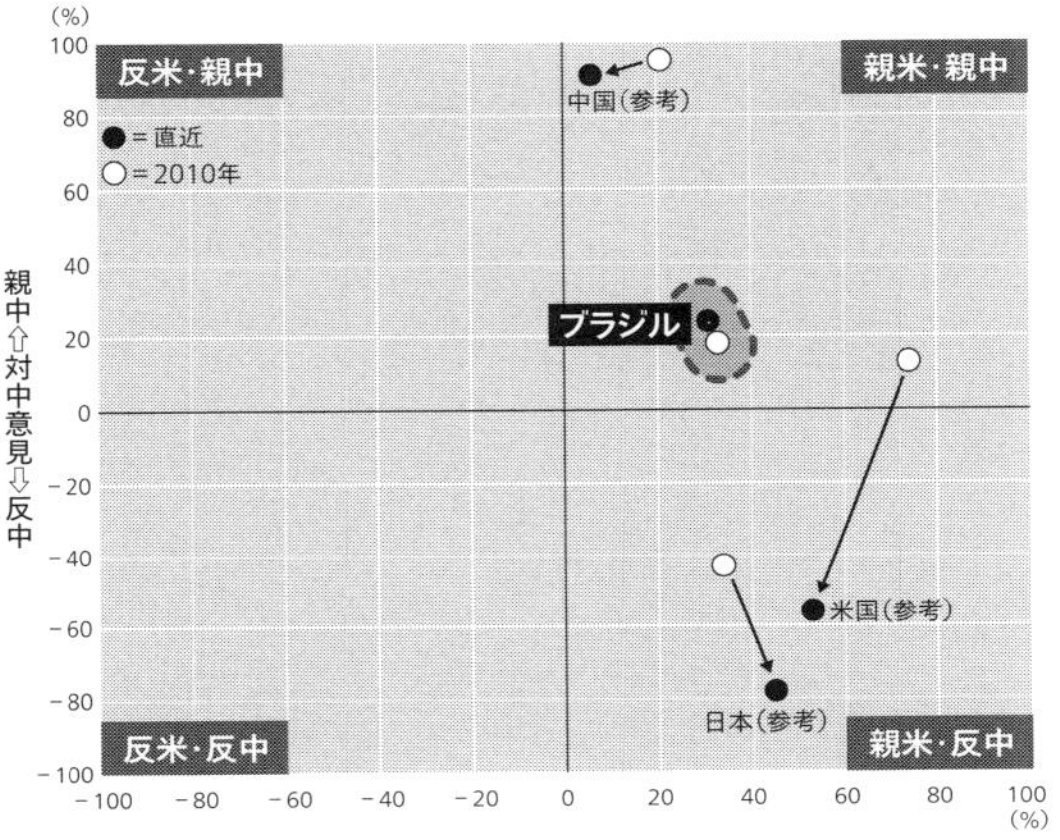

（出典）Pew Research Center のデータを元に筆者作成

見ています。

ブラジルと中国との人的交流は少なく、ブラジルへ入国した人の内訳を見ると（図表4－1－3）、中国はコロナ前（2017〜19年）の平常時で年平均6万人ほどと、日本の約7万人を下回っています。地理的には同程度離れている上、日本の人口が中国の10分の1に過ぎないことを勘案すれば極めて少ないと言えるでしょう。ブラジルに200万人を超える日系人が暮らしているから日本との交流が多いのかもしれません。さらには、後述するように日本からの投資が大きいことも影響しているでしょう。ちなみにブラジルへ入国する人のおよそ7割はアルゼンチンや米国などアメリカ大陸の諸国の市民です。

図表4-1-3 ● ブラジルの入国者の内訳（2017〜19年平均）

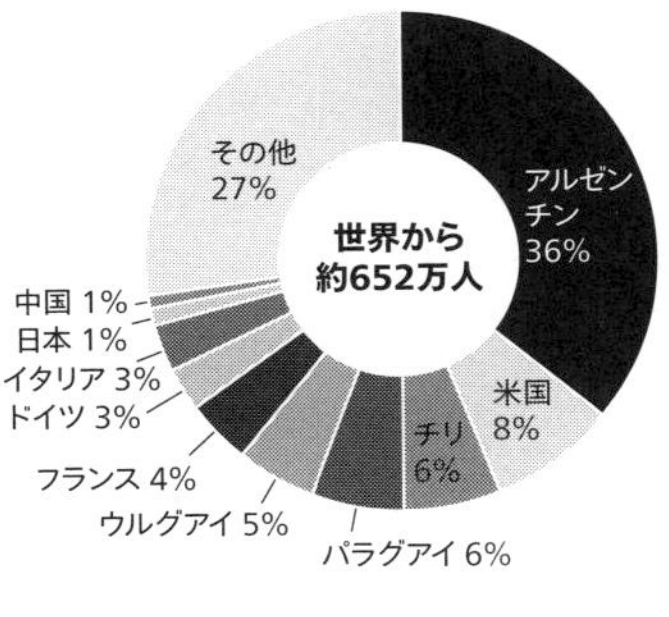

（出典）CEIC（出所はブラジル観光省）のデータを元に筆者作成

ブラジルの社会

人口はおよそ2億1千万人と世界第6位の人口大国です。人口構成はつりがね型とつぼ型の中間に位置する形状であり、若年層では年齢が低いほど少ないので、さらに少子化が進むとつぼ型になる恐れがあります。

民族はポルトガル系を中心とする欧州系白人がおよそ半分、混血が約4割で、アフリカ系、アジア系、ブラジル先住民などが残りを占めており、公用語はポルトガル語です。宗教はカトリックが約65%、プロテスタントが約22%とキリスト教が大半を占めています。

ちなみに、ブラジルには200万人を超える日系人が住んでおり、世界最大の日系人コミュニティを形成しています。そして農業、ビジネス、文化などの分野で活躍しています。

図表 4-1-4 ●ブラジルの人口ピラミッド（2020 年）

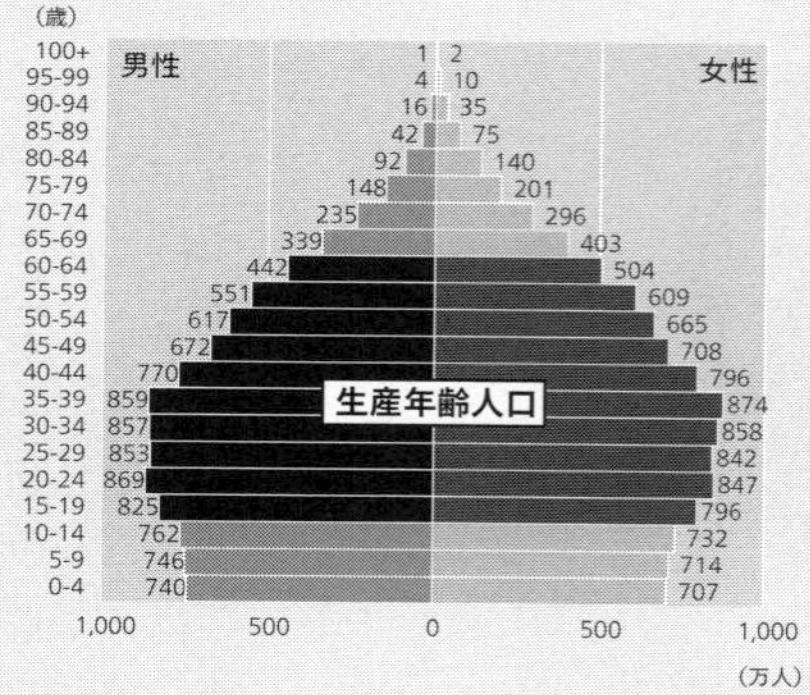

[ブラジル]
生産年齢人口比率：70%
15 歳未満の若年層比率：21%
65 歳以上の高齢者比率：10%
平均寿命：75.6 歳

[世界]
生産年齢人口比率：65%
15 歳未満の若年層比率：25%
65 歳以上の高齢者比率：9%
平均寿命：72.3 歳

（出典）国連のデータを元に筆者作成

3 経済面「高位（近い）」

ブラジルと中国の貿易関係を見ると、中国側の統計（2021年）ではブラジルへの輸出が536億ドル（図表1－2－3）、ブラジルからの輸入が1090億ドル（図表1－2－10）で、中国から見ると554億ドルの輸入超過（ブラジルの輸出超過）となっています。

ブラジルにとって中国は最有力の貿易相手国です。

ラテンアメリカは米国の存在感が圧倒的に大きい「米国の裏庭」と呼ばれる地域ですが、ブラジルでは中国

図表 4-1-5 ●ブラジルの輸出先ランキング（2021年）

順位	国・地域	輸出額（2021年）		輸出額（2000年）	
		億ドル	シェア	億ドル	シェア
	輸出全体	2,816	100.0%	596	100.0%
1	中国	884	31.4%	11	1.8%
2	米国	315	11.2%	134	22.4%
3	アルゼンチン	121	4.3%	62	10.5%
4	オランダ	93	3.3%	28	4.7%
5	チリ	70	2.5%	12	2.1%
6	シンガポール	57	2.0%	2	0.4%
7	韓国	56	2.0%	6	1.0%
8	日本	56	2.0%	25	4.1%
9	メキシコ	55	2.0%	17	2.9%
10	スペイン	54	1.9%	10	1.7%

（出典）CEIC（出所は IMF）のデータを元に筆者作成

図表 4-1-6 ●ブラジルの輸入元ランキング（2021年）

順位	国・地域	輸入額（2021年）		輸入額（2000年）	
		億ドル	シェア	億ドル	シェア
	輸入全体	2,327	100.0%	600	100.0%
1	中国	505	21.7%	13	2.2%
2	米国	421	18.1%	138	23.0%
3	アルゼンチン	127	5.4%	73	12.1%
4	ドイツ	120	5.2%	47	7.8%
5	インド	71	3.1%	4	0.6%
6	ロシア	60	2.6%	6	1.0%
7	イタリア	58	2.5%	23	3.8%
8	日本	56	2.4%	31	5.2%
9	韓国	54	2.3%	15	2.5%
10	フランス	51	2.2%	20	3.3%

（出典）CEIC（出所は IMF）のデータを元に筆者作成

が急速に存在感を高めてきました。２０２１年の輸出先トップ10を見ると（図表４－１－５）、中国は８８４億ドル（シェア31・４％）と2位以下を大きく引き離してのトップで、第2位の米国向けの3倍近く、日本向けの15倍もあります。２０００年には、中国のシェアが1.8％に過ぎず、米国向けの10分の１に過ぎませんでした。

２０２１年の輸入元トップ10を見ても（図表４－１－６）、中国は５０５億ドル（シェア21・７％）と第１位で、日本のおよそ10倍です。２０００年には中国のシェアが2.2％に過ぎず、米国の10分の１だったことを考えると、輸入面でも中国の存在感が飛躍的に高まったことが分かります。

他方、中国から見るとブラジルは有力な貿易相手国の一つといったところです。輸出先としては第19位（シェア1.6％）で、輸入元としては第7位（シェア4.1％）です（図表１－２－３、１－２－10）。

ブラジルの経済

ブラジル経済のＧＤＰ（国内総生産）は約1.6兆ドルと世界第13位（２０２１年）で、ラテンアメリカでは最大の経済規模です。経済成長率は過去30年平均2.2％と世界全体の同3.3％を下回っています。

図表 4-1-7 ●ブラジルの実質成長率

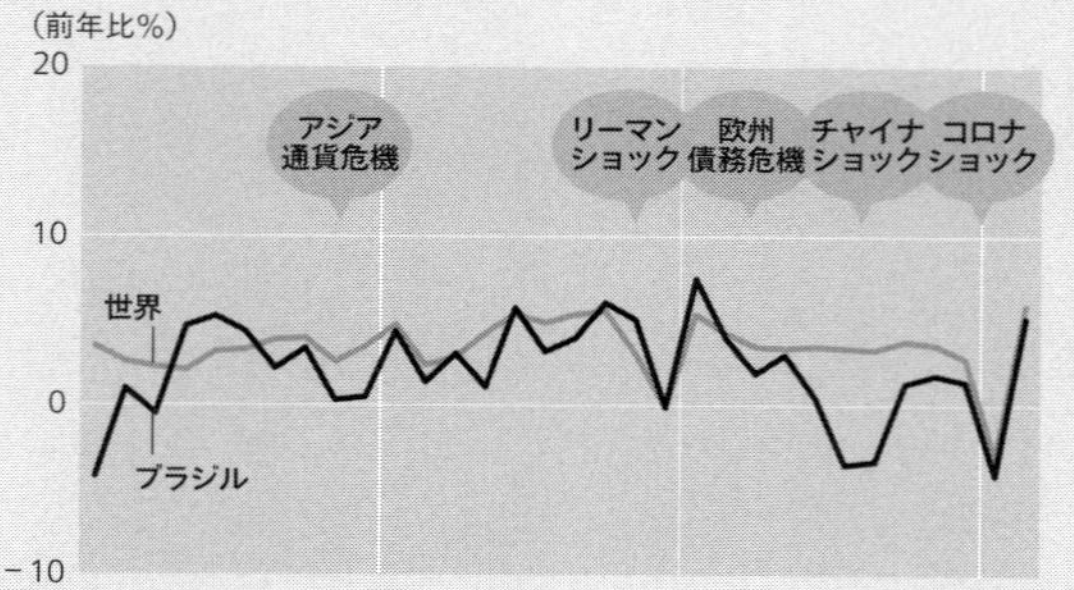

（出典）IMF のデータを元に筆者作成

図表 4-1-8 ●一人当たり GDP（ブラジルと中国）

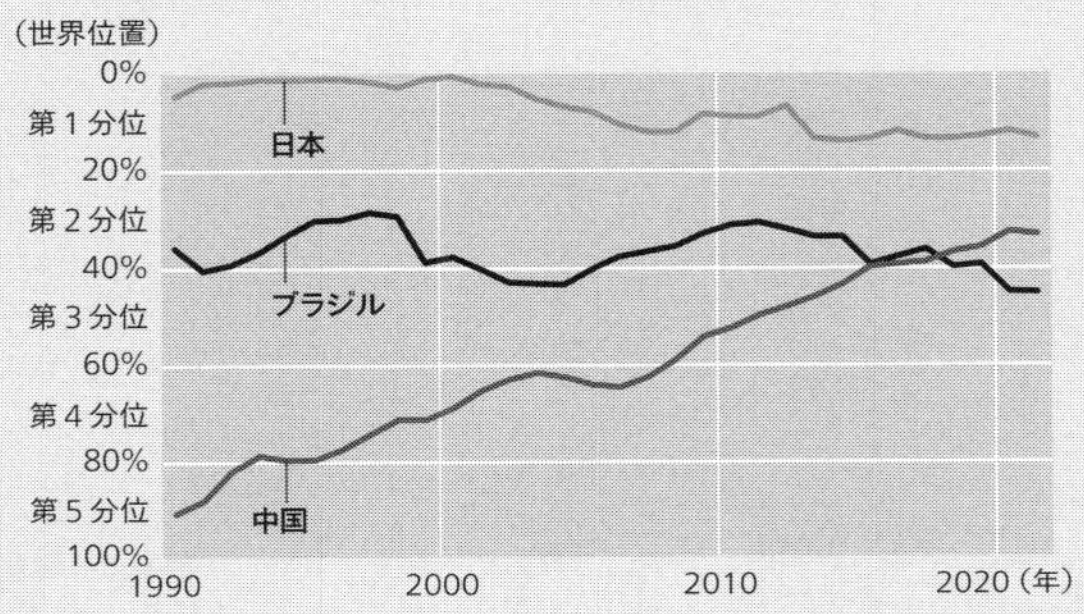

（注）世界位置は（中国の順位－1）÷（対象国数－1）で計算
（出典）IMF のデータを元に筆者作成

1990年代・2000年代は世界平均並みに経済成長していましたが、2010年代に石油会社ペトロブラスの汚職問題などで政治が混乱し、それが経済にも及んだため、2010年代に年平均0.3%と世界平均（2.9%）を大幅に下回ってしまいました（図表4-1-7）。

経済的な豊かさを示す一人当たりGDPはおよそ7600ドルで、世界第87位となっており、第65位の中国よりもやや貧しく、第91位の南アフリカよりもやや豊かといった水準です。中国には2010年代半ばに追い越されました。

ブラジルの産業構造はサービス産業中心ですが、農業大国（オレンジ、コーヒー、砂糖など）・資源大国（鉄鉱石、レアアースなど）の顔も併せ持ちます。そして製造業には弱さがあります。「ブラジルコスト」と呼ばれる複雑な税制が障害となっています。

また最終消費が8割を占める典型的な消費主導型で、特に政府消費は2割弱と多めで、米国より欧州諸国に近い消費構成となっています。

■ブラジルと中国の輸出・輸入品目

中国がブラジルから輸入している品目を見ると（図表4-1-9）、最も多いのは「工業原料類」で、その大半はエネルギー以外の鉱物性生産品です。特に鉄鉱石はブラジルからの輸入が約2割を占め、中国にとってはオーストラリアに次ぐ輸入元です。第2位は「食品類」で、大豆やトウモロコシなど植物性生産品が大半を占めます。中国が世界各地から大量に輸入している食品類の約2割はブラジルからの輸入品で、米国と並ぶ存在感があります（図表4－1－10）。第3位は「エネルギー類」で輸入全体の14%を占めています。特に原油ではUAEに次ぐ第7位の輸入元となっています。

　したがって、中国にとってブラジルは、工業原料の輸入元として重要なだけでなく、食糧安全保障上もエネルギー安全保障上も重要と言えるでしょう。そして、ブラジルの鉱山や農家にとっては、大のお得意様といったところでしょう。

　ブラジルが中国から輸入している品目を見ると（図表4－1－11）、第1位は化学工業品やベースメタルなどの「工業原料類」、第2位は「電気機器・部品」、第3位は「機械・部品」などとなっており、ほとんどが工業機械・部品・素材です。

　したがって、製造業に弱みを持つブラジルにとって中国は、工業機械・部品・素材の調達に欠かせない重要な供給元と言えるでしょう。一方、世界の工場である中国の製造業から見れば、大のお得意様といったところでしょう。

図表 4-1-9 ●中国のブラジルからの輸入（2021 年）

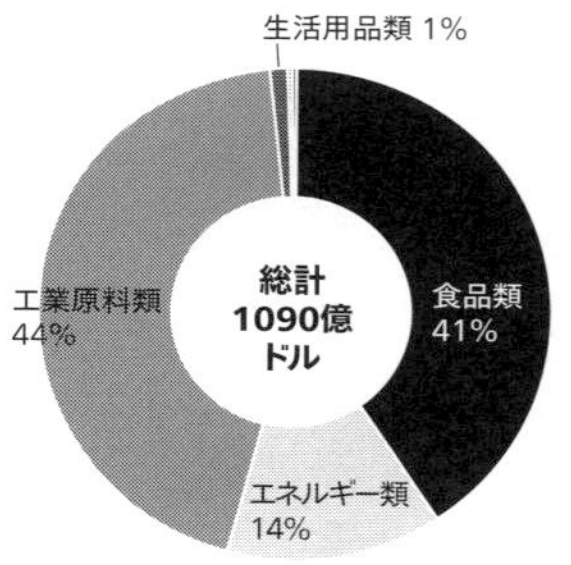

（出典）CEIC（出所は中国税関総署）のデータを元に筆者作成

図表 4-1-10 ●中国の食品類の輸入元別シェア（2021 年）

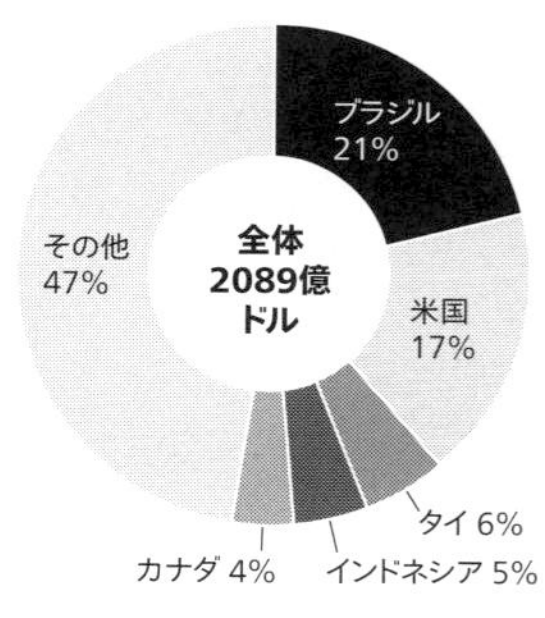

（出典）CEIC（出所は中国税関総署）のデータを元に筆者作成

■投資関係

ブラジルと中国の投資関係を見ると（図表4－1－12）、中国の対ブラジル直接投資累積額は32億ドルほどで、自動車産業の長城汽車などが進出しており、ブラジルGDP比で0.2％とその影響は小さくありません。

しかし、米国の対ブラジル直接投資累積額は700億ドルを超えていますので、ブラジルにとって中国はそれほど目立つ投資元ではありません。米国からはアマゾン、エクソンモービル、GEなどさまざまな産業が進出しています。加えて、日本からも、自動車産業、電機産業、大手商社などが進出しており、200億ドルを超える対ブラジル投資をしています。

図表 4-1-11 ●中国のブラジルへの輸出（2021年）

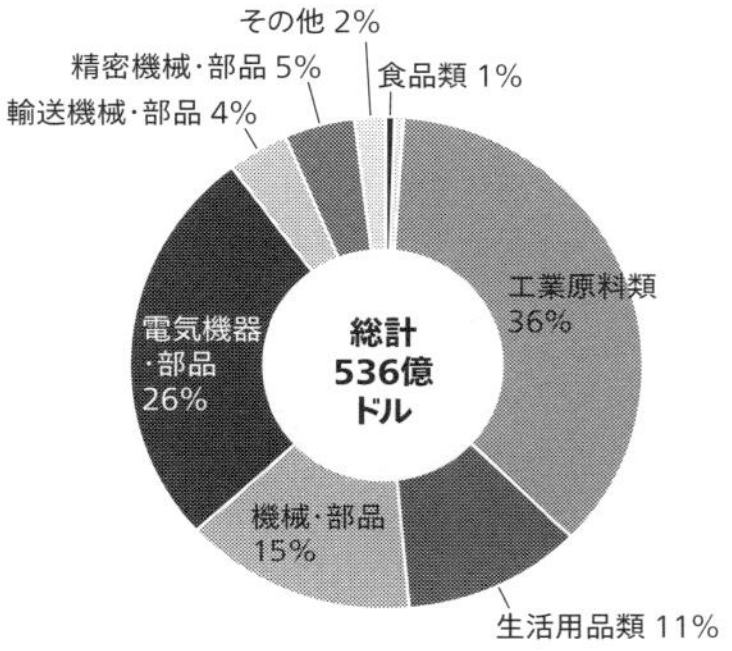

（出典）CEIC（出所は中国税関総署）のデータを元に筆者作成

図表 4-1-12 ●日米中のブラジルへの直接投資累積額

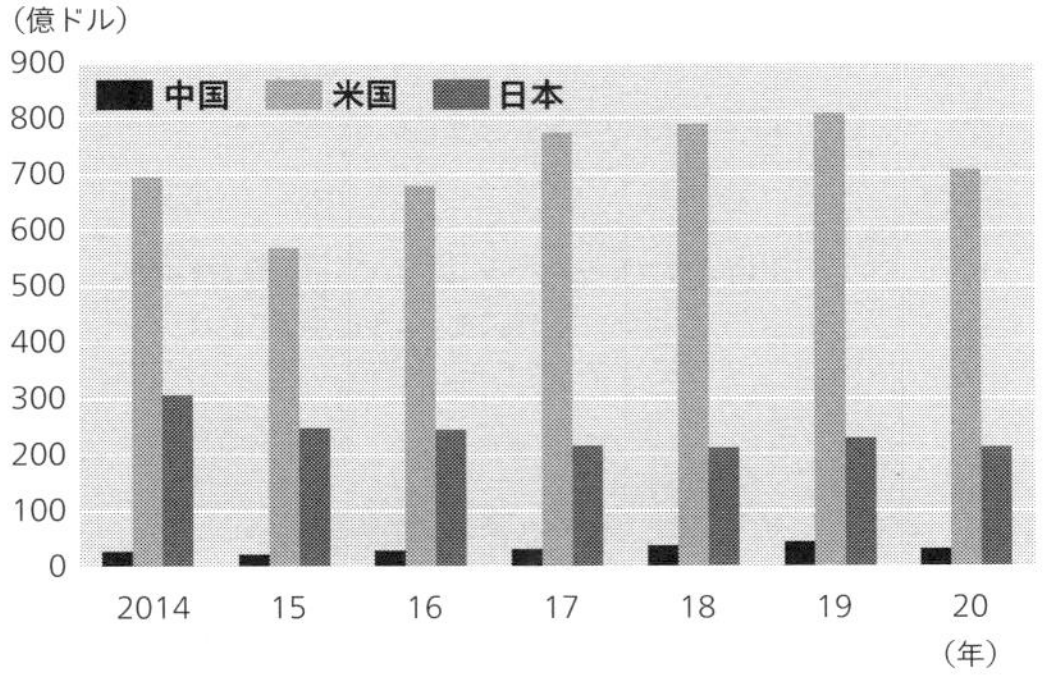

（出典）OECD、中国商務部のデータを元に筆者作成

参考

ブラジルの産業構造・需要構成

ブラジルにおける総付加価値（TVA＝GDP）の産業構造を見ると（図表4－1－13）、中国と同様、ブラジルの第一次産業の比率は5.2％と世界平均（4.3％）を上回る農業大国です。

一方、ブラジルは第三次産業が中心なのに対し、中国は第二次産業（特に製造業）が中心です。

そして、ブラジルの製造業はそのシェアが12.4％と世界平均（16.7％）を下回るなどやや弱いところがあるので、世界の工場である中国などから工業機械・部品・素材を輸入しています。ただしブラジル政府は、自動車産業や半導体産業の育成に取り組んでいるので、将来的には中国の製造業とライバル関係になる可能性があります。

他方、GDPの需要構成を見ると（図表4－1－14）、ブラジルは消費が盛んで、個人消費の比率が62.9％と世界平均（56.5％）を大幅に上回ります。

また総固定資本形成（＝投資）の比率は18.0％と世界平均（25.0％）を下回ります。ブラジルは消費主導国と言えるでしょう。

図表 4-1-13 ● ブラジルの産業構造（2011 ～ 20 年平均）

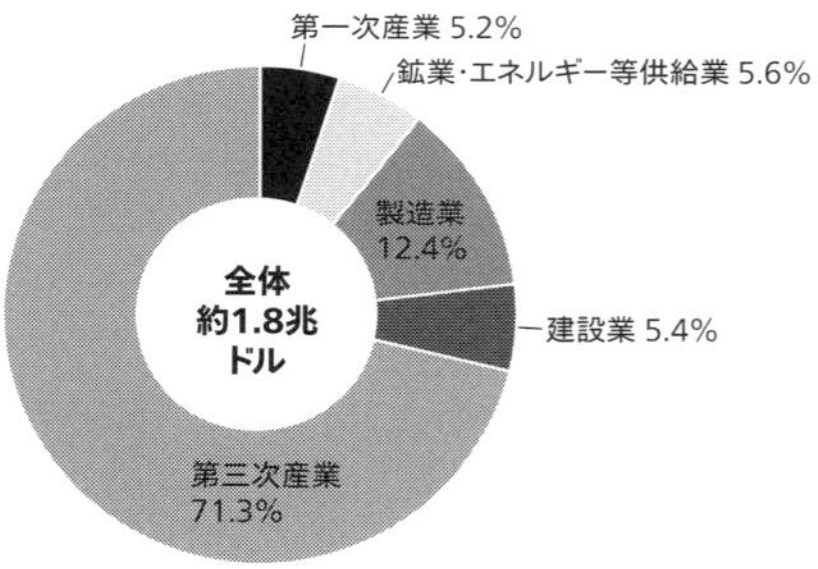

（出典）国連のデータを元に筆者作成

図表 4-1-14 ● ブラジルの需要構成（2011 ～ 20 年平均）

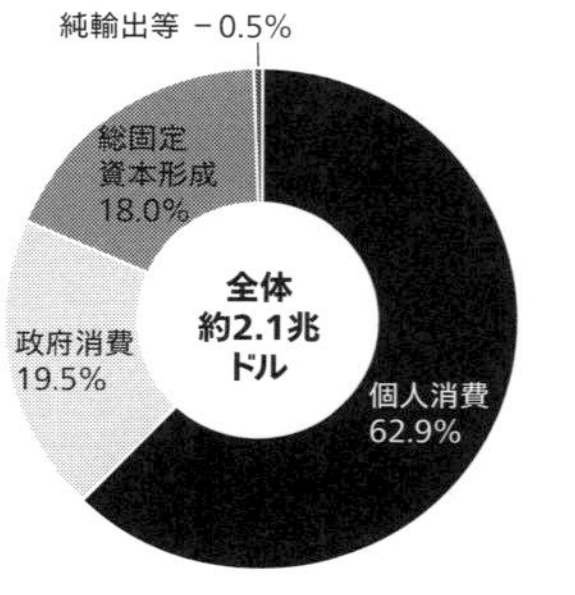

（出典）国連のデータを元に筆者作成

4 米中対立における立場

ブラジルは欧米型民主主義の国で、米中新冷戦に突入する事態となった場合、中国陣営に与する可能性は低い。

しかし、米国の覇権主義的な行動に対しても反対する国であり、南北問題においては米国と対立、中国とは協調。さらに米中とも経済的に重要なので、中立を守る可能性が高い。

日本にとって、強力なパートナーとなりうる国。ブラジルが橋渡し役という重責を日本とともに担ってくれれば、米中が歩み寄る可能性を高めることができる。

ブラジルは欧米型民主主義の国であり、「中国の特色ある社会主義」とは相容れないため、米中新冷戦に突入する事態となった場合、中国陣営に与する可能性は低いと見られます。一方、米国陣営に与する可能性もそれほど高くありません。米国の上から目線の覇権主義的な行動に対しても怯まず対抗措置を講じるなど、国家の独立という国益を重視するからです。

さらにブラジルは全方位外交を展開する国で、ラテンアメリカ諸国との関係が親密で、中国とはBRICS銀行（新開発銀行）をともに立ち上げるなど南南協調の関係にあり、米国とは南北問題で対立する関係にあります。

したがって、ブラジルは米中新冷戦に突入した場合、中立を守る可能性が高いと見られます。そして親米・親中のブラジル世論もそれを望んでいるように見えます。

経済面では、米国も中国も重要な国です。米国は輸出先としては第2位、輸入元としても第2位の有力な貿易相手国です。さらに投資面においても対ブラジル投資が極めて多いので、関係を悪化させたくありません。他方、中国も輸出先としても輸入元としても第1位と、米国に勝るとも劣らない有力な貿易相手国であり、関係を悪化させたくありません。

特に中国は工業製品・部品・素材の供給元で、それが入手できなくなると製造業の発展を阻害しますし、大量の食品、鉄鉱石、原油などを買ってくれるお得意先なので、関係を悪化させると農家や鉱業で働く人々にも悪影響が及びます。

なお、ブラジルは地球の肺と呼ばれるアマゾンを抱えており、自国の発展のために熱帯雨林を開発するか、それとも世界のために保護・保全するか、決断を迫られています。地球温暖化が急激に進んだ背景には、先進国が先行して工業化を進め豊かな生活を送っていることがあり、アマゾンの開発には先進国の責任が重いだけに、南北問題の焦点の一つと言うべき面がありま す。

ブラジルは、日本が米国陣営に与して中国陣営と闘うにしても、それを回避すべく米中両国の橋渡し役を試みるにしても、強力なパートナーとなり得る国です。

ラテンアメリカ諸国との関係が深く、米中双方と良好な関係を保つブラジルが、橋渡し役という重責を日本とともに担ってくれれば、米中が歩み寄る可能性を高めることができそうです。

図表 4-1-15 ●米中ブラジルの関係

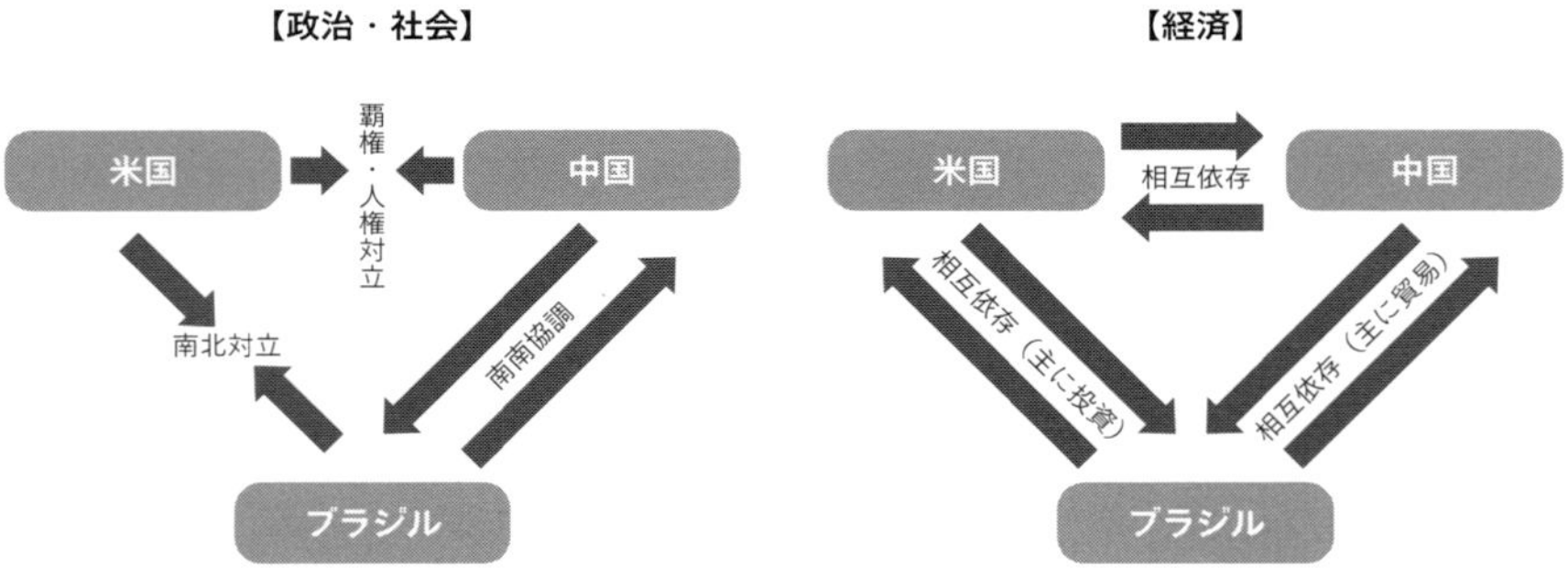

（出典）筆者作成

第2章 米国を敵視する軍事大国ロシア

両国の距離感（ポイント）

ロシアは中国の政治思想とは本来、相容れないはずですが、プーチン政権は自由よりも統制を重んじ、反米でも一致。現在の政治関係は良好です。

またロシアと中国は人的交流も盛んで、ロシアの世論は親中、中国の世論も親露と社会関係も良好です。

さらに両国は経済関係も親密です。

総括するとロシアと中国の距離感は「やや近い」と評価しています。

ロシアと中国の距離感分析

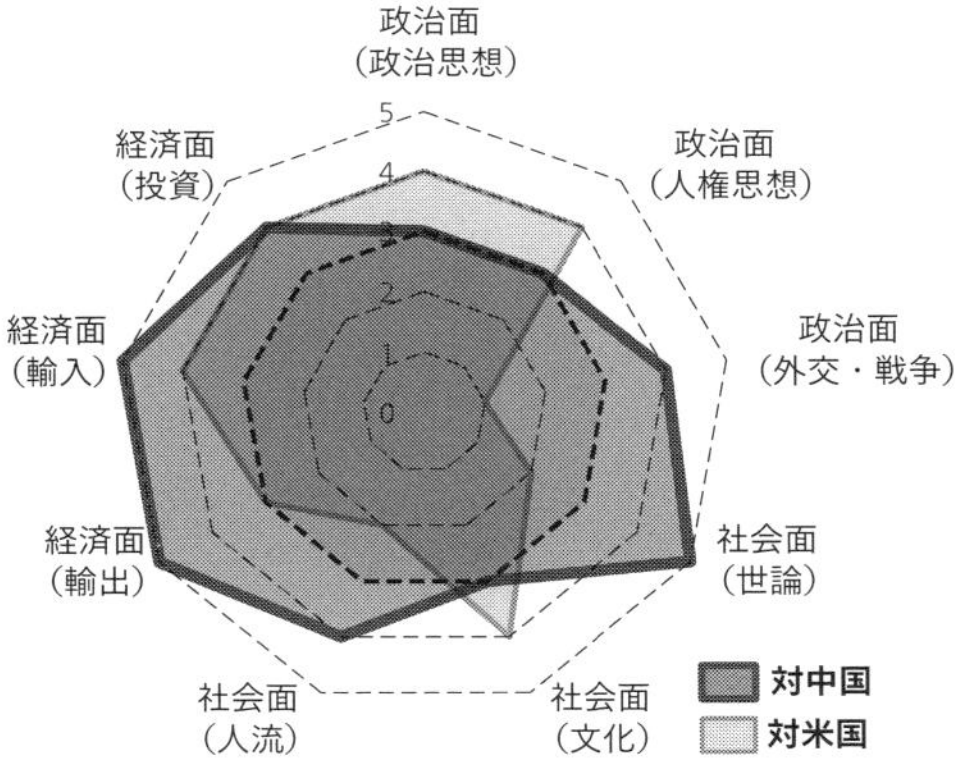

政治面	中	米
政治思想	3	4
人権思想	3	4
外交・戦争	4	1

社会面	中	米
世論	5	2
文化	3	4
人流	4	2

経済面	中	米
輸出	5	3
輸入	5	4
投資	4	4

（出典）筆者作成

ロシアは、米中新冷戦で中国陣営に与する可能性の高い代表格の国の一つです。米国が国際秩序の在り方を決める現状に不満を持つ点で中国と一致しているからです。

ただし、中国にとってロシアは決して気を許せる国ではありません。

かつてロシアとなる前のソビエト連邦（ソ連）と同盟関係にあったにもかかわらず、1960年前後に中ソ対立が激化したこともあり、ロシア（当時はソ連）は中国と紛争中だったインドに武器を供与するなど、しばしば痛い目に遭ってきたからです。したがって、中国側からロシアに接近して同盟を結ぶ可能性はほとんどないでしょう。

しかし、弱体化したロシアが中国に接近する可能性はあります。特に、米国が同盟国とともに中国包囲網を築けば、追い込まれた中国が軍事大国ロシアに走らないとは限りません。ロシアとも中国とも海を隔てて接する日本としては、中露関係から目が離せないと言えるでしょう。

1 政治面 「中位（普通）」

ロシアは欧米型民主主義の国で、しかも現在（2024年3月）はプーチン大統領が率いる統一ロシアが与党、ロシア連邦共産党は野党なので、人民民主独裁を憲法で定める中国とは政治思想が本来的に相容れません。

しかし、ロシアでは政敵を排除する動きが頻発し、現政権に有利な方向に世論を誘導する工作も多く見られるため、政治的自由度も民主主義度も極めて低いレベルにあります（図表4-2-1）。そして結果的に中国に極めて近い政治状況となっています。

また人権思想においても、ロシアはキリスト教の教派の一つであるロシア正教の信者が多いので、本来的には西洋諸国に近いはずです。しかし国連人権理事会などで中国の人権侵害を非難する動きに対しては、中国を擁護する立場をとっています。

ただし、統一ロシアが野党に転落したり、プーチン大統領が引退したりすれば、ロシアの政治・人権思想は一気に西洋諸国に近づく可能性もあり得ます。プーチン政権後は極めて不安定な状況となりそうです。

他方、ロシアあるいはソ連と中国の間には歴史的に、領土争いを含め、さまざまな対立がありました。特に中ソ論争のさなかにあった1960年に、ソ連が派遣していた技術者を引き揚げたことは、中国にとっては深刻な痛手となりました。当時の中国は大躍進政策に失敗し、大きな人口減を確認できるほどの大飢饉に見舞われていた最中だったからです。

そして1969年には、ダマンスキー島（珍宝島）でソ連の国境警備隊と中国軍による武力衝突が起こったこともありました。

また領土争いのあるインドやベトナムへの兵器供与もなされてきています。

図表 4-2-1 ●ロシアの政治的自由度と民主主義指数

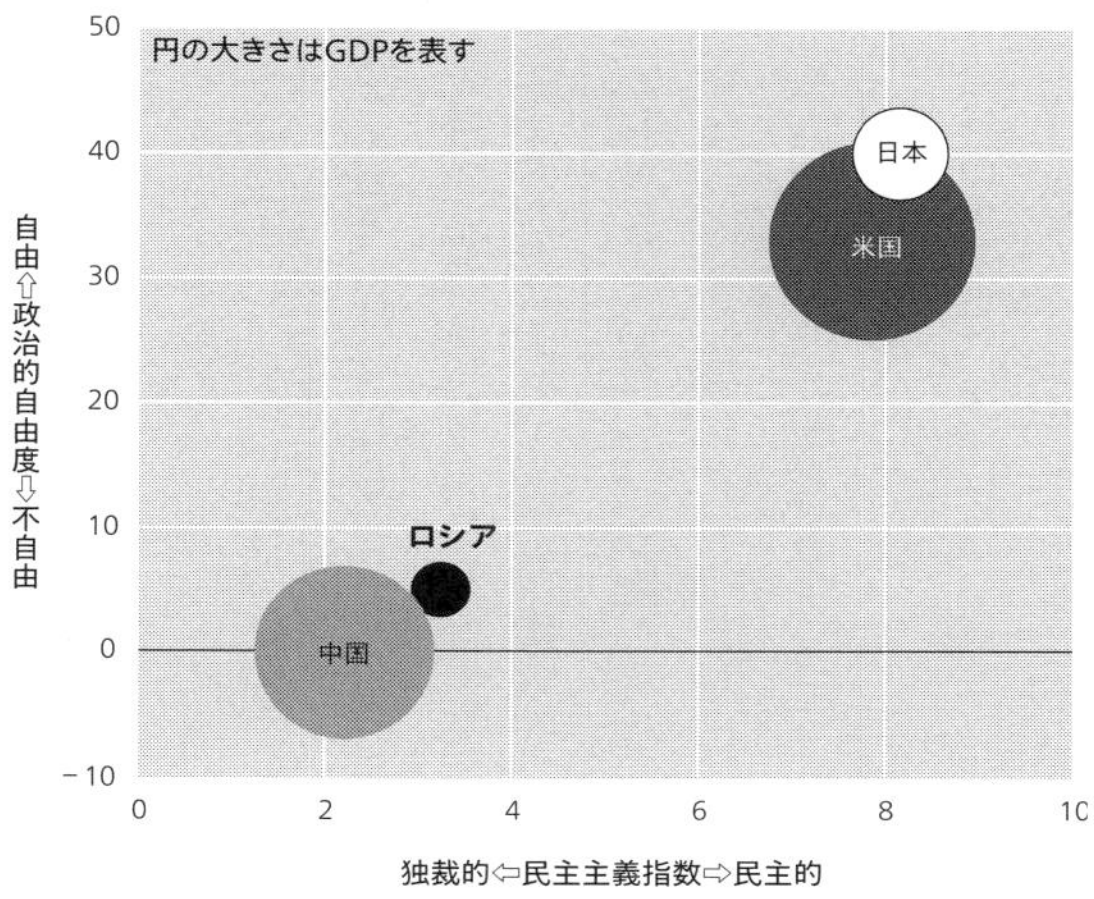

（出典）IMF、EIU、Freedom House のデータを元に筆者作成

ロシアの政治

ロシア連邦の国土面積は約1710万㎢と世界一で、欧州東部からアジアにまたがるユーラシアの約3割を占めます。ノルウェー、フィンランド、エストニア、ラトビア、リトアニア、ポーランド、ベラルーシ、ウクライナ、ジョージア、アゼルバイジャン、カザフスタン、中国、モンゴル、北朝鮮などと国境を接し、中国との国境線は4300

kmに及びます。なお、首都はモスクワに置かれています。

政治体制は83の共和国や州などの主体で構成される連邦共和制をとっていて、国家元首は直接選挙で選出される大統領（任期は6年、連続3選禁止）で、議会は各主体から2名ずつ選任される連邦院（上院）と小選挙区比例代表並立制で選出される任期5年の国家院（下院）の二院制です。

現行憲法は1993年に施行されました。しかし民主度は低く独裁的と評価されています。

軍事力では世界第2位の大国で、また国連安保理（安全保障理事会）の常任理事国であり、その経済力に比し大きなプレゼンスがあります。

ロシアの外交

ロシア（旧ソビエト連邦）は中国建国（1949年10月1日）の翌日に中国と国交を樹立しました。当時の中国は向ソ一辺倒と呼ばれた時代で東側陣営の一員でした。そして1950年には中ソ友好同盟相互援助条約を締結し同盟関係となりました。

西側陣営と激突した朝鮮戦争（1950～53年）においても、中国は東側陣営に属した北朝鮮を支援すべくソ連とともに参戦しています。

しかし、1953年にスターリンが亡くなった後、1950年代後半にフルシチョフが西側陣営との平和共存を主張するようになると中ソ論争が巻き起こり、それが1969年には中ソ国境紛争に発展するに至り、同盟関係は形骸化してしまいました。

ソ連との関係が悪化した中国は米国に接近、それに応じた米国のニクソン米大統領は1971年に訪中を予告し世界を驚かせることとなりました（ニクソンショック）。

そして中国は1978年に改革開放に舵を切り、西側陣営の支援を受けて市場経済を取り入れる一方、東側陣営とは距離を置くようになったため両国関係は冷え切っていました。しかし、1991年のソ連の崩壊後、ロシアと中国の関係は正常化していきました。

その後は1996年に戦略的パートナーシップを結び、2001年に中露善隣友好協力条約に調印、2011年に包括的戦略パートナーシップを結ぶなど関係改善が進みました。習近平政権になったあとも、2022年にはプーチン大統領がウクライナ侵攻直前に訪中するなど、現在の中露関係は歴史上最良な時期にあるとされています。

また、国連やG20サミットに加えて、BRICS首脳会議、アジア太平洋経済協力（APEC）、上海協力機構（SCO）などと、中露両国の首脳が顔を合わせる機会は極めて多くなっています。

2 社会面「高め（やや近い）」

ロシア社会から見た中国文化は、言語・民族・宗教といった文化を異にする異質な存在ですが、異文化に触れようとする意識もあって、両国の地域間の交流は盛んです。

そうしたロシア社会の世論は親中のようです。ピューリサーチセンターの調査結果を見ると（図表4－2－2）、中国のことを「好ましい」と回答した人が71％、「好ましくない」と回答した人が18％と、差し引きプラス53ポイントでした。他方、米国のことを「好ましい」と回答した人が29％、「好ましくない」と回答した人が60％と、差し引きマイナス31ポイントなので、ロシアは反米・親中の社会だと言えるでしょう。したがって、当面は中国寄りの政権が誕生しやすい環境にあると見られます。

ちなみに世界の親露・親中分析をしてみたところ（図表4－2－3）、米国など西洋諸国のほとんどは反露・反中でしたが、途上国の中にはタイなど親露・親中の国が少なくありませんでした。またパキスタンやマレーシアなど反露・親中や、インドやベトナムなど親露・反中の国もありますので、もし中露同盟が成立した場合、これらの国々の世論がどう動くか注目され

図表 4-2-2 ●ロシアの親米・親中分析

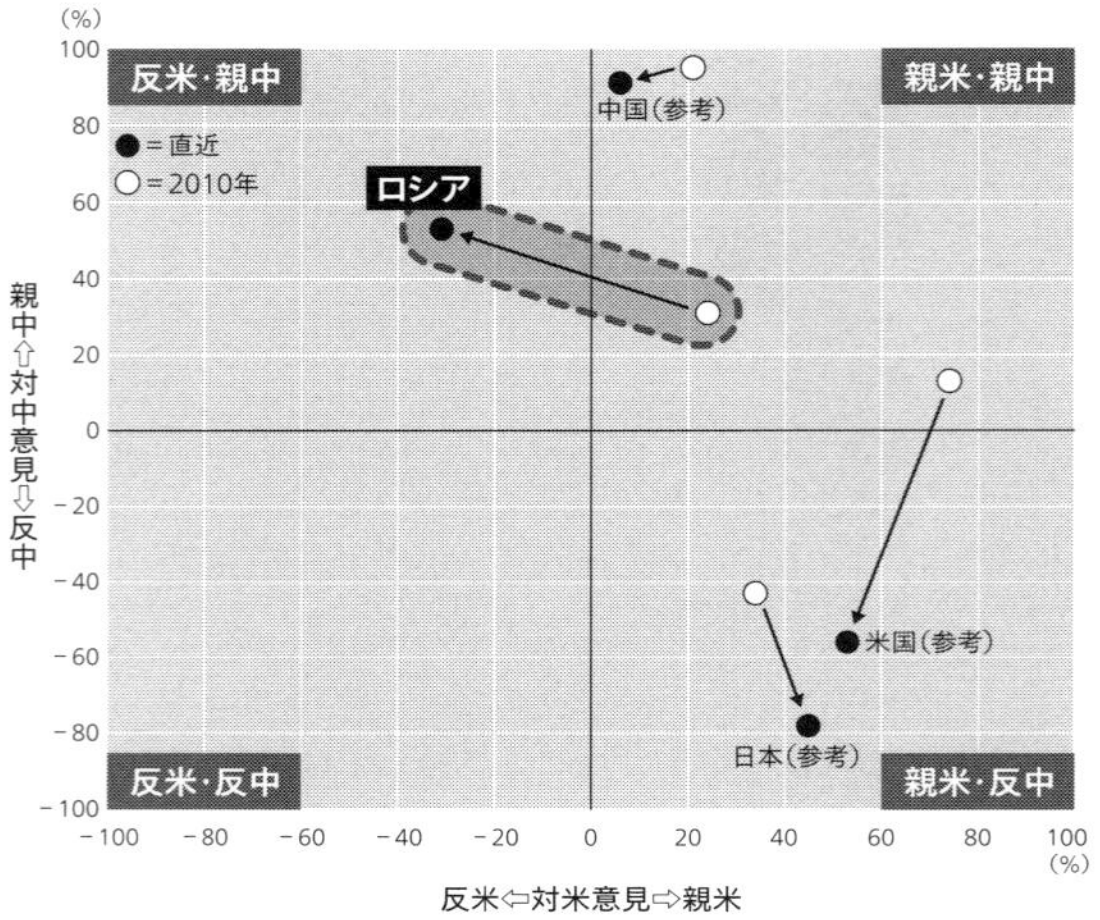

（出典）Pew Research Center のデータを元に筆者作成

ます。

ロシアと中国の人的交流は国境を接していることもあって盛んです。ただし、コロナ禍やロシアのウクライナ侵攻で人的交流の環境が激変してしまいましたので、その前（2017年～19年）の平常時の状況を見ます。

図表 4-2-3 ●世界の親露・親中分析

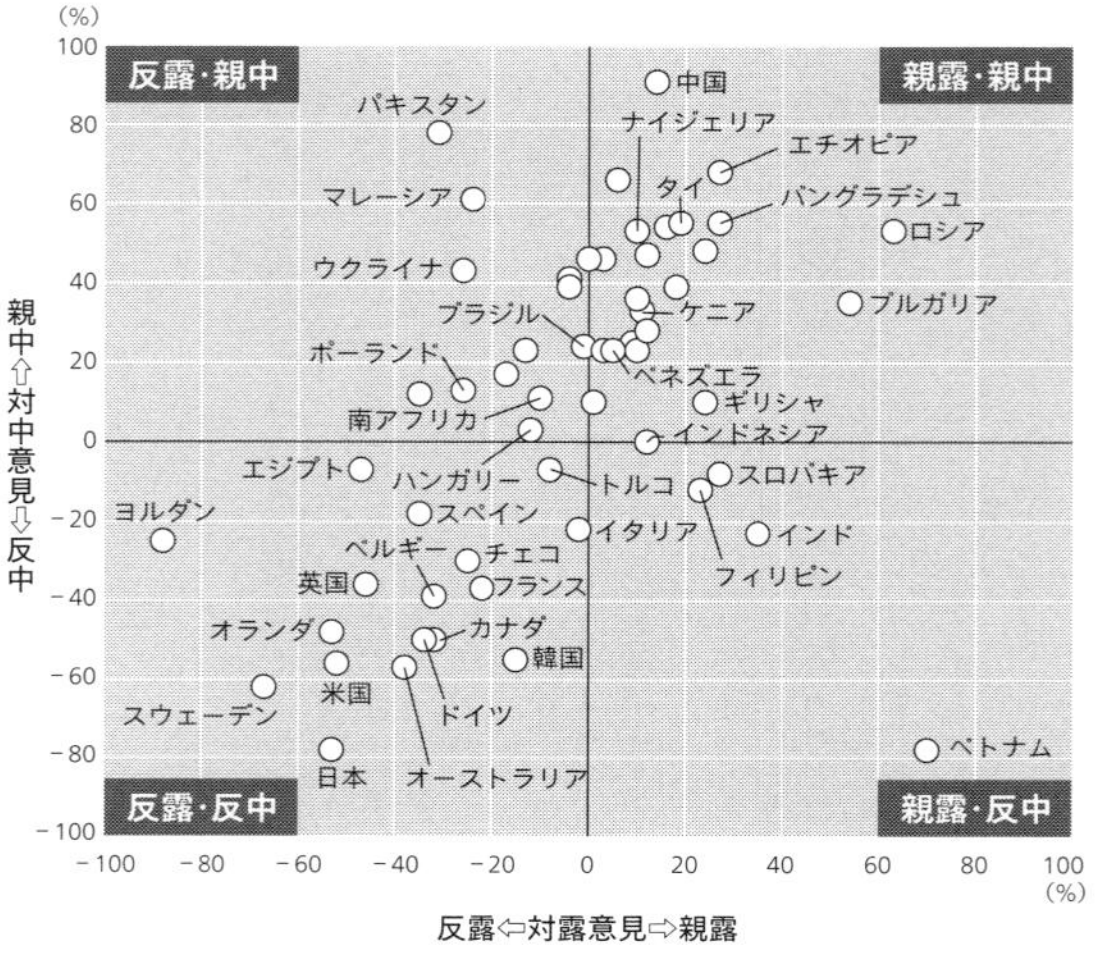

（出典）CEIC（出所はロシア連邦観光局）のデータを元に筆者作成

す。

ロシアへ入国した人のうち（図表4－2－4）、中国はこの間の年平均で168万人でした。日本は同11万人、インドは同8万人でしたので、中国の多さが分かります。ちなみに第1位はウクライナ（同823万人）、第2位はカザフスタン（同352万人）と隣接する国々でした。中国へ入国した人の内訳を見ても、ロシアは同時期の年平均で約250万人と、米国や日本とほぼ同水準で、英国やドイツのおよそ4倍でした（図表1－2－31）。ロシアと中国の人的交流は多いと言えるでしょう。

図表 4-2-4 ●ロシアの入国者の内訳（2017～19年平均）

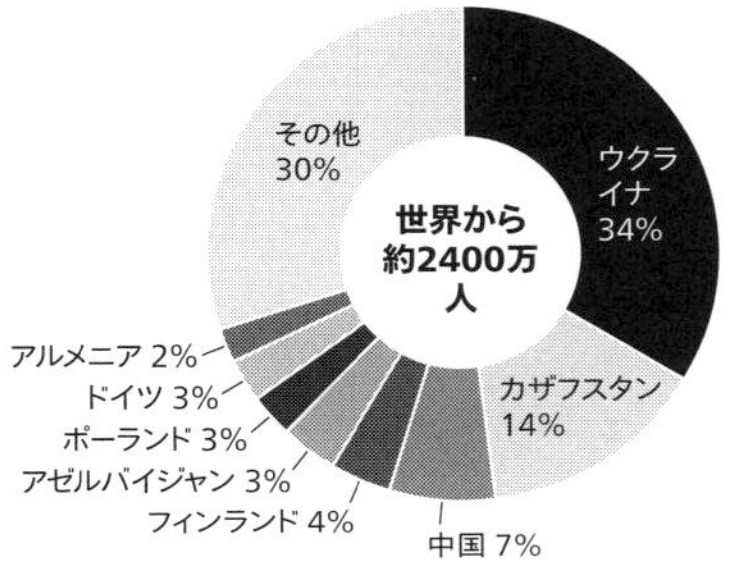

（出典）CEIC（出所はロシア連邦観光局）のデータを元に筆者作成

ロシアの社会

人口は1億4千万人余りと世界第9位です。人口構成はやや複雑で、男女比は46：54と女性が多い国です。その背景には男性の兵役があるとされています。ちなみに、意見交換していたロシアの知人は過剰な飲酒の影響も大きいと力説していました。なお、平均寿命は世界平均並みです。

民族としては、東欧中心に居住する白色人種である東スラブ系が約8割を占めるものの、タタール人などの広義のトルコ系と言えるテュルク系や、チェチェン人のような黒海とカスピ海の間に広がる地域に住むコーカサス系などの民族も含む多民族国家です。

公用語はロシア語（インド・ヨーロッパ語族）、宗教はキリスト教の教派であるロシア正教、イスラム教、仏教、ユダヤ教などです。

図表 4-2-5 ●ロシアの人口ピラミッド(2020 年)

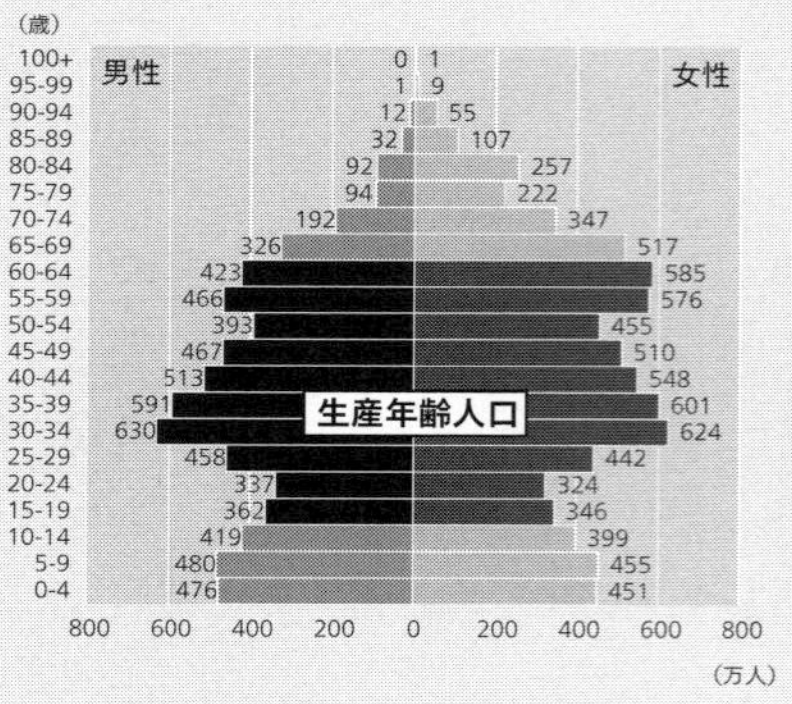

[ロシア]
生産年齢人口比率：66%
15 歳未満の若年層比率：18%
65 歳以上の高齢者比率：16%
平均寿命：72.3 歳

[世界]
生産年齢人口比率：65%
15 歳未満の若年層比率：25%
65 歳以上の高齢者比率：9 %
平均寿命：72.3 歳

(出典) 国連のデータを元に筆者作成

3 経済面「高位(近い)」

ロシアと中国の貿易関係を見ると、中国側の統計(2021年)ではロシアへの輸出が676億ドル(図表1－2－3)、ロシアからの輸入が784億ドル(図表1－2－10)で、中国から見て108億ドルの輸入超過(ロシアの輸出超過)となっています。ここ数年はこの傾向が続いており、ロシアは多くの西洋諸国とは違って、対中貿易が黒字です。

ロシア側の統計で貿易相手先の内訳を見ると(図表4－2－6、7)、輸出・輸入とも中国が最大の貿易相手国となっています。2000年代前半のロシアは、ソ連崩壊後、かつてのソ連構成国で結成された独立国家共同体(CIS)内や欧州諸国との結びつきが強かったため、貿易もEUが50％前後、CIS諸国が15％前後を占めていました。現在(2021年)もCIS諸国は12％前後のシェアを維持していますが、EUは30％台までシェアを落としました。

一方、5%前後だった中国が18%前後までシェアを拡大し、米国のおよそ4倍の貿易量（輸出量＋輸入量）となりました。なお、2022年にロシアがウクライナに侵攻したあとは、西洋諸国の経済制裁もあって、中国との貿易が一層そして急激な伸びを示すものと思われます。

一方、中国側の統計で貿易相手先を見ると、ロシアは2.4%と米国の5分の1に過ぎない一方、米国が最大の貿易相手国で12・5%を占め、次いで日本が6.1%、韓国が6.0%などとなっています。したがって、ロシアから見た中国と、中国から見たロシアは、経済上の重要性という点で大きな違いがあると言えるでしょう。

図表 4-2-6 ●ロシアの輸出先ランキング（2021 年）

順位	国・地域	輸出額（2021 年）		輸出額（2000 年）	
		億ドル	シェア	億ドル	シェア
	輸出全体	4,920	100.0%	1,028	100.0%
1	中国	684	13.9%	52	5.1%
2	オランダ	422	8.6%	43	4.2%
3	ドイツ	297	6.0%	92	9.0%
4	トルコ	265	5.4%	31	3.0%
5	ベラルーシ⋆	228	4.6%	55	5.4%
6	英国	223	4.5%	47	4.5%
7	イタリア	193	3.9%	73	7.1%
8	カザフスタン⋆	185	3.8%	22	2.2%
9	米国	178	3.6%	80	7.8%
10	韓国	169	3.4%	10	0.9%

（注）国名の末尾の⋆印は CIS 加盟国を示す
（出典）CEIC（出所は IMF）のデータを元に筆者作成

図表 4-2-7 ●ロシアの輸入元ランキング（2021 年）

順位	国・地域	輸入額（2021 年）		輸入額（2000 年）	
		億ドル	シェア	億ドル	シェア
	輸入全体	2,937	100.0%	338	100.0%
1	中国	727	24.8%	9	2.8%
2	ドイツ	273	9.3%	39	11.5%
3	米国	175	6.0%	27	8.0%
4	ベラルーシ⋆	156	5.3%	38	11.1%
5	韓国	130	4.4%	4	1.1%
6	フランス	122	4.2%	12	3.5%
7	イタリア	120	4.1%	12	3.6%
8	日本	91	3.1%	6	1.7%
9	カザフスタン⋆	71	2.4%	22	6.5%
10	トルコ	65	2.2%	3	1.0%

（注）国名の末尾の⋆印は CIS 加盟国を示す
（出典）CEIC（出所は IMF）のデータを元に筆者作成

ロシアの経済

ロシア経済のＧＤＰ（国内総生産）は２０２１年で約1.8兆ドルと、世界第11位です。ソ連崩壊後のロシア経済を見ると、１９９１年以降の年平均成長率は約１％でした。この間に世界経済は年平均3.3％で成長していましたので、大きく後れをとりました。その主因はソ連が崩壊したことによる経済混乱です。

また、外需依存度が高すぎるため、世界経済が順調なときには良いものの、そうでないときには大きく落ち込むという経済構造にも原因があります。特に１９９８年のアジア通貨危機では、その余波でロシアは金融危機に陥りました。

また、経済的な豊かさを示す一人当たりＧＤＰは1万2千ドルほどで世界第66位と、世界を5分位に分けると上から2番目（第2分位）という位置にあります。これはソ連崩壊前（１９９０年）とほぼ同水準ですが、30年前には極めて貧しい国（第5分位）だった中国に追い付かれてしまいました。

図表 4-2-8 ●ロシアの実質成長率

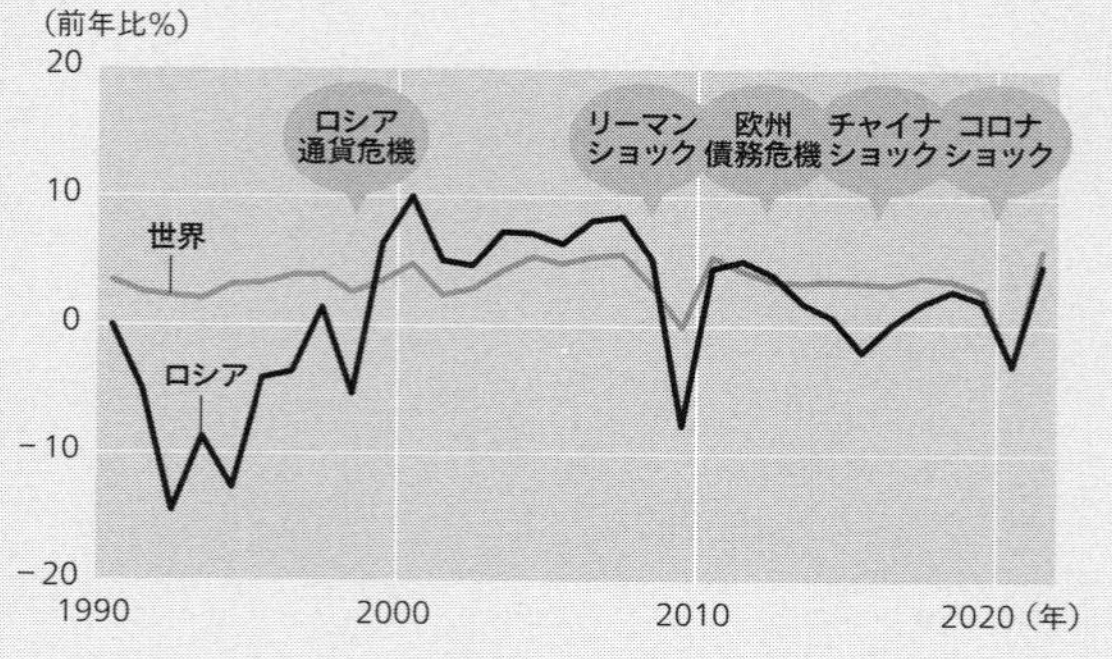

（出典）IMF のデータを元に筆者作成

ただし、軍事力では世界第2位で、国連安保理の常任理事国でもあることから、国際社会で経済力以上の大きなプレゼンスを持っています。

産業構造は鉱業・エネルギー等供給業が1割を超える資源大国で、小麦など穀類の生産も多い農業大国でもある一方、民需関連の製造業に弱さがあります。需要構成は内需が弱く、純輸出等が1割近くを占める外需依存型です。

図表4-2-9●一人当たりGDP（ロシアと中国）

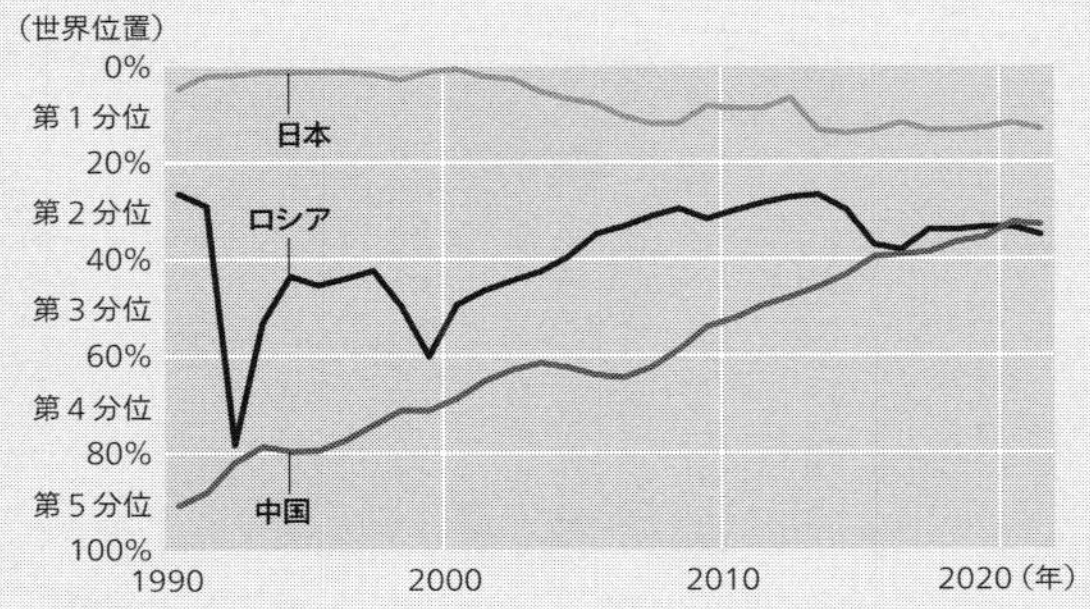

（注）世界位置は（中国の順位－1）÷（対象国数－1）で計算
（出典）IMFのデータを元に筆者作成

■ロシアと中国の輸出・輸入品目

中国がロシアへ輸出している品目を見ると（図表4－2－10）、「機械・部品」が22%、「電気機器・部品」が21%、「輸送機械・部品」が8%で、これらを合わせるとおよそ5割です。また、「工業原料類」が25%を占め、また「生活用品類」も18%と多く輸出されています。

他方、中国がロシアから輸入している品目を見ると（図表4－2－11）、「エネルギー類」が3分の2を占め、「工業原料類」や「食品類」も多いことが分かります。鉱物資源に恵まれ、農業が盛んなロシアは、その広大な国土から生み出されるエネルギー、工業原料、食品などを中国に輸出しています。これを中国の立場から見ると、人口が多いため食糧は不足しがちで、世界の工場を運営するには多種多様な工業原料や大量のエネルギーを必要としますので、頼りになる輸入元ということになります。

一方、中国は工業製品を生産するのが得意なので、さまざまな民需関連の、安価で高品質の工業製品をロシアに輸出しています。ただしロシアは、軍需産業には一日の長があります。

経済面では貿易を通じて双方の弱点を補う相互依存関係にあると言えるでしょう。

■投資関係

ロシアと中国の投資関係を見ると、中国の対ロシア直接投資累積額は121億ドルほどと、日本からの約24億ドルを大きく超えており、ロシアGDP比でも0.8%とその影響は小さくありません。

ただし、米国の対ロシア直接投資累積額は約125億ドルと中国とほぼ同規模です（図表4－2－12）。さらにフランスの対ロシア直接投資累積額は232億ドル、ドイツも196億ドル、英国も

図表 4-2-10 ●中国のロシアへの輸出（2021 年）

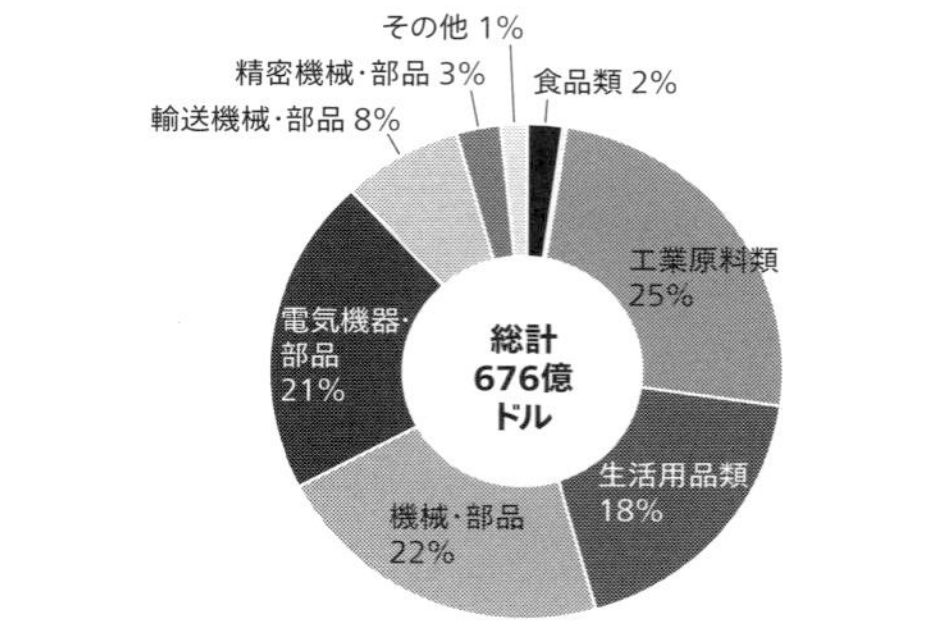

（出典）CEIC（出所は中国税関総署）のデータを元に筆者作成

図表 4-2-11 ●中国のロシアからの輸入（2021 年）

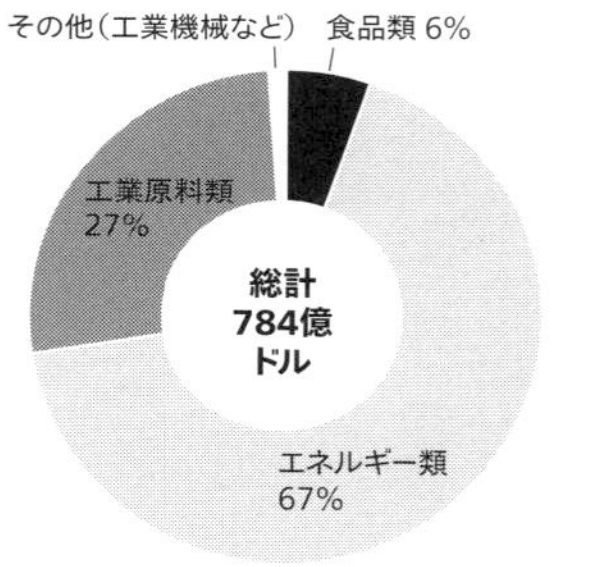

（出典）CEIC（出所は中国税関総署）のデータを元に筆者作成

図表 4-2-12 ●日米中のロシアへの直接投資累積額

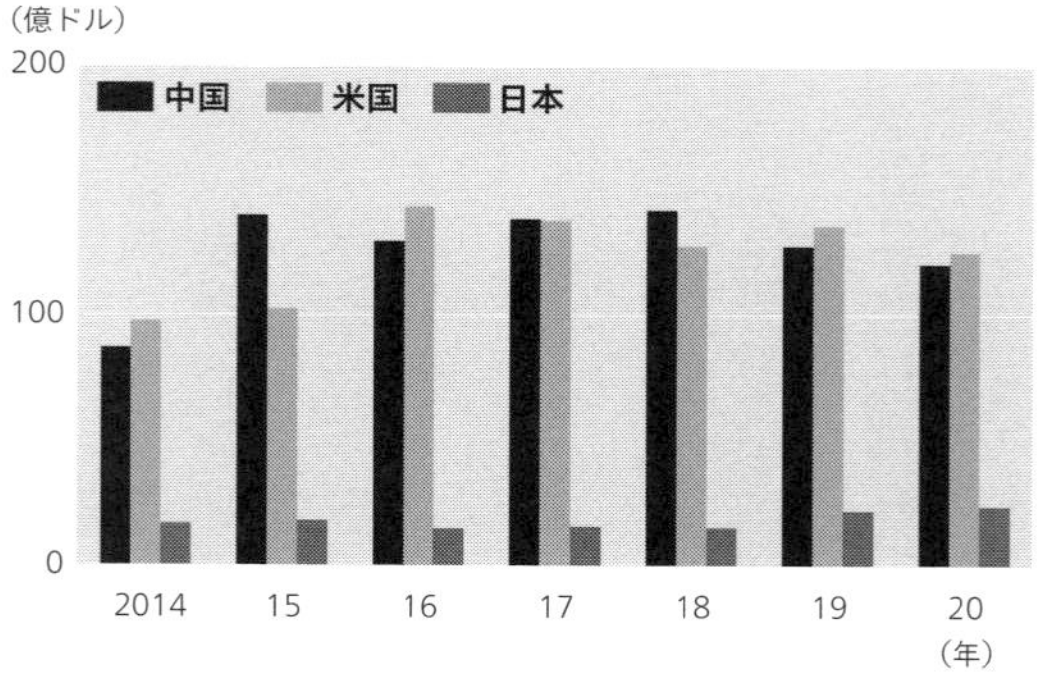

（出典）OECD、中国商務部のデータを元に筆者作成

156億ドル、イタリアも141億ドルと、ロシアにとっては米中より欧州諸国の方が大規模な投資元でした。ただしウクライナ侵攻後の制裁に伴い多くの欧米企業の撤退が見られ、今後統計でも明らかになると思われます。

一方、ロシアから中国への直接投資額は過去15年（2006～20年）計で約6億ドル（国地域別では第43位）と、中国にとってロシアはそれほど大きな投資元ではありません。

参考① ロシアの産業構造・需要構成

ロシアは外需依存度の高い国です。GDPの需要構成を見ると（図表4－2－13）、個人消費の比率は52.0%と世界平均を4.5ポイント下回り、総固定資本形成（≒投資）も21.4%と世界平均を3.6ポイント下回るなど内需の弱さが目立ちます。一方、純輸出等（含む在庫変動）は8.4%ものプラスとなっています。

また、ロシア経済は鉱業・エネルギー等供給業に強みがあります。総付加価値（TVA≒GDP）の産業構造を見ると（図表4－2－14）、鉱業・エネルギー等供給業が12.6%を占めており、世界平均を6.5ポイントも上回っています。国土の広いロシアは、石油・石炭、天然ガス、ボーキサイト、希土類（レアアース）、肥料原料（カリウム等）、木材などの資源に恵まれているため、それらを輸出するのに加え、その加工産業も盛んです。

図表 4-2-13 ●ロシアの需要構成（2011～20 年平均）

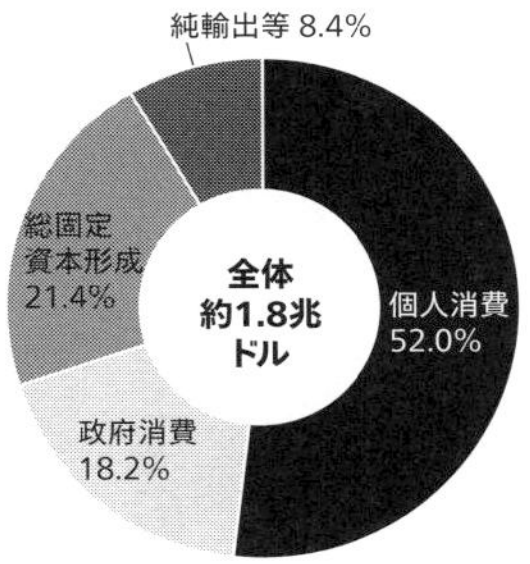

（出典）国連のデータを元に筆者作成

図表 4-2-14 ●ロシアの産業構造（2011～20 年平均）

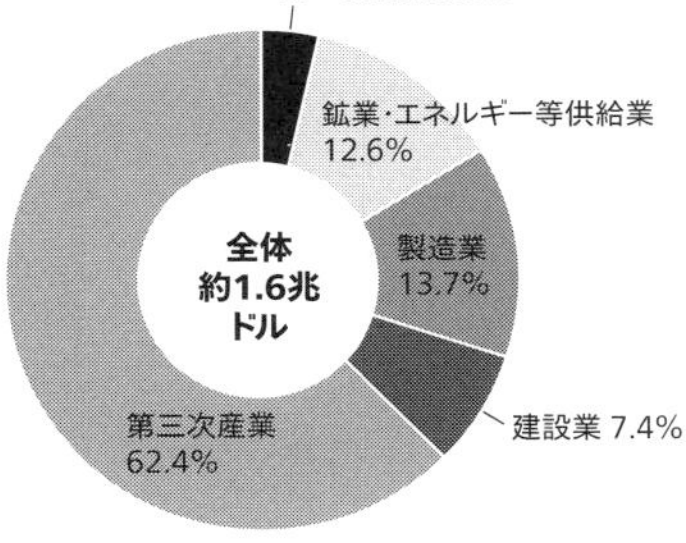

（出典）国連のデータを元に筆者作成

また、第一次産業の比率は3.8%で世界平均並みですが、小麦など穀類、甜菜、牛乳、じゃがいも、ヒマワリの種、トウモロコシ、家禽、大豆などの農業生産も盛んです。

他方、製造業の比率は13・7%で世界平均を下回っています。防衛産業（レーダー、ミサイルなど）や高性能航空機、宇宙船、造船などは強いものの、民需関係の製造業が弱いのです。

したがって、ロシアと中国が関係を強めると、両国とも経済安全保障上の懸念を軽減できると言えるでしょう。ロシアは鉱物資源、エネルギー、農業生産が得意なので、それらが不足し大量に輸入している中国にとっては頼りになる存在です。一方、ロシアは民生用工業製品などの製造が苦手なので、それらの大量生産が得意な中国は頼りになります。

参考②

中国の対ロシア投資

中国がロシアで投資している業種を見てみましょう（図表4−2−15）。第1位は鉱業の50億ドルで全体の41・4%を占め、第2位は農業、林業、畜産業、水産業の28億ドルで23・0%、第3位は製造業の16億ドルで13・0%を占めています。

特に、農業、林業、畜産業、水産業分野に関しては、中国が世界に投資した全体額の約15%を占めています。

一方、製造業に関しては、中国は世界で巨額の投資をしているため、その全体に占めるシェアは1%程度にとどまります。したがって中国は、対ロシア投資において、製造業ではなく、第一次産業や鉱業に投資価値を見い出していると言えるでしょう。

図表 4-2-15 ●中国の対ロシア直接投資累積額

	2020 年時点		2010 年時点	
	億ドル	比率	億ドル	比率
鉱業	50	41.4%	3	9.9%
農業、林業、畜産業、水産業	28	23.0%	7	26.8%
製造業	16	13.0%	3	11.6%
リースおよび商業サービス業	6	5.3%	5	16.8%
科学研究および技術開発サービス業	5	4.3%	0	0.4%
金融業	5	4.1%	1	2.9%
卸売および小売業	3	2.7%	1	3.9%
不動産業	3	2.6%	5	17.1%
建設業	3	2.2%	2	6.9%
情報通信、ソフトウェアおよびＩＴサービス業	1	0.6%	0	0.0%
運輸、倉庫、郵便サービス業	1	0.4%	0	0.7%
電気、ガス、水の生産・供給業	0	0.2%	0	0.0%
その他	0	0.1%	0	0.1%
宿泊および飲食業	0	0.0%	0	0.0%
水保全、環境およびユーティリティ	0	0.0%	0	0.0%
住民サービス・修理およびその他サービス業	0	0.0%	1	2.9%
教育	0	0.0%	0	0.0%
ヘルスケアおよびソーシャルワーク	0	0.0%	0	0.0%
文化、スポーツ、娯楽	0	0.0%	0	0.0%
公共管理および社会活動	0	0.0%	0	0.0%
その他を含めた合計	121	100.0%	28	100.0%

（出典）CEIC（出所は中国商務部）のデータを元に筆者作成

4 米中対立における立場

ロシアは欧米型民主主義の国だが、米国とは軍事対立関係にあり、米中新冷戦に突入した場合、米国陣営に与する可能性は低い。

しかも中露同盟が成立すれば、軍事力・経済力で米国と並ぶ力を持てるため、中国陣営に与する可能性が高い。

日本にとってロシアは中国陣営の主力メンバー候補で、橋渡し役を試みる場合にもロシアが協力してくれるとは到底思えない。

日本としては中国がロシアとの同盟に走らぬよう、気をつけるしかなさそう。

ロシアは欧米型民主主義の国であり、しかも現在（2024年）はプーチン大統領が率いる統一ロシアが与党、またロシア連邦共産党は野党なので、「中国の特色ある社会主義」とは本来的に相容れないはずです。

しかしプーチン大統領は、自由よりも統制を重視する政権運営をしているので、人民民主独裁を憲法で定める中国と通じ合い、政治面では相互に尊重する関係にあります。

ただし、ロシアは選挙で為政者を選択する政治体制なので、プーチン大統領が選挙で敗れれば一気に中国との関係が悪化する可能性もあります。しかし世論が親中なので、反中政権が誕生する可能性はそれほど高くありません。

そして、米国とはウクライナなど東欧、またオホーツク海で覇権を争う軍事対立関係にあります。

経済面でもロシアにとって中国は重要な国です。輸出先としては第1位、輸入元としても第1位の貿易相手国であり、投資面においても中国の対ロシア投資はロシアGDP比0.8%の規模があります。

他方、米国も輸出先としては第9位、輸入元としては第3位の貿易相手国で、投資面においても中国に比肩する投資元です。ただし、貿易面ではEU諸国（ドイツなど）やCIS諸国（ベラルーシ、カザフスタンなど）、投資面ではEU諸国（フランス、ドイツ、イタリアなど）

図表 4-2-16 ●米中ロシアの関係

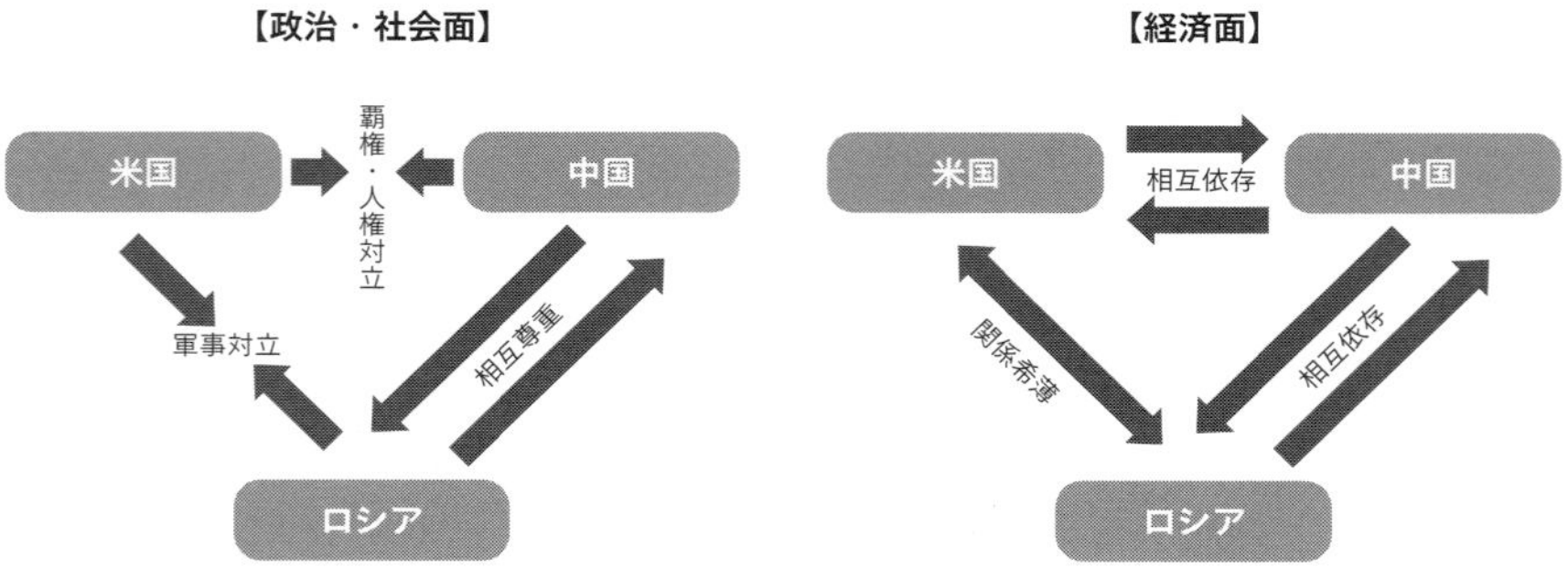

（出典）筆者作成

の存在感の方が大きいので、米露関係は相対的に希薄と言えます。さらにウクライナ侵攻に伴う米の制裁で、一層関係が薄まりました。

そしてロシアは米中新冷戦を望む数少ない国の一つと言えるでしょう。中露同盟が成立すれば、軍事力・経済力で米国と比肩しうる力を持つこととなり、プーチン大統領が目指す、ロシア帝国復活とも言うべき、東西冷戦終結前の勢力図に回帰できる可能性があるからです。

しかし、中国はロシアとの同盟を望まないでしょう。かつてソ連との同盟では痛い目にあってきましたし、ロシアとの関係以上に西洋諸国（含む日本や韓国）との関係が重要だからです。

さらに中国が目指す社会主義近代化強国を実現する上では、自国の科学者が西洋諸国や日韓の科学者と切磋琢磨できる環境が必要不可欠だからでもあります。

日本にとってロシアは協力できる国とは言えないでしょう。日本が米国陣営に与する場合は、それと敵対する中国陣営の主力メンバーとなりそうですし、橋渡し役を試みる場合にも、ロシアが協力してくれるとは到底思えないからです。日本としては、中国がロシアとの同盟に走らぬよう、気をつけるしかなさそうです。

■ロシアとソ連の歴史

現在のロシア連邦は1991年に誕生した国ですが、その起源は9世紀から13世紀に存在したキエフ大公国にあるとされています。その領土は、現在のロシアの西部、ベラルーシ、ウクライナなどにまたがっていました。

その後、1721年にロシア帝国が成立し、支配をユーラシアの北部や東部へ広げていき、やがて江戸時代の日本にも脅威を与えるようになりました。また1860年、清国は北京条約で沿海州をロシアに譲ることにもなりました。

1917年に起きたロシア革命でロシア帝国が終焉を迎えると、1922年にはソビエト社会主義共和国連邦（ソビエト連邦またはソ連）が成立しました。当初は新規に加盟する国の方が多かったものの、その末期には脱退する国が増え、ソ連崩壊時には12ヵ国となっていました。

その後、それらの加盟国で独立国家共同体（CIS）が創設されましたが、加盟を見送ったり、脱退したりして、加盟国は減りつつあります（図表4-2-17）。

図表 4-2-17 ●独立国家共同体（CIS）加盟国の概況

	人口（万人）	GDP（億ドル）
ロシア	14,556	17,755
カザフスタン	1,913	1,908
タジキスタン	966	85
ウズベキスタン	3,456	692
キルギス	665	85
ベラルーシ	935	682
アルメニア	296	139
アゼルバイジャン	1,012	546
モルドバ	259	137

（出典）IMF のデータを元に筆者作成

■中央アジアの動向

ソ連の領土だった中央アジアはソ連崩壊後、不安定化しています。中国にとってソ連崩壊は、国境を接する国が増えることになった上、前述のCISの影響力不足もあって、「三悪（テロリズム、分離主義、過激主義）」の温床になる恐れが高まりました。

そして中国にとっては長期的な安全保障を確立する必要が増し、またロシアにとっても国境警備の負担を減らすためには、中国と協力する必要がありました。

そこで、1996年に上海ファイブ（中国、ロシア、カザフスタン、キルギス、タジキスタン）の首脳会合を開催、2001年にはウズベキスタンを加えた6ヵ国で上海協力機構（SCO）を設立する流れとなりました。なお、2023年10月15日時点の加盟状況を図表4-2-18に掲載しました。ただし、新たに対話パートナーに加わろうとする国は多く、対話パートナーからオブザーバー国へ、さらに正規加盟へ昇格する国も続出しています。最新状況はSCOのウェブサイトで確認ください。

図表 4-2-18 ●上海協力機構（SCO）加盟国（本部：北京）

加盟国	オブザーバー国	対話パートナー
インド イラン カザフスタン 中国 キルギス パキスタン ロシア タジキスタン ウズベキスタン	アフガニスタン ベラルーシ モンゴル	アゼルバイジャン アルメニア バーレーン エジプト カンボジア カタール クウェート モルディブ ミャンマー ネパール アラブ首長国連邦 サウジアラビア トルコ スリランカ

（出典）ウェブサイト（http://eng.sectsco.org/）より筆者作成
（注）ウェブサイトの参照日は 2023 年 10 月 15 日

第3章 中東諸国

中東諸国はイスラム教徒が大半を占めるのでまとまっているように考えがちですが、同じイスラム教でも宗派対立（スンニ派vsシーア派）や政教分離に対する考え方（聖職者主義vs世俗主義）の違いから対立することが少なくありません。

また、英仏露が1916年に結んだ秘密協定であるサイクス・ピコ協定で国境線が事実上決められたため、国家間の対立と部族間の対立の双方が起きやすくなっています。さらにイスラエルがパレスチナへの入植活動を進めていることもあって世界の火薬庫と呼ばれてきました。

2020年にイスラエルがアラブ首長国連邦（UAE）などと国交を正常化することで合意（アブラハム合意）して以降は和平ムードが漂っていましたが、2023年にはパレスチナ紛争が再発、激化し（2024年3月

図表 4-3-1 ●世界の原油確認埋蔵量（2020年末）

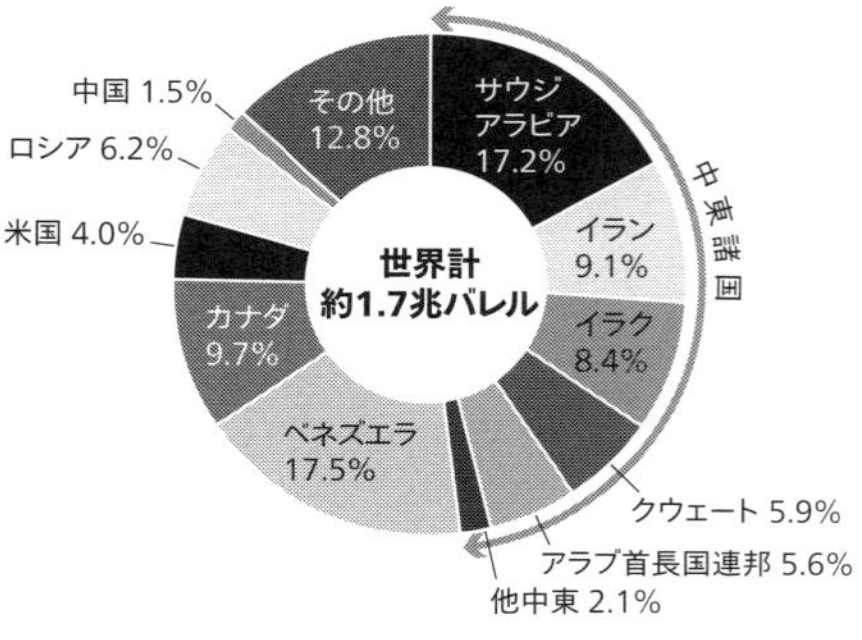

（出典）『エネルギー白書 2022年版』より筆者作成

時点)、予断を許さぬ状況です。

中東の原油確認埋蔵量は、世界全体のおよそ半分を占めており(図表4－3－1)、中国は原油輸入の約5割を、米国は約2割をこの地から調達するなど、世界の原油供給基地となっています。特に日本の原油輸入の中東依存度は9割を超えているだけに、この地の安定がとても重要です。ウクライナ侵攻の制裁としてロシアからの輸入制限を行っている状況下ではなおさらです。

そこで、この第3章では中東諸国の概況と、その主要国と中国の関係をかいつまんでご紹介します。

1 中東諸国の概況

❶地理・歴史

本書では日本外務省の分類に従って、アフガニスタン、アラブ首長国連邦(UAE)、イエメン、イスラエル、イラク、イラン、オマーン、カタール、クウェート、サウジアラビア、シリア、トルコ、バーレーン、ヨルダン、レバノンの15ヵ国(2022年現在、左図を

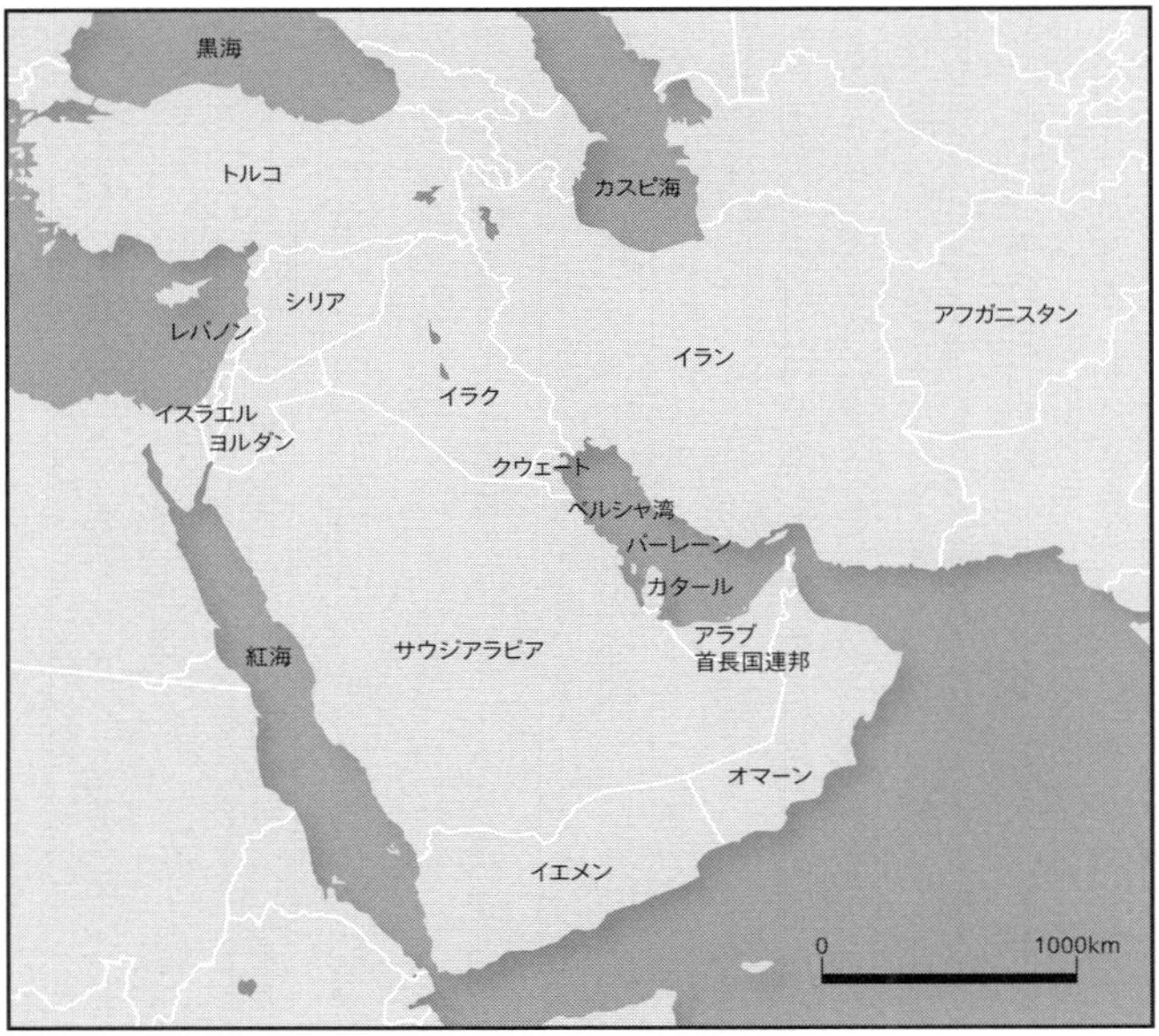

参照）を中東諸国と定義して分析対象としました。

中東は7世紀にムハンマドがイスラム教を創始した地で、政教一致国家が8世紀には北アフリカからイベリア半島、さらに中央アジアまで版図が広がりました。また イスラム国家として、15世紀にはオスマン帝国が東ローマ帝国を滅ぼしました。

しかし、18世紀にヨーロッパで産業革命が起きるとオスマン帝国は次第に劣勢となり、第一次世界大戦でドイツと同盟を結び敗北すると滅亡し、領土を大幅に縮小してトルコ共和国が成立するとともに、中東諸国は次々に独立していくこととなりました。

そして、現在も中東にはイスラム教徒が多く、この地を中心にアフリカから東南アジアの57ヵ国が加盟する「イスラム協力機構（OIC）」を設立、イスラムの声を代表しています。

なお、西洋諸国とは、善悪判断の基礎となる宗教が異なることに加えて、西洋の法体系とイスラム法（シャリーア）の違いもあって、しばしば人権侵害などの問題を巡って対立する事態となっています。

❷政治・社会

中東地域には民主的な国は少なく独裁的な国が多いと言えます。エコノミスト・インテリジェンス・ユニット研究所（EIU）の評価を見ると、イスラエルを「欠陥のある民主主義」、トルコを「混合政治体制」と評価しているものの、その他の13ヵ国はすべて「独裁政治体制」とされています（図表4－3－2）。

多くの人がアラビア語を話し、またイスラム教を信じるアラブ人が人口の多数を占めています。

ただし、イスラム教国であってもアラブ世界に属さない国もあります。イランはペルシャ語を話すペルシャ人が中心の国、トルコはテュルク語族に属するトルコ語を話すトルコ人が中心の国、アフガニスタンはダリー語、パシュトー語などを話す民族からなる多民族国家です。

また、イスラム教国でない国もあり、レバノンはアラブ世界の国でありながらもキリスト教徒が4割を占めます。そしてイスラエルはヘブライ語を話しユダヤ教を信じるユダヤ人が多くを占めます。ちなみに、筆者の息子はボストンのユダヤ系の幼稚園に通っていましたが（1994～95年）、「東洋のシンドラー」と称される杉原千畝氏に対する感謝の言葉を何度も伝えられました。イスラエルの対日感情はとても良いようです。

図表 4-3-2 ●中東諸国の政治的自由度と民主主義指数

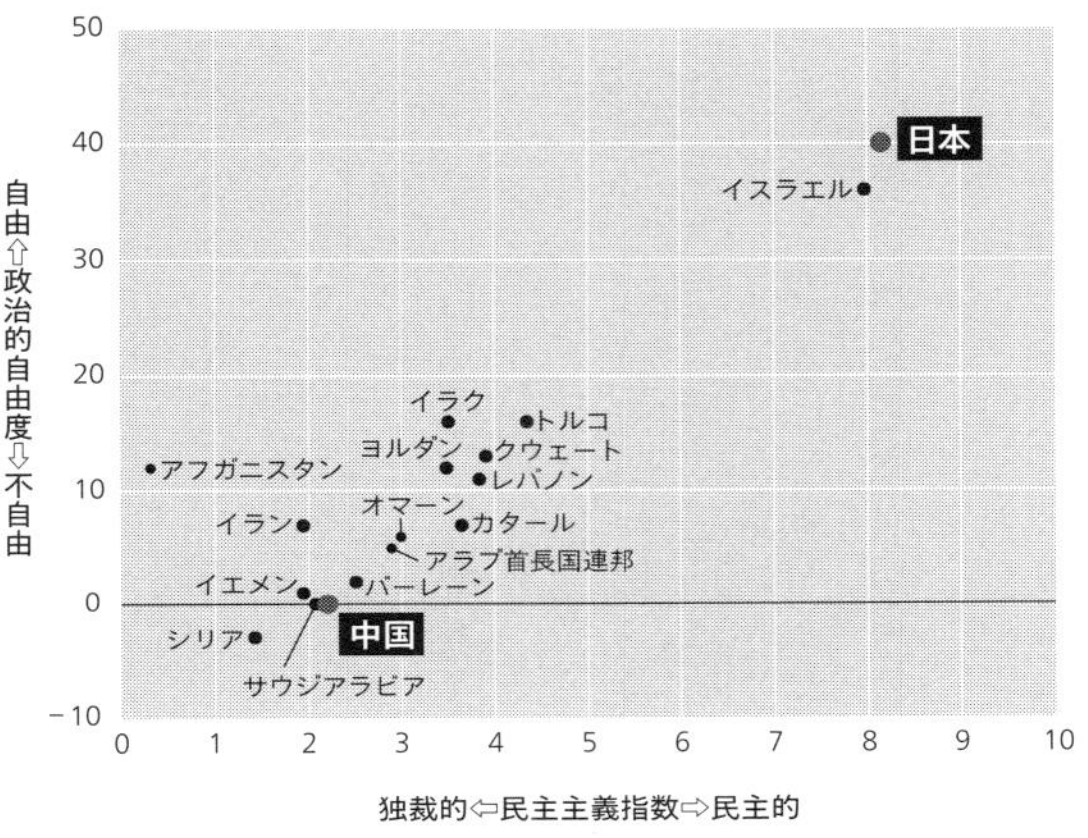

（出典）EIU、Freedom House のデータを元に筆者作成

❸経済概況

中東15ヵ国の合計のGDP（国内総生産）は約4.8兆ドルで、世界の約5％を占めています。国別のランキングをみると、第1位はイラン、第2位はサウジアラ

図表 4-3-3 ●中東諸国の経済概況

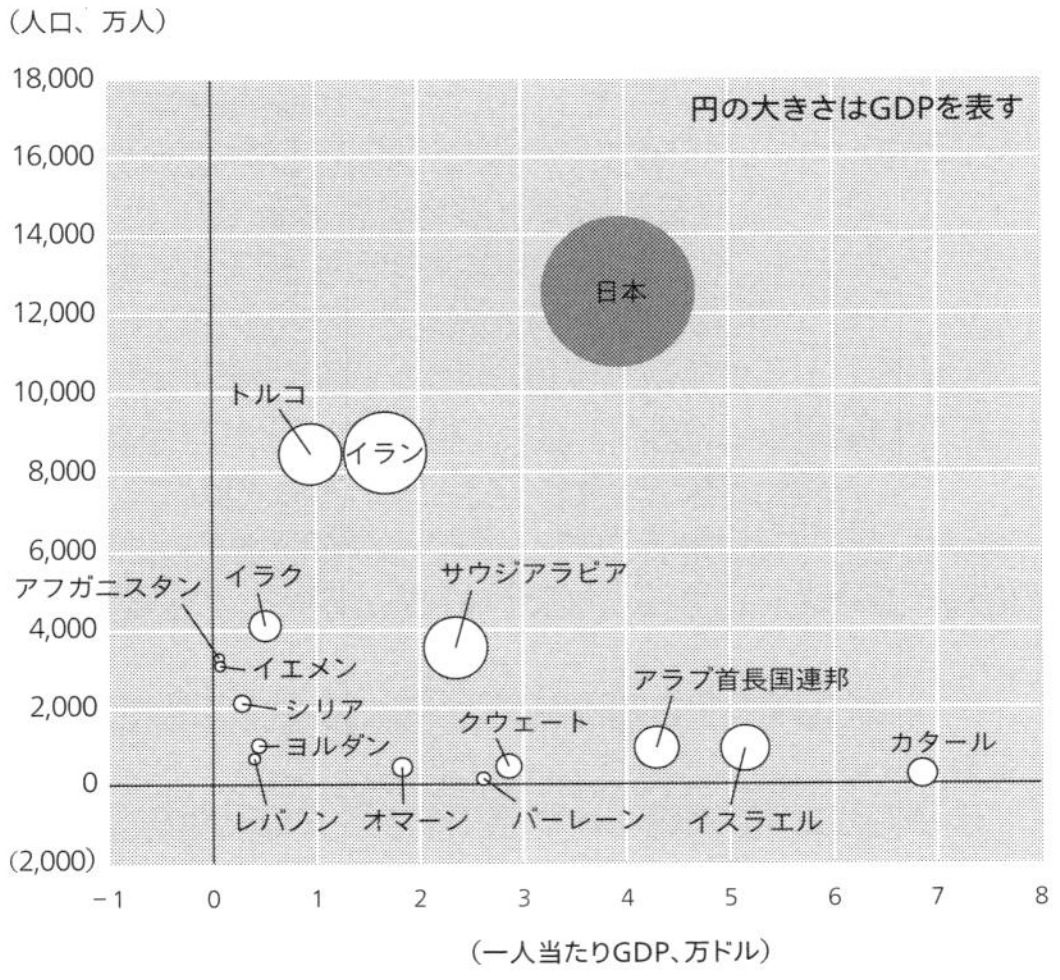

（出典）IMF のデータを元に筆者作成

ビア、第3位はトルコとなっています。また、人口は約3.8億人で、世界の約5％を占めています。国別ランキングは、第1位がイラン、第2位がトルコ、第3位がイラクとなっています。

他方、経済的な豊かさを示す一人当たりGDPを見ると、第1位はカタールで約7万ドル、第2位はイスラエルで約5万ドル、第3位はアラブ首長国連邦（UAE）で約4.3万ドルと豊かな国がある一方、最下位のアフガニスタンは約600ドル、それに次いで低いイエメンは約700ドルと、政情不安を抱え、極めて貧しい状態におかれている国も目立ちます。

中東は貧富の格差が大きい地域と言えるでしょう（図表4－3－3）。

❹産業構造

中東の産業構造の特徴を見ていきます（図表4－3－4）。第一に鉱業・エネルギー等供給業の比率が高い国が多くなっています。中東諸国

図表 4-3-4 ●中東諸国の産業構造（2011 ～ 20 年平均）

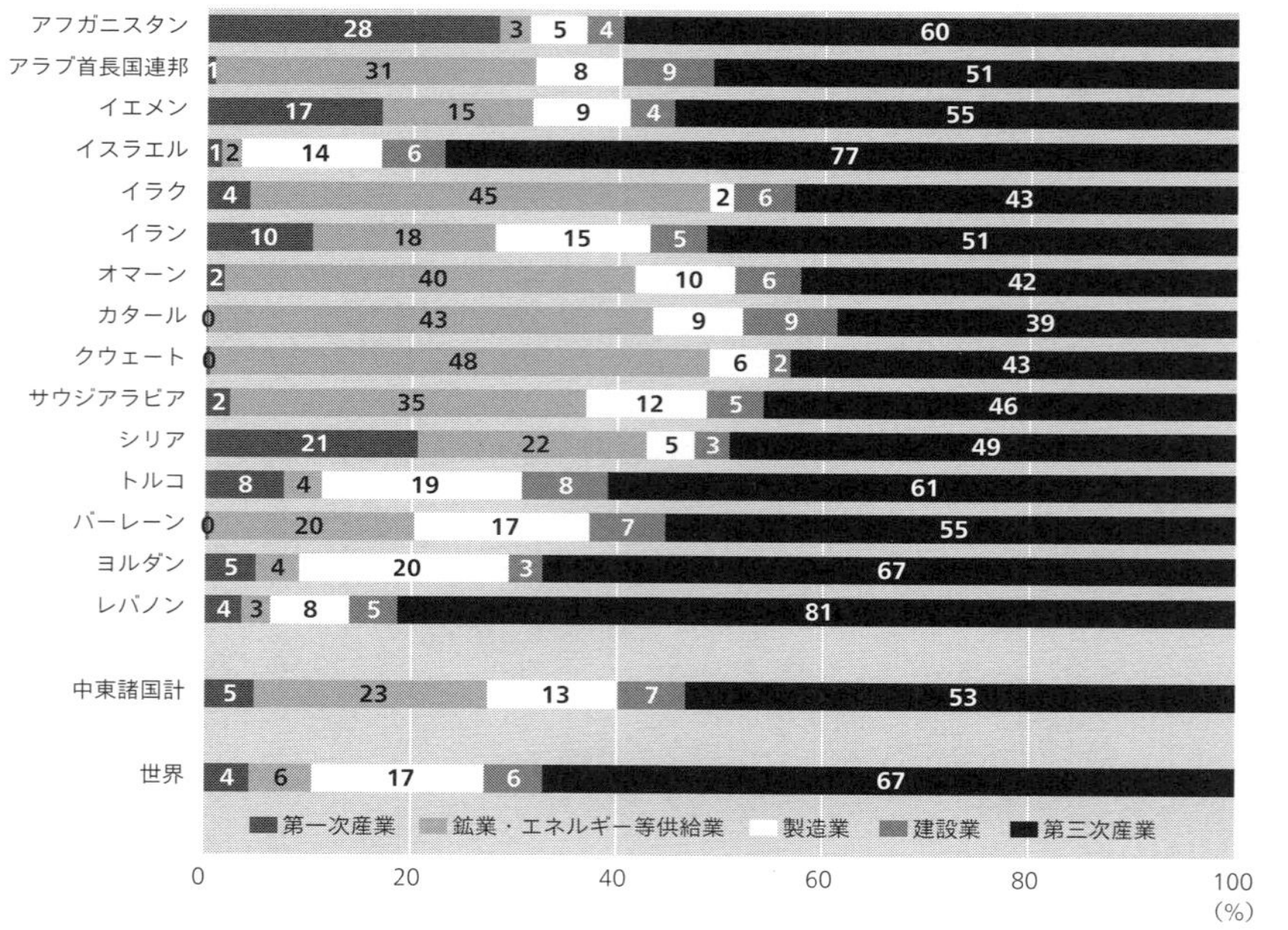

（出典）国連のデータを元に筆者作成

計では23％と世界平均（6％）を大きく上回っています。特にクウェートやサウジアラビアなど産油国が多いためです。その一方で、アフガニスタン、イスラエル、ヨルダン、レバノン、トルコなど、その比率が低い国もあります。

第二に、ほとんどの国で第三次産業の比率が低いことです。中東諸国計では53％と世界平均（67％）を大きく下回っています。特にカタール、オマーン、クウェート、イラクの4ヵ国は4割前後しかありません。ただしレバノンとイスラエルは例外で、世界平均を大きく上回っています。

第三に、ほとんどの国で製造業の比率が低いことです。中東諸国計では13％と世界平均（17％）を下回っています。ただし例外として、石油の出ないヨルダンは20％、トルコは19％と製造業の比率が高くなっています。特にトルコはEUや中東地域への輸出拠点として注目されており、日本の製造業も進出しています。

以上から、中東諸国は全体として産業の発展が遅れており、先進国や中国などからの投資やノウハウの提供を望んでいます。

❺需要構成

中東の需要構成を見ると（図表4－3－5）で、第一に挙げられる特徴としては、産油国のアラブ首長国連邦（UAE）、カタール、クウェート、オマーン、バーレーン、サウジアラビア、イラクは純輸出等がGDP比1割超のプラスである一方、レバノン、ヨルダン、アフガニスタン、イエメンは大幅なマイナスです。原油などエネルギー資源に恵まれている国とそうでない国で大きな差が出ています。

第二に、投資が多い国と消費が多い国に分けられます。エネルギー資源に恵まれた国ではその開発投資が盛んです。特にカタールの総固定資本形成（≒投資）比率は36％と世界平均（25％）を大幅に上回っています。一方、消費が多い国としてはレバノン、イエメン、アフガニスタン、ヨルダンが挙げられます。これらの国々の個人消費比率はそれぞれ92％、89％、84％、78％と世界平均（56％）を大幅に上回っています。

しかしいずれも純輸出等がマイナスで貧しい国なの

図表 4-3-5 ●中東諸国の需要構成（2011～20年平均）

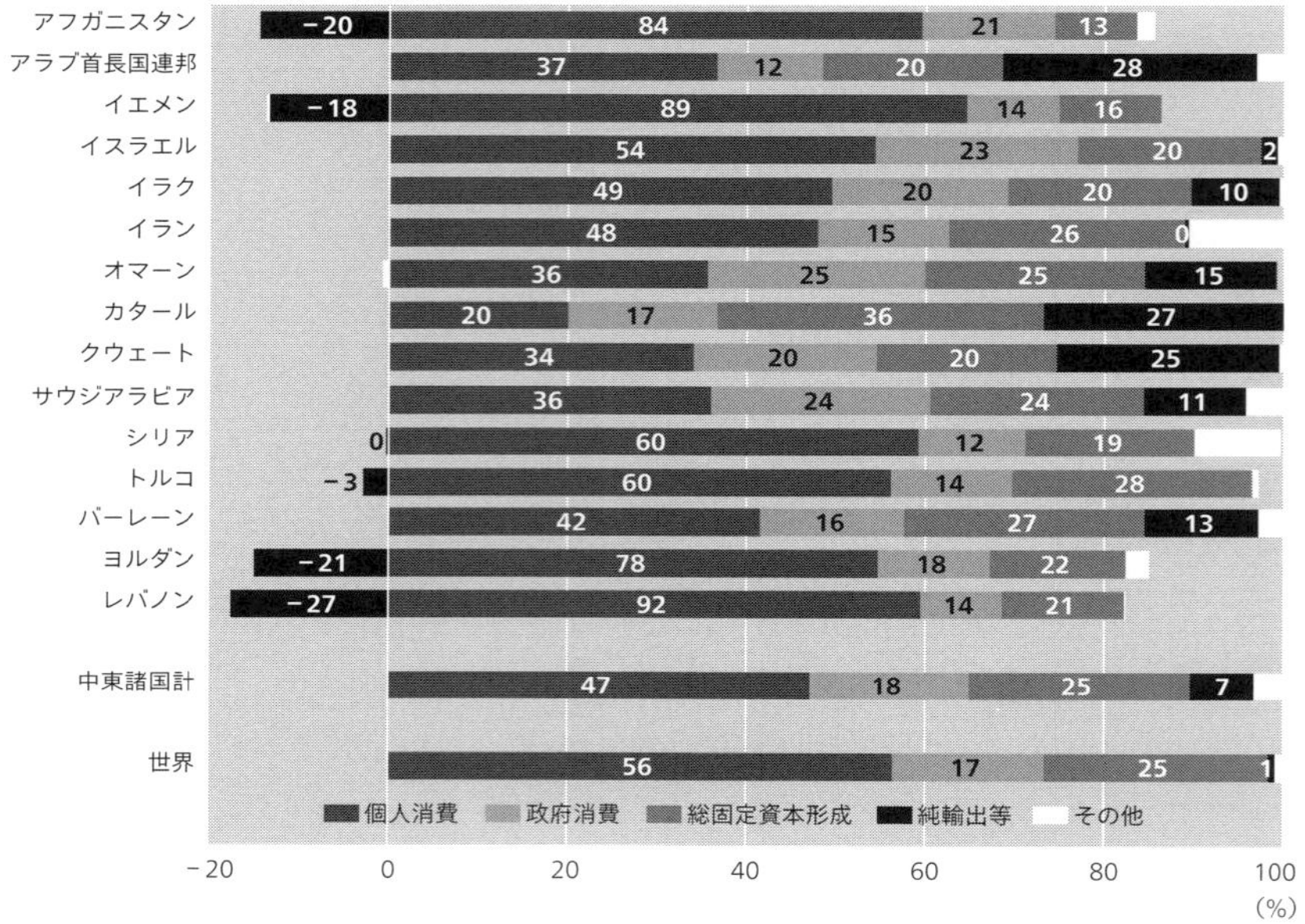

（出典）国連のデータを元に筆者作成

で、個人消費が盛んというよりも、個人消費だけで精一杯というのが実態です。

以降では中東諸国の中で特に注目すべき3つの地域大国、すなわちイスラム教のスンニ派でアラブの盟主とされるサウジアラビア、そのアラブ世界と一線を画しNATOに加盟する世俗主義のトルコ、イスラム教のシーア派で聖職者主義のイランを取り上げ、それぞれの対中国観を見ていきます。

2 サウジアラビアと中国の関係

かつては米国寄りだったが、最近では中国との関係強化に取り組む。

中国の「一帯一路」とサウジアラビアの「ビジョン2030」の連携も図る。

中国は輸出・輸入ともに第1位の取引先。

サウジアラビアは、アラブ世界で唯一G20メンバーで、アラブの盟主とされる国です。そして東西冷戦時代には反共主義であったため、米国に軍事基地を提供するなど西洋諸国と親密な関係を築いてきました。

政治体制は君主制で、自由民主主義を重視する米国とは相容れません。実際、イスラム法（シャリーア）を重視するサウジアラビアは、統治基本法第1条でコーランとムハンマドの言行（スンナ）を憲法と規定しており、信教の自由や女性の人権などの問題で、米国など西洋諸国とことあるごとに対立しています。

政治的自由度×民主主義指数のマトリクスを見ても（図表4－3－6）、サウジアラビアと米国は対極に位置することが分かります。むしろこの点では、中国と似通った状況にあります。

しかし米国はサウジアラビアを専制主義だと非難するのを避けてきました。イスラエルの安全保障上、その後ろ盾となっている米国がサウジアラビアとの関係を悪化させると、アラブ世界全体を敵に回す恐れがあったからです。

ところが在トルコのサウジアラビア大使館におけるサウジアラビア人記者の殺害事件（２０１８年）を巡る問題で米国との関係にヒビが入ったこともあり、サウジアラビアは中国に接近するようになりました。そして習近平国家主席がサウジアラビアを訪問したり、

図表 4-3-6 ●サウジアラビアの政治的自由度と民主主義指数

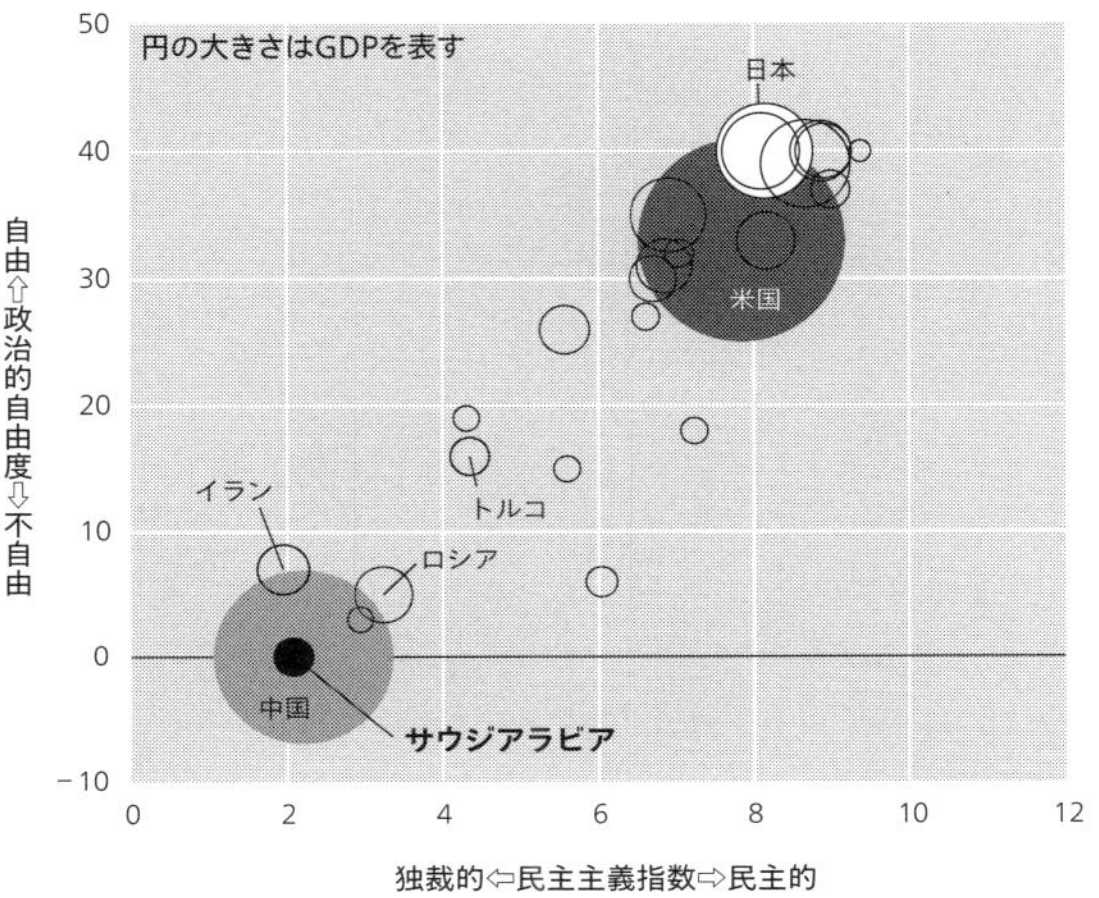

（出典）IMF、EIU、Freedom House のデータを元に筆者作成

サルマン国王やムハンマド皇太子が訪中したりと首脳交流を深めた上で、中国の「一帯一路」とサウジアラビアの「ビジョン2030」の連携を図ることとなりました。これには支援・指導してやるといった上から目線でなく、ともに豊かになろうというウィンウィンを打ち出した点に特徴があります。

さらに2023年3月には、サウジアラビアが対立関係にあったイランとの関係を正常化する上で、中国は仲介という重責を担うに至りました。米国が一国だけでこの地域の平和と安定を維持するのが難しくなったことを示しており、米国にとっては中国と協力することの重要性を感じた瞬間でしょう。

そして2024年にサウジアラビアはBRICSプラスの正式メンバーになりました。したがって、米中新冷戦に突入するような事態になった場合、両国はさらに接近する可能性があると見ておくべきでしょう。

なお、日本外務省が2022年に実施したアンケートを見ると（図表4-3-7）、「現在、最も重要」との回答では中国を挙げた人が最も多く、「最も信頼できる」との回答では米国を挙げた人が飛び抜けて多いという調査結果となっています。

図表 4-3-7 ●サウジアラビアにおける中国・主要国の認識

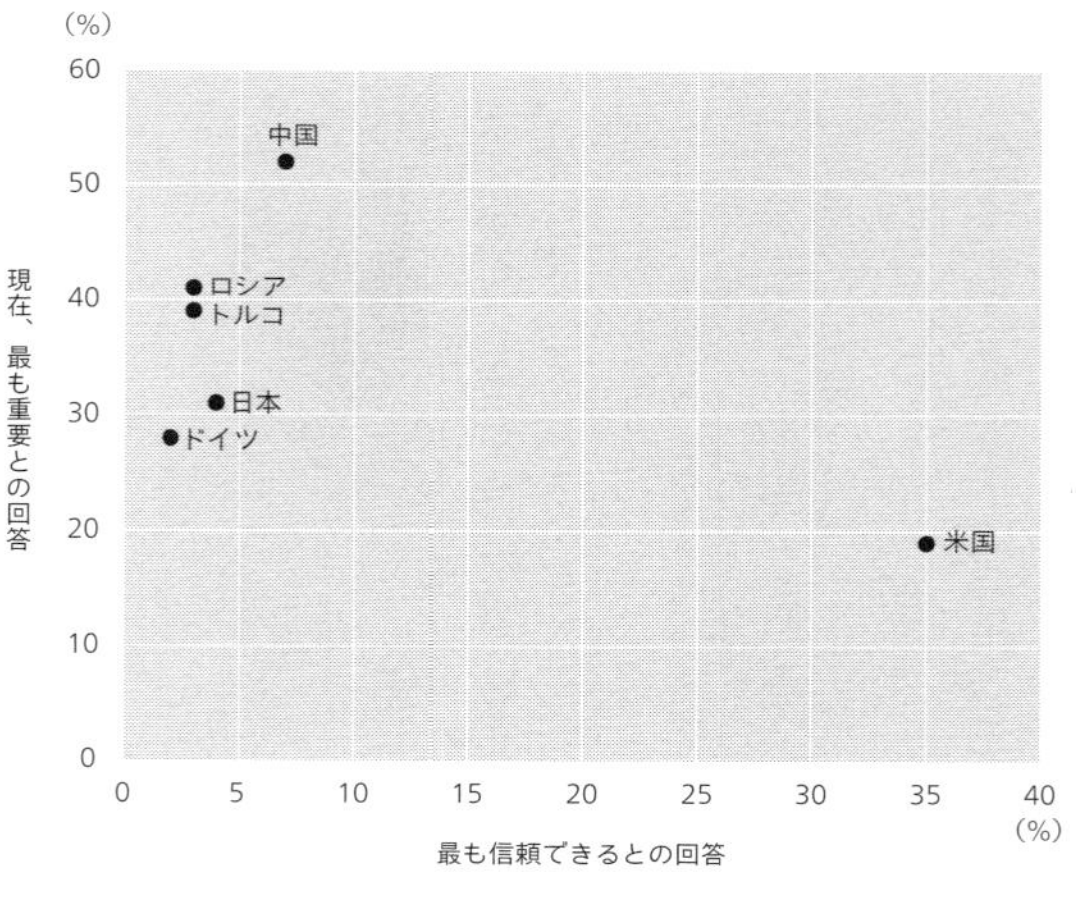

（出典）日本外務省のデータを元に筆者作成

一方、経済関係を見ると、サウジアラビアにとって中国は輸出先としても輸入元としても2位を2倍前後引き離しての第1位です（図表4-3-8、9）。しかも20年ほど前（2000年）と比べると、輸出・輸入ともに中国のシェアが急拡大しています。その半面、日本や米国はシェアを大きく落としました。

中国側の統計（２０２１年）で両国の貿易品目を見ると、中国がサウジアラビアへ輸出しているのはベースメタルなどの工業製品・部品・素材や繊維製品など生活用品類です（図表４－３－10）。他方、中国がサウジアラビアから輸入しているのは原油などエネルギー類が約８割を占めます（図表４－３－11）。

なお、サウジアラビアへの輸出が３０４億ドル、サ

図表 4-3-8 ●サウジアラビアの輸出先ランキング（2021 年）

順位	国・地域	輸出額（2021 年）		輸出額（2000 年）	
		億ドル	シェア	億ドル	シェア
	輸出全体	2,796	100.0%	1,406	100.0%
1	中国	520	18.6%	196	13.9%
2	日本	277	9.9%	198	14.1%
3	インド	260	9.3%	145	10.3%
4	韓国	240	8.6%	137	9.7%
5	UAE	160	5.7%	69	4.9%
6	米国	142	5.1%	132	9.4%
7	エジプト	95	3.4%	18	1.2%
8	台湾	75	2.7%	35	2.5%
9	バーレーン	71	2.5%	36	2.6%
10	シンガポール	68	2.4%	63	4.5%

（出典）CEIC（出所は IMF）のデータを元に筆者作成

図表 4-3-9 ●サウジアラビアの輸入元ランキング（2021 年）

順位	国・地域	輸入額（2021 年）		輸入額（2000 年）	
		億ドル	シェア	億ドル	シェア
	輸入全体	1,516	100.0%	301	100.0%
1	中国	306	20.2%	12	4.0%
2	米国	152	10.0%	58	19.3%
3	UAE	132	8.7%	6	2.0%
4	インド	80	5.3%	8	2.8%
5	ドイツ	75	5.0%	24	8.1%
6	日本	58	3.9%	32	10.5%
7	イタリア	45	3.0%	13	4.2%
8	フランス	43	2.8%	12	4.1%
9	エジプト	42	2.8%	2	0.7%
10	英国	37	2.5%	19	6.5%

（出典）CEIC（出所は IMF）のデータを元に筆者作成

ウジアラビアからの輸入が567億ドルと、中国から見て263億ドルの輸入超過（サウジアラビアの輸出超過）となっています。

3 トルコと中国の関係

両国はウイグル問題で対立しているものの、それ以外の政治面では目立った対立点はない。経済面で良好な関係を維持しておきたい関係。

トルコはG20メンバーとなっている主要途上国の一つです。また地理的に欧州と中東の境界線に位置するトルコは、OIC加盟国でありながらもNATOにも加盟しており、ロシアによるウクライナ侵攻で両国の仲介に乗り出すなど、国際政治において独特な存在感を示しています。

また中央・西アジアにも影響力があり、トルコに加

図表 4-3-10 ●中国のサウジアラビアへの輸出（2021年）

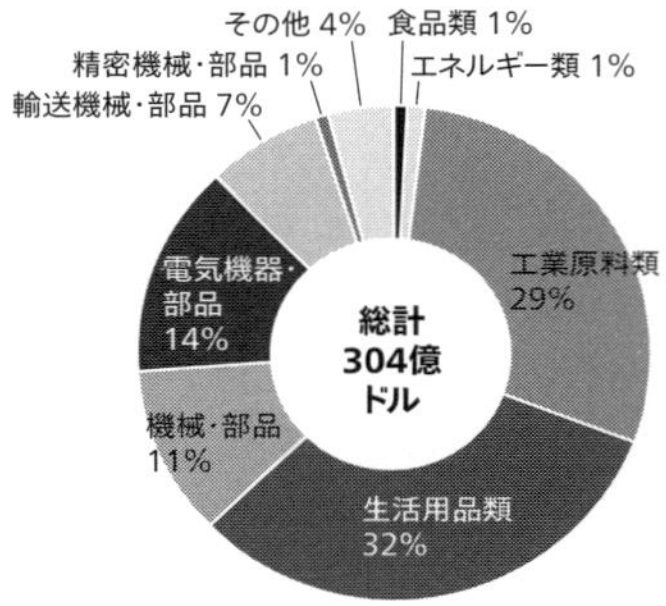

（出典）CEIC（出所は中国税関総署）のデータを元に筆者作成

図表 4-3-11 ●中国のサウジアラビアからの輸入（2021年）

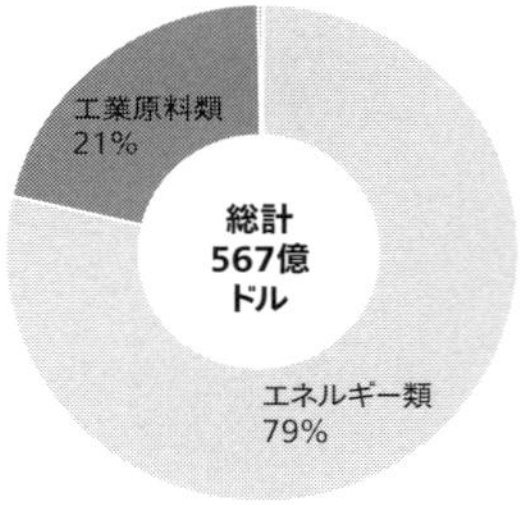

（出典）CEIC（出所は中国税関総署）のデータを元に筆者作成

えてアゼルバイジャン、カザフスタン、キルギス、ウズベキスタンがメンバーとして参加するテュルク諸国機構（旧テュルク評議会）の事務総局を務めています。

政治・人権思想に関しトルコは、初代大統領アタテュルクが政治と宗教を切り離した世俗主義を断行し、その結果、政治的自由度でも民主主義度でも、米国など西洋諸国より低い水準にあるものの、トルコ以外の中東諸国や中国と比べると高い水準にあります（図表4－3－12）。両者の中間に位置するトルコは仲介役を果たす上で適している面があります。

トルコにおける世論は反中・反米のようです。ピューリサーチセンターの調査結果を見ると（図表4

図表 4-3-12 ● トルコの政治的自由度と民主主義指数

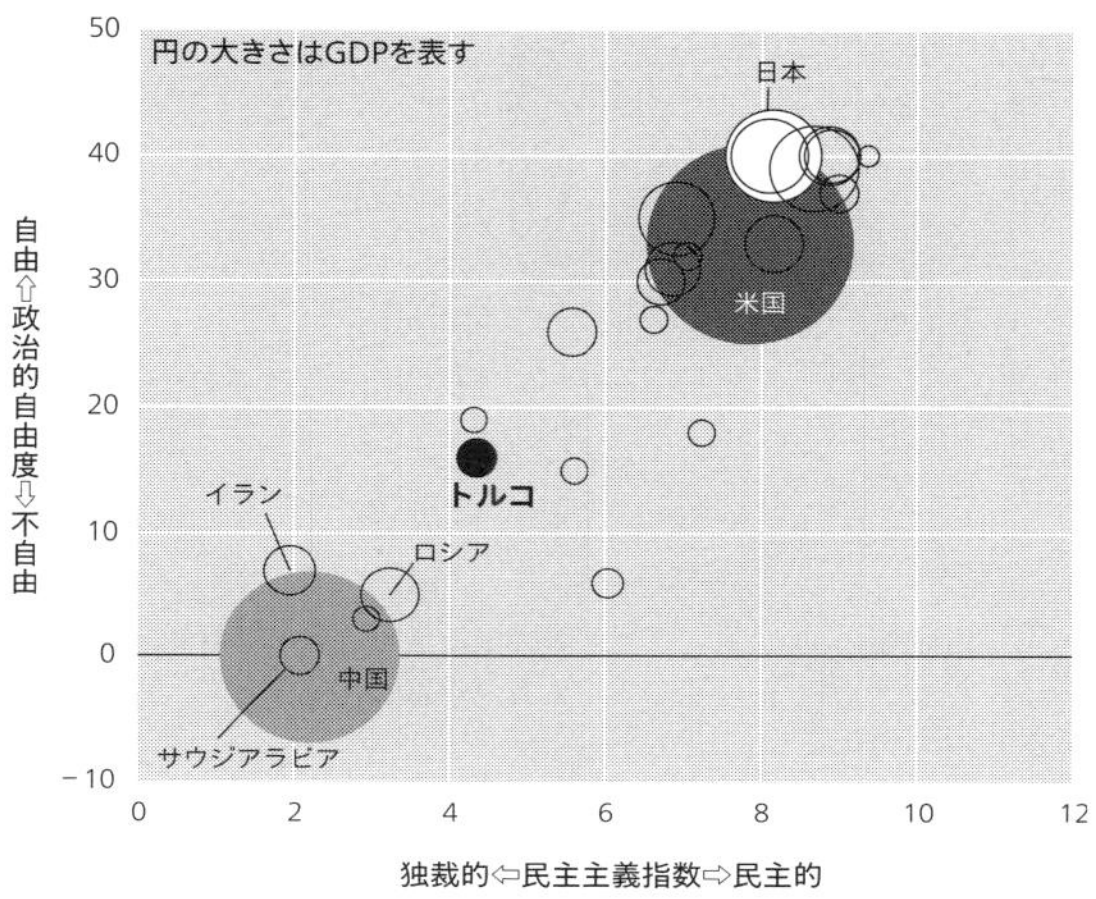

（出典）IMF、EIU、Freedom House のデータを元に筆者作成

図表 4-3-13 ● トルコの親米・親中分析

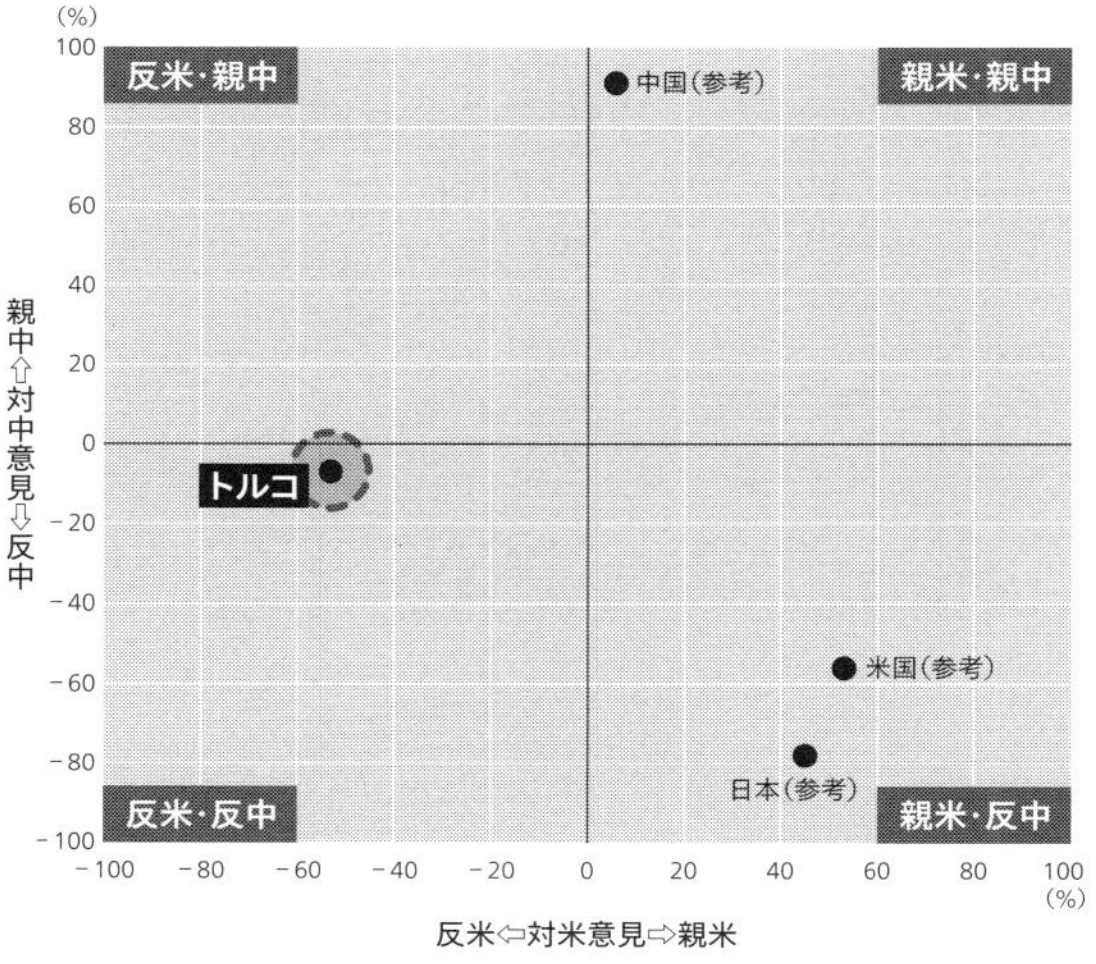

（出典）Pew Research Center のデータを元に筆者作成

―3―13）、中国のことを「好ましい」と回答した人が37％、「好ましくない」と回答した人が44％で差し引きするとマイナス7ポイントでやや反中です。しかし、米国に対しては「好ましい」と回答した人が20％、「好ましくない」と回答した人が73％で差し引きマイナス53ポイントと、反中意識よりも反米意識の方が勝っているようです。

またトルコと中国の間にはウイグル族を巡る問題があります（⇒第1部第3章3ウイグル問題）。トルコ人とウイグル族はそもそも同じ民族（テュルク語族）で、

図表 4-3-14 ● トルコの輸出先ランキング（2021 年）

順位	国・地域	輸出額（2021 年）		輸出額（2000 年）	
		億ドル	シェア	億ドル	シェア
	輸出全体	2,252	100.0%	278	100.0%
1	ドイツ	193	8.6%	52	18.6%
2	米国	147	6.5%	31	11.3%
3	英国	137	6.1%	20	7.3%
4	イタリア	115	5.1%	18	6.4%
5	イラク	111	4.9%	0	0.0%
6	スペイン	96	4.3%	7	2.6%
7	フランス	91	4.0%	17	6.0%
8	オランダ	68	3.0%	9	3.1%
9	イスラエル	64	2.8%	7	2.3%
10	ロシア	58	2.6%	6	2.3%
17	中国	37	1.6%	1	0.3%
70	日本	5	0.2%	1	0.5%

（出典）CEIC（出所は IMF）のデータを元に筆者作成

図表 4-3-15 ● トルコの輸入元ランキング（2021 年）

順位	国・地域	輸入額（2021 年）		輸入額（2000 年）	
		億ドル	シェア	億ドル	シェア
	輸入全体	2,714	100.0%	545	100.0%
1	中国	322	11.9%	13	2.5%
2	ロシア	290	10.7%	39	7.1%
3	ドイツ	217	8.0%	72	13.2%
4	米国	131	4.8%	39	7.2%
5	イタリア	116	4.3%	43	7.9%
6	インド	79	2.9%	4	0.8%
7	フランス	79	2.9%	35	6.5%
8	韓国	76	2.8%	12	2.2%
9	スペイン	63	2.3%	17	3.1%
10	ベルギー	56	2.1%	17	3.0%
14	日本	44	1.6%	16	3.0%

（出典）CEIC（出所は IMF）のデータを元に筆者作成

長らく遠く離れた地で生活してきたため外見は異なっていますが、今も親密な関係にあります。そのため、新疆ウイグル自治区における人権侵害は世論に大きな影響があり、トルコ政府は無視できず、両国間の火種となっています。

経済関係を見ると、トルコにとって中国は輸出先としてはトップ10に入らない第17位にとどまります（図表4－3－14）。一方、輸入元として、中国は第1位で（図表4－3－15）、しかも2000年と比べると、中国のシェアが5倍近くに急拡大しています。なお、トルコにとって日本は、輸出先としては第70位、輸入元としては第14位とそれほど目立つ存在ではありません。

中国側の統計（2021年）で両国の貿易品目を見ると、中国がトルコへ輸出しているのはベースメタルなどの工業原料類、機械・部品、電気機器・部品などです（図表4－3－16）。他方、中国がトルコから輸入しているのはエネルギー以外の鉱物性生産品など工業原料類がおよそ7割を占め、生活用品類と食品類がそ

図表 4-3-16 ●中国のトルコへの輸出（2021 年）

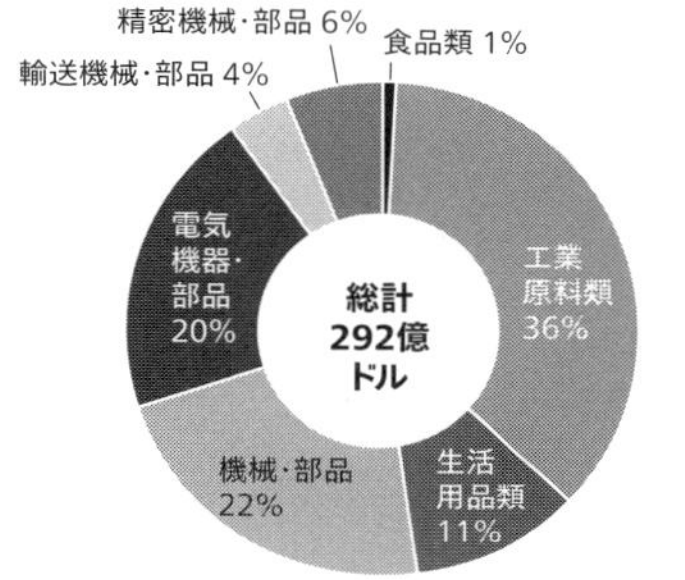

（出典）CEIC（出所は中国税関総署）のデータを元に筆者作成

図表 4-3-17 ●中国のトルコからの輸入（2021 年）

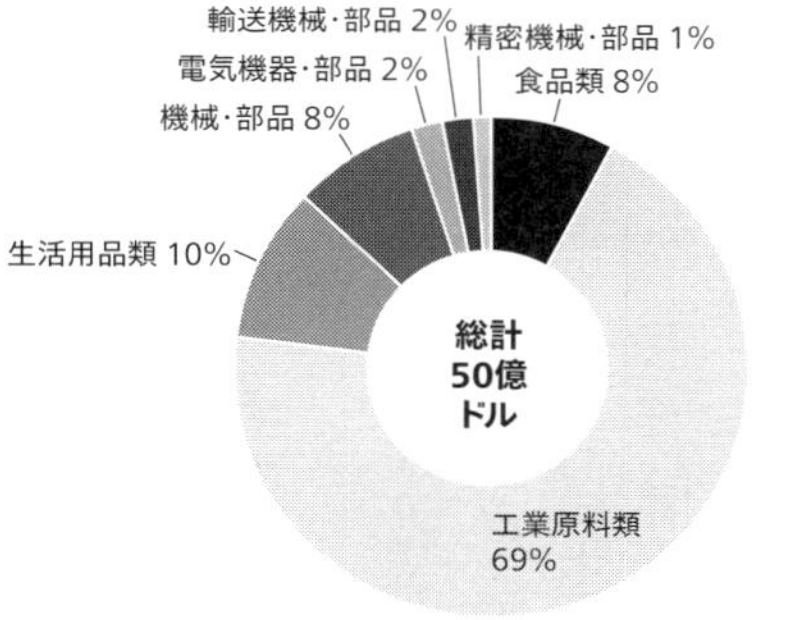

（出典）CEIC（出所は中国税関総署）のデータを元に筆者作成

れぞれ1割前後です（図表4－3－17）。トルコは中国から工業原料などを輸入し、それらを使った製造品を欧州などに輸出するという貿易構造と言えるでしょう。

そして、トルコへの輸出が292億ドル、トルコからの輸入が50億ドルと、中国から見て242億ドルの輸出超過（トルコの輸入超過）となっています。

なお、トルコは国内にクルド人問題を抱えています。トルコの人口は8500万人ほどですが、その約8割を占めるトルコ人と約2割を占めるクルド人との間には、武力を伴う紛争が絶えません。特にクルド独立を目指すクルディスタン労働者党（PKK）の動きは過激で、過去の戦闘やテロで約4万人が死亡したとされます。トルコ以外で暮らすクルド人も少なくないことから、しばしば国際問題化しています。

その他、野党政治家の恣意的逮捕や、ジャーナリストに対する脅迫、それに女性や性的マイノリティに対する暴力など、さまざまな人権問題も指摘されています。

4 イランと中国の関係

政治面で両国に共通点はほとんどないが、相互に主権を尊重し内政不干渉。

歴史的に米国に反発しており、「敵の敵は味方」といった関係。

イスラム共和制であるイランと「中国の特色ある社会主義」をとる中国では、政治思想が全く異なります。しかし、政治的自由度×民主主義指数のマトリクスを見ると（図表4－3－18）、イランは米国など西洋諸国とは対極に位置し、アラブ世界の国々や中国と近い位置にあります。

そして米国とは核開発問題や人権問題などを巡って、しばしば対立しています。

パフラヴィー朝（以前はパーレビ朝と言われていました）時代のイランは親米の国でした。しかしイスラム革命（1979年）で王朝が倒れたあと、革命を指導したホメイニ師がイスラム教を厳格に解釈するようになり、反米の国に転じました。それに伴って、米国が後ろ盾となっているイスラエルとの関係も悪化しました。

一方でイランは、中国を信頼しているようです。日本外務省が２０２２年に実施したアンケート調査結果を見ると（図表４－３－19）、「現在、最も重要」との回答でも「最も信頼できる」との回答でも、中国を挙げた人が米国のそれを大幅に上回り、ロシアや日本も上回っています。

図表 4-3-18 ●イランの政治的自由度と民主主義指数

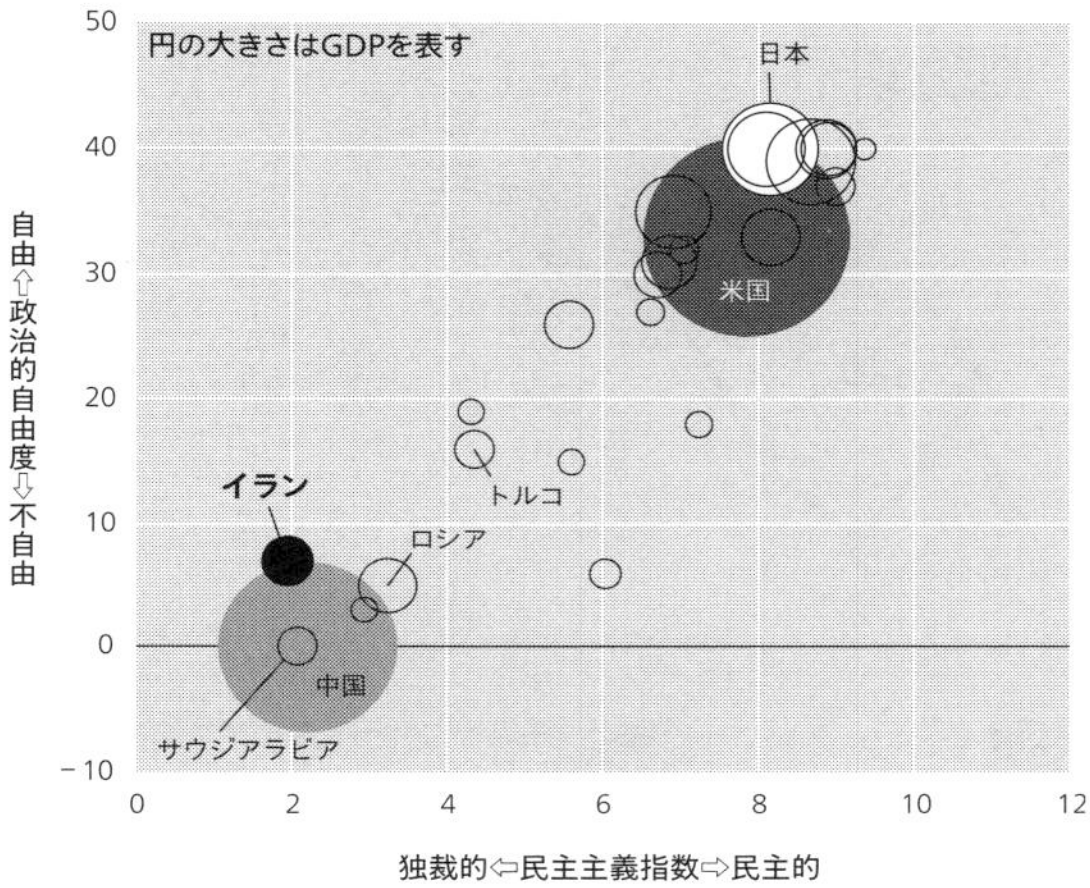

（出典）IMF、EIU、Freedom House のデータを元に筆者作成

図表 4-3-19 ●イラン国民の主要国に対する認識

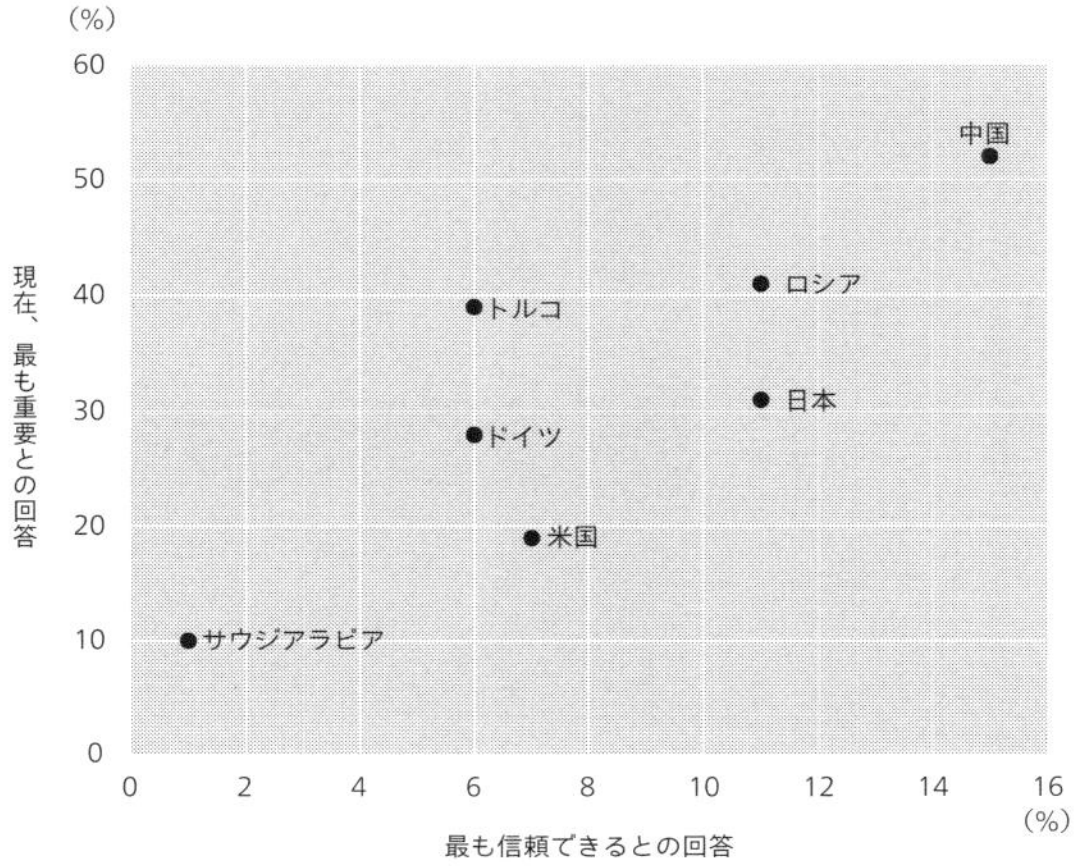

（出典）日本外務省のデータを元に筆者作成

また、この調査ではイランはサウジアラビアに対する信頼感が特に薄いことが示されています。両国は２０２３年、中国の仲介で外交関係を正常化することで合意、双方の大使館が再開するなどしていますので、今後の世論調査では信頼感が高まるかもしれません。

とは言え、イランは同じイスラム教でもシーア派の国で、スンニ派のサウジアラビアとは宗派が異なるため、相容れない面があります。またこの合意には相互の主権尊重と相互の内政不干渉という前提条件が付いています。もしサウジアラビアが再び親米姿勢を強め

図表 4-3-20 ●イランの輸入元ランキング

順位	国・地域	輸入額（2021 年）	
		億ドル	シェア
	輸入全体	233	100.0%
1	中国	58	24.7%
2	UAE	32	13.8%
3	ロシア	27	11.6%
4	トルコ	20	8.7%
5	ドイツ	14	6.2%
6	インド	11	4.9%
7	スイス	6	2.7%
8	オランダ	6	2.4%
9	アルゼンチン	5	2.1%
10	ブラジル	4	1.9%

順位	国・地域	輸入額（2010 年）	
		億ドル	シェア
	輸入全体	664	100.0%
1	UAE	224	33.8%
2	中国	57	8.6%
3	ドイツ	45	6.8%
4	トルコ	38	5.7%
5	韓国	37	5.6%
6	スイス	36	5.4%
7	フランス	21	3.1%
8	イタリア	18	2.7%
9	インド	18	2.7%
10	日本	16	2.3%

（出典）ブルームバーグのデータを元に筆者作成

図表 4-3-21 ●イランの輸出先ランキング

順位	国・地域	輸出額（2021 年）	
		億ドル	シェア
	輸出全体	180	100.0%
1	中国	65	36.0%
2	トルコ	28	15.7%
3	アフガニスタン	11	6.1%
4	ロシア	10	5.4%
5	パキスタン	7	3.6%
6	アルメニア	4	2.4%
7	インド	4	2.3%
8	アゼルバイジャン	4	2.2%
9	UAE	4	2.0%
10	ドイツ	3	1.8%

順位	国・地域	輸出額（2010 年）	
		億ドル	シェア
	輸出全体	914	100.0%
1	中国	182	19.9%
2	日本	112	12.2%
3	インド	111	12.2%
4	トルコ	76	8.4%
5	韓国	69	7.6%
6	イタリア	62	6.8%
7	スペイン	45	4.9%
8	南アフリカ	33	3.7%
9	オランダ	28	3.1%
10	シンガポール	22	2.4%

（出典）ブルームバーグのデータを元に筆者作成

た際には、その前提条件が破られる恐れもあって、予断を許しません。

貿易関係を見ると（図表4－3－20、21）、中国はイランの核開発に反対してきたこともあって、10年前（2010年）と比べると、中国からの輸入は横ばい、輸出は3分の1に減りました。

それでも、イランにとって中国は輸入元としても輸出先としても、2位以下を大きく引き離して第1位です。なお、10年前には日本もトップ10に名をつらねていましたが、今はランク外に落ちています。

また反米という点で一致するため、米中新冷戦に突入する事態となった場合には、両国の経済関係は飛躍的に拡大する可能性があると見ておくべきでしょう。

第4章 アフリカ諸国

アフリカのＧＤＰは全部合わせても世界の３％に届きません。しかし、石油、天然ガス、金、ダイヤモンド、プラチナ、ウランなどの鉱物資源や多くの観光スポットに恵まれています。また人口の急増で市場に将来性があることから、最後のフロンティアと呼ばれており、世界のグローバル企業が注目しています。

ただし民族・宗教の違いによる紛争が絶えない地域でもあり、スーダンでは２０２３年4月に始まった内戦が激しさを増しており、中央アフリカやソマリアなど日本外務省が退避勧告を出している国が多々あります。

アフリカは、東にインド洋・紅海、西に大西洋、南端のアガラス岬の先に南極大陸があり、北は地中海を挟んで欧州に隣接しています。この地域には54もの国々があります。

地理的環境や歴史的経緯から、サハラ砂漠を境に北アフリカ（9ヵ国）とサブサハラ（45ヵ国）とでは、様相が大きく異なります（左図）。

また国の数が多いので、国連決議などで世界の総意を決める場面では、その投票動向に注目が集まります。日本にとっては、経済面だけでなく国際政治面でも、その概要を把握しておく必要がある地域です。

1 アフリカ諸国の概況

❶政治・社会

政治面を見ると、アフリカには民主国家が少なく独裁的な国が多いと言えます。エコノミスト・インテリジェンス・ユニット研究所（EIU）の評価では、「完全な民主主義」はモーリシャスのみで、「欠陥のある民主主義」もカーボベルデ、ボツワナ、南アフリカなどほんの数ヵ国に過ぎず、ほとんどの国は「混合政治体制」「独裁政治体制」となっています（図表4-4-1）。

社会面を見ると、北アフリカにはアラブ人が多く住み、イスラム

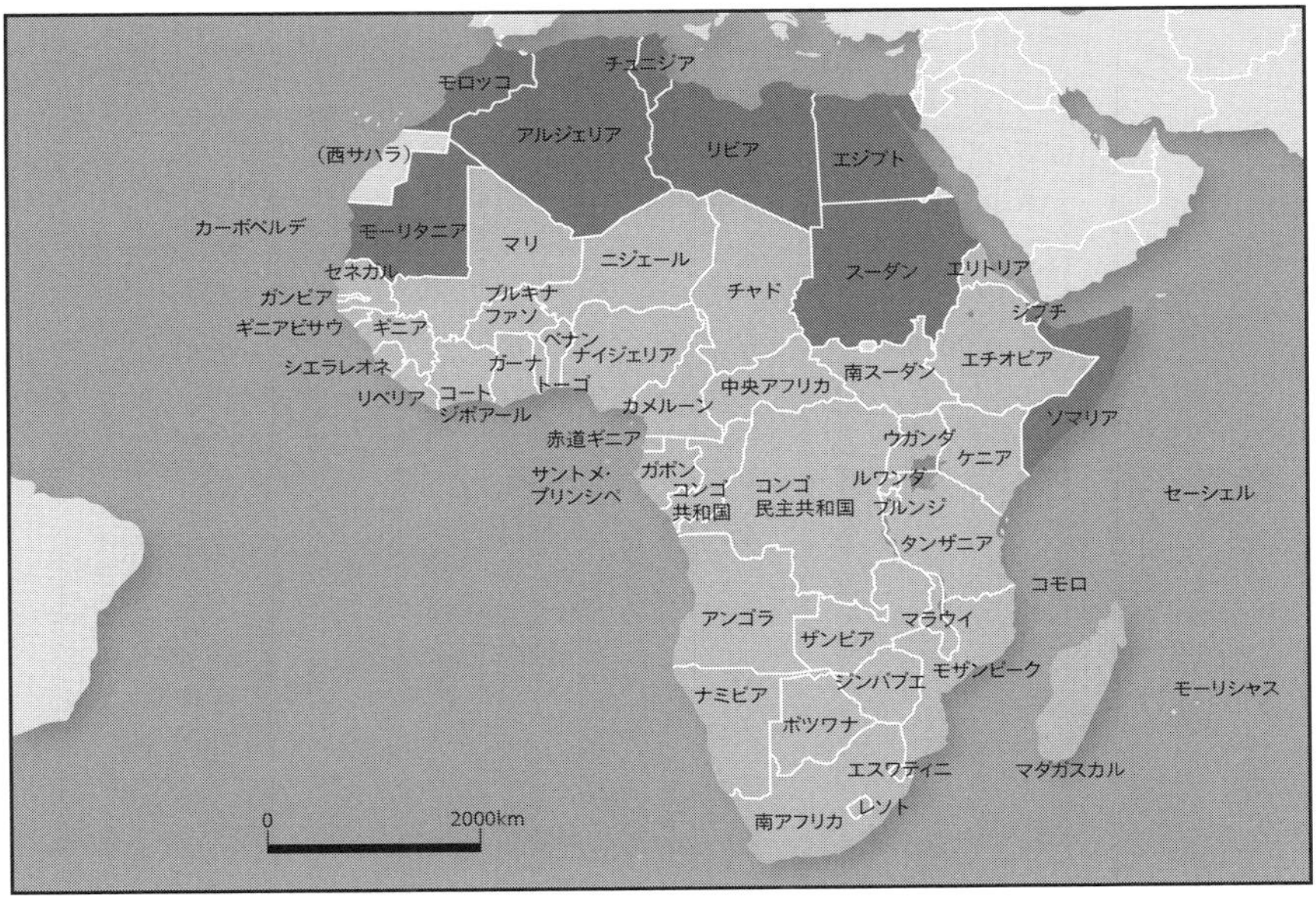

本書では、アフリカを北アフリカとサブサハラの2つに区分しました。国名は下記のとおりです。

北アフリカ（9ヵ国）：アルジェリア、ジブチ、エジプト、リビア、モーリタニア、モロッコ、ソマリア、スーダン、チュニジア
サブサハラ（45ヵ国）：アンゴラ、ベナン、ボツワナ、ブルキナファソ、ブルンジ、カメルーン、カーボベルデ、中央アフリカ、チャド、コモロ、コンゴ民主共和国、コンゴ共和国、コートジボワール、赤道ギニア、エリトリア、エスワティニ、エチオピア、ガボン、ガンビア、ガーナ、ギニア、ギニアビサウ、ケニア、レソト、リベリア、マダガスカル、マラウイ、マリ、モーリシャス、モザンビーク、ナミビア、ニジェール、ナイジェリア、ルワンダ、サントメ・プリンシペ、セネガル、セーシェル、シエラレオネ、南アフリカ、南スーダン、タンザニア、トーゴ、ウガンダ、ザンビア、ジンバブエ。

なお、データの制約上、いくつかの分析では集計に含まれない国があります。

また各国情勢に関しては外務省の下記ウェブサイトが参考になります。

https://www.mofa.go.jp/mofaj/af/af1/page23_002939.html

教を信仰し、アラビア語を公用語とする国々が多い一方、サブサハラにはいわゆる黒人が多く住み、キリスト教や伝統宗教を信仰し、英語、フランス語、ポルトガル語、スワヒリ語などを公用語としています。

またアフリカの世論は反中も反米も少ないようです。

図表 4-4-1 ●アフリカ諸国の政治的自由度と民主主義指数

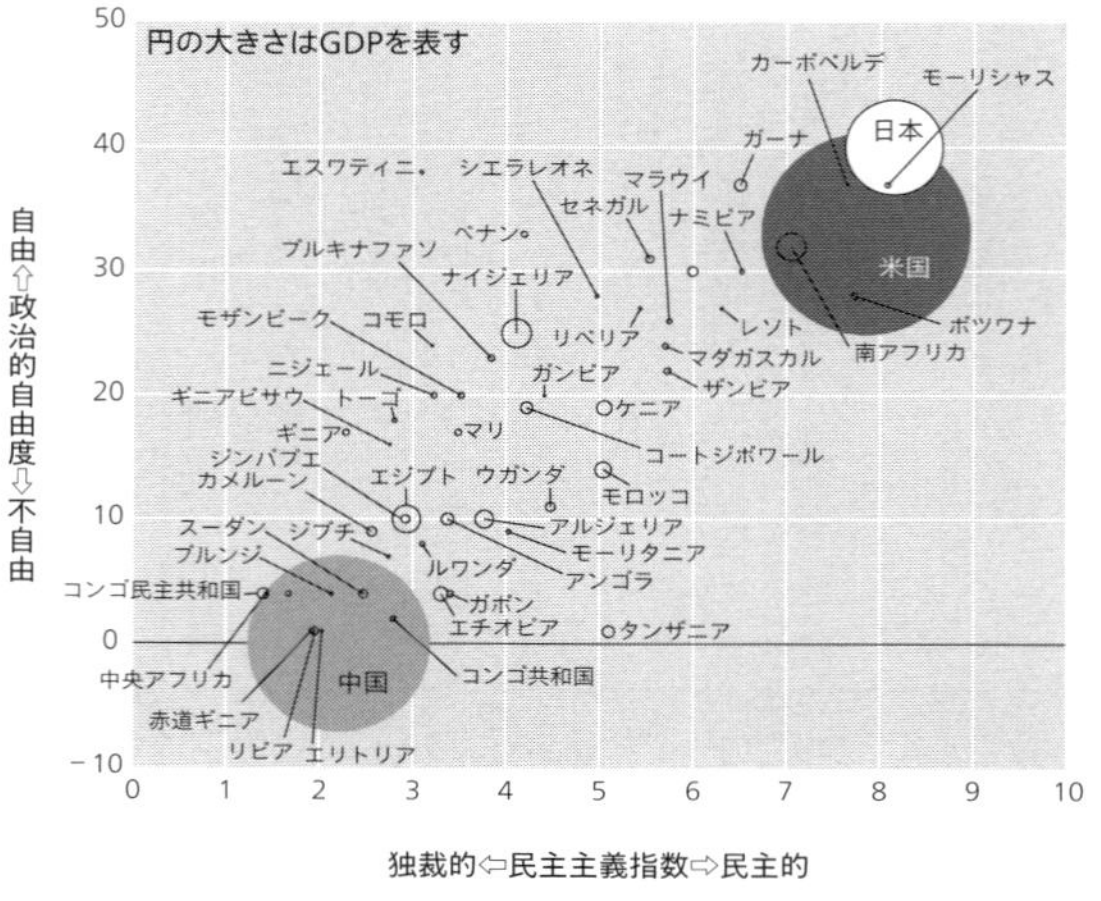

（出典）IMF、EIU、Freedom House のデータを元に筆者作成

ピューリサーチセンターの調査結果を見ると（図表4-4-2）、調査対象国が全アフリカ諸国ではないものの、主要国のほとんどは親米かつ親中であることを示す第一象限に位置しています。

図表 4-4-2 ●アフリカ諸国の親米・親中分析

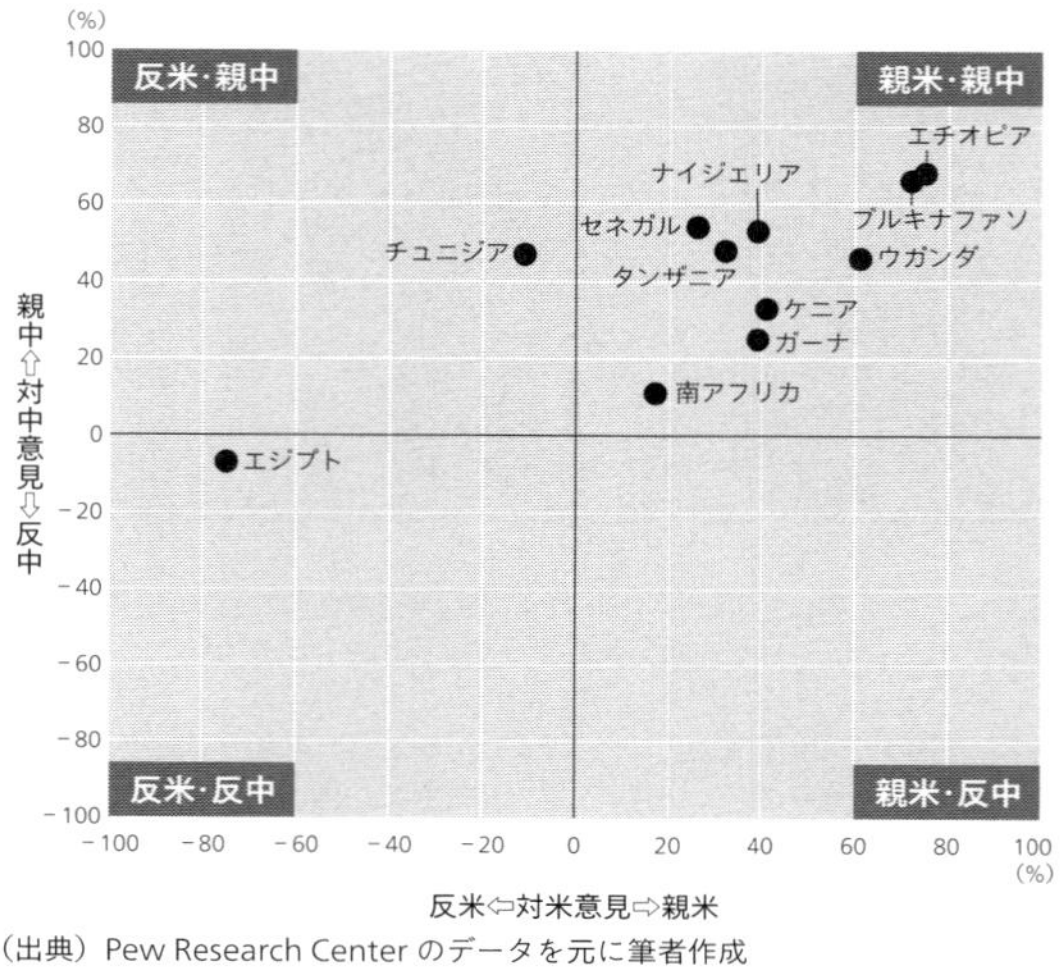

（出典）Pew Research Center のデータを元に筆者作成

❷経済概況

アフリカのGDP（国内総生産）は分析対象とした54ヵ国計で約2.6兆ドルと、世界の約2.8%を占めています（図表4－4－3）。国別ランキングを見ると（図表4－4－4）、第1位はナイジェリア、第2位はエジプト、第3位は南アフリカなどとなっています。また、人口は約13・4億人で、世界の約17・5%を占めています。10年前に比べて3割増となっていますので、その合計が中国やインドの人口を超えるのは時間の問題と見られます。国別では第

図表 4-4-4 ●アフリカのGDPランキング

順位	国	地域	GDP（2021年、億ドル）
1	ナイジェリア	サブサハラ	5,140
2	エジプト	北アフリカ	3,943
3	南アフリカ	サブサハラ	3,295
4	アルジェリア	北アフリカ	1,515
5	モロッコ	北アフリカ	1,240
6	ケニア	サブサハラ	1,060
7	エチオピア	サブサハラ	940
8	ガーナ	サブサハラ	743
9	コートジボワール	サブサハラ	710
10	アンゴラ	サブサハラ	665

（出典）IMFのデータを元に筆者作成

図表 4-4-3 ●世界GDPに占めるアフリカの比率（2021年）

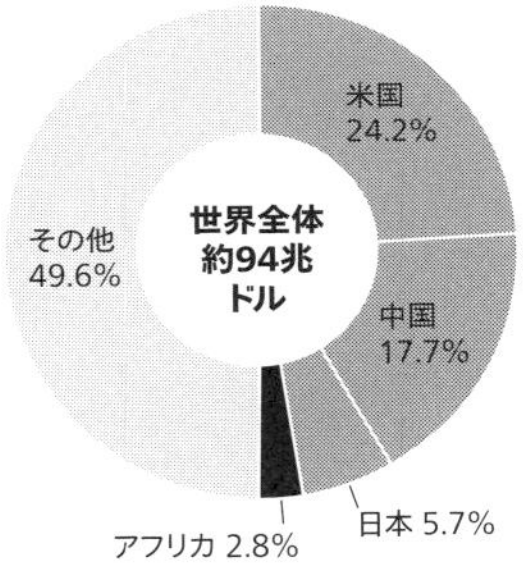

（出典）IMFのデータを元に筆者作成

図表 4-4-6 ●アフリカの一人当たりGDPランキング

順位	国	地域	GDP（2021年、ドル）
1	セーシェル	サブサハラ	14,931
2	ガボン	サブサハラ	8,976
3	赤道ギニア	サブサハラ	8,745
4	モーリシャス	サブサハラ	8,744
5	ボツワナ	サブサハラ	7,417
6	南アフリカ	サブサハラ	6,950
7	ナミビア	サブサハラ	4,842
8	リビア	北アフリカ	4,822
9	エスワティニ	サブサハラ	4,109
10	エジプト	北アフリカ	3,926
24	ナイジェリア	サブサハラ	2,089

（出典）IMFのデータを元に筆者作成

図表 4-4-5 ●アフリカの人口ランキング

順位	国	地域	人口（2021年、万人）
1	ナイジェリア	サブサハラ	21,140
2	エジプト	北アフリカ	10,290
3	エチオピア	サブサハラ	9,873
4	コンゴ民主共和国	サブサハラ	9,375
5	南アフリカ	サブサハラ	6,053
6	タンザニア	サブサハラ	5,973
7	ケニア	サブサハラ	4,980
8	スーダン	北アフリカ	4,550
9	アルジェリア	北アフリカ	4,502
10	ウガンダ	サブサハラ	4,246

（出典）IMFのデータを元に筆者作成

1位がナイジェリア、第2位がエジプト、第3位がエチオピアなどとなっています（図表4－4－5）。

一方、経済的豊かさの指標である一人当たりGDPを見ると（図表4－4－6）、第1位がセーシェル、第2位がガボン、第3位が赤道ギニアなどとなっており、中進国の水準前後にあります。またアフリカの大国はあまり豊かでないことがわかります。

❸産業構造

アフリカ諸国の産業構造を見ると、第一に挙げられる特徴としては、北アフリカでもサブサハラでも、世界と比べて第一次産業と鉱業・エネルギー等供給業のシェアが大きく、製造業と第三次産業のシェアが小さい国が目立つということです。経済発展のプロセスが、第一次産業⇒第二次産業⇒第三次産業と進むことを踏まえれば、アフリカの発展段階が低いことを示しています。

次に一人当たりGDPのトップ3ヵ国の産業構造を見てみましょう。第1位のセーシェルは「インド洋の真珠」と呼ばれる観光業が盛んな国で、第三次産業の

図表 4-4-7 ●北アフリカ諸国の産業構造（2020 年）

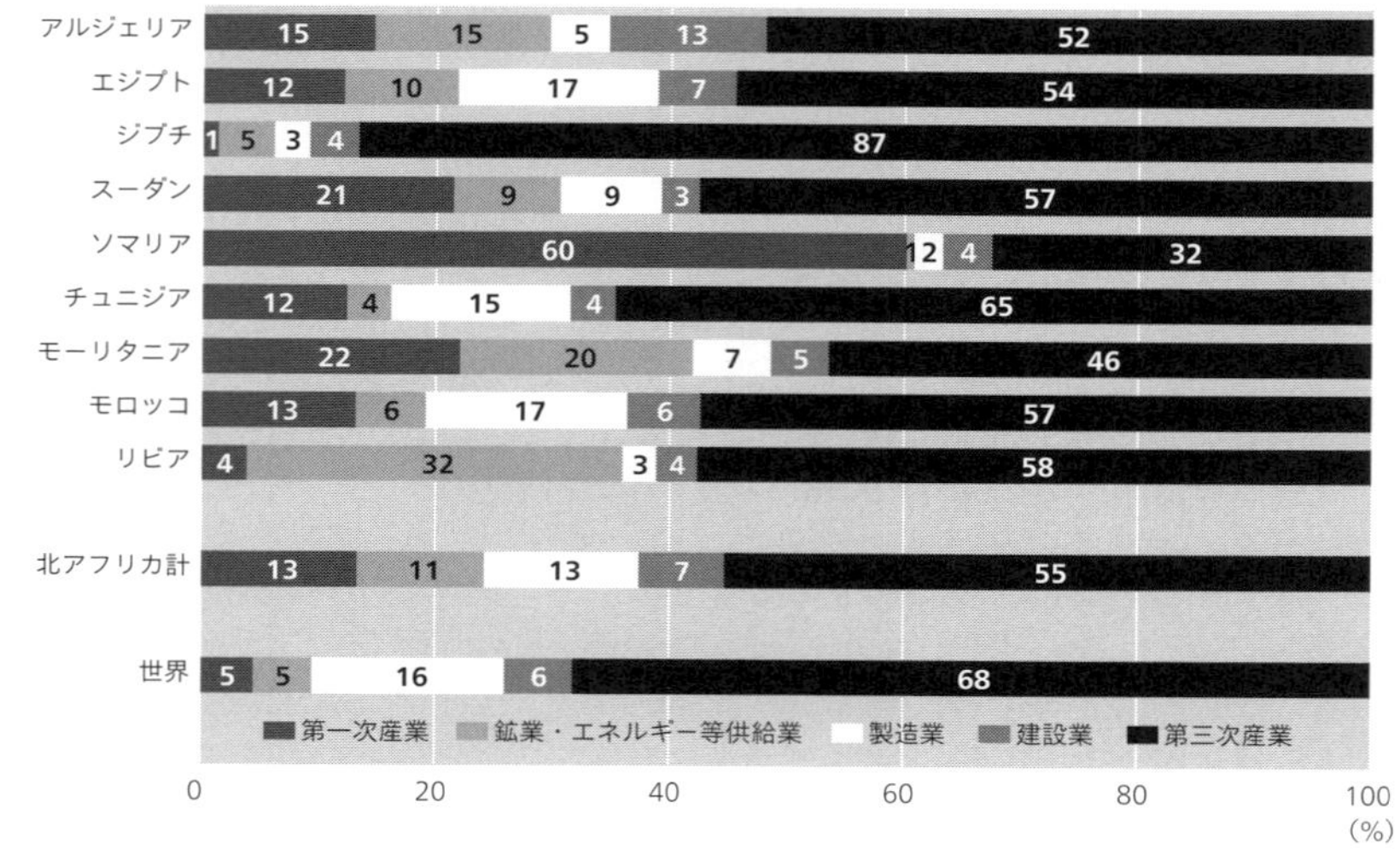

（出典）国連のデータを元に筆者作成

図表 4-4-8 ●サブサハラ諸国の産業構造（2020 年）

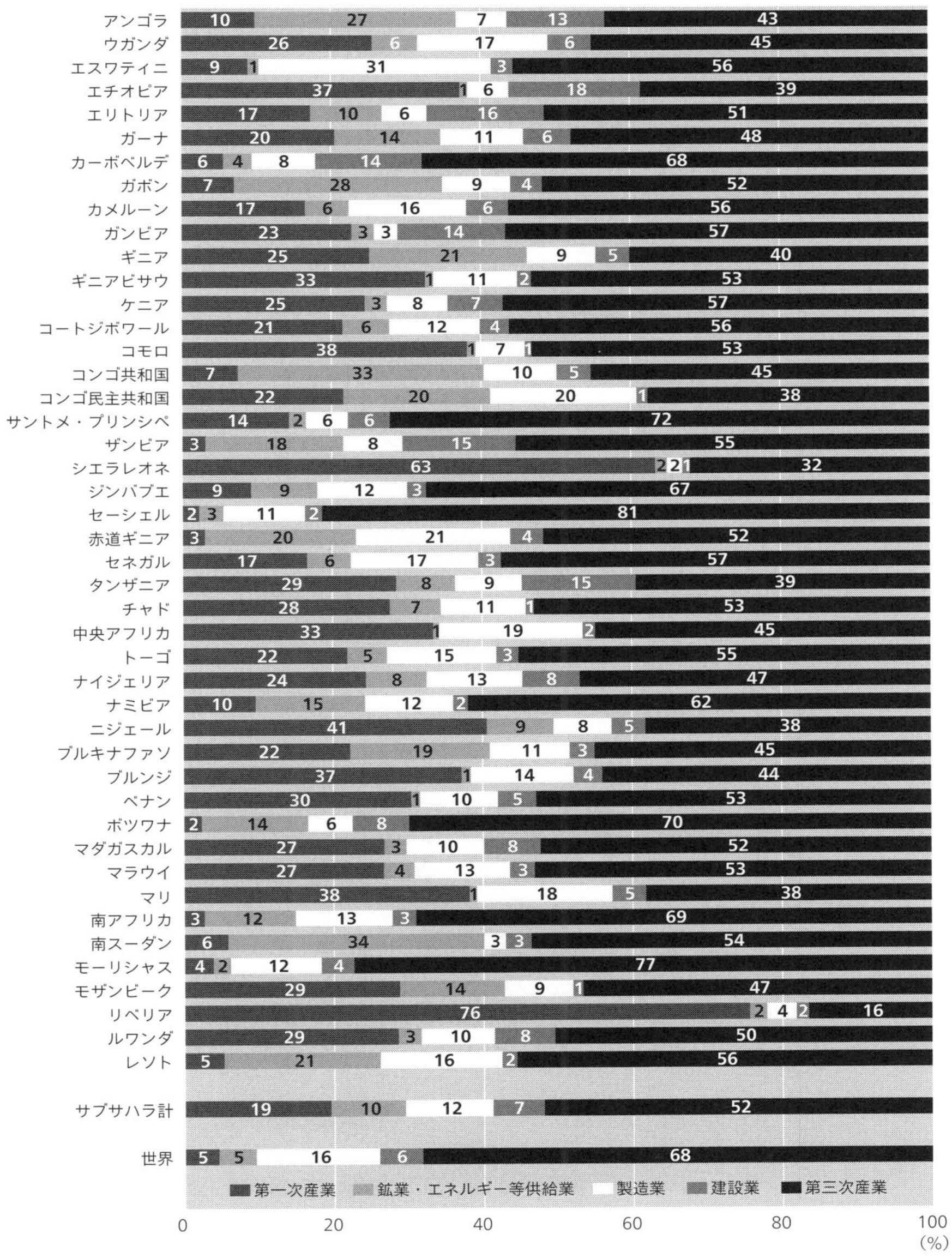

（出典）国連のデータを元に筆者作成

シェアが約8割を占めています。第2位のガボンは原油、マンガン、ウランなどの鉱物資源に恵まれた国で、また第3位の赤道ギニアも原油や天然ガスに恵まれた国で、それぞれ鉱業・エネルギー等供給業のシェアが28％、20％でサブサハラ平均の10％を大きく上回る資源国です。

このようにアフリカで豊かな国は観光や鉱物などの資源に恵まれた国々だと言えるでしょう。ただし、自国で生産した農産物を加工する工業が発展している国もあり、例えば第9位のエスワティニは製造業が約3割を占めています。

このようにアフリカの産業構造は国によって異なり、経済発展のバラツキが大きいとも言えます。北アフリカ諸国を図表4－4－7に、サブサハラ諸国を図表4－4－8に、それぞれ掲載しました。

❹需要構成

アフリカ諸国の需要構成を見ると、北アフリカでもサブサハラでも、世界と比べて個人消費のシェアが高

図表 4-4-9 ●北アフリカ諸国の需要構成（2020 年）

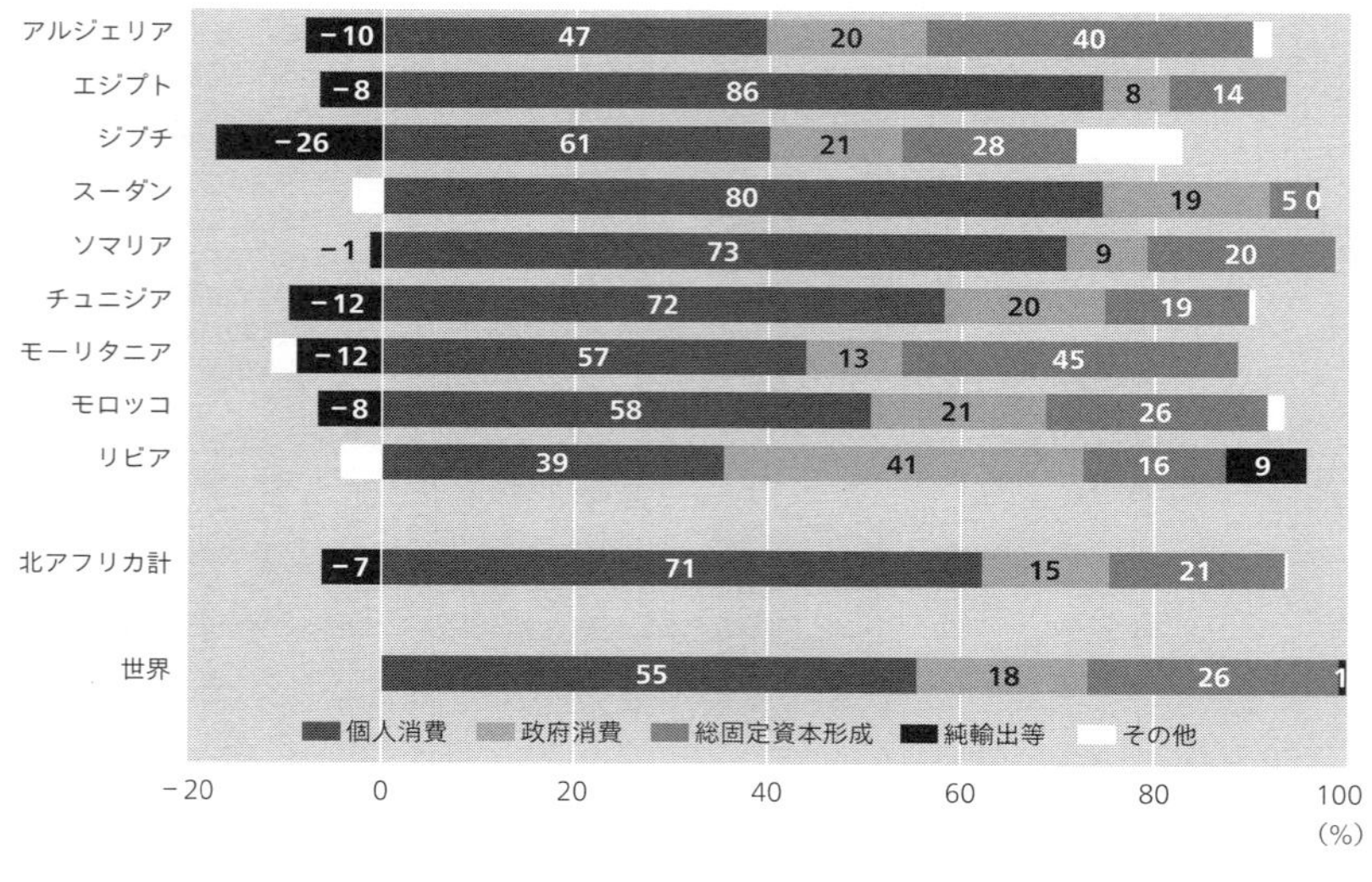

（出典）国連のデータを元に筆者作成

図表 4-4-10 ●サブサハラ諸国の需要構成（2020 年）

（出典）国連のデータを元に筆者作成

く、政府消費と総固定資本形成（≒投資）のシェアが低く、純輸出等がマイナスの国が多いと言えます（図表4－4－9、図表4－4－10）。

このようにアフリカ諸国の経済状況を個別に見る上では、産業構造、需要構成、一人当たりGDPなどの指標を総合的に見る必要があります。

2 アフリカ諸国と中国の関係

アフリカの歴史と中国

アフリカの歴史は紀元前50世紀ごろから興隆を始めたエジプト文明に起源があります。紀元前30世紀ごろには古代エジプト王国が成立し、紀元前10世紀には最古の黒人王国とされるクシュ王国が成立、その後もガーナ王国やマリ王国などが次々に誕生しました。

7世紀から11世紀は北アフリカにイスラム教が広がりました。現在も北アフリカにイスラム教徒が多いのはここに起源があります。

15世紀から17世紀に欧州が大航海時代に入るとアフリカは黒人奴隷の供給地となり、さらに18世紀から19世紀に欧州で産業革命が起きると、欧州

アフリカの歴史年表

紀元前50世紀ごろ	エジプト文明の始まり
紀元前30世紀ごろ	古代エジプト王国の成立
紀元前10世紀	クシュ王国（最古の黒人王国）の成立
7世紀～11世紀	アフリカでイスラム化が進行
15世紀～17世紀	大航海時代（⇒アフリカで奴隷貿易が隆盛）
18世紀～19世紀	産業革命（⇒アフリカは分割・植民地化）
1884年～1885年	ベルリン会議
20世紀前半	第１次、第２次世界大戦から東西冷戦へ
1951年	リビアがイタリアから独立
1960年	アフリカの年（⇒アフリカの脱植民地化）
1991 年	東西冷戦の終結（⇒アパルトヘイト撤廃）

（出典）各種資料から筆者作成

列強による分割・植民地化が進むこととなりました。

そして第二次世界大戦が終了した後、世界は東西冷戦時代となり、東西両陣営が競うように植民地の独立を支援したため、次々と独立が進み、今に至ります。

中国との関係で注目すべきなのは、1955年にインドネシアのバンドンで開催されたアジア・アフリカ会議です。欧米諸国による植民地支配から独立した29ヵ国が参加し、中国からも当時の周恩来首相が参加しました。その後、2000年に中国はアフリカとの関係を強化する枠組みとして「中国・アフリカ協力フォーラム（FOCAC）」を始め、台湾（中華民国）と外交関係のあるエスワティニを除く国々が参加して、3年おきに中国とアフリカ各地で交互に開催して親交を深めています。

■中国との貿易関係

中国がアフリカ諸国に輸出した総額は1481億ドル（2021年）でした。世界への輸出は約3.4兆ドルなので4.4％を占めています（図表4－4－11）。この輸出額は日本への輸出額をやや下回りますが、地理的に遠いことやGDPが日本の半分であることを踏まえると、アフリカへの輸出が盛んと言えるでしょう。国別に見ると、第1位はナイジェリア、第2位は南アフリカ、第3位はエジプトなどとなっています。

他方、中国がアフリカから輸入した総額は1046億ドル（2021年）でした。世界からの輸入は約2.7兆ドルなので3.9％を占めています（図表4－4－12）。

図表4-4-11 ●中国の輸出先に占めるアフリカの比率（2021年）

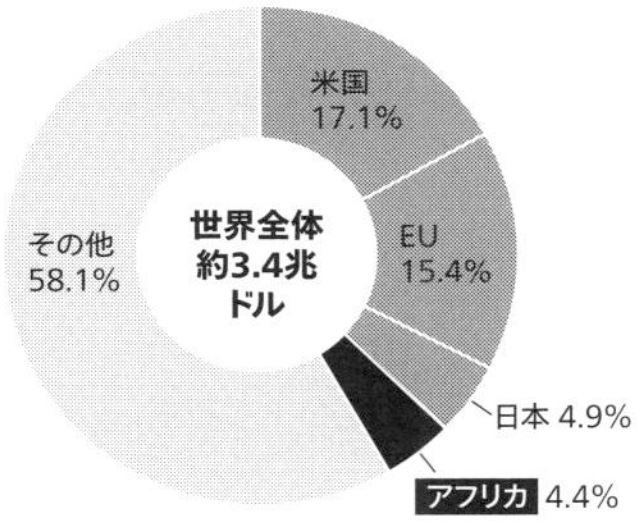

（出典）IMFのデータを元に筆者作成

この輸入額は日本からの半分ほどで、それほど多くありません。国別に見ると、第1位は南アフリカ、第2位はアンゴラ、第3位はコンゴ民主共和国などとなっています。

　そして中国から見るとアフリカは、輸出額が輸入額を435億ドル上回る輸出超過（アフリカの輸入超過）の地域となっています。

　それでは、アフリカ諸国は一体どのくらい中国経済に依存しているのでしょうか。図表4-4-13は縦軸に中国からの輸入額の対各国GDP比をとり、横軸には中国への輸出額の対各国GDP比をとって、アフリカ54ヵ国をプロットしたものです。ここで円の大きさはGDPの大きさを表しています。

　これを見ると、輸出では第1位、輸入でも第2位となっているカメルーンは、中国への貿易依存度が極めて高いことが分かります。カメルーンは原油など鉱物資源に恵まれた国で、その開発に中国企業が協力するなど友好関係にあります。

　また中国への輸出依存度が高い国は、鉱業資源に恵まれていることが多くなっており、コンゴ共和国、ア

図表 4-4-12 ●中国の輸入元に占めるアフリカの比率（2021 年）

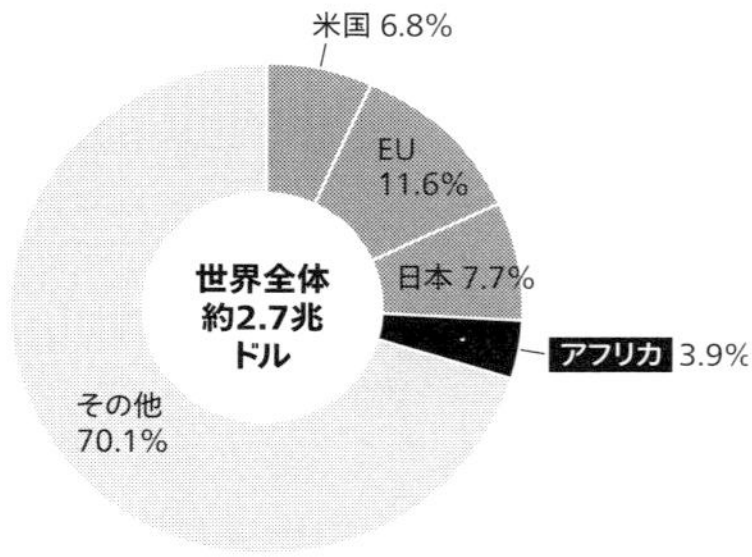

（出典）IMF のデータを元に筆者作成

図表 4-4-13 ●アフリカ諸国の中国貿易依存度

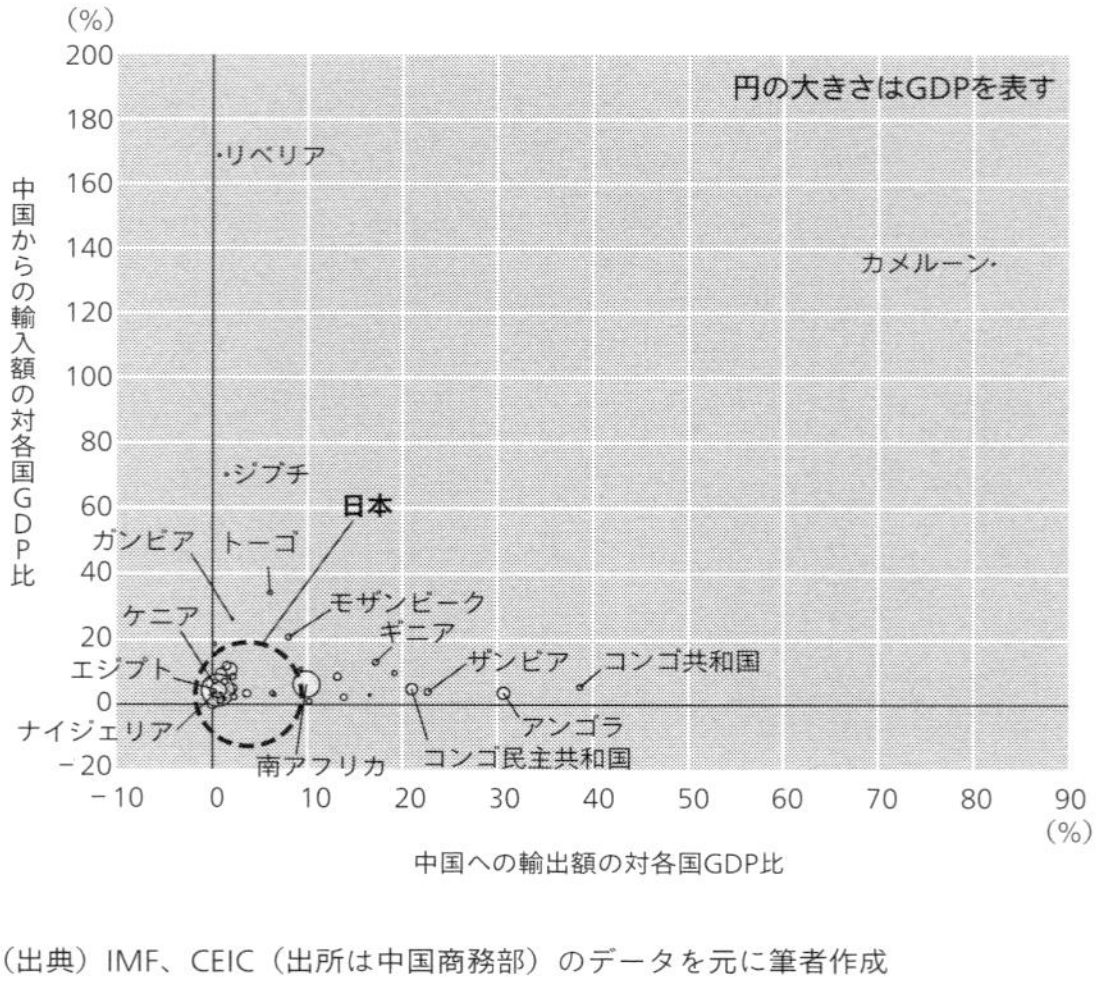

（出典）IMF、CEIC（出所は中国商務部）のデータを元に筆者作成

ンゴラ、ザンビア、コンゴ民主共和国、ギニア、南アフリカなどが挙げられます。他方、中国からの輸入依存度が高い国として挙げられるリベリア、ジブチ、ガンビアなどは、製造業が強くありません。

なお、GDPの大きい国は概して中国貿易依存度が小さい状況です。

図表4-4-14 ●アフリカに対する中国の対外直接投資（2006～20年合計）

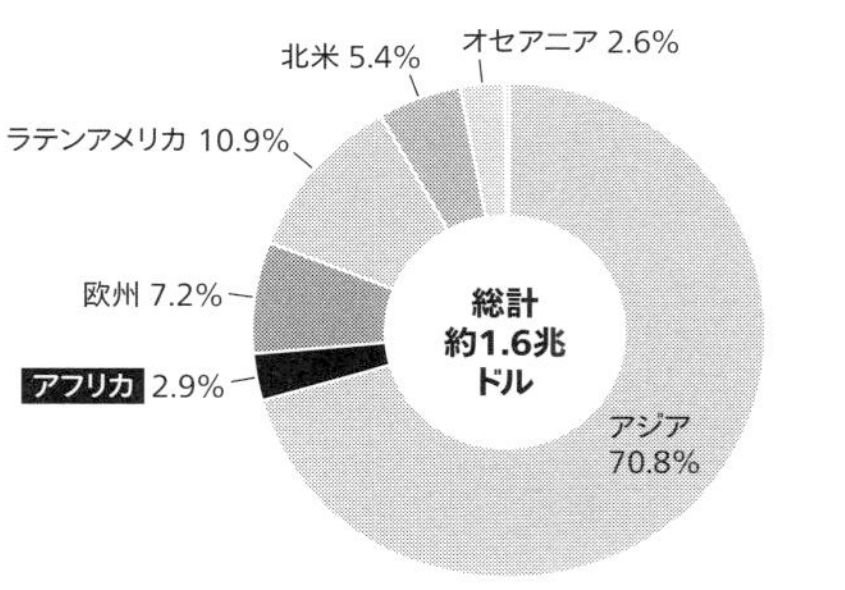

（出典）CEIC（出所は中国税関総署）のデータを元に筆者作成

■中国との投資関係

中国が過去15年間（2006〜20年）に対アフリカで直接投資した金額は約452億ドルでした。世界への直接投資額は約1.6兆ドルなので2.9％を占めています（図表4－4－14）。対欧州や対北米と比べると、額は少なくても投資国におけるシェアとしては大きく、中国は有力な投資元となっています。

国別に見ると、第1位は南アフリカ（77億ドル）、第2位はコンゴ民主共和国（39億ドル）、第3位はザンビア（34億ドル）、第4位はナイジェリア（28億ドル）、第5位はケニア（24億ドル）でした。中国が関係強化を図っている国で投資が目立ちます。

なお、アフリカ諸国による対中国直接投資額は、同じく過去15年間計で約165億ドルでした。世界からの直接投資額は約1.8兆ドルなので0.9％に過ぎず、その影響はそれほど大きくありません。

■中国と親しいアフリカの国はどこか？

それではアフリカで最も中国と親しい国はどこなのか、簡単なマトリクスで分析します。図表4－4－15は縦軸に「中国との貿易量の対各国GDP比」をとり、横軸に「中国からの直接投資累積額の対各国GDP

図表 4-4-15 ●アフリカで中国と親しいのはどの国か？

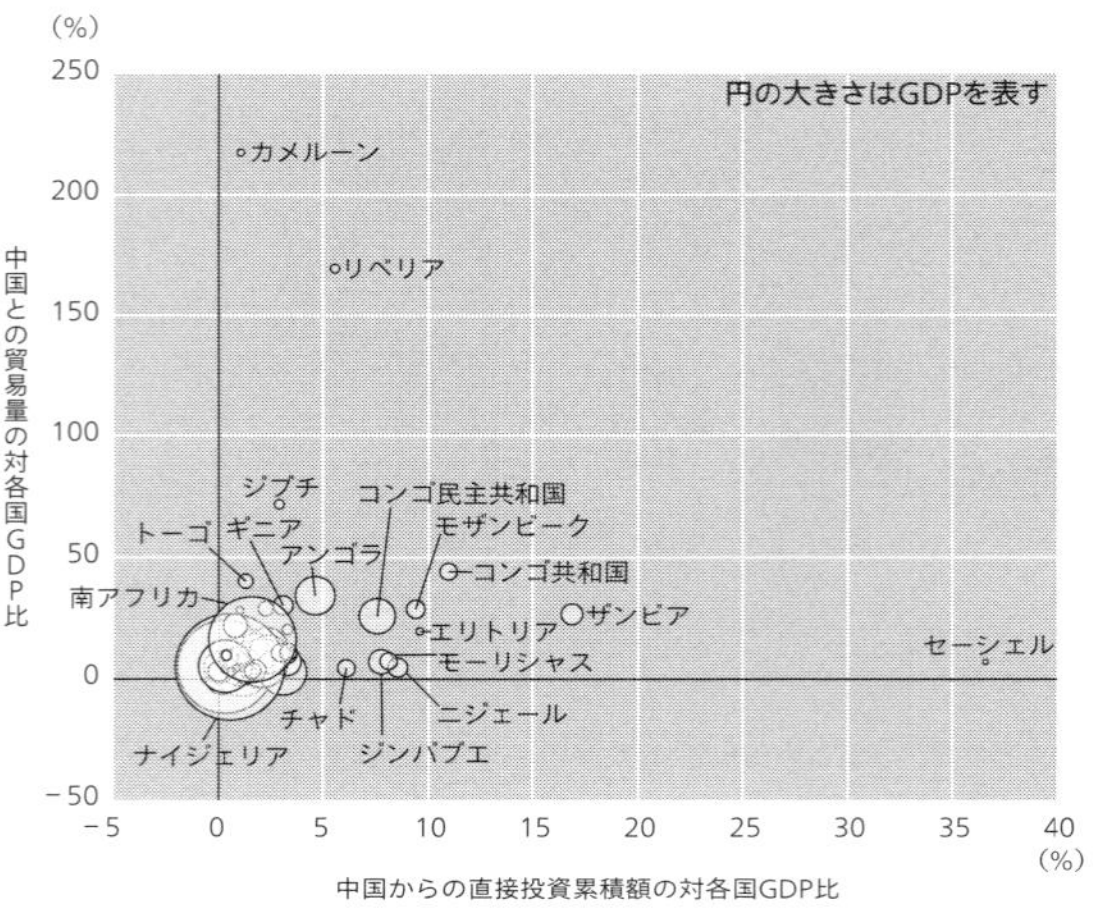

（出典）IMF、CEIC（出所は中国商務部）のデータを元に筆者作成

比」をとって、アフリカ54ヵ国をプロットしたものです。ここで円の大きさはＧＤＰの大きさを表しています。

これを見ると、アフリカ各国が中国と貿易（モノ）で結び付いているのか、それとも投資（カネ）で結び付いているのか、さらに各国経済への影響度などをおおむね捉えることができます。

貿易では第1位がカメルーン、第2位がリベリア、第3位がジブチとなっており、投資では第1位がセーシェル、第2位がザンビア、第3位がコンゴ共和国となっていて、GDPの小さい国の一部に対中国依存度が極めて高い国があることが分かります。そしてGDPの大きい国は全般的に対中国依存度がそれほど高くないことも分かります。

アフリカで中国と親しい国を見ると、旧宗主国に反発して中国に近づいた国もありますが、それほど関係が悪くなくても旧宗主国からの支援が少ないことに不満だったり、自力で投資や貿易を増やして発展しようとして、中国との関係を強化している国もあります。

そして国連決議などでは、大国も小国も一票の価値は同じだけに、中国が国際社会で効率的に敵対勢力を減らし味方を増やすことに結びついているようです。実際、国連における香港・ウイグルの中国批判では、アフリカの多くの国が中国を擁護する立場をとっています。

結語

米中新冷戦を防ぐために、日本は何をすべきか？

■これまでの分析を踏まえて、米中両国が対立を深めた背景を整理するとともに、米中新冷戦が現実のものとなった場合、世界の勢力図はどう変化し、世界経済にはどんな影響があり、米中どちらの陣営に軍配が挙がるのかに関して筆者の見方を紹介します。

■そして、最後に米中新冷戦を回避するために、日本が取り組むべき課題について、筆者の考えを述べることとしたいと思います。

第二次世界大戦後から40年ほどの間、世界は、米国を盟主とする自由民主主義陣営とソビエト連邦（ソ連）を盟主とする社会主義陣営に分断されていました。それが1990年前後に米国を盟主とする自由民主主義陣営の勝利で終結すると、世界一の経済力・軍事力・情報力・科学技術力を有する米国が唯一の超大国として、国際秩序の在り方を決めるパクス・アメリカーナの時代になりました。そして世界経済は一つに統合されてグローバリゼーションが加速しました。

それからわずか30年余りで、パクス・アメリカーナの世界を脅かす国が出現しました。グローバリゼーションのメリットを最大限に活かして経済力を飛躍的に向上させた中国です。中国の科学技術力は日進月歩で向上し、GDP（国内総生産）は米国経済の4分の3の規模に達し、3位以下を大きく引き離した、世界第2位の経済大国となりました。

中国は軍事面においても米国を脅かす存在となりつつあります。世界各国の軍事力に関する評価を公表しているグローバル・ファイヤーパワーによると、第1位は米国、第2位はロシア、そして中国は第3位となっています。ロシアの経済力の限界を考えると中国の軍事力の伸び代は極めて大きいと言えます。将来の安全保障を考える上でのカギの一つである地理情報システムにおいても、中国は北斗衛星導航系統という独自の衛星測位システムを整え、米軍が自国のGPSを有事の際に使わせないようにしてもそれに対抗できる体制を築こうとしています。

そして、中国は2022年10月に開催された共産党大会で、自らの発展モデルを「中国式近代化」と名付けた上で、「戦争や植民地支配、略奪などという広範な発展途上国の国民を不幸に陥れた、他国を犠牲にして自国の利益を図る血なまぐさいかつての近代化の道は歩まない」と宣言しました。

これは西洋諸国の繁栄が途上国の犠牲の上に築かれ、そして現在、世界を支配するパクス・アメリカーナを暗に批判するとともに、貧困にあえぐ途上国に対しては、ワシントン・コンセンサス（パクス・アメリカーナの下の開発途上国への支援政策のセット）に代わる発展モデルである北京コンセンサス（中国式近代化の別称）を提示したものと言えるでしょう。

そこで、改めてここまでの分析を、政治思想面、経済面から概観し、米中対立が激しくなった背景には何があるのか、米中対立が高じて新冷戦ということになると世界はどうなるのかを論じた上で、日本が果たすべき役割について、筆者の見解を述べたいと思います。

1 背景

❶イデオロギーの違い

米中両国がこれほど対立を深めた根本にはイデオロギーの違いがあります。民主主義を普遍的価値と考えて、米国をはじめとする西洋諸国が、欧米型民主主義を世界に広めようとしているのに対し、人民民主独裁を憲法で定める中国は「中国の特色ある社会主義」で「共同富裕」を実現し、それを世界に広めようとしています。

それぞれの特徴を簡単にまとめると（図表結－1）、欧米型民主主義は国民主権、自由選挙、多数決原理・少数意見尊重、三権分立、言論・信教の自由、法の下の平等などで特徴づけられる政治思想を基盤に、「人は自由でなければ生きていけない」という価値を認識できない」という人身の自由、言論・出版の自由、宗教の自由など自由権を特に重視する人権思想を持ち、民間企業中心の自由資本主義による

図表結 -1 ●欧米型民主主義 vs 中国の特色ある社会主義

	欧米型民主主義	中国の特色ある社会主義
政治思想	国民主権、自由選挙、多数決原理·少数意見尊重、三権分立、言論・信教の自由、法の下の平等	共産党エリートによる人民民主独裁、全過程人民民主主義による民意の反映
人権思想	自由権の尊重	生存権、発展権の尊重
経済運営	自由資本主義	国家資本主義
良い点·悪い点	国民に賢者を為政者に選ぶ教養と力量があれば理想的な制度。 一方で為政者が選挙のたびに交代して一貫した政治ができなかったり、為政者が目先の世論に迎合し過ぎて衆愚政治に陥ったりする恐れ。	為政者が強い指導力を発揮できる体制なので理想の実現に向けて一貫した政策運営を行なえるという利点がある。 一方で為政者が失政を繰り返し経済が停滞したり、共産党エリート内に腐敗汚職が蔓延したりすれば、国民が離反して内乱が起きる恐れ。

（出典）筆者作成

経済運営をしています。

この欧米型民主主義には、国民に賢者を為政者に選ぶ教養と力量があれば理想的な制度となる利点があるものの、そうでなければ為政者が選挙のたびに交代して一貫した政治ができなかったり、為政者が世論に迎合し過ぎて衆愚政治に陥ったりする恐れがあるという欠点があります。

一方、中国の特色ある社会主義は、社会主義初級段階において必要不可欠とする共産党エリートによる人民民主独裁と、独裁のマイナス面を補完すべく政策決定の全ての過程で民意を反映させる「全過程人民民主主義」とに特徴づけられた政治思想を基盤に、「衣食足りて栄辱を知る」という、生存権と発展権を特に重視する人権思想を持ち、国家が資本主義に介入する国家資本主義による経済運営が行われています。

そしてこの中国の特色ある社会主義においては、為政者が強い指導力を発揮できるので、理想の実現に向けた一貫した政策運営が長期にわたり継続できるという利点があるものの、為政者が失政を繰り返して経済が停滞したり、共産党エリート内に腐敗が蔓延したり

図表結 -2 ●世界主要国・地域の政治的自由度と民主主義指数

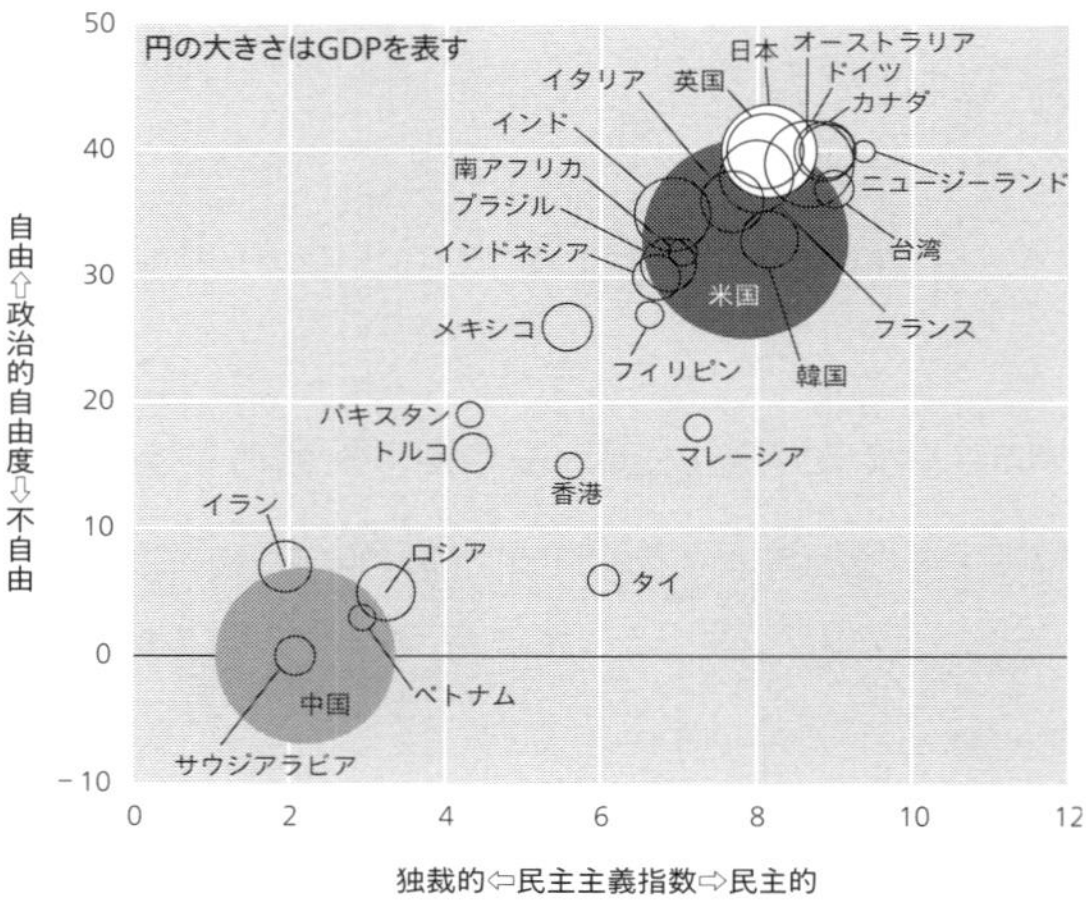

（出典）IMF、EIU、Freedom House のデータを元に筆者作成

すれば、国民が離反して内乱が起きる恐れがあるという欠点があります。

ここで世界各国の状況を、改めて確認しておきましょう。政治的自由度×民主主義指数のマトリクスで、世界主要国・地域をまとめて俯瞰すると（図表結－2）、

米国をはじめとする欧米型民主主義の国々は両基準ともに高水準で右上に位置しています。そして東西冷戦後、長らくパクス・アメリカーナだったこともあって、途上国でも右上に位置する国が多く世界の主流であることが分かります。

一方、中国は両基準とも最低水準で左下に位置しています。そして、左下に位置する国は中国だけではなくロシアやベトナムなどがあり、また中東に多いことが分かります。

また、米中両国を世界各国がどう見ているのかも確認します。親米・親中分析で世界各国を俯瞰すると（図表結－3）、大半の国々が親米であることを示す右半分に位置していることが分かります。一方、親中であることを示す上半分にも多くの国があることも分かります。そして右上に位置する国々のほとんどは未だ貧しい途上国であることも分かります。[1]

図表結 -3 ●世界の親米・親中分析（直近年）

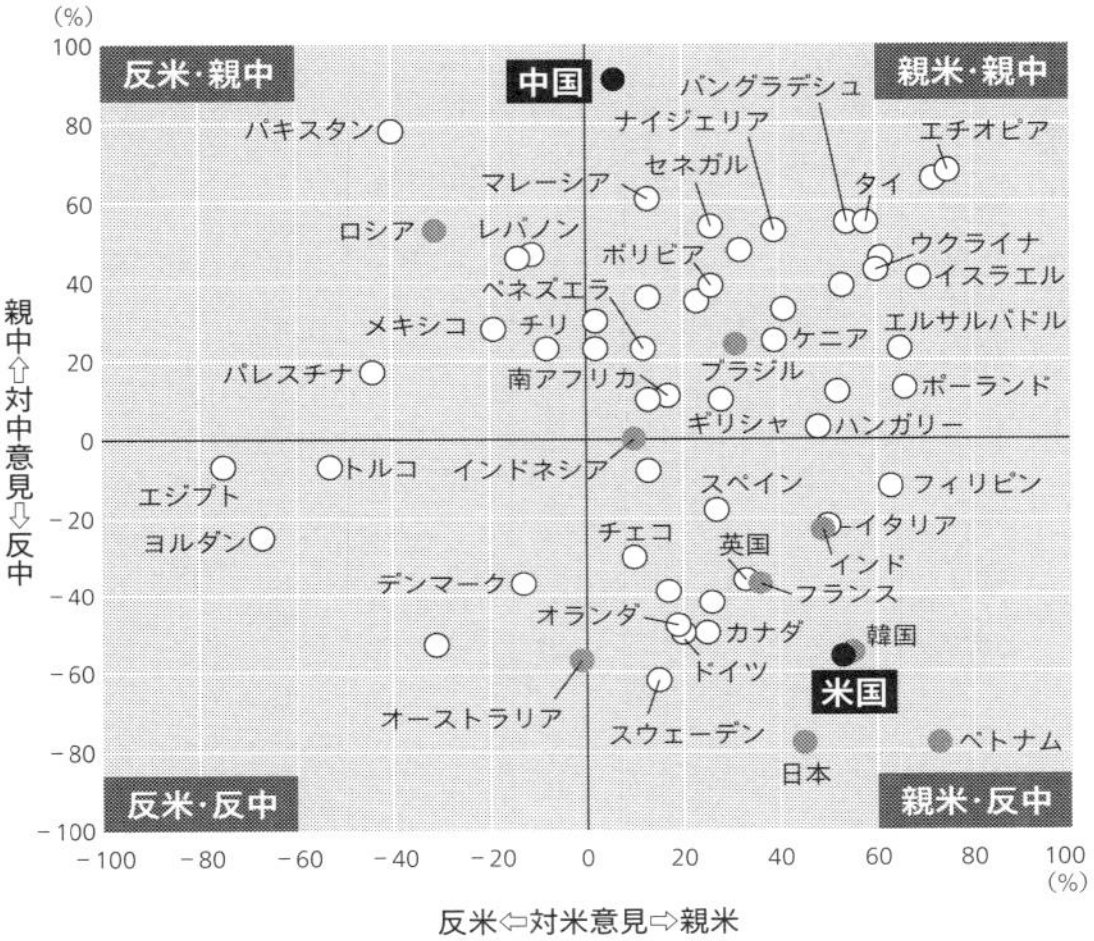

●は第２～第４部で章を設け詳述した国
○はその他の主要国
（出典）Pew Research Center のデータを元に筆者作成

[1] 2021年6月に開催された国連人権理事会では、新疆ウイグル、香港、チベットにおける人権状況に深刻な懸念を表明し44ヵ国が署名した。しかし、同理事会では「新疆ウイグル、香港、チベットのことは中国の内政で、外部が干渉すべきでない」として中国を擁護する声明にも69ヵ国が署名することとなった。

経済的に豊かになり民主主義が定着した日本など先進国から見れば、人権尊重は当たり前のことだが、国内に貧困問題や政情不安を抱える多くの途上国では、中国の主張を理解できる面があるようだ。

また途上国から這い上がって間もなく、国内に深刻な貧困問題、独立問題、人権問題を抱える中国は、途上国が抱える事情を身に染みて感じるため米国とは異なり、途上国の内政に干渉することが滅多にない。

他方、日本を含め欧米型民主主義のほとんどの国が親米・反中であることを示す右下に位置しています。なお、政治的自由度×民主主義指数のマトリクス（図表結－2）で中国に近かったベトナムもこの象限に位置しており、しかも反中の世論が極めて高い水準にあることが分かります。

また、反米・親中であることを示す左上には、親米・反中の国々より数が少なく、パキスタン、ロシア、パレスチナ、メキシコなどで反米・親中意識が高いことが分かります。

❷中国の経済面における存在感の高まり

米中対立が激しくなった背景には、中国がその経済力をテコに世界で存在感を高めたこともあります。前述したように米国と全く異なる政治・人権思想を持つ中国がこれ以上影響力を高めると、米国が死守したいパクス・アメリカーナの世界を揺るがしかねないからです。

図表結 -4 ●世界主要国・地域の輸出先として見る米中関係

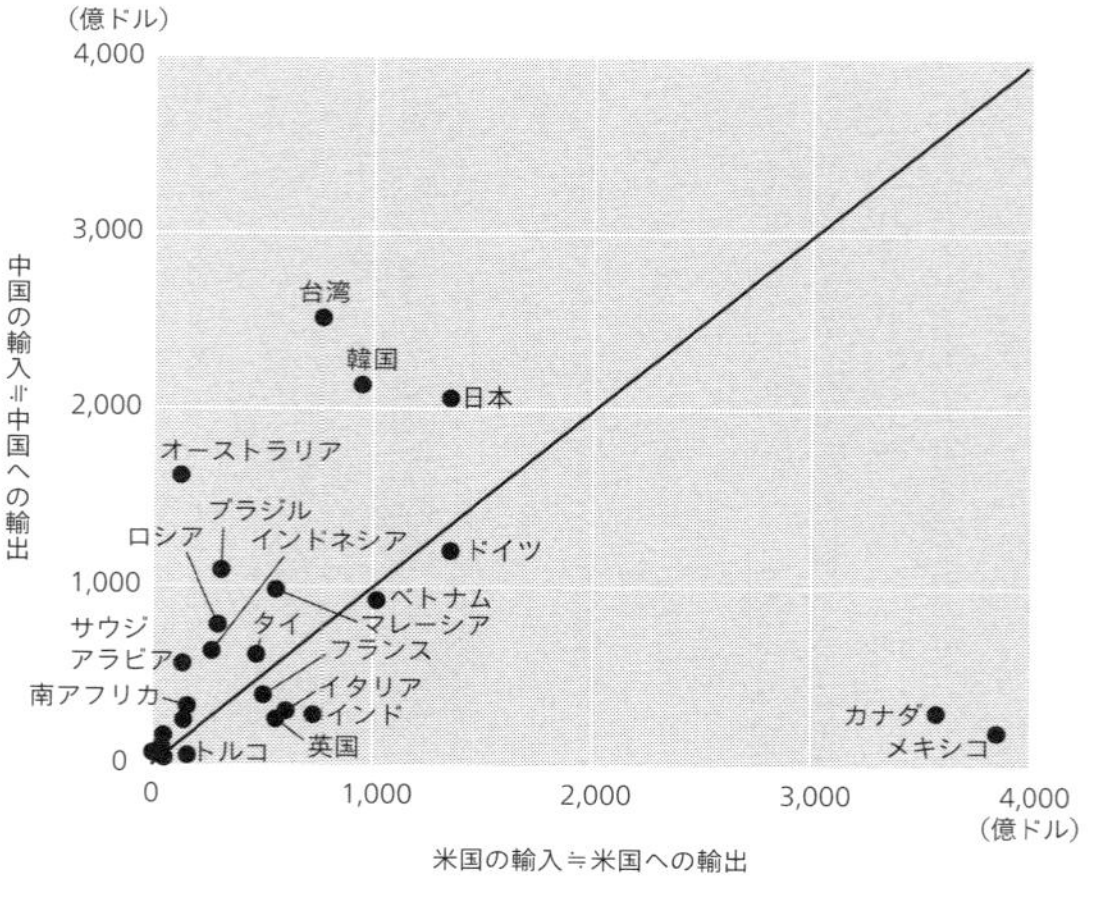

（注）基準年は 2021 年
（資料）CEIC（出所は IMF）のデータを元に筆者作成

以下で中国がどのように影響力を及ぼしているのかを改めて見ていきます。

第一に中国は途上国からの輸入を増やしています。中国が途上国にある鉱物資源などを必要としている面もありますが、貧しさに苦しむ途上国がそこから脱却して豊かになろうとすれば、まずは輸出を増やして外貨を稼ぐところから始めなければなりません。中国はそれを踏まえて、途上国からの輸入を増やしており、すなわちウィンウィンの関係にあると言えます。

　ここで世界の主要国・地域が米中両国へどれだけ輸出しているのかを確認しておきましょう（図表結－4）。縦軸には中国への輸出（≒中国が当該国から輸入した額）を取り、横軸には米国への輸出（≒米国が当該国から輸入した額）を取って、世界各国の位置をプロットしてみました。45度線を基準に下に位置すれば米国への輸出が中国へのそれより多いことを示します。

　その結果を見ると、右下に位置するカナダとメキシコは米国への輸出の方が圧倒的に多いことが分かります。地理的に近いことや米国とUSMCA協定（旧NAFTA：北米自由貿易協定）が締結されていることが背景にあります。

　また欧州諸国も、フランス、ドイツ、イタリア、英国のようにやや右下に位置し、米国への輸出の方がやや多い国が目立ちます。インドも米国の方がやや多くなっています。

　他方、台湾、韓国、オーストラリアなどは左上に位置し中国への輸出が圧倒的に多くなっています。また日本やタイなど近隣アジア諸国は全般的に中国への輸出の方が多い国が目立ちます。またブラジル、ロシア、南アフリカという、インド以外のBRICSも中国の

図結 5-5 ●アフリカ諸国の輸出先として見る米中関係

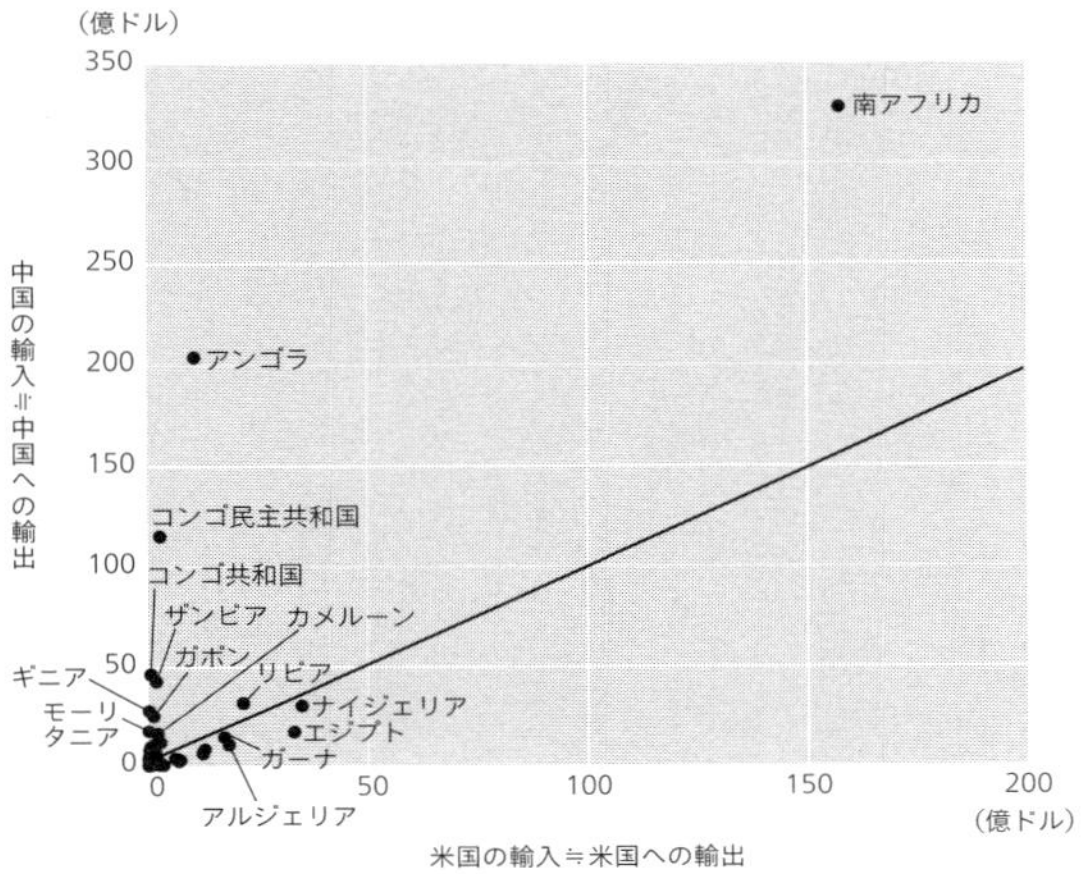

（注）基準年は 2021 年
（資料）CEIC（出所は IMF）のデータを元に筆者作成

方が多くなっています。

途上国の多いアフリカ諸国を見ても（図表結－5）、中国への輸出が米国を大幅に上回る国が目立ちます。特にアンゴラやコンゴ民主共和国などが顕著です。

第二に中国は途上国への投融資を増やしています。

図表結 -6 ●世界主要国の投資元としての米中比較

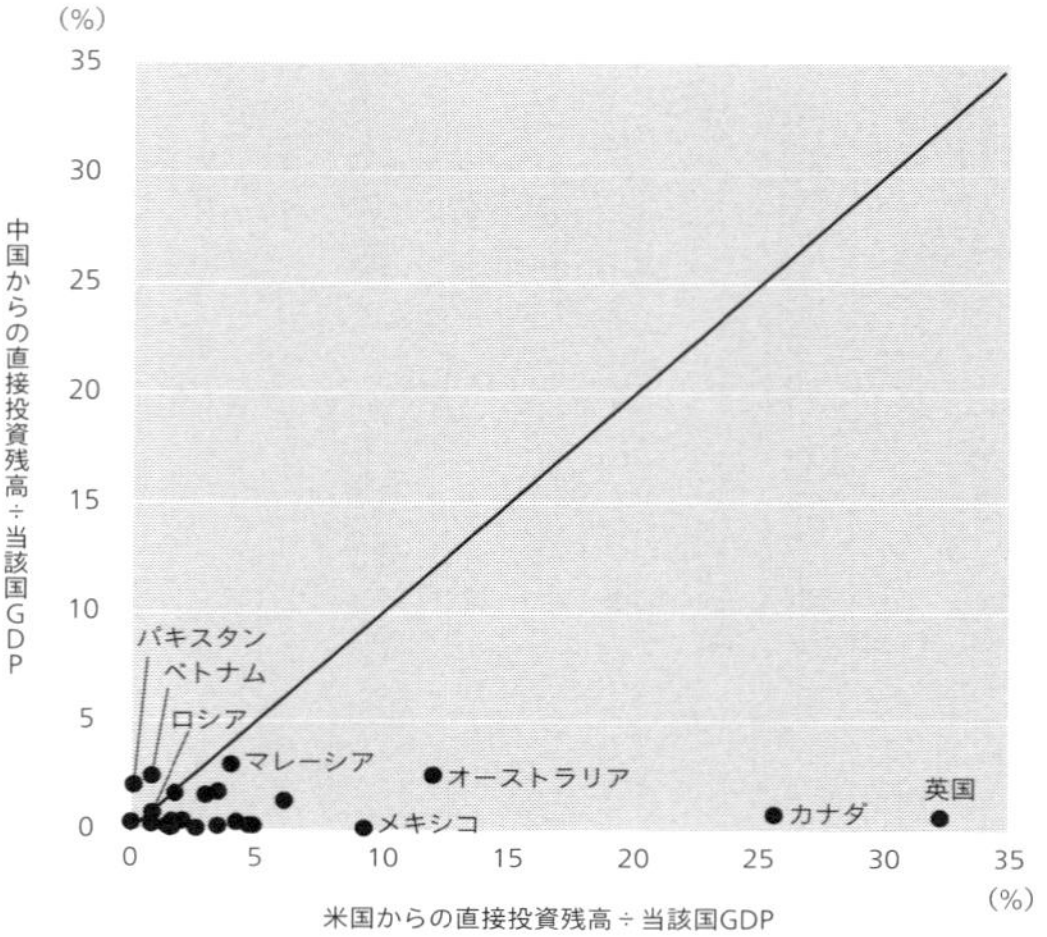

（注）基準年は 2020 年
（資料）CEIC（出所は OECD、中国商務部）のデータを元に筆者作成

途上国が輸出を増やすためには、まず輸出できるモノとそれを作る人材、そして設備が必要です。そして人材を雇いモノを作り、設備を用意する上では資金（カネ）が必要です。それを踏まえ、中国は途上国への投融資を増やし、人材や設備も中国が提供し、途上国の

図表結 -7 ●東アジア主要国・地域の投資元としての米中比較

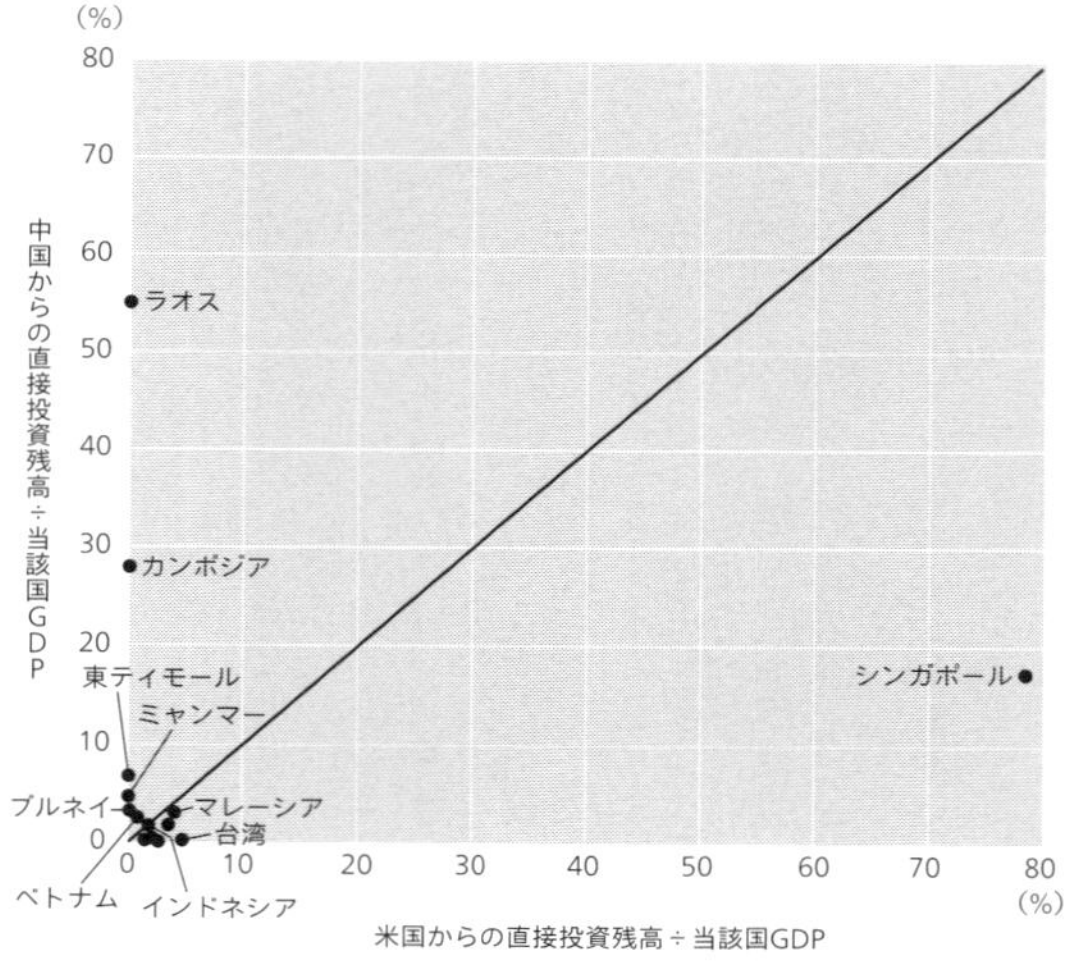

（注）基準年は 2020 年
（資料）CEIC（出所は OECD、中国商務部）のデータを元に筆者作成

産業振興を支援しています。広域経済圏構想「一帯一路」を打ち出した背景の一つです。

ここで世界各国の投資元を確認しておきましょう。縦軸には中国からの直接投資残高（当該国のGDP比）を取り、横軸には米国からの直接投資残高（当該国のGDP比）を取って、世界各国の位置をプロットしてみました。

その結果を見ると（図表結－6）、ほとんどの国が右下に位置しており、米国からの投資が中国からの投資を上回っていることが分かります。

ただし、東アジアに焦点を当てると（図表結－7）、発展途上にある国々の多くは左上に位置しており、中国からの投資が米国からの投資を上回っていることが分かります。特に米国がほとんど投資していないラオスやカンボジアなどの国々では中国からの投資の多さが際立ちます。こうした傾向はアフリカでも見られます。

こうして一つまた一つと中国と親密な関係を持つ途上国が増えてきており、米国の影響力がじわじわと低下してきています。

中国は、米国の圧迫に対する準備も進めているようです。ロシアはウクライナ侵攻に伴いSWIFT（国際銀行間通信協会）から排除されるという制裁を受け、貿易取引が困難になりました。中国は以前よりそうした事態になることを恐れて、人民元国際決済システム（CIPS、35頁参照）という独自のシステムの運用を始めています。世界の分断が進み米国が中国をSWIFTから排除するような事態に陥っても、外国との貿易・投資関係を継続できる体制を築こうとしているのです。

2 米中新冷戦になったら何が起きるのか？

❶米国陣営・中国陣営・中立、3つの選択肢

バイデン政権は2021年12月、日本や欧州などの

首脳を招いて民主主義サミットを開催し、中露との関係を民主主義と専制主義の闘いと位置づけ、民主主義国の連携強化を呼びかけました。民主主義を正義、専制主義を不義とした正義vs不義の二項対立に持ち込み、欧米型民主主義への信認を高めようとしたのでしょう。

これに対して中国は異を唱えました。民主主義サミットに合わせるように、前述した「中国の民主主義」と題する白書を発表し、各国がどのような民主主義を選ぶかは自由であるべきだと主張し、自由の国を自負する米国を皮肉りました。また人民民主独裁を憲法で定める中国にとって専制主義は不義ではなく正義です。それは特に、「中国の特色ある社会主義」を完成させる途上（社会主義初級段階）では必要不可欠なプロセスと考えられているため、共産党政権が崩壊しない限り変わることのないものです。

したがって米国が二項対立に議論を持ち込んでしまうと、中国が外交的に譲歩しようと思っても、その余地が全く残されておらず、共産党政権の崩壊を望んでいるようにしか見えなくなってしまいます。

なお、習近平政権が取り組み始めた共同富裕が実現すれば、もはや社会主義初級段階ではなくなるため、人民民主独裁も無用の長物となるのかもしれません。ただし、共同富裕が実現目標としているのでさえ早くとも21世紀半ばと、かなり先のことです。

またバイデン米政権が打ち出した民主主義と専制主義を強調するやり方は途上国でも評判がよくないようです。途上国の多くは、米国が主張する民主主義を最良の政治形態と信じてさまざまな取り組みを繰り返してきたものの、それを支える強力な中間所得層の基盤がなかったことなどから、ポピュリズム（大衆迎合主義）に陥ったり、理想とした民主主義から逃走するかのように軍政など強権政治に逆戻りしました。

例えば、２０１１年前後に中東・北アフリカで本格化した民主化運動「アラブの春」で唯一の成功例とされたチュニジアでは、失業率の上昇と生活水準の悪化を背景に、民主主義に対する失望感が国民の間に広がり、２０１９年に大統領に選出されたサイード氏は大統領権限を強化するなど強権政治に逆戻りしてしまいました。

また、２０２１年12月の民主主義サミットに招かれなかった途上国ではないもののASEAN加盟国であるシンガポールのリー・シェンロン首相（当時）も、民主主義対専制主義の図式にはめ込むのは、「終わりのない善悪の議論に足を突っ込む」と警戒感を示しました。

こうしたことを踏まえると、米国が民主主義vs専制主義の二項対立という考え方を取り下げて中国の特色ある社会主義の存在意義を認めるか、あるいは中国で共産党政権が崩壊しない限り、米中対立は終わらないということになりそうです。

さらに自由民主主義にまつわる取り組みと並行して、米国は先端半導体の対中輸出規制に踏み切り、それと同様の規制を欧州連合（EU）、ファイブアイズ、日本や韓国といった同盟国・友好国に協力を求めて中国包囲網を築こうとしています。

一方、中国も2020年頃から「信創目録」と呼ばれる適格製品・企業のリスト作成を進め、先端半導体などを国内で設計・開発・生産する体制の構築を目指す取り組みを進めています。先端半導体に限らず米中両国はお互いの経済依存を下げようとするデリスキングを進めており、新冷戦に向かって一歩、また一歩と歩んでいるようにしか見えません。

これまでの検討を踏まえ、米中新冷戦下の世界情勢はどんな勢力図になるのか、考えてみます。欧米型民主主義という価値観を共有している欧州連合（EU）やファイブアイズの国々、それに日本や韓国は、米国を中心とする陣営に与する可能性が高いでしょう。ただし、一枚岩であるわけではありません。第2部第2章で分析した独自の外交を展開してきたフランス、また中国との関係が深いハンガリーなどもあります。

一方、中国を中心とする陣営に与する可能性が高い国としては、ロシア、北朝鮮、イランなどが挙げられます。それに伴って上海協力機構（SCO）加盟国、独立国家共同体（CIS）加盟国、BRICSプラスの一部の国が加わる可能性もあるでしょう。ただし、これらの国々は反パクス・アメリカーナという点で一致するだけで、中国の特色ある社会主義というイデオロギーを信奉しているわけではないため、中国を中心とする陣営というより反米同盟に近いものと見られます。

それ以外のほとんどの国は中立にとどまりそうです。中国に近づき過ぎれば米国から非友好国と見なされて、米国を中心とする陣営から排除される恐れがあります。米国が信頼できる友好国での立地を重視するサプライチェーン（フレンド・ショアリング）を構築しようとしているからです。

一方、米国に近づき過ぎれば中国から非友好国と見なされて、報復措置を受ける恐れがあります。例えば韓国が2017年にTHAADミサイル（弾道弾迎撃ミサイル）を配備した際には、いわゆる「限韓令」が出されたこともありました。その点、第三世界にとどまれば、手厚い支援はどちらの陣営からも期待できませんが、どちらの陣営も敵に回さずに済みます。米中両国もこれらの途上国を敵に回したいわけではないため、これまでとあまり変わらず両陣営との貿易・投資関係を継続できるからです。

さらに米中両国の意見が激しく対立する国際会議では、途上国が自国の国益に照らして是々非々の判断を行えば、キャスティング・ボートを握ることもできそうです。

インドがその典型と言えるでしょう。インドは東西冷戦で第三世界として中立を保ち、最近でもそうしたスタンスに大きな変化は見られません。インドは、日本、米国、オーストラリアとともにQUAD（クアッド）に参加していますが、ブラジル、ロシア、中国、南アフリカなどとともにBRICSプラスの一員でもあります。国境紛争を抱える中国と対立するインドは、中国製品に対するボイコットが広まるなど中国とは緊張関係にありますが、その中国との国境紛争で軍事支援してくれたロシアには恩義があり、一足飛びに米国を信用してロシアと断交することはないでしょう。

インドは米中新冷戦に際しても米中両国と一定の距離を保ち、どちらかに完全に与するのではなく、主体的にバランサーの役割を果たして多角的にパートナーシップを展開することによって、自国の国際的地位を高めることができると考えているようです。

実際、2022年11月に開催されたG20サミットでは、ウクライナに侵攻したロシアと、それを非難する西洋諸国が対立して首脳宣言の採択が危うくなりましたが、ロシアとも西洋諸国とも是々非々で交流してきたインドが双方の歩み寄りを促し、その存在感を高めることとなりました。

❷米国と中国の経済へのダメージの評価

米中が分断されたら世界経済はどうなるのでしょうか。必然的に米国を中心とする経済圏と中国を中心とする経済圏とに大きく分断（ブロック化）されることになっていくでしょう。そうなれば、経済圏をまたがるモノ、サービス、情報、カネの流れが遮断されるため、グローバリゼーションの下で最適化された生産体制は、新たに「非友好国は除く」という制約条件の下で最適化し直すことが必要になってきます。これは全体最適から部分最適に移行することを意味し、世界全体の生産性が大きく低下することは間違いないでしょう。グローバリゼーションが逆流するのです。

中国経済に焦点を当てると、これまでグローバリゼーションの多大な恩恵を受けてきただけに、経済成長が鈍化する可能性が高いでしょう。歴史を振り返ると、１９９０年代後半の中国経済はアジア通貨危機や不良債権問題で成長率に陰りが見え始めていましたが、２００１年にＷＴＯ（世界貿易機関）に加盟したことで、海外からの直接投資が増えるとともに輸出が急増し、成長の勢いを取り戻すこととなりました（図表結－８）。

図表結-8 ●中国の成長率と輸出額の推移

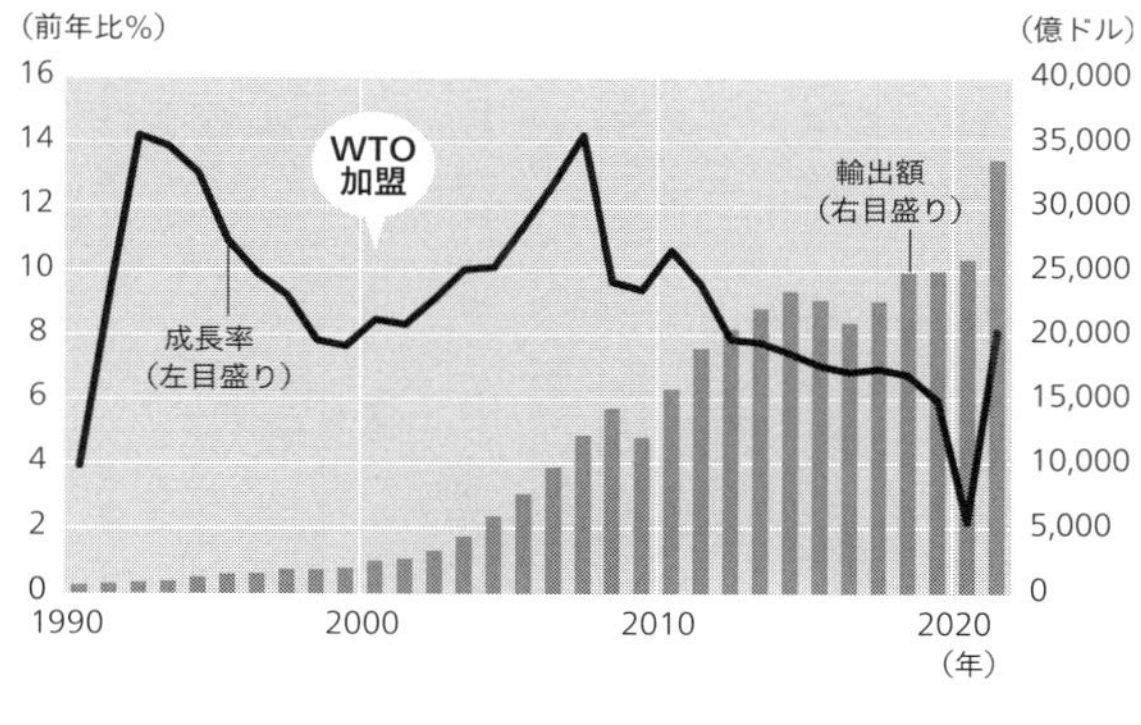

（資料）CEIC（出所は中国国家統計局、中国税関総署）のデータを元に筆者作成

特に国家資本主義下にある中国経済は、中央政府が、世界経済の長期トレンドを見定めた上で今後の産業政策を打ち出し、その産業を育成する上で必要な資源を世界中からかき集めてそれを支えました。こうして生産した製品を、グローバリゼーション下で世界各国に売り捌くことができたため、世界の工場と呼ばれるまでに発展することが可能となったのです。

しかし、米国を中心とする経済圏から非友好国として排除されるようになると、資源を調達するにしても工業製品を販売するにしても、取引範囲が狭まることになります。

なお、WTO加盟、また自由貿易が中国経済の発展に多大な恩恵をもたらしたことは中国も十分に認識しています。実際、中国は「地域的な包括的経済連携」（RCEP）協定や「環太平洋パートナーシップに関する包括的及び先進的な協定」（CPTPP）への参加にも前向きに取り組んでいます。

また、途上国の多くが米国を中心とする経済圏に与せず中立でいてくれれば、中国との通商関係もこれまでどおりにできると見込まれるため、途上国からの輸入が大半を占めるエネルギー、鉱物資源、食糧に関しては大きな打撃はないでしょう。

しかし、輸出に関しては、米国を中心とする経済圏から非友好国として排除されると大打撃となるでしょう。輸出のおよそ半分を米国・欧州・日本などが占めているからです。ただし、輸出品のおよそ半分は、軍事転用が考えにくい工業原料や生活用品類なので、引き続き輸出が許され、ゼロにはならないでしょう。

とはいえ、軍事転用可能なモノの範囲はとめどなく広がる可能性もあります。ロシアがウクライナ侵攻で多用したレベルのドローンであれば、民生目的で一般に出回る技術でも製造できますし、レイモンド米商務長官が2022年5月にウクライナ側からの報告を元に、「ロシア軍の戦車を調べた際、食洗器や冷蔵庫から取り出した半導体が使われていた」と発表しています。これらを踏まえると、輸出額の1～3割程度の減少は覚悟せざるを得ないでしょう。

一方米国は、中国を自国中心の経済圏から排除しても、米国が輸出先に困ることはないでしょう。既に中国に対しては半導体などのハイテク製品に厳しい輸出制限を課しているのに加えて、輸出の大半は欧州、カナダ、日本など先進国向けだからです。

しかし、輸入元には困ることになり、米国はインフレに苦しむことになるでしょう。中国からの輸入は2割を超えており、代替する輸入元を探しても、中国と同じ品質・同じ価格で十分な量の工業製品を作れる国を見つけるのは難しいからです。

例えば、中国の代替として注目されるベトナムは米国が主催して2021年12月に開かれた民主主義サミットに招待しなかった共産主義国ですし、招待したインドは軍事的にはロシアと親密で伝統的に中立を保ってきた国です。そして、安全保障上の必要性からサプライチェーンの強靭化を進めることを優先し、値段が高くなっても仕方ないと割り切って国内で生産することになれば、インフレが進みやすくなります。モノ以外のソフトウェアなどでもほぼ同様のことが起きるでしょう。

またグローバリゼーション（経済グローバル化）とインフレの関係を振り返ると（図表結－9）、東西冷戦時代（1990年前後まで）はインフレ率が高水準にありましたが、東西冷戦の終結と中国のWTO加盟によりグローバリゼーションが加速し、欧米先進国のインフレが低位安定する大きな一因となりました。

したがって、世界分断でグローバリゼーションが逆流することになれば、米国でインフレが進みやすくな

図表結 -9 ●経済グローバル化とCPI（消費者物価指数）

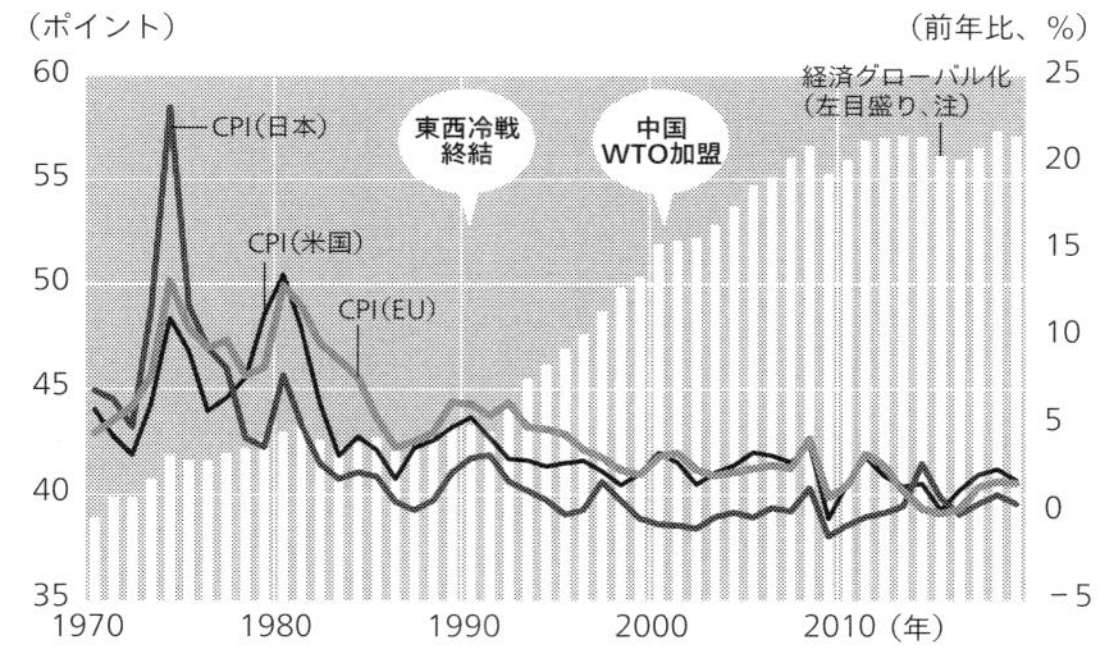

（注）ここでは経済グローバル化を表す指標としてKOFTrGIを用いた。0~100の値を取り、大きいほど経済グローバル化が進んでいることを示す。
（資料）世界銀行、KOFのデータを元に筆者作成

るのは必然といえるでしょう。

❸新冷戦の帰趨を左右する3つのカギ

それでは米中新冷戦になった場合、米中どちらに軍配が挙がるのでしょうか。日本としては、同盟国である米国が負けるようだと大変なことになるので、日本も最大限の協力をして米国に勝ってほしいところですが、米国が勝つとは言い切れない状況にあります。その帰趨は下記3点がカギを握ると考えています。

1西洋諸国が米国の中国包囲網に同調し続けられるか否か

欧州連合（EU）やファイブアイズといった西洋諸国は、政治思想は民主主義、人権思想は自由権尊重、宗教はキリスト教、言語はインド・ヨーロッパ語族と、その価値観に共通点が多くあります。世論を見ても親米・反中ということでほぼ一致しています。

しかし、経済面では中国との関係が深い国も多く、輸出先としても、輸入元としても、投資先としても、さらには巨大なビジネスチャンスとしても中国との関係を断ち切りたくない国が多い状況にあります。そうだとしても米国と諜報を共有するファイブアイズの国々は、中国包囲網から離脱するのは難しいかもしれません。

一方、EUに加盟する27ヵ国は中国包囲網を堅持できない可能性があります。第2部で触れたようにフランスは歴史的に独自外交を展開してきた国で、中国との国交樹立も西洋大国で一番早く、ニクソンショックの前のことでした（1964年）。またギリシャ、ハンガリー、ポーランドなど反中意識が低い国もあり、そうした国々が経済的ダメージを甘受してまで中国包囲網を堅持するかには疑問符が付きます。

加えて、西洋諸国の親米意識は米国大統領が誰であるかによって揺れ動いてきました。バイデン政権下では世論が親米・反中であることもあって中国包囲網に参加していたとしても、将来の選挙で大統領が交代したら、世論が親米から反米に転換して、その政権が中国包囲網を離脱することはあり得るでしょう。

実際、トランプ政権時代には、世論が反米に傾いていました（図表結－10）。西洋諸国が相次ぎ離脱する事態となれば、米国を中心とする陣営の勝利は危ういでしょう。

図表結 -10 ●西洋諸国の「親米」意識の変遷

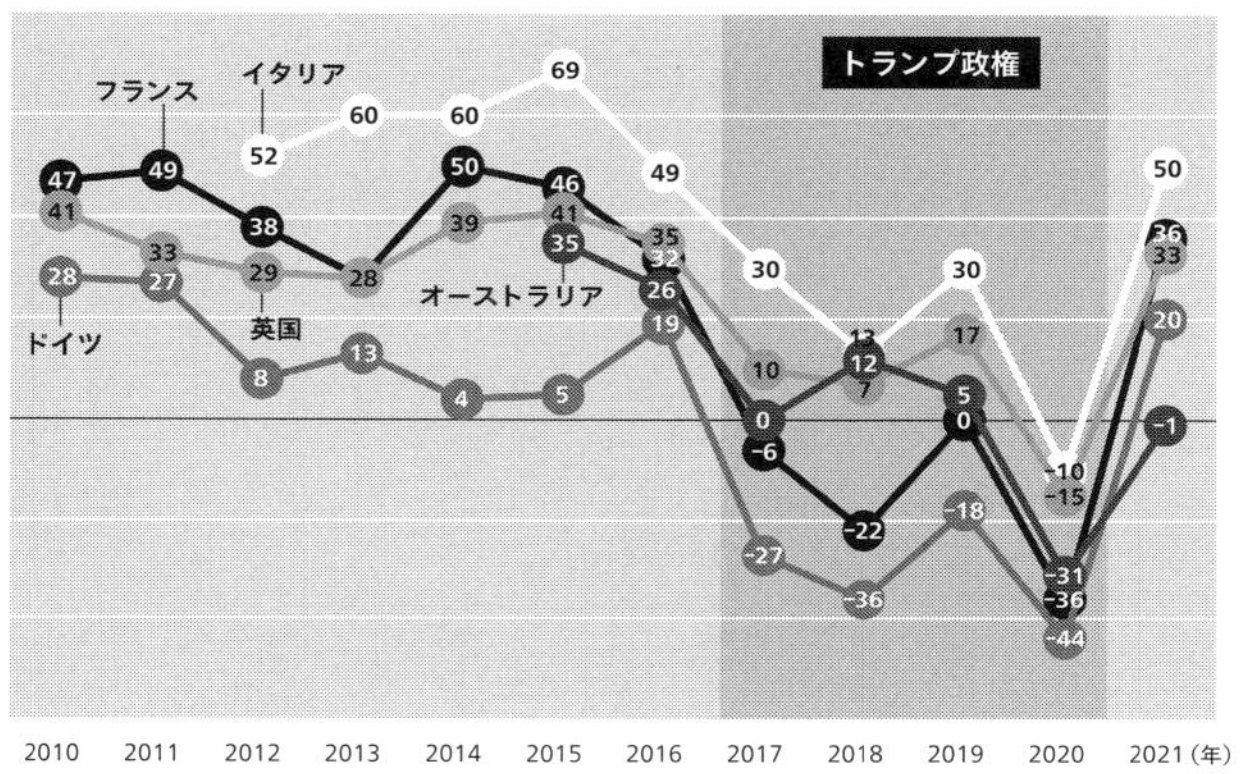

（注）〇中の数値は、米国のことを「好ましい)」と回答した人の比率―「好ましくない」とした人の比率（単位はパーセントポイント）
（出典）Pew Research Center のデータを元に筆者作成

❷中国国内で大きな混乱が起きるか否か

大きな混乱の誘因となるものとしては経済活動の停滞と共産党エリートの腐敗の2つが挙げられます。現在中国には、少子高齢化、財政の裁量余地の低下、成長モデル問題、過剰債務問題、住宅バブル問題など経済成長の足枷となる要因が山積しています。それに米中新冷戦が加われば、経済発展のスピードダウンは深刻なものとなるでしょう。

中国の国民が昨日より今日、今日より明日が豊かになると実感できなくなれば不満が高まり、やがて大きな混乱が起きる可能性も高くなります。東西冷戦で東側陣営の盟主、ソ連が崩壊した背景にも経済活動の停滞がありました。米国を盟主とする西側陣営が市場メカニズム機能を生かして経済を発展させた一方、計画経済の東側陣営ではそれが十分に機能しませんでした。

また、ソ連崩壊の背後には共産党エリートの腐敗もありました。第二次世界大戦後、ソ連は欧米列強の植民地として虐げられてきた国々を自らの陣営に引き込み、その盟主となりました。しかし、現在の中国と同じ人民民主独裁の政治体制を採用していたソ連では、共産党エリートが権力闘争を繰り返し、特権階級化したことで、国民の期待は失望に変わってしまいました。そしてその実態を目の当たりにした東側諸国そしてソ連の国民は相次ぎ離反していったのです。ソ連は米国の圧力に屈したというよりも、自滅したというのが実態だと思います。

中国でも共産党エリートが権力闘争を繰り返したり、特権階級化が極まれば、大きな混乱が起きる恐れがあるでしょう。実際、天安門事件（六四、1989年）で、学生が民主化要求に動いた背景には、共産党エリートが腐敗して、国民が社会主義に失望したことがありました。

3 科学技術力で米中どちらに軍配が挙がるか

第四次産業革命とも呼ばれるこの競争で中国が優位に立てば、パクス・アメリカーナが終わりを告げることになるかもしれません。第一次産業革命を起こした英国がパクス・ブリタニカの世界を実現したことは周知のとおりです。

現在の科学技術力の比較では、米国が中国に対して優位にあると言えるでしょう。前述したように中国における科学技術力の向上には目を見張るものがありますが、米国には科学技術に関するこれまでに蓄積されたストックが多いため、米国に一日の長があります。国際収支統計における知的財産権収入を見ても米国は中国の10倍をはるかに超えています。

しかも中国の科学技術力が飛躍的に伸びた背景には、海亀族と呼ばれる海外留学・派遣から帰国した人々の貢献がありました。米国で学んだ最先端の科学技術を、中国に帰ってからそれをさらに磨き上げることで、自国の科学技術力を伸ばしてきたのです。しかし、米中新冷戦という事態になれば米国留学者も激減して、中国における科学技術力の発展に支障をきたすと見られます。

しかし、中国を侮ることはできません。米中対立の深刻化を背景に、自力だけで科学技術力を向上させる必要に迫られた中国は「自立自強」に動き出しました。習近平国家主席は2022年10月に開催された第20回党大会で、「科学技術の自立自強能力を著しく向上させる」とし、中国の弱点だった基礎研究の強化やそれを担う若手研究者の育成に注力し始めました。

しかも、中国には成功体験があります。一つは核開発です。第二次世界大戦後、中国はソ連の協力を得て核開発を進めていましたが、中ソ対立が激化した1960年、ソ連が技術者を引き揚げてしまったので核開発は頓挫しそうになったことがありました。しかし、中国は「自力更生（≒自立自強）」で核開発を成し遂げ、1964年には核保有国となり、今では米露も恐れる核大国となっています。

もう一つは宇宙開発です。中国は2007年、米国やロシアなどが共同で建設を進めていた国際宇宙ステーション（ISS）への参加を打診しました。しかし、米国の反対でそれが認められないと、中国独自の「天宮計画」を進めました。そして今では有人運用を始めるまでに至っています。

こうしたことを踏まえると、現在は米国の科学技術力に一日の長があるとは言え、将来もそうだとは限りません。安全保障面においても、経済貿易面においても、勝負のカギを握るのは科学技術力だけに、予断を

図表結-11 ● 3つの切り口から見た米中対立の構図

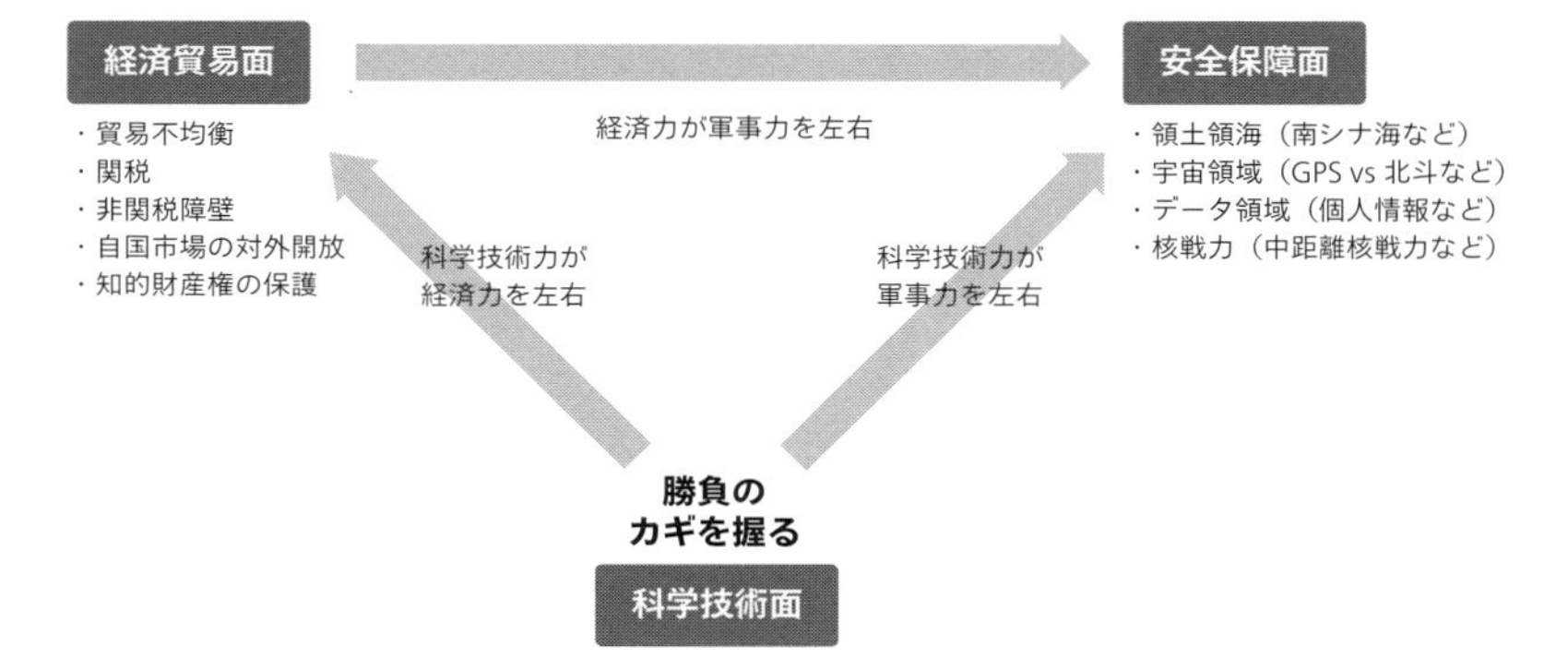

（出典）三尾（2019）、P.243

許さぬ状況にあると思います（図表結－11）。

3 米中対立解決の隘路と日本の対中国戦略

このように米中新冷戦が現実のものとなれば世界経済に与える悪影響は計り知れません。また米中ともに国内に不安要素を抱えており、勝負のカギを握る科学技術力競争の先行きも見通しにくいため、米中どちらが勝つとも断定できない状況にあります。いずれにせよ新冷戦は何としても回避すべきでしょう。そこで最後に、米中対立を新冷戦に発展させないために解決すべき問題と解決への道筋を整理してみます。

米中対立の背景には、イデオロギーの対立、領土領海問題（台湾や南シナ海など）、人権の侵害、国際通商ルール（含む知的財産権保護、国有企業の取り扱いなど）の遵守、地球温暖化対策の遅れなどさまざまな問題があります。これらはいずれも重要ですが、筆者は特に台湾問題、イデオロギー問題、南北問題の3つの問題が解決の道筋をつけるカギとなると考えています。

❶台湾問題
―一国二制度に米中双方が前向きに取り組むことが肝要

第一に挙げた台湾問題は米中対立における本丸と言える問題です。もし米中が軍事衝突するとしたら台湾問題をおいて他にはないと考えられます。習近平総書記（国家主席）は2022年10月の党大会で「武力行使の放棄を約束しない」と述べてもいました。

そして2022年11月の米中首脳会談でも台湾問題が話し合われました。しかし、議論は平行線に終わった模様です。米ホワイトハウスが発表した文書を見ると、『台湾については「一つの中国政策（英語表記：one China *policy*）」は変わっておらず、米国はどちらか一方による一方的な現状変更に反対』と表明したとしており、中国政府が主張する「一つの中国原則（英語表記：one China *principle*）」という言葉を用いず、これまでどおり意図的に両国の主張の違いをあいまいにしています（⇒第1部第3章台湾、台湾の米中双方の位置づけ）。

このように台湾問題は、米中が直接対話を繰り返しても平行線を辿ってしまい、将来に向けた道筋が一向に見えない難題といえます。しかも、いざ台湾有事となれば日本も巻き込まれる可能性が高い状況にあります。

こうした状況下、中国の国務院台湾事務弁公室は2022年8月10日、「台湾問題と新時代中国統一事業」と題する1万4千字を超える白書を発表しました。そこでは「祖国の完全な統一を実現することは、中華民族の偉大な復興において必ず実現しなくてはいけない」とした上で、「両岸の平和統一を実現するには、大陸と台湾の社会制度とイデオロギーが異なるという基本的な問題に必然的に直面する。一国二制度はまさにこの問題を解決するために提出された最も包括的な方策である」としています。米国をはじめとする国際社会では香港国家安全維持法（2020年6月成立）を契機に一国二制度への期待は失望に変わり、もはや平和的解決への道筋は閉ざされたように見えていますが、中国は望みをつないでいるようです。

台湾、そして中国、米国の三者がともに納得できるような一国二制度の枠組みを考案するのは難しいことでしょう。議論しても現世代では知恵が足りず合意に至らないかもしれません。しかし、将来世代の知恵を借りることになるとしても、米国が一国二制度での解決を真剣に考えて中国と議論することが肝要です。議論が前向きに進んでいる間は台湾有事を抑止する効果が期待できるからです。

したがって日本としては、米国に中国と一国二制度を議論するようアドバイスするのが良いと考えています。米国社会の対中感情が悪いため米国政府が取り組みにくいようなら、日本が中国との橋渡し役として議論を進めるのも一案でしょう。

ただし、日本一国だけでは荷が重すぎます。米中双方から反発を受けるのは必至だからです。中国は内政干渉だと反発するでしょうし、米国は香港で失敗した二の舞になると反対するに違いないからです。しかし、この問題を平和的に解決する道は一国二制度しかないと思います。

そこで協力したいのが、米国と同盟関係にある韓国、中国と同じ社会主義国であるベトナム、ASEANのガリバーであるインドネシア、それに中国の近くに位置する西洋文明の国オーストラリアです。台湾有事で直接影響を受けるこれらの近隣諸国と協力して米中両国に提案すれば、解決の糸口が見つかるかもしれません。

❷イデオロギー

―米国が「中国の特色ある社会主義」の意義を認める
―中国は先進国も一定の評価ができる、内政問題に関する誠実な情報開示を推進すること

第二に挙げたイデオロギー問題は前述したとおり欧米型民主主義と「中国の特色ある社会主義」の論争です。

米国が民主主義vs専制主義の二項対立という考え方を取り下げて中国の特色ある社会主義の存在意義を認めるか、あるいは中国で共産党政権が崩壊しない限り、米中対立が終わらない状況にあります。実際に、米国は、中国との公式会談で中国の特色ある社会主義の存在意義を認める発言をしているようです。

2022年11月、インドネシア（バリ島）で行われたG20に合わせて設定された米中首脳会談でバイデン大統領は「米国は中国の体制を尊重し、中国の体制変更を求めない」と発言したようです。これは中国外務省が発表した文書にあるだけで、米国ホワイトハウスが発表した文書にはこの発言は記載されていません。しかし、すぐに事実でないと明らかになってしまうような文書を公表する可能性は低いので、そのような発言があったものと推察されます。米国は民主主義vs専制主義の二項対立を前面に出して民主主義国をまとめる外交を展開している関係上、公式には発表しなかったものと思われます。

筆者は、いずれ米国が中国の特色ある社会主義の存在意義を公式に認める時期が来ると予想しています。そのとき日本は第二のニクソンショックと驚かないよう心の準備をしておくべきでしょう。

むしろ米国社会の対中感情が悪いため米国政府が打ち出しにくいようなら、日本が促した形をとるのも一案でしょう。中国の特色ある社会主義を認める条件と

して、国際社会の懸念が深まる内政問題（人権問題や全過程人民民主主義の実態など）に関する誠実な情報開示を要求すれば、米国も動きやすいでしょう。そもそも中国は一人当たりGDPが1万ドルを超えてきたので、より先進国的な人権意識が求められるようになってきています。

こうした外交努力によって米中新冷戦を回避できれば、日本の国際的地位の向上という国益にも適います。この問題に道筋をつける上で協力したいのが、自由民主主義の価値観を共有する先進国で、戦略的自律の国フランス、アジアに位置する西洋文明の国オーストラリア、そして日本と立ち位置が酷似する隣国である韓国です。

❸南北問題

─先進国間の共通認識を形成することが肝要

第三に挙げる南北問題は米中対立における陰の主役のような存在です。途上国のほとんどが植民地支配の負の遺産を固定化するようなパクス・アメリカーナの現状に不満を募らせ、それに正面から異を唱える中国の主張に共感することになってしまった、根本にある問題で、これこそが米中対立の深層にあるからです。

南北問題は、先進国と途上国の貧富の格差を、いかに解決していくかを考える問題です。

先進国で暮らす豊かな人々から見れば、途上国とはいえ人権侵害はあってはならず、途上国も国際通商ルールを遵守するのは当たり前で、地球温暖化対策が遅れている途上国はけしからんということになりがちです。

しかし、途上国から見ると、例えば子供を働かせるのを禁止すれば餓死者が出る恐れがあり、技術水準が低いので先進国と同じ土俵で競争しても勝ち目はありません。環境汚染や地球温暖化を覚悟の上で開発を進めなければ貧しさから抜け出せない国が少なくないのです。

したがって、すでに豊かになった先進国は、国際通商ルールに途上国を優遇する措置を施したり、途上国が抱える人権問題をなくすため資金援助をしたり、途上国が地球温暖化対策を進められるよう技術援助したりする必要があります。

しかし「言うは易し行うは難し」です。なぜなら国際通商ルールで途上国企業を優遇すれば、先進国企業は不利な競争を余儀なくされます。特に、中国の企業は電子・通信機器、ＥＶ（電気自動車）などで国際的な競争力を備えるに至りました。

そして途上国に資金援助することは、先進国がこれまで自国民に配分していた資金を削り、それを資金援助に回すことになるため、その先進国の国民が納得しないと実現できません。したがって、南北問題を解決に向かわせるためには、途上国支援に関する共通認識を、先進国諸国とその国民の間に形成していくことが肝要です。これが南北問題における第一の課題です。

この共通認識を形成する上で問題となるのが中国の取り扱いです。中国は自らを途上国と認識しています。中国のＧＤＰは世界第2位となりましたが、14億もの人口を抱えているため、一人当たりでは先進国の基準に達しておらず、中国の過半数の国民は先進国と比べるとまだまだ十分に豊かな生活をしていないのが現実です。それを知る途上国も中国を途上国の一員として取り扱っています。しかも途上国にとって中国は、先進国との格差是正を求めてくれる頼りになる存在でもあります。

一方、米国は中国を途上国という扱いから外したいようです。経済大国となった中国を援助するのを米国民が納得しないからでしょう。しかし米国のグローバル企業は、発展途上にある中国にビジネスチャンスがあふれていると見て投資を積極的に行ってきました。米国のグローバル企業は事実上、中国を途上国と認めていることとなり、米国政府の見方とは矛盾しています。米国政府は事実を見ないようにしていると言われても否定できないでしょう。

このようなことになるのは、もし中国の一人当たりＧＤＰが米国並みになることを認めれば、中国の経済規模が米国の4倍になることを許容したことになることがあります。そうなれば世界経済における米国の地位は低下し、中国の存在感が世界で高まるのは明白です。したがって、先進国による共通認識の形成は、この問題がネックになって暗礁に乗り上げた感があります。これが南北問題における第二の課題です。

そこで一つ提案があります。国際通商ルール（知的財産権保護などを含む）など国際協調の枠組みを、先進国と途上国を区分するだけでなく、途上国を一律ではなく発展段階に応じた優遇の枠組みに再構築するのです。

中国は先進国ほど豊かではないものの、途上国の中では豊かな方に属します。その分、中国に与える優遇措置が少なくても中国は納得せざるを得ないでしょう。人権問題に関しても中国は子供を働かせないと餓死者が出るような最貧国ではありませんし、地球温暖化対策に関しても中国は自力で取り組める技術力、資金力を持っています。

このように一口に途上国と言っても、その発展段階はさまざまなので、優遇措置もそれに応じたものに変えていく必要があると考えています。中国を含めた南北問題を議論する場を設けて、中国が妥協できる線を探り当てれば、南北問題が解決に向かう道筋が見えてくるでしょう。

米国の国民も、中国が自分たちと同じレベルになるまで優遇を続けるのには反対だとしても、3分の1くらいの豊かさになるのは許容できるのかもしれません。そして、先進国の間において途上国支援に関する共通認識を形成することができれば、南北問題に関係する国際通商ルール、人権問題、地球温暖化対策などに関する議論もドミノ倒し的に進展させることができるのではないでしょうか。

そして国際ルールの再構築に成功した暁には、その「国際ルールの力（＝法の支配）」で違反を厳しく統制できるようになります。超大国となった米中両国が違反した際にも、それに従わせるパワーを発揮することになるでしょう。

南北問題に関する第一の課題である先進国間の共通認識形成は日本が貢献できるテーマです。日本は長年G7メンバーとして活動し先進国の間で信頼関係を築いてきたからです。ただし、日本一国だけでは荷が重すぎます。というのは、G7の中で最も強硬に反対しそうなのがパクス・アメリカーナの揺らぎを懸念している米国だからです。そこで力を合わせたいのが、これまで南北問題に積極的に取り組んできたフランス、ファイブアイズでありながら中国の近くに位置し両国をよく知るオーストラリア、そして日本と立ち位置が酷似する韓国です。

南北問題に関する第二の課題である途上国の発展段階に応じた優遇の枠組み形成も日本が貢献できるテーマです。日本には明治維新、また戦後復興の経験を通して、途上国から先進国へと発展を遂げてきた歴史があり、途上国が抱える苦悩を昔ながらの先進国よりも実感できるからです。さらに中国とも歴史的に「一衣帯水」と呼ばれた間柄で、他の先進国よりも中国を理解しています。

ただし、第二の課題も日本だけでは荷が重すぎます。というのは、途上国の中で最も強硬に反対しそうなのが中国だからです。そこで特に力を合わせたいのが、中国と並ぶ人口を擁する途上国インド、ASEAN最大の途上国インドネシア、ラテンアメリカ最大の途上国ブラジルです。これら3ヵ国はいずれもG20メンバーで世界に及ぼす影響力が大きく、一人当たりGDPはインドが2千ドル余り、インドネシアが4千ドル余り、ブラジルが7千ドル余りと中国（1万2千ドル余り）よりも低い途上国なので、中国が受ける優遇度がこれら3ヵ国より低くとも中国は許容する可能性がありますし、中国がそれを拒否すれば途上国間の結束が乱れる恐れがあるからです。またこれらの国は日本とも深いつながりがあります。

実際、中国の李成鋼・WTO（世界貿易機関）大使は2021年に、中国はWTOで発展途上国にとどまるものの、多くの恩恵を諦めることになるだろうと述べたことがあります。[2] したがって前述の途上国の協力を得てもう一押しすれば実現する可能性があると筆者は見ています。

このように南北問題はG7など先進国の国益がからむ難しい問題で、さらに途上国と一口に言ってもさまざまなので、課題解決の道のりは厳しいものとなりそうです。

しかし、このまま米中対立を放置し両国の直接交渉だけに委ねていると、リスク低減（デリスキング）から世界分断（デカップリング）へ、さらには第三次世界大戦へと突入してしまいそうです。それを阻止することが国益である日本としては、前述したような志を同じくする国々と力を合わせて、艱難辛苦を乗り越える覚悟で、橋渡し役を担うべきではないでしょうか。

最後になりましたが、学生時代にご指導いただいた故石川忠雄先生には、世界全体を一つの系統（システム）として捉えることの重要性を教えていただきました。その学びがなければ、世界は一つと捉えて日本の対中国戦略を考える本書は存在しなかったでしょう。また長らく所属した日本生命グループの皆様には深く感謝しております。米国への派遣、中国研究、さらにはＢＲＩＣＳなど途上国研究と、さまざまな研究機会を与えていただくとともに、最高の研究環境を提供していただきました。また、白桃書房の寺島淳一様には編集でご苦労をおかけしました。そのご助力がなければ、本書が世に出ることもなかったでしょう。

本書がいずれ読者の皆様のお役に立つことを祈りつつ、ペンを置くことといたします。

［2］「中国、WTO「途上国」優遇措置の多くを破棄も」（https://www.nippon.com/ja/news/reu20211213KBN2IS0BJ/）

エコノミスト・インテリジェンス・ユニット研究所（EIU）　https://www.eiu.com/n/
フリーダムハウス　https://freedomhouse.org/
ピュー・リサーチ・センター　https://www.pewresearch.org/

日本外務省　https://www.mofa.go.jp/mofaj/index.html
日本経済団体連合会　https://www.keidanren.or.jp/
アメリカ合衆国政府　https://www.usa.gov/
ホワイトハウス　https://www.whitehouse.gov/
アメリカ合衆国中央情報局（CIA）　https://www.cia.gov/
フランス共和国政府　https://www.gouvernement.fr/
オーストラリア連邦政府　https://www.pm.gov.au/
インドネシア共和国政府　https://indonesia.go.id/
ベトナム社会主義共和国政府　https://vietnam.gov.vn/
大韓民国大統領府　https://eng.president.go.kr/
インド共和国政府　https://www.india.gov.in
ブラジル連邦共和国政府　https://www.gov.br/planalto/en
ロシア連邦政府　http://government.ru/en/

参考文献

【中国の国内事情・対外関係】


石川忠雄（1976）『中国共産党史研究』慶應通信。

エズラ・F・ヴォーゲル／益尾知佐子・杉本孝訳（2013）『現代中国の父　鄧小平（上・下）』日本経済新聞出版社。

高坂正堯（2023）『歴史としての二十世紀』新潮社。

梶谷懐・高口康太（2019）『幸福な監視国家・中国』NHK出版。

川島真・21世紀政策研究所（2022）『習近平政権の国内統治と世界戦略』勁草書房。

国分良成（1999）『中華人民共和国』ちくま新書。

国分良成・添谷芳秀・高原明生・川島真（2013）『日中関係史』有斐閣。

産経新聞「毛沢東秘録」取材班（1999）『毛沢東秘録（上・下）』扶桑社。

徐一睿（2014）『中国の経済成長と土地・債務問題』慶應義塾大学出版会。

林幸秀（2019）『中国の宇宙開発』丸善出版。

福田康夫監修・五百旗頭真責任編集（2023）『永遠の隣国ー私達の日中五十年』三和書籍。

三尾幸吉郎（2019）『図解中国経済』白桃書房。

中華人民共和国中央人民政府　https://www.gov.cn/
中華人民共和国外交部　https://www.fmprc.gov.cn/
中華人民共和国国家統計局　https://www.stats.gov.cn/
中国共産党新聞　https://cpc.people.com.cn/
香港政府　https://www.gov.hk/en/residents/
中華民国総統府　https://www.president.gov.tw/
新疆ウイグル自治区人民政府　https://www.xinjiang.gov.cn/

【世界情勢と各国事情】


祝田秀全監修・かみゆ歴史編集部編・朝日新聞出版編著（2018）『エリア別だから流れがつながる世界史』朝日新聞出版。

猪木武徳（2009）『戦後世界経済史』中央公論新社。

大川一司・小浜裕久（1993）『経済発展論―日本の経験と発展途上国』東洋経済新報社。

郭四志（2021）『産業革命史―イノベーションに見る国際秩序の変遷』ちくま新書。

共同通信社編著（2022）『世界年鑑2022』共同通信社。

資源エネルギー庁『エネルギー白書2022年版』

サミュエル・ハンチントン／鈴木主税訳（1998）『文明の衝突』集英社。

成長開発委員会／田村勝省訳（2009）『世界銀行　経済成長レポート』一灯舎。

高木保興・河合明宣（2007）『途上国の開発』放送大学教育振興会。

エーリッヒ・フロム／日高六郎訳（1951）『自由からの逃走』東京創元社。

宮崎勇・田谷禎三（2020）『世界経済図説』岩波新書。

森谷正規（2009）『比較技術でみる産業列国事情』左右社。

や・ら・わ行

な行

は行

ま行

た行

か行

さ行

索引

下線を引いた頁はその事項に関する説明、または重要な箇所を含む。

著者紹介

三尾幸吉郎

（みお　こうきちろう）

1982年慶應義塾大学法学部政治学科卒業。1982年日本生命保険相互会社入社、証券部、資金債券部、ファンド運用室で国内債券運用を担当。1994年同社国際業務部付けで渡米、リーマンブラザース社（ニューヨーク）、パナゴラアセットマネジメント社（ボストン）で米国債券市場調査を担当。1997年同社資金証券部でグローバル証券運用、運用開発を担当。2000年ニッセイアセットマネジメント株式会社入社、運用企画室でグローバル資産配分を担当した後、運用フロントで投資信託運用部長、統括部長（債券）を担当。2009年株式会社ニッセイ基礎研究所に入社、中国をはじめとする世界の新興国経済調査を担当、2024年同社客員研究員に就任。現在は世界経済アナリストとして活動している。

図解《ずかい》　中国《ちゅうごく》が変《か》えた世界《せかい》 ハンドブック

９主要国の国益と対中関係から考える米中新冷戦回避への道

発行日——2024年10月26日　初版発行　〈検印省略〉

著者——三尾幸吉郎《みおこうきちろう》

発行者——大矢栄一郎

発行所——株式会社　白桃書房《はくとうしょぼう》

〒101-0021　東京都千代田区外神田５－１－15

☎03-3836-4781　fax03-3836-9370　振替 00100-4-20192

https://www.hakutou.co.jp/

印刷・製本——藤原印刷

Printed in Japan　ISBN 978-4-561-92143-1 C0033

好評書

チャイナ・エコノミー第２版
異形の超大国と世界へのインパクト
——そのファクトとロジック

アーサー・R・クローバー 著　東方 雅美 訳　吉崎 達彦 解説

中国経済を、データを的確に評価しつつ小気味よくロジカルに記述する一方、有機的な総体としての中国経済を浮かび上がらせる。また、政治や社会、人をめぐるさまざまなエピソードが効果的に盛り込まれることで、センセーショナルで、かつ、脅威として扱われがちな中国について、その裏の事情も踏まえて理解できる。
激化した米中対立をめぐる基本的な構造も、米国自身の問題にも触れながら公平な視点から議論。

定価3000円（本体2727円＋税）

３つの切り口からつかむ
図解中国経済

三尾 幸吉郎 著

複雑に絡み合った問題を抱え、独自の統治システムを持つ超大国・中国を平易に記述、説明するのは至難の業である。
本書は、分野別に基本的な統計を示した「中国経済アウトルック」、ニュース等でよく聞く用語を切り口にまとめた「中国の先行きを読み解くキーワード」、長期に注目されるテーマを取り上げた「中国経済深層分析」の３編に分けたことで、多角的な理解ができ、気になる章から読むことも容易な編集となっている。

定価3000円（本体2727円＋税）

図解インド経済大全
全11産業分野（73業界）収録版
政治・社会・文化から進出実務まで

佐藤 隆広・上野 正樹・高口 康太 編集協力

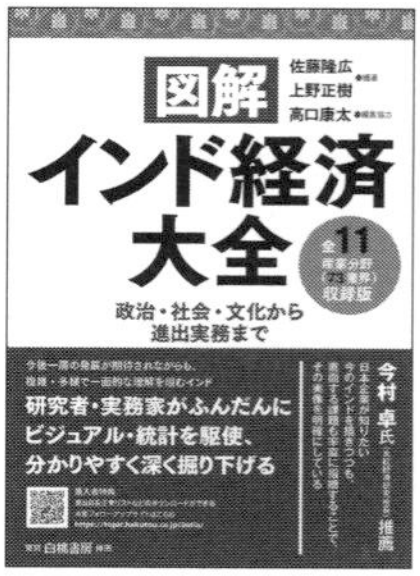

インド研究者、またインドを専門とする実務家ら総勢34人の編者・執筆者が結集し、インド経済と関連する事項を解説する。
経済に陰に陽に影響を与える政治や社会、文化なども幅広くカバーしつつ、世界的な産業となったITから、独特の文化を支えるアパレルや飲料・食品などまで11の産業分野（計73業界）について、最新の統計を駆使し、基礎と現状を解説。さらに、進出実務や税務、また現地の生活や仕事の様子もフォローする。

定価3000円（本体2727円＋税）

白桃書房